JavaScript

Curso práctico

JavaScript

Curso práctico

Román Arenas

La ley prohíbe
fotocopiar este libro

JavaScript. Curso práctico
Thema: UYFV JavaScript
Bisac: COM051370 COMPUTERS / Programming Languages / JavaScript
© Román Arenas
© De la edición: Ra-Ma 2025

Edición original publicada por Six Ediciones. Ciudad Autónoma de Buenos Aires, Argentina.
Título original: JavasScript Práctico Vol. 1, Vol. 2, Vol. 3, Vol. 4, Vol. 5
Colección: USERS ebooks
Derechos Reservados © Six Ediciones. Ciudad Autónoma de Buenos Aires, Argentina.

Editado por:
RA-MA Editorial
Calle Jarama, 3A, Polígono Industrial Igarsa
28860 PARACUELLOS DE JARAMA, Madrid
Teléfono: 91 658 42 80
Fax: 91 662 81 39
Correo electrónico: *info@grupoeditorialrama.com*
Internet: *www.ra-ma.es* y *www.ra-ma.com*
ISBN impreso: 979-13-8776-491-3
Depósito legal: M-18891-2025
Maquetación: Antonio García Tomé
Diseño de portada: Antonio García Tomé
Filmación e impresión: Safekat
Impreso en España en septiembre de 2025

ÍNDICE

ACERCA DEL AUTOR

Román Emiliano Arenas es un profesional en programación de sistemas informáticos con más de cinco años de experiencia en el desarrollo web y móvil. Su campo de acción abarca las tecnologías tanto del lado del cliente como del lado del servidor.

PRÓLOGO

En un mundo cada vez más digitalizado, el desarrollo web se presenta como una fuerza impulsora que está dando forma a la manera en que interactuamos en línea y a cómo construimos soluciones para una variedad de necesidades. Desde la creación de sitios web interactivos hasta la implementación de aplicaciones web complejas, el desarrollo web está dejando una huella imborrable en prácticamente todos los aspectos de la experiencia en línea.

Este viaje a través del paisaje del desarrollo web abarca una serie de temas cruciales. Exploraremos la evolución de las tecnologías web, desde sus primeros pasos hasta su sofisticación actual, que permite la creación de experiencias en línea sorprendentemente ricas y dinámicas. A medida que profundicemos en estas tecnologías, descubriremos conceptos como frameworks y bibliotecas, herramientas fundamentales que simplifican y aceleran el proceso de desarrollo web, y cómo están transformando la creación de aplicaciones y sitios web.

La colaboración entre equipos de desarrollo y diseñadores se erige como un tema central en esta travesía.

La interacción armoniosa entre estos profesionales es esencial para aprovechar todo el potencial del desarrollo web. Examinaremos cómo los flujos de trabajo colaborativos y las metodologías ágiles pueden ser fundamentales para la creación eficiente de proyectos web exitosos.

Sin embargo, este viaje no está exento de desafíos. Enfrentaremos cuestiones técnicas, desde la compatibilidad de navegadores hasta la seguridad en línea. La accesibilidad y la optimización de rendimiento son prácticas esenciales para garantizar que los sitios y aplicaciones web sean inclusivos y eficientes para todos los usuarios.

A lo largo de esta exploración, descubriremos que el desarrollo web es un campo en constante evolución y que se adapta continuamente para satisfacer las demandas cambiantes de la sociedad digital.

SOBRE ESTA OBRA

En este enfoque específico, nos adentraremos en la exploración de diversas metodologías para adquirir datos de un servidor, que en este contexto será una API de terceros, y en cómo integrar estos datos en nuestra aplicación frontend. El objetivo es comprender las múltiples formas en que podemos obtener información valiosa de fuentes externas y mostrarla de manera efectiva en nuestra aplicación web.

- ▶ **Parte 1:** tendrás la oportunidad de crear aplicaciones que consuman datos de diversas fuentes, utilizando la librería Axios y Superagent.

- ▶ **Parte 2:** profundizarás en el uso de JavaScript y trabajarás con modelos para crear aplicaciones web que te permitan organizar y mostrar datos de forma atractiva.

- ▶ **Parte 3:** continuarás el trabajo con tus aplicaciones para generar una interfaz visual y también agregar funcionalidades adicionales.

- ▶ **Parte 4:** trabajarás con JavaScript para desarrollar una aplicación web más complejas que te permita generar elevados niveles de interacción con los usuarios.

- ▶ **Parte 5:** trabajarás en opciones que te permitirán agregar funcionalidades avanzadas a la aplicación web que comenzaste a desarrollar en el volumen anterior.

Parte 1

Crea aplicaciones que consuman datos de diversas fuentes con
librerías Axios y Superagent

1

PREPARACIÓN DEL ENTORNO DE TRABAJO

En este capítulo prepararás el entorno de trabajo para enfrentar las prácticas. Verás los elementos que es necesario instalar y la forma de escribir tus primeros códigos.

1.1 INTRODUCCIÓN

Para comenzar a escribir código de JavaScript, instala el editor de código (IDE) llamado **Visual Studio Code** desde https://code.visualstudio.com/.

Luego instala **Node**, puedes descargarlo accediendo a https://nodejs.org/es/download/ (marca la casilla de instalación de gestor de paquetes para que instale npm).

Abre la terminal de Windows y comprueba que se haya instalado correctamente con **node –version** y luego **npm –version**.

Crea una carpeta con el nombre que prefieras y ábrela en **Visual Studio Code**. A continuación, genera un archivo dentro de la carpeta con el nombre **app.js** (extensión .js).

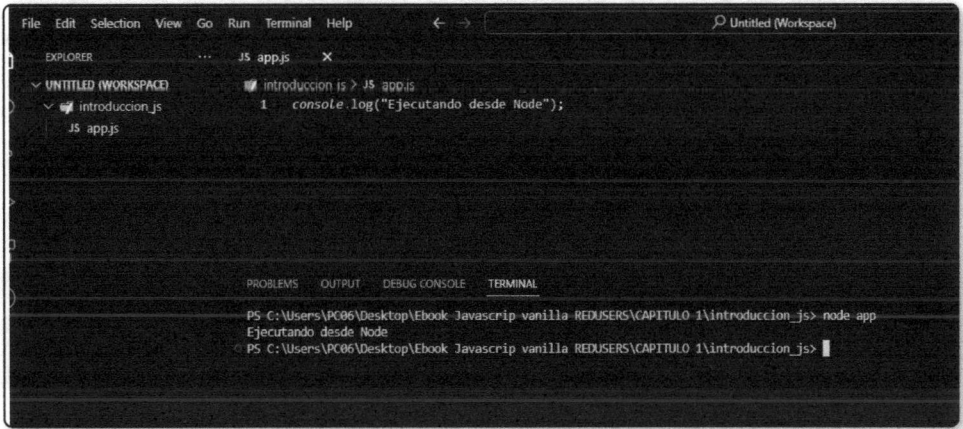

Figura 1.1. Para ejecutar este archivo, abre la terminal del IDE y coloca node app.js o, simplemente, node app; esto ejecutará su contenido. Coloca un console.log("Ejecutando desde Node") en el archivo .js y verás el mensaje en la consola al ejecutar el script.

En JavaScript, **let** y **const** son palabras clave que se utilizan para declarar variables. Se introdujeron en ECMAScript 6 (también conocido como ES6 o ECMAScript 2015) y ofrecen diferentes formas de crear variables con distintas características de alcance y mutabilidad:

▶ **Let**: se utiliza para declarar variables que pueden ser reasignadas con nuevos valores. Las variables declaradas con **let** tienen un alcance de bloque, lo que significa que solo están disponibles dentro del bloque o la función en la que se declaran. Un bloque es una sección de código delimitada por llaves, {}. Por ejemplo:

```
function exampleFunction() {
  let x = 10; // Declaración de una variable 'x' con valor 10 dentro de la fun-
ción
  if (true) {
    let y = 20; // Declaración de una variable 'y' con valor 20 dentro del blo-
que 'if'
    console.log(x); // Se puede acceder a 'x' aquí
    console.log(y); // Se puede acceder a 'y' aquí
  }
  // console.log(y); // Esto generaría un error, ya que 'y' no está disponible
fuera del bloque 'if'
}
```

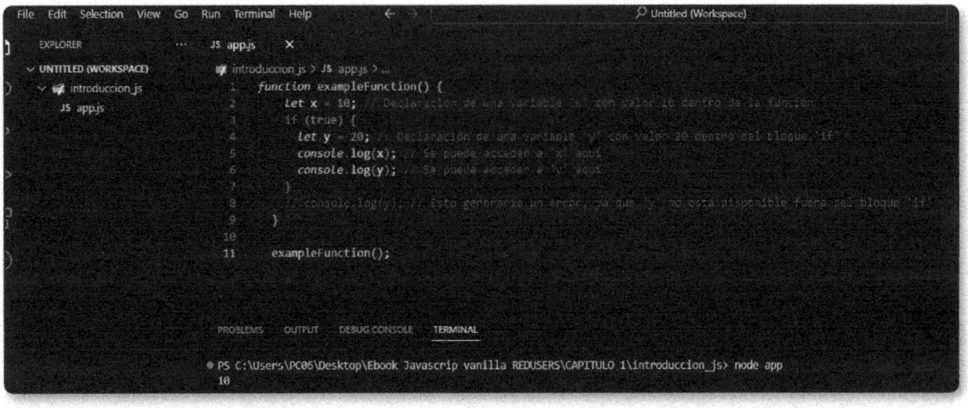

Figura 1.2. Si ejecutas la función con exampleFuncion(), verás que los console.
log() dentro de ella imprimen sus respectivos valores, pero el que está fuera
del bloque da error, ya que no se puede acceder a la variable.

▸ **Const**: se utiliza para declarar variables que no pueden ser reasignadas después de su declaración. Las variables declaradas con **const** son constantes y su valor no puede cambiar una vez que se les asigna un valor inicial. Al igual que con **let**, estas variables también tienen un alcance de bloque. Por ejemplo:

```
function exampleFunction() {
  const pi = 3.14; // Declaración de una constante 'pi' con valor 3.14 dentro de
la función
  // pi = 3.14159; // Esto generaría un error, ya que no se puede reasignar una
constante
  if (true) {
    const maxValue = 100; // Declaración de una constante 'maxValue' con valor
100 dentro del bloque 'if'
    console.log(pi); // Se puede acceder a 'pi' aquí
    console.log(maxValue); // Se puede acceder a 'maxValue' aquí
  }
  // console.log(maxValue); // Esto generaría un error, ya que 'maxValue' no
está disponible fuera del bloque 'if'
}
```

En resumen, **let** se utiliza para declarar variables reasignables con alcance de bloque, mientras que **const** se emplea para declarar constantes que no pueden ser reasignadas después de su declaración, también con alcance de bloque.

La elección entre **let** y **const** depende de si necesitas que el valor de la variable cambie o se mantenga constante a lo largo del programa. Se recomienda utilizar **const** siempre que sea posible, para garantizar inmutabilidad y evitar cambios accidentales en el código. Solo recurre a **let** cuando sepas que la variable necesitará cambiar su valor a lo largo del tiempo.

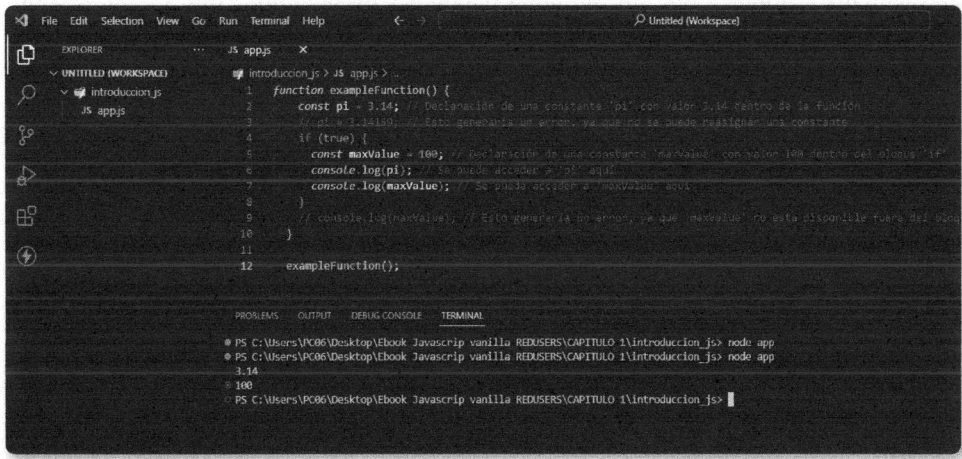

Figura 1.3. Nuevamente, si ejecutas la función exampleFuncion(), verás que los console.log() dentro de ella imprimen sus respectivos valores, pero el que está fuera del bloque da error, porque tampoco puede acceder a la variable.

1.1.1 Arreglos o arrays

Los **arreglos** en JavaScript son estructuras de datos que permiten almacenar y organizar múltiples elementos en una sola variable. Son una colección ordenada de elementos, donde cada uno de ellos puede ser de cualquier tipo de dato, como números, cadenas de texto, **objetos** o **funciones**, entre otros. Los elementos en un arreglo están indexados numéricamente, comenzando desde 0 para el primer elemento, 1 para el segundo, y así sucesivamente.

Para crear un arreglo en JavaScript, se utiliza la siguiente sintaxis:

```
const miArreglo = [elemento1, elemento2, elemento3, ...];
```

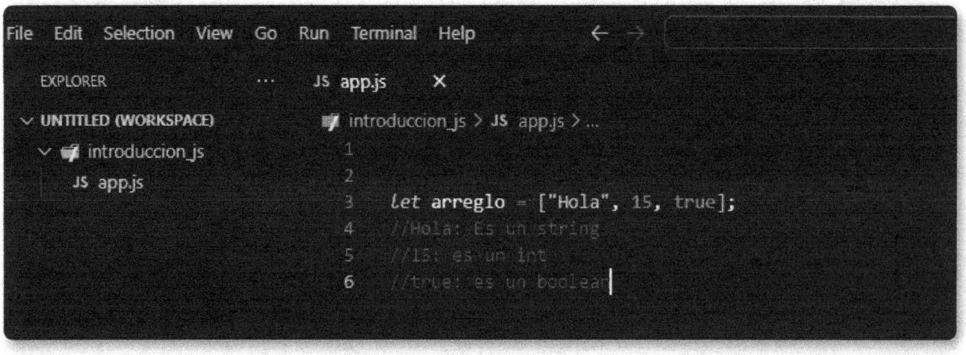

Figura 1.4. En la imagen, un arreglo con elementos de diferentes tipos.

A su vez, cuentan con una serie de métodos y propiedades integradas que facilitan su manipulación y gestión. Algunos de los métodos más comunes incluyen:

▼ **push()**: agrega un elemento al final del arreglo.

▼ **pop()**: elimina el último elemento del arreglo.

▼ **shift()**: elimina el primer elemento del arreglo.

▼ **unshift()**: agrega un elemento al principio del arreglo.

▼ **splice()**: permite agregar, eliminar o reemplazar elementos en posiciones específicas del arreglo.

▼ **concat()**: combina dos arreglos para crear uno nuevo.

▼ **slice()**: crea una copia superficial (shallow copy) de un subconjunto del arreglo original.

▶ **indexOf()**: busca el índice de la primera ocurrencia de un elemento en el arreglo.

▶ **forEach()**: ejecuta una función para cada elemento del arreglo.

▶ **map()**: crea un nuevo arreglo con el resultado de aplicar una función a cada elemento del arreglo original.

▶ **filter()**: crea un nuevo arreglo con los elementos que cumplen una condición especificada.

▶ **reduce()**: reduce todos los elementos del arreglo a un solo valor mediante una función acumuladora.

Para obtener más información, puedes consultar el sitio oficial de JavaScript.

1.1.2 Objetos

Un objeto en JavaScript es una colección de pares clave-valor, donde cada clave (también conocida como propiedad) se asocia con un valor. Los valores pueden ser de cualquier tipo de dato, incluyendo números, cadenas de texto, arreglos, funciones, y más. Las claves son cadenas de texto o símbolos, y se utilizan para acceder a los valores dentro del objeto.

La sintaxis para crear un objeto en JavaScript es la siguiente:

```
const miObjeto = {
  propiedad1: valor1,
  propiedad2: valor2,
  propiedad3: valor3,
  // ... mas propiedades
};
```

Las propiedades del objeto se definen mediante la notación de pares clave-valor, separadas por comas y encerradas entre llaves. Las propiedades se acceden utilizando la notación de punto (objeto.propiedad) o la notación de corchetes (objeto['propiedad']).

Los objetos en JavaScript son dinámicos, lo que significa que puedes agregar, modificar o eliminar propiedades en cualquier momento durante la ejecución del programa. Además, pueden contener métodos, que son funciones asociadas al objeto, y pueden realizar acciones relacionadas con sus propiedades.

1.1.3 Funciones

Las funciones en JavaScript son bloques de código reutilizable que realizan una tarea específica. Son uno de los pilares fundamentales del lenguaje, y se utilizan ampliamente para dividir y organizar la lógica del programa en pequeñas unidades llamadas funciones.

La sintaxis para definir una función en JavaScript es la siguiente:

```
function nombreDeLaFuncion(parametro1, parametro2, /* ... más parámetros */) {
  // Código de la función
  // Puede incluir declaraciones, operaciones y retornos de valores
}
```

▶ **nombreDeLaFuncion**: es el nombre que se le da a la función para identificarla y llamarla posteriormente.

▶ **parametro1**, **parametro2**, etc.: son los valores que la función espera recibir como entradas (argumentos). Son opcionales y pueden utilizarse dentro del cuerpo de la función.

Dentro del cuerpo de la función, se pueden realizar diversas operaciones, como cálculos, manipulación de datos, llamadas a otras funciones y retorno de un valor.

Para llamar a una función en JavaScript, simplemente se utiliza el nombre de la función seguido de paréntesis, opcionalmente pasando los valores de los argumentos requeridos:

```
nombreDeLaFuncion(valor1, valor2, /* ... */);
```

Una función también puede ser asignada a una variable o definida de manera anónima:

```
const miFuncion = function(parametro) {
  // Código de la función
};
// Llamando a la función asignada a la variable
miFuncion(valor);
```

Además, JavaScript permite funciones flecha (arrow functions), que ofrecen una sintaxis más concisa para funciones simples:

```
const miFuncion = (parametro1, parametro2) => {
  // Código de la función
};

// Llamando a la función flecha
miFuncion(valor1, valor2);
```

Las funciones en JavaScript son esenciales para la modularización del código, porque promueven su reutilización y facilitan el mantenimiento. Permiten dividir problemas complejos en tareas más pequeñas, y facilitan la comprensión y estructura del código en proyectos grandes. Además, pueden usarse para crear objetos, clases y patrones de diseño avanzados. En resumen, las funciones son un componente clave para desarrollar aplicaciones eficientes y estructuradas en JavaScript.

1.1.4 Formato JSON

JSON es un formato de intercambio de datos simple y ligero basado en pares clave-valor. Se utiliza ampliamente en aplicaciones web para representar información estructurada de manera legible y fácilmente interpretable. Es independiente del lenguaje y eficiente para transmitir datos entre sistemas.

En este capítulo y en los próximos lo utilizarás con mucha frecuencia, ya que los resultados provenientes de las **APIs** están en este formato.

Su sintaxis es la siguiente:

```
{
  "nombre": "Juan",
  "edad": 30,
  "esEstudiante": true,
  "hobbies": ["leer", "viajar", "programar"]
}
```

1.2 INTRODUCCIÓN AL CONSUMO DE APIS EN JAVASCRIPT

En el vertiginoso mundo de la tecnología actual, la interconexión y el intercambio de información son fundamentales para el desarrollo de aplicaciones web y móviles de alto rendimiento. Aquí es donde entran en juego las APIs (Interfaces de Programación de Aplicaciones, por sus siglas en inglés), un conjunto de reglas y protocolos que permiten a diferentes aplicaciones comunicarse y compartir datos de manera eficiente y segura.

Algunas ventajas del uso de APIs son:

▼ **Facilitan la integración**: las APIs actúan como puentes que conectan aplicaciones y servicios de manera sencilla. Al permitir que diferentes sistemas se comuniquen entre sí, se fomenta la integración de funcionalidades complejas sin necesidad de construir todo desde cero. Esto ahorra tiempo y recursos a los desarrolladores, quienes pueden concentrarse en crear valor agregado en vez de reinventar la rueda.

▼ **Amplia gama de servicios**: gracias a las APIs, JavaScript puede acceder y utilizar una amplia variedad de servicios externos. Desde redes sociales y servicios de pago, hasta soluciones de geolocalización y análisis, el consumo de APIs permite a las aplicaciones acceder a un amplio abanico de funcionalidades y datos, enriqueciendo la experiencia del usuario y mejorando la calidad del producto final.

▼ **Actualizaciones dinámicas**: las APIs son un medio efectivo para mantener actualizadas las funcionalidades de una aplicación sin la necesidad de realizar modificaciones masivas en el código. Cuando un servicio o fuente de datos cambia, el ajuste de la API correspondiente puede realizarse de manera centralizada, lo que garantiza que todas las aplicaciones que dependen de ella sigan funcionando sin problemas.

▼ **Mejora el rendimiento**: el consumo de APIs puede reducir la carga en el servidor y mejorar el rendimiento general de una aplicación. Al delegar ciertas tareas o consultas a servicios externos, se puede aliviar la carga del servidor principal, lo que permite un funcionamiento más eficiente y una respuesta más rápida para los usuarios.

▼ **Fomenta la reutilización de código**: al utilizar APIs, se fomenta la creación de componentes y módulos reutilizables. Estos componentes pueden ser compartidos entre diferentes proyectos y equipos, lo que acelera el desarrollo y garantiza la coherencia en la funcionalidad y la apariencia de las aplicaciones.

▼ **Seguridad y control**: mediante el uso de APIs, es posible mantener un mayor control sobre qué datos se comparten y con quién. Esto permite implementar medidas de seguridad y autenticación para proteger los datos sensibles y garantizar la privacidad de los usuarios.

1.2.1 Herramientas para el consumo de APIs en JavaScript

▸ **Fetch API**: fetch es una función nativa de JavaScript que proporciona una interfaz moderna y sencilla para realizar peticiones HTTP y consumir APIs de forma asíncrona. Esta API se introdujo en ES6 (ECMAScript 2015) y es ampliamente utilizada en aplicaciones web modernas debido a su simplicidad y facilidad de uso.

▸ **Axios**: Axios es una popular biblioteca de JavaScript que facilita el consumo de APIs mediante peticiones HTTP.

▸ A diferencia de fetch, Axios está diseñada para ser más fácil de usar y ofrece características adicionales, como la capacidad de realizar solicitudes concurrentes, gestionar automáticamente la conversión de datos JSON y configurar fácilmente encabezados de solicitud personalizados.

▸ **jQuery**: aunque jQuery es más conocido por su versatilidad como biblioteca de manipulación del DOM, también proporciona métodos para realizar solicitudes AJAX (*Asynchronous JavaScript and XML*). Si bien jQuery sigue siendo una opción válida, su uso se ha reducido en los últimos años en favor de enfoques más modernos, como fetch y Axios.

▸ **Superagent**: es otra biblioteca de cliente HTTP para JavaScript que ofrece una sintaxis sencilla y limpia para realizar solicitudes a APIs. Es especialmente popular en entornos donde se prioriza el tamaño del paquete, ya que tiene una huella ligera.

▸ **Request**: si el código se ejecuta en el servidor (por ejemplo, con Node.js), la biblioteca request ofrece una forma sencilla de realizar solicitudes HTTP, tanto en el cliente como en el servidor. Es ampliamente utilizada en aplicaciones de servidor y scripts de automatización.

▸ **SWR** (*Stale-While-Revalidate*): esta biblioteca se centra en mejorar la gestión del almacenamiento en caché y la recuperación de datos de APIs. Es especialmente útil para aplicaciones de React y Next.js, ya que ayuda a mantener los datos actualizados y evita peticiones innecesarias.

▸ **GraphQL Clients**: si la API que se consume utiliza el protocolo GraphQL, existen diversas bibliotecas especializadas para interactuar con este tipo de servicios, como Apollo Client y Relay. Estas bibliotecas facilitan la gestión del estado, la caché y la organización de las consultas y mutaciones en aplicaciones que utilizan GraphQL.

1.2.2 HTML, CSS e integración de JavaScript

Imagina una aplicación web como si fuera un cuerpo humano, donde HTML actúa como el esqueleto, proporcionando la estructura y la base para todo. CSS, por otro lado, es como la carne y el maquillaje del cuerpo, lo que le da el estilo, la apariencia y la belleza visual que lo hace atractivo.

Sin embargo, un cuerpo humano no estaría completo sin funcionalidades y habilidades. Aquí es donde entra JavaScript, que se asemeja a las funcionalidades que tiene este cuerpo. JavaScript permite que la aplicación cobre vida, proporcionando interactividad y dinamismo. Es como las habilidades que permiten al cuerpo humano correr, saltar y realizar diversas acciones.

1.2.3 Crea tu primer HTML

Dentro de la misma carpeta, crea un archivo llamado index.html, y coloca en él la siguiente estructura:

```html
<!DOCTYPE html>
<html lang="en">
<head>
    <meta charset="UTF-8">
    <meta name="viewport" content="width=device-width, initial-scale=1.0">
    <title>Document</title>
</head>
<body>

</body>
</html>
```

1.2.4 Crea tu primera hoja de estilos en CSS

En la misma carpeta crea un archivo llamado index.css. En él coloca la siguiente estructura, que corrige errores de márgenes en algunos dispositivos y navegadores:

```css
*{
    margin: 0;
    padding: 0;
    box-sizing: border-box;
}
```

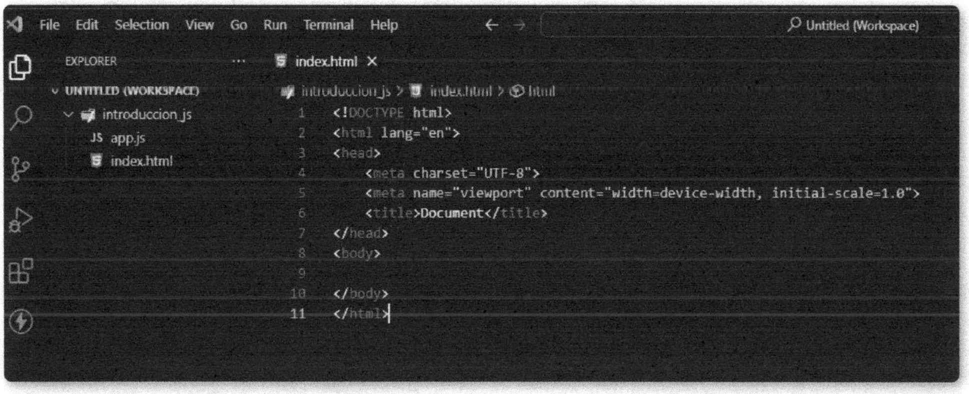

Figura 1.5. Si colocas un signo de exclamación "!", te aparecerá
el autocompletado de la estructura inicial.

1.2.5 Enlaza los archivos al HTML

Hasta ahora solo tienes tres proyectos por separado, pero necesitas que estén entrelazados. Ve al HTML y enlaza el CSS dentro de la etiqueta **head**, y el js donde finaliza el **body**.

1.2.6 Levanta el servidor

Dirígete a las extensiones e instala LIVE SERVER. A continuación, ve al HTML, haz clic derecho y presiona en **Open with live Server**. Se abrirá el navegador con tu documento, que en este caso no posee nada.

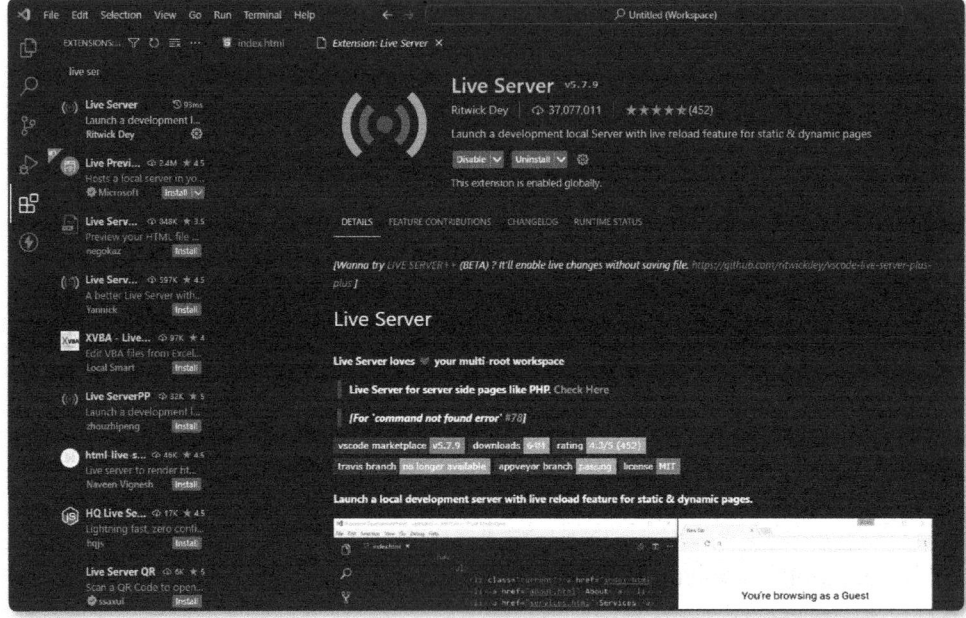

1.2.7 Etiquetas

Dentro del HTML coloca varias etiquetas **h1, h2, h3**. Guarda los cambios y observa cómo van mostrándose de forma descendente en el navegador web (**Figura 1.6.**).

Ahora ve al CSS y referencia las etiquetas; luego cámbiales el color de la letra. Verás cómo este va variando en el navegador a medida que guardes los cambios.

Luego ve al JS y agrega un evento a alguna de las etiquetas. Para asignar un evento en JavaScript, debes guardar la referencia en una variable y luego trabajar sobre esa misma variable.

En la **Figura 1.7.** verás una función que, al hacer clic sobre el texto del h1, dará una alerta emergente en el navegador.

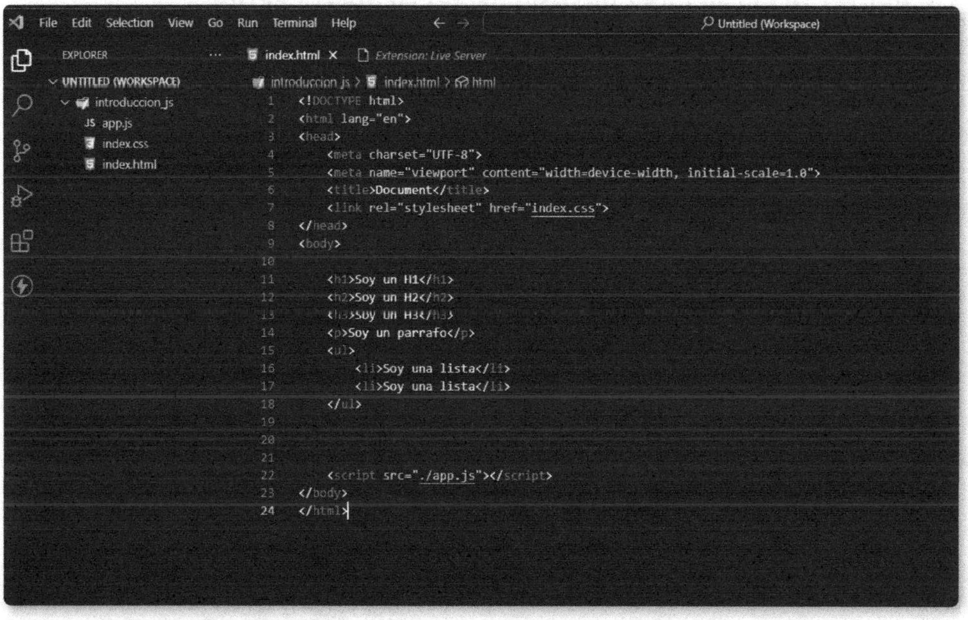

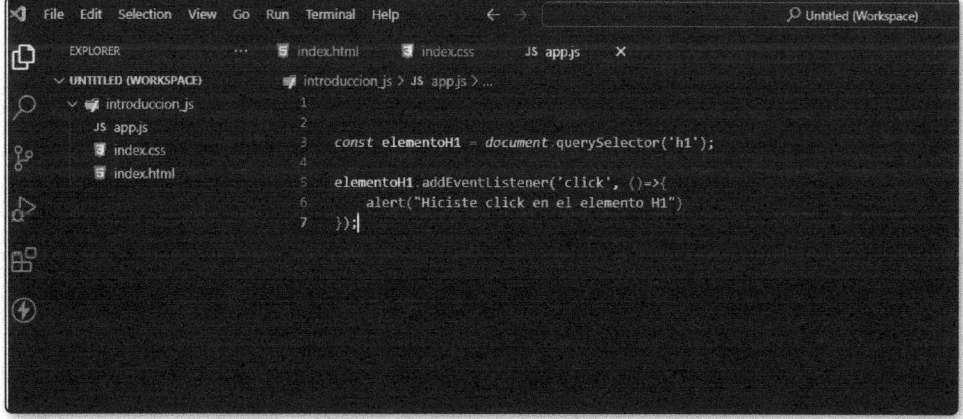

Figura 1.6. l formato de las etiquetas es <h1> Aquí debes escribir tu texto </h1>.

Figura 1.7. Hasta aquí hemos hecho una introducción muy básica sobre el uso de JavaScript dentro y fuera del navegador, es decir, corriendo sobre el servidor de Node o en un servidor local (live server).

1.3 PROYECTO CLIMA CON CONSUMO DE API MEDIANTE FETCH

En este proyecto utilizarás la función nativa de JavaScript **Fetch** para consumir una popular **API** que brinda la temperatura y el pronóstico del lugar que le indiques.

Antes de empezar, cabe aclarar que, debido a que los estilos son muy subjetivos (CSS), se usará un **framework** para **CSS** con estilos predefinidos, para que el desarrollo no sea demasiado extenso. Siéntete libre de utilizar lo que prefieras, ya sea CSS puro, Tailwind, Bulma, Bootstrap, o lo que quieras. De ser necesario, consulta la documentación de estas tecnologías o alguna inteligencia artificial que te ayude a estilar tus segmentos de código.

Deja de lado un momento el proyecto anterior, utilizado para hacer pruebas, y crea uno nuevo en una carpeta llamada app-clima o similar.

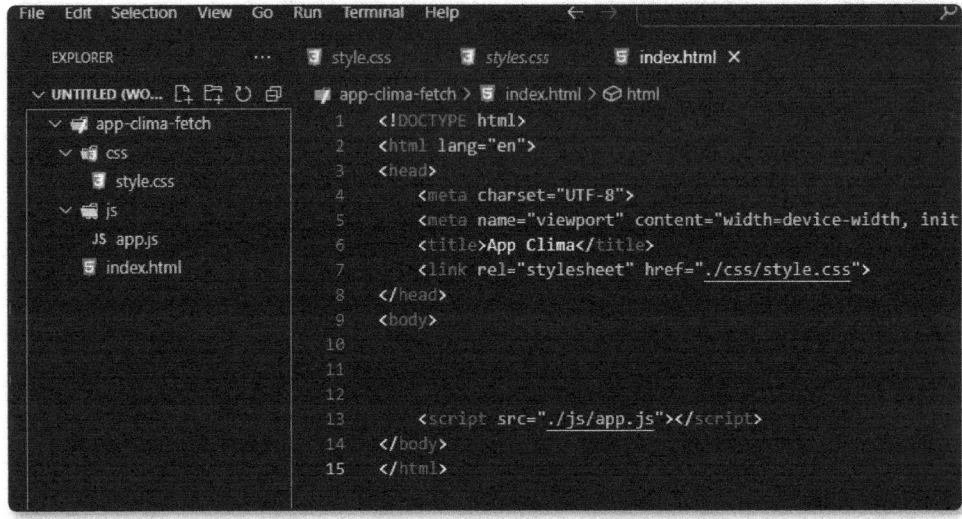

Figura 1.8. Dentro de la carpeta, crea los archivos anteriores y enlázalos como hiciste en el proyecto de pruebas. Además, puedes colocar los archivos en carpetas para ordenarlos mejor, como se ve en la imagen.

Si utilizas un framework, para CSS deberás instalarlo; en este caso se usa Tailwind. Si deseas implementarlo, también ve al HTML y, debajo de la importación del CSS, coloca esta otra:

```
<link href="https://cdn.jsdelivr.net/npm/tailwindcss@2.2.19/dist/tailwind.min.
css" rel="stylesheet">
```

Coloca también algunos estilos globales y un fondo degradado.

Estarás utilizando la API que proviene de **openweathermap**, dirígete a https://openweathermap.org/api y, luego, a **Sign In**. Allí deberás crear una cuenta o loguearte si ya la tienes.

En la parte superior, ve a **API Keys** y genera la clave en el botón **Generate**. Trabajarás con el número que figura en la key.

Por ahora, deja la página y vuelve a **Visual Studio Code**. En el HTML crea los elementos correspondientes. Es importante que tengas un contenedor donde colocar el resultado y el formulario. En este caso, se utiliza un **<div class="contenedor">**, dentro del cual se coloca otro **<div id="resultado">**. Este tendrá el id resultado para llamarlo en el archivo js, y un **<form id="formulario">** (**Figura 1.9.**, **Figura 1.10.** **Figura 1.11.**)

Una vez finalizado el HTML y CSS de la aplicación, deberás concentrarte en la parte más compleja, la lógica. Para esto, ve al archivo **app.js** y comienza referenciando el container, el formulario y el resultado, cada uno en una variable.

```html
app-clima-fetch > index.html > html > body > div.contenedor.mx-auto > div.max-w-md.mx-auto.bg-gray-200.rounded-lg.shadow-lg.p-8.mt-10 > form#formulario.mt-10 > di
 4    <head>
 5        <title>Busca el Clima</title>
 6        <link rel="stylesheet" href="https://cdn.jsdelivr.net/npm/tailwindcss@2.2.15/dist/tailwind.min.css">
 7        <link rel="stylesheet" href="./css/style.css">
 8    </head>
 9
10    <body>
11        <div class="contenedor mx-auto">
12            <h1 class="text-4xl mt-5 text-blue-700 font-bold uppercase text-center">¡Busca el Clima!</h1>
13            <div class="max-w-md mx-auto bg-gray-200 rounded-lg shadow-lg p-8 mt-10">
14                <div id="resultado" class="text-center text-gray-800 mt-6">
15                    <p>Agrega los datos y veras el resultado</p>
16                </div>
17
18                <form id="formulario" class="mt-10" action="#" method="POST">
19                    <div class="mt-5">
20                        <input type="text" name="ciudad" id="ciudad" placeholder="Escribe tu Ciudad"
21                            class="w-full p-2 rounded border border-blue-500 focus:outline-none focus:ring focus:ring-blue-300" />
22                    </div>
23                    <div class="mt-5">
24                        <select...
66                        </select>
67                    </div>
68
69                    <input type="submit"
70                        class="mt-5 w-full bg-blue-500 hover:bg-blue-600 text-white font-bold py-3 uppercase cursor-pointer rounded"
71                        value="Obtener Clima" />
72
73                </form>
74            </div>
75        </div>
76        <script src="./js/app.js"></script>
77    </body>
```

Figura 1.9. El formulario tendrá dos input con los id de país y ciudad, con sus respectivas validaciones.

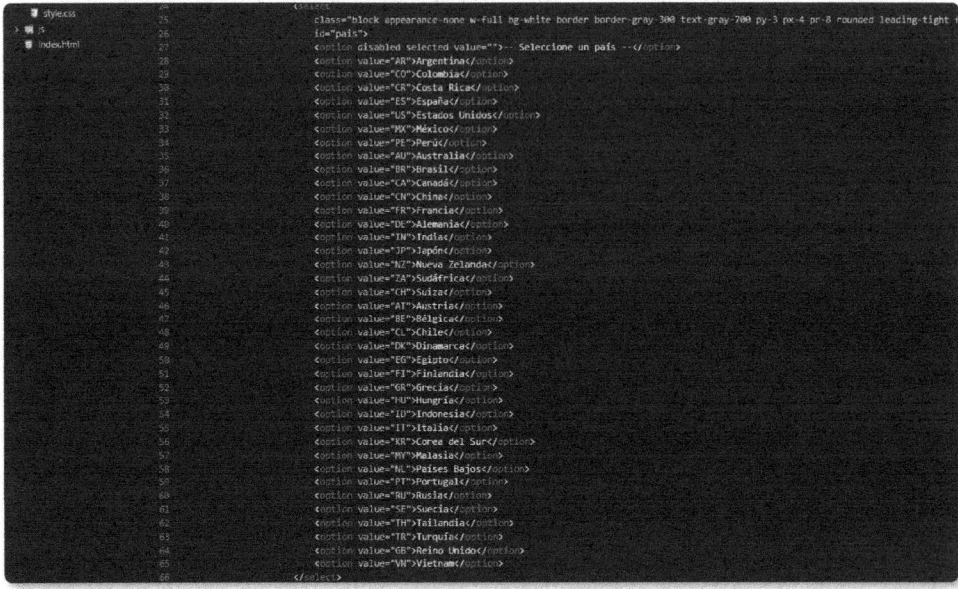

Figura 1.10. De la línea 24 ve a la 66, esto es porque dentro hay un desplegable con opciones donde van los países. Estos tienen un atributo value con el código de cada uno, cuya utilidad se verá más adelante. El desplegable debería quedar como en la siguiente imagen.

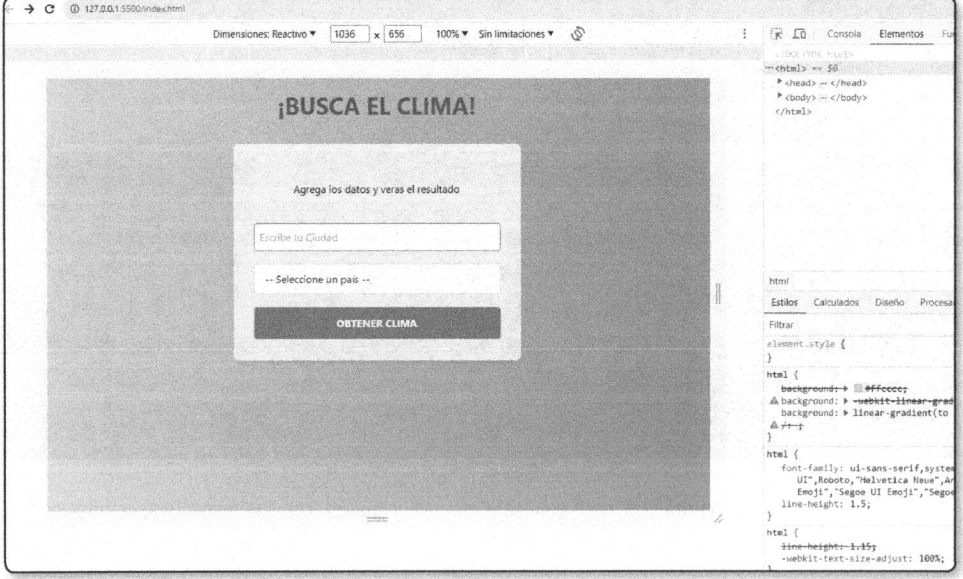

Figura 1.11. Debido a que las clases de Tailwind están agregadas en cada elemento HTML, en el navegador deberás ver algo parecido a lo que muestra la imagen.

Para seleccionar elementos HTML que poseen clases, utiliza la siguiente sintaxis:

```
const elementoConClase = document.querySelector(".nombreClase")
```

Para seleccionarlos por id:

```
const elementoConId = document.querySelector("#nombreId")
```

Ahora que tienes las referencias, comienza a asignar eventos o funcionalidades a la app. Existen muchas formas de programarlos, en diferentes órdenes y métodos. En este caso, se asignará un evento al elemento **windows** del tipo **load**, o sea que cuando cargue la página, se ejecutará algo. Ese "algo" será estar atento al evento **submit** que se le asignará a la variable formulario. En otras palabras, cuando se haga **submit** o se envíe la información, se ejecutará la función **solicitarClima**.

```
window.addEventListener('load', ()=>{
    formulario.addEventListener('submit', solicitarClima);
});
```

▶ **window.addEventListener('load', ()=>{ ... })**: agrega un "escuchador de eventos" (event listener) al objeto **window**, que representa la ventana del navegador. El evento que se está escuchando es **'load'**, lo que significa que la función que está dentro del bloque { ... } se ejecutará una vez que la página haya terminado de cargar completamente en el navegador. En otras palabras, la función dentro del bloque se ejecutará cuando todos los elementos de la página (imágenes, scripts, estilos, etc.) se hayan cargado.

▶ **formulario.addEventListener('submit', solicitarClima);**: el evento que se está escuchando aquí es **'submit'**, que se dispara cuando un formulario **HTML** se envía, ya sea haciendo clic en el botón **OBTENER CLIMA** o al presionar la tecla **ENTER** en un campo de texto dentro del formulario. La función **solicitarClima** se vincula como manejadora del evento. Es decir, cuando ocurra el evento **'submit'** en el formulario, se ejecutará la función **solicitarClima**.

1.4 VALIDACIÓN DEL FORMULARIO

Esta etapa es crucial para evitar errores en la petición a la API. Debes manejar ciertos casos de error como inputs en blanco o información errónea. Crea la función **solicitarClima**, que se dispara con el evento **submit**. Ahora deberás definir la lógica de dicha función.

Si recuerdas, los **inputs** tienen sus id correspondientes; por lo tanto, deberás referenciarlos al igual que hiciste con el formulario y demás. Puedes hacerlo dentro o fuera de la función. En este caso, se hace dentro de la función porque no es necesario utilizar esas variables en otra parte.

Creada la función, asegúrate de que funciona antes de continuar. Coloca uno o más **console.log()** para comprobarlo:

```
function solicitarClima (e){
    e.preventDefault();
    console.log("solicitando");
    const ciudad = document.querySelector('#ciudad').value;
    const pais = document.querySelector('#pais').value;


    console.log(ciudad);
    console.log(pais);
}
```

Esto deberá imprimir:

```
Solicitando
Ciudad (la que coloques)
País (el que elijas)
```

Hecha la comprobación, debes validar los datos. Hay muchísimas formas de hacerlo, esta es una de ellas:

```
if(ciudad.trim() == "" || pais.trim() == ""){
        mostrarMensaje('Hubo un error. Ambos campos son obligatorios');
        return
    }
```

▸ **ciudad.trim()** y **país.trim()**: la función **trim()** se usa para eliminar los espacios en blanco al principio y al final de una cadena. Por lo tanto, **ciudad.trim()** eliminará cualquier espacio en blanco antes y después del texto ingresado en el campo **ciudad**.

▸ **ciudad.trim() == "" || pais.trim() == ""**: esta parte del código utiliza el operador lógico **OR** (||) para verificar si alguno de los campos está vacío después de eliminar los espacios en blanco con **trim()**. Si al menos uno de los campos está vacío (es decir, después de eliminar espacios en blanco, el campo está completamente vacío), la condición se evaluará como verdadera.

Si se cumple la condición anterior (es decir, al menos uno de los campos está vacío), se ejecutará el bloque de código dentro del **if**:

- ▶ **mostrarMensaje('Hubo un error. Ambos campos son obligatorios');**: aquí se invoca una función llamada **mostrarMensaje** con el mensaje de error como argumento. Esta función mostrará un mensaje en la interfaz de usuario para informar al usuario sobre el error.

- ▶ **return**: luego de mostrar el mensaje, la declaración **return** detiene la ejecución del código en este punto. Esto significa que, si alguno de los campos está vacío, el código no continuará ejecutando la función y finalizará aquí.

Ahora define el contenido de la función que mostrará el mensaje de error:

```
function mostrarMensaje(mensaje) {
    const mensajeAlerta = document.createElement('div');
    mensajeAlerta.classList.add('bg-red-100', 'border', 'border-red-400', 'text-
red-700', 'px-8', 'py-8', 'rounded', 'relative', 'w-80', 'mx-auto', 'text-cen-
ter');
    mensajeAlerta.innerHTML = `
      <strong class="font-bold">Error!</strong>
      </br>
      <span>${mensaje}</span>
    `;

    contenedor.appendChild(mensajeAlerta);
}
```

- ▶ **const mensajeAlerta = document.createElement('div')**: aquí se crea un nuevo elemento HTML **<div>** y se almacena en la variable **mensajeAlerta**. Este div será el contenedor del mensaje de alerta.

- ▶ **mensajeAlerta.classList.add(...)**: se agregan varias clases de Tailwind CSS al elemento **mensajeAlerta**.

- ▶ **mensajeAlerta.innerHTML =...**: se establece el contenido interno del div **mensajeAlerta** **<strong>** con el texto Error! y un **<span>** con el mensaje pasado como argumento a la función.

- ▶ **contenedor.appendChild(mensajeAlerta);**: por último, el div **mensajeAlerta** se agrega como hijo del elemento con el identificador contenedor. Esto hace que el mensaje se muestre en la página dentro del elemento que tenga ese identificador.

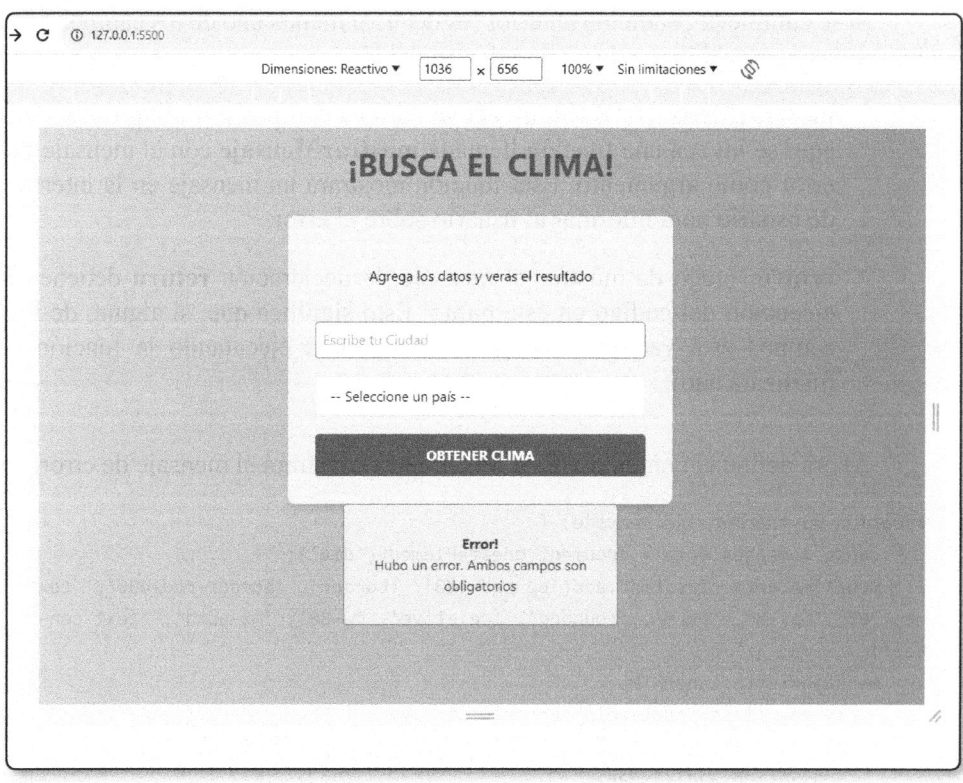

Figura 1.12. Al enviar el formulario sin contenido en los inputs,
deberá aparecer el mensaje como aquí se muestra.

No obstante, si provocas el error más de una vez, se acumularán los mensajes uno debajo del otro y no desaparecerán. Por eso existe una función para manipular ciertas cosas empleando un lapso de tiempo. La función **setTimeout** en **JavaScript** es una de ellas. Su estructura es la siguiente:

```
setTimeout(() => {
        accion
    }, tiempo);
```

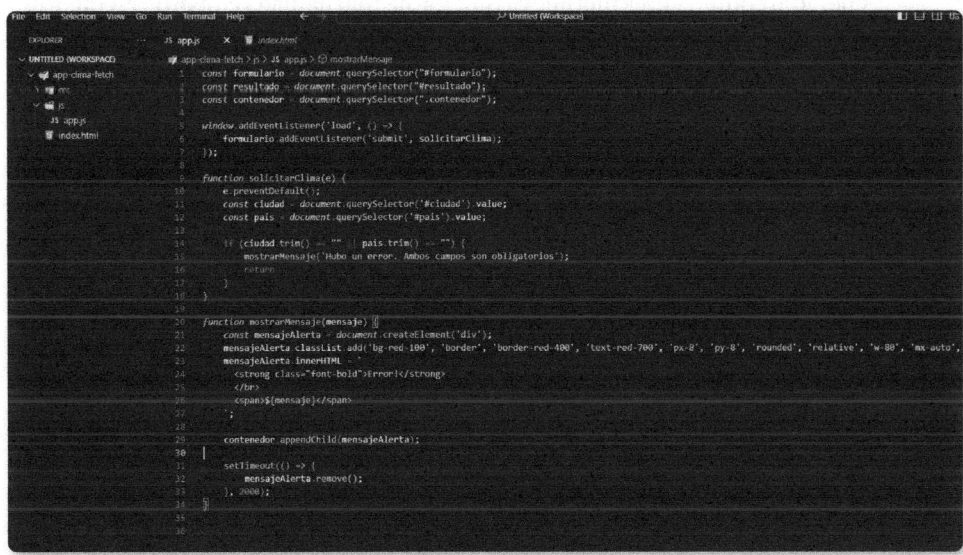

Figura 1.13. En la acción se ubicará el código, y en tiempo, el lapso que tardará en ejecutarse dicha acción, con una escala de 1000 = 1 segundo. Para este caso, coloca la función, un lapso de 2 segundos (2000) y remueve el mensaje.

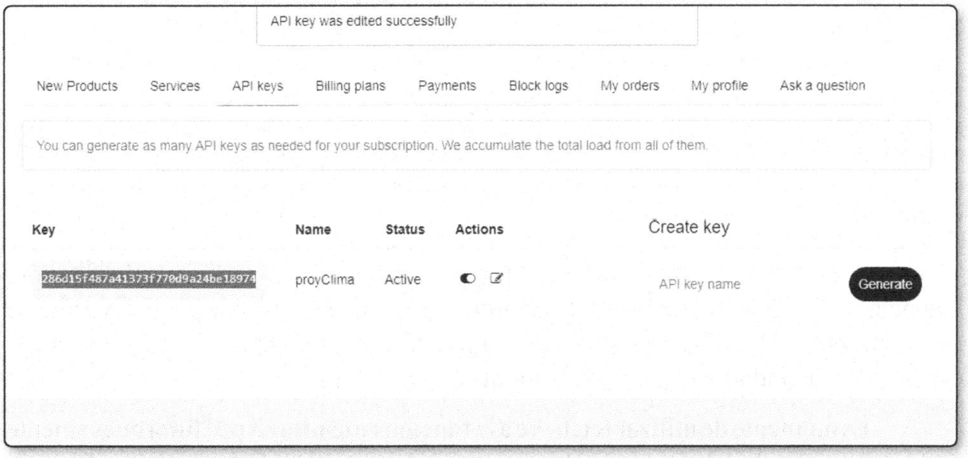

Figura 1.14. Ya has evaluado el caso negativo de la petición a la API. Es hora de manejar el caso positivo, que es el objetivo de este proyecto. Ve a la página de openweathermap otra vez y copia la API KEY que generaste anteriormente.

Vuelve al código y crea una nueva función al final llamada **consultarApiClima** que reciba como parámetros el país y la ciudad. Dentro del cuerpo crea una variable y guarda la KEY que acabas de copiar.

Nuevamente en la página, ve a la parte superior, donde dice **API**, o a esta **URL**. Allí busca la opción **Current Weather Data** y luego elige **API docs** (esta opción es gratuita; si deseas obtener el tiempo por hora y otras cosas más, deberás usar las que son de pago).

Baja hasta donde dice "Built-in API request by city name

You can call by city name or city name, state code and country code. Please note that searching by states available only for the USA locations." Copia la última URL que aparece abajo, que es parecida o igual a esta:

```
https://api.openweathermap.org/data/2.5/weather?q={city name},{state
code},{country code}&appid={API key}
```

Como podrás ver, tiene cuatro parámetros dinámicos, de los cuales utilizarás tres: **city**, **country** y **API Key**. A continuación, guárdala en una variable (url) dentro de la función que consultará a la API.

Modifícala acorde a los requerimientos que tengas. Reemplaza city por el parámetro **ciudad** y coloca un **$** delante para indicarle que es una variable de **javascript**. Haz lo mismo con country y la variable **país**, y borra state porque no lo necesitas. Luego sigue el mismo mecanismo para la **API key**, la cual reemplazarás por la variable que tienes arriba. Recuerda hacerlo con ``, ya que de lo contrario, no reconocerá las variables. Deberá quedarte algo como lo siguiente:

```
const url=
`https://api.openweathermap.org/data/2.5/weather?q=${ciudad},${pais}&appid=${A
pi_Key}`
```

A continuación, deberás establecer el punto de ejecución de la función. Llámala dentro de la función **solicitarClima**, justo debajo del condicional, ya que de no cumplirse ese condicional, pasará a realizar la consulta (línea 18), y pásale como parámetros la ciudad y el país de los inputs.

Es momento de utilizar fetch. Ve a la función **consultarApiClima** nuevamente y colocale un **fetch** debajo a la URL para recibir la respuesta. Esta vendrá en formato **json()**,utilizado en la mayoría de las APIs gratuitas. Ademas, coloca un **console.log()** a los datos recibidos para visualizar la respuesta en la consola:

```
fetch(url)
    .then(respuesta => respuesta.json())
    .then(datos => console.log(datos))
```

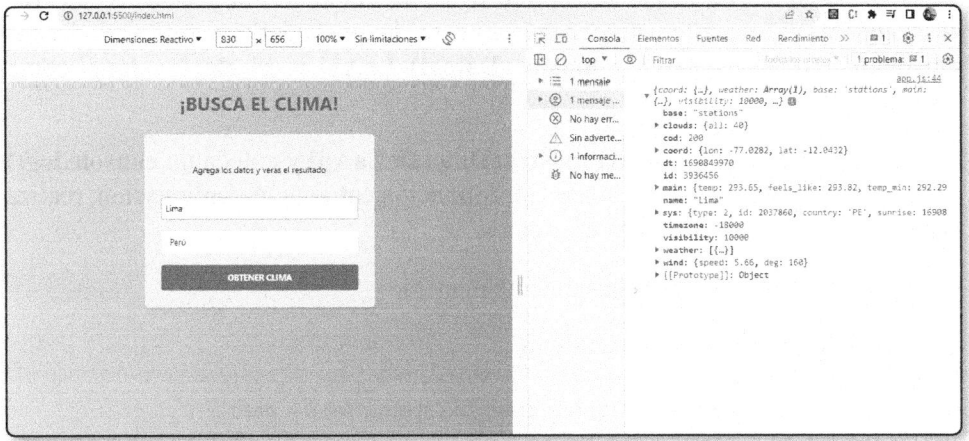

Figura 1.15. Coloca algo como, por ejemplo, "Lima" y selecciona
"Perú", verás en la consola la siguiente información.

En este punto deberás manejar un posible caso de error, cuando el usuario coloque una ciudad que no existe. Compruébalo y ve cuál es el mensaje saliente en la consola: es un **error 404**. Esto no podrías manejarlo en un **try catch**, ya que la petición se hizo correctamente y es "**un bad request**", o sea, un error al momento de enviar la información. Por lo tanto, deberás asignarle un mensaje de error. Crea la condición y reutiliza la función para mostrar errores pasándole algo así como **"Ciudad no encontrada"** .

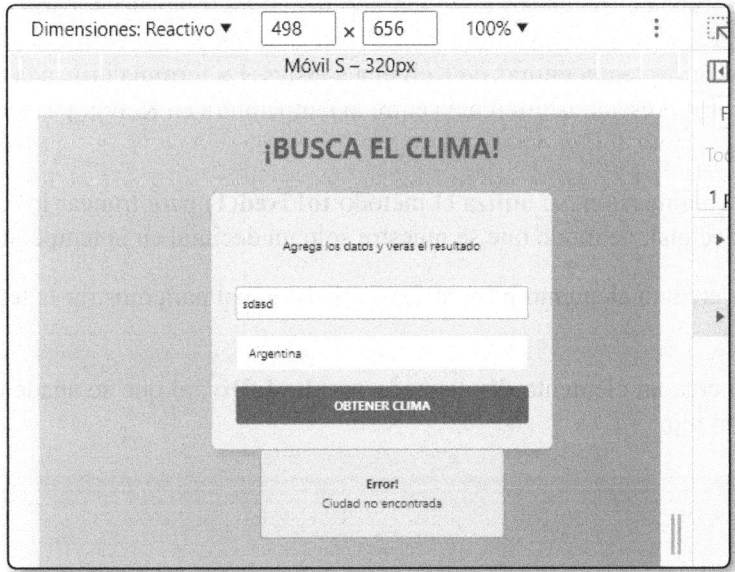

Figura 1.16. En la aplicación se visualizará de esta manera.

Coloca un **return** para que no se siga ejecutando el código en caso de **error 404** y maneja el caso alternativo; o sea, en caso de que la petición retorne los datos esperados, ejecuta la función **mostrarDatosDeLaApi** y pásale los datos como parámetro.

Ahora define la función **mostrarDatosDeLaApi** y coloca un **console.log()** a los datos si quieres para visualizar la información entrante. A continuación, realiza una petición exitosa y visualiza esos datos.

Imprime los datos de la siguiente manera:

```
function mostrarDatosDeLaApi(datos){
    console.log(datos)
    const {main: {humidity, temp, temp_max, temp_min}} = datos;
    tempActual = (temp - 273.15).toFixed(1); // Trunca a 1 decimal
    tempMaxima = (temp_max - 273.15).toFixed(1); // Trunca a 1 decimal
    tempMinima = (temp_min - 273.15).toFixed(1); // Trunca a 1 decimal

    const actual = document.createElement('p');
    actual.innerHTML = `${tempActual} °`

    const resultadoDiv = document.createElement('div');
    resultadoDiv.appendChild(actual);
    resultado.appendChild(resultadoDiv);
}
```

La función se encarga de extraer los datos relevantes para mostrar la temperatura actual, máxima, mínima y la humedad. Luego, se realiza una operación para convertir las temperaturas de Kelvin a Celsius. La fórmula utilizada es (temp - 273.15), que representa la diferencia entre la temperatura en Kelvin y la temperatura en Celsius.

A continuación, se utiliza el método **toFixed(1)** para truncar los resultados a un solo decimal, de modo que se muestre solo un decimal en la temperatura final.

Se crea un elemento **p** (párrafo) llamado actual para mostrar la temperatura actual.

Se crea un elemento **div** llamado **resultadoDiv**, al que se añade el párrafo actual como hijo.

```
IS  app.js              46                    mostrarMensaje('Ciudad no encontrada');
 index.html             47                    return;
                        48              }
                        49          else{
                        50                    mostrarDatosDeLaApi(datos)
                        51              }
                        52          })
                        53      }
                        54
                        55      function mostrarDatosDeLaApi(datos){
                        56          console.log(datos)
                        57          const {main: {humidity, temp, temp_max, temp_min}} = datos;
                        58          tempActual = (temp - 273.15).toFixed(1); // Trunca a 1 decimal
                        59          tempMaxima = (temp_max - 273.15).toFixed(1); // Trunca a 1 decimal
                        60          tempMinima = (temp_min - 273.15).toFixed(1); // Trunca a 1 decimal
                        61
                        62          const actual = document.createElement('p');
                        63          actual.innerHTML = `${tempActual} °`
                        64
                        65          const resultadoDiv = document.createElement('div');
                        66          resultadoDiv.appendChild(actual);
                        67          resultado.appendChild(resultadoDiv);
                        68      }
                        69
```

Figura 1.17. Finalmente, el elemento resultadoDiv se agrega al resultado.

Si observas, tienes el mismo problema que tenías con el mensaje de error: se están acumulando todas las temperaturas y no desaparecen. Para solucionar este inconveniente, emplearás otro método, que no permitirá que haya más de un mensaje impreso en la aplicación. Haz la siguiente función:

```
function limpiarHTML() {
    while(resultado.firstChild){
        resultado.removeChild(resultado.firstChild)
    }
}
```

```
 index.html             77                    resultadoDiv.appendChild(actual);
                        78                    resultado.appendChild(resultadoDiv);
                        79              }
                        80
                        81      function limpiarHTML() {
                        82          while(resultado.firstChild){
                        83                resultado.removeChild(resultado.firstChild)
                        84          }
                        85      }
```

Figura 1.18. La función limpiarHTML() elimina todos los elementos hijos del elemento con el id "resultado" en tu página web, dejándolo vacío y listo para actualizar con nueva información.

Ahora llama a la función cada vez que se ejecute la petición a la API para que no se acumulen en el div del resultado (línea 45).

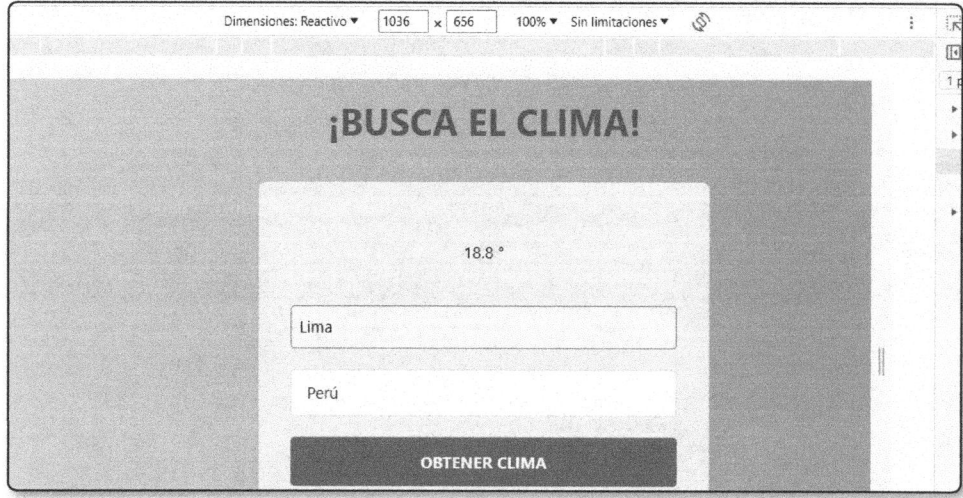

Figura 1.19. Hasta ahora se visualiza de esta forma.

Hasta el momento solo has visualizado la temperatura actual. Ahora agrega la mínima, máxima y la humedad de igual forma. Además, se le agregaron clases de Tailwind para que quede más agradable a la vista.

Para finalizar, añade un spinner para simular la carga de los datos. Esto le dará una performance más elegante. Ve a la página **https://tobiasahlin.com/spinkit/**, elige uno y ve a **source**. Allí copia el CSS del spinner y pégalo en la hoja de estilos CSS.

```
 83        resultado.removeChild(resultado.firstChild)
 84     }
 85  }
 86
 87  function spinner() {
 88      const divSpinner = document.createElement('div');
 89      divSpinner.innerHTML = `
 90          <div class="sk-circle">
 91              <div class="sk-circle1 sk-child"></div>
 92              <div class="sk-circle2 sk-child"></div>
 93              <div class="sk-circle3 sk-child"></div>
 94              <div class="sk-circle4 sk-child"></div>
 95              <div class="sk-circle5 sk-child"></div>
 96              <div class="sk-circle6 sk-child"></div>
 97              <div class="sk-circle7 sk-child"></div>
 98              <div class="sk-circle8 sk-child"></div>
 99              <div class="sk-circle9 sk-child"></div>
100              <div class="sk-circle10 sk-child"></div>
101              <div class="sk-circle11 sk-child"></div>
102              <div class="sk-circle12 sk-child"></div>
103          </div>
104      `;
105  }
```

Figura 1.20. Copia el código HTML. Ve al archivo app.js y crea la función spinner. Allí crea el <div> para el spinner, agrégale el texto con innerHTML y pégale el contenido, como se ve en la imagen.

Reacondiciona el código, quita el primer **div** del **innerHTML** y asígnaselo como clase mediante el **divSpinner.classList.add()**.

Adicionalmente, cuando comienza la función puedes agregar la función que limpia el HTML para borrar cualquier registro previo que esté a la vista (**Figura 1.21.**).

```
 js          33            mensajeAlerta.remove();
 JS app.js    34        }, 2000);
 index.html   35    }
              36
              37    function consultarApiClima(ciudad, pais) {
              38
              39        const Api_Key = `286d15f487a41373f770d9a24be18974`;
              40        const url = `https://api.openweathermap.org/data/2.5/weather?q=${ciudad},${pais}&appi
              41    |
              42        spinner();
              43
              44        fetch(url)
              45            .then(respuesta => respuesta.json())
              46            .then(datos => {
              47                limpiarHTML();
              48                if (datos.cod === "404") {
              49                    mostrarMensaje('Ciudad no encontrada');
              50                    return;
              51                }
              52                else {
              53                    mostrarDatosDeLaApi(datos)
              54                }
              55            })
              56    }
              57
              58    function mostrarDatosDeLaApi(datos) {
              59        console.log(datos)
              60        const { main: { humidity, temp, temp_max, temp_min } } = datos;
              61        tempActual = (temp - 273.15).toFixed(1); // Trunca a 1 decimal
              62        tempMaxima = (temp_max - 273.15).toFixed(1); // Trunca a 1 decimal
```

Figura 1.21. Por último, llama a la función spinner() al momento de hacer la petición con fetch (línea 42).

Con esto has llegado al final del proyecto consultando una API real con la función nativa fetch de JavaScript.

1.5 ACTIVIDADES

A continuación se presentan las preguntas y los ejercicios que deberías saber responder y resolver para considerar aprendido el capítulo.

1.5.1 Test de autoevaluación

1. *¿Qué acciones debes realizar para preparar el entorno de trabajo antes de escribir código JavaScript?*

2. *¿Cuál es la diferencia entre las palabras clave* **let** *y* **const** *en JavaScript en términos de reasignación y alcance de bloque?*

3. *¿Qué son los arreglos en JavaScript y cómo se crean? Proporciona un ejemplo.*

4. *Menciona al menos tres métodos comunes utilizados para manipular arreglos en JavaScript.*

5. *¿Qué es un objeto en JavaScript y cómo se define? Proporciona un ejemplo.*

6. *¿Cuál es la importancia de las funciones en JavaScript y cómo se definen?*

7. *¿Qué ventajas ofrece el uso de APIs (Interfaces de Programación de Aplicaciones) en aplicaciones web?*

8. *Nombra al menos tres herramientas populares para el consumo de APIs en JavaScript.*

9. *¿Qué papel desempeña HTML en una aplicación web y cómo se asemeja a la estructura de un cuerpo humano?*

10. *¿Cómo se diferencia JavaScript de HTML y CSS en términos de funcionalidad en una aplicación web?*

1.5.2 Ejercicios prácticos

1. *Prepara tu entorno de trabajo siguiendo las instrucciones proporcionadas en el texto y verifica que Node.js esté instalado correctamente en tu sistema. Ejecuta un archivo JavaScript simple para asegurarte de que todo funcione como se espera.*

2. *Crea un arreglo con al menos cinco elementos de diferentes tipos y utiliza al menos tres de los métodos mencionados en el texto para manipularlo.*

3. *Define un objeto en JavaScript con al menos tres propiedades y accede a ellas utilizando tanto la notación de punto como la notación de corchetes.*

4. *Escribe una función en JavaScript que tome dos parámetros y devuelva la suma de esos dos valores. Llama a esta función con diferentes argumentos para probar su funcionamiento.*

5. *Investiga y selecciona una de las herramientas mencionadas para el consumo de APIs en JavaScript (por ejemplo, Fetch API o Axios). Realiza una solicitud a una API pública (como la API de JSONPlaceholder) para obtener datos y muestra estos datos en la consola o en una página web simple.*

6. *Crea una página web HTML básica que incluya al menos un elemento HTML, estilos CSS y una función JavaScript que realice alguna acción simple, como cambiar el color de fondo de un elemento al hacer clic en un botón.*

2

USO DE APIS

Bienvenido al segundo capítulo. Si has completado el anterior, tendrás las bases necesarias para conllevar todo el contenido siguiente. Anteriormente has visto conceptos básicos de JavaScript y los has implementado en una app de JavaScript Vanilla (sin framework) haciendo uso de la popular función nativa fetch para el consumo de APIs de terceros.

2.1 PROMESAS EN JAVASCRIPT

En JavaScript, las **promesas** son un mecanismo que permite manejar de manera más eficiente las operaciones asíncronas, como las peticiones a servidores, las lecturas de archivos y otros procesos que pueden llevar tiempo. Las promesas ayudan a organizar y controlar el flujo del código de manera más legible y ordenada.

La estructura básica de una promesa consta de tres estados posibles:

- ▶ **Pendiente (pending)**: cuando se crea una promesa, inicialmente está en estado pendiente, lo que significa que la operación asíncrona aún no ha finalizado.

- ▶ **Cumplida (fulfilled)**: una promesa entra en este estado cuando la operación asíncrona se completa con éxito. En este punto, se llama a la función de resolución **(.then())** asociada a la promesa, lo que permite manejar el resultado de la operación.

- ▶ **Rechazada (rejected)**: si la operación asíncrona falla, la promesa pasa a este estado. Se llama a la función de rechazo **(.catch())** para manejar el error y tomar las medidas necesarias.

El uso básico de este elemento implica crear una nueva promesa utilizando el constructor **Promise**, pasando una función que realiza la operación asíncrona como argumento. Esta función toma dos argumentos: **resolve** y **reject**, que se utilizan para cambiar el estado de la promesa según si la operación se completa con éxito o falla.

```
const miPromesa = new Promise((resolve, reject) => {
  // Simulando una operación asíncrona exitosa después de 2 segundos
  setTimeout(() => {
    const exito = true;
    if (exito) {
      resolve("Operación exitosa");
    } else {
      reject("Algo salió mal");
    }
  }, 2000);
});

miPromesa
  .then(resultado => {
    console.log(resultado); // Maneja el resultado exitoso
  })
  .catch(error => {
    console.error(error); // Maneja el error
  });
```

En resumen, las promesas en JavaScript proporcionan una forma estructurada de lidiar con operaciones asíncronas y permiten encadenar acciones después de que esas operaciones se completen o fallen, lo que mejora la legibilidad y el control del flujo del código.

2.1.1 ASYNC y AWAIT

La palabra clave **async** se coloca antes de una función para indicar que esta contendrá operaciones asíncronas.

Cuando se llama a una función marcada como **async**, automáticamente devuelve una promesa. Dentro de esta función, puedes utilizar la palabra clave **await** para pausar la ejecución de la función hasta que una promesa se resuelva.

Esto hace que el flujo de código sea más similar a un estilo de programación síncrono.

La palabra clave **await** solo se puede usar dentro de una función marcada como **async**. Se coloca antes de una expresión de promesa y pausa la ejecución de la función hasta que la promesa se resuelva o se rechace. Cuando se resuelve, el valor resultante se devuelve. Si se rechaza, se lanzará una excepción que puedes manejar usando bloques **try...catch**.

Veamos un ejemplo:

```
async function miFuncionAsincrona() {
  try {
    const resultado1 = await operacionAsincrona1();
    const resultado2 = await operacionAsincrona2(resultado1);
    return resultado2;
  } catch (error) {
    console.error("Ocurrió un error:", error);
    throw error;
  }
}

miFuncionAsincrona()
  .then(resultadoFinal => {
    console.log("Resultado final:", resultadoFinal);
  })
  .catch(error => {
    console.error("Error en la función principal:", error);
  });
```

2.1.2 Qué es Axios

Si recuerdas, en el capítulo anterior vimos una sección exclusivamente dedicada a las diferentes formas, métodos y técnicas de consumir una API, y una de ellas era la implementación de **Axios**.

Esta tecnología proporciona una forma sencilla y eficiente de realizar peticiones HTTP a servidores y APIs, ya sea para recuperar datos, enviarlos o interactuar con servicios web.

A diferencia de la función fetch nativa de JavaScript, Axios está diseñado para ser más fácil de usar y ofrece características adicionales, como la capacidad de manejar automáticamente respuestas JSON (o sea, que no necesitas parsear los datos en formato JSON), manejar errores HTTP (try catch) y configurar interceptores para modificar solicitudes y respuestas.

2.2 INTRODUCCIÓN A VITE Y DIFERENCIAS CON WEBPACK

Para este proyecto utilizarás **Vite**, una alternativa a Webpack en el mundo del desarrollo web. Se creó con el propósito de ofrecer una experiencia de desarrollo más rápida y eficiente, en especial, durante el desarrollo local.

Las principales diferencias de Vite en comparación con Webpack incluyen:

- **Desarrollo rápido**: Vite está optimizado para un desarrollo más rápido al aprovechar las características nativas de los navegadores modernos. Utiliza el módulo ES6 como sistema de construcción nativo en lugar de empaquetar todos los módulos en un solo archivo, lo que reduce el tiempo de recarga en el navegador durante el desarrollo.

- **Dependencias dinámicas**: Vite carga las dependencias de manera más dinámica y solo cuando son necesarias, lo que puede acelerar aún más el tiempo de carga durante el desarrollo.

- **Construcción optimizada**: aunque Vite es muy eficiente en el desarrollo local, Webpack sigue siendo una opción sólida para la construcción y optimización de aplicaciones para producción debido a su amplia gama de características y plugins.

- **Menos configuración**: Vite requiere menos configuración inicial que Webpack. En la mayoría de los casos, puedes comenzar rápidamente con Vite sin tener que ajustar múltiples configuraciones.

- **Vue-Centric (en su versión original)**: Vite fue en un principio diseñado para trabajar especialmente bien con Vue.js, aunque más adelante se ha extendido para admitir otros frameworks, como React, Svelte o, incluso, para trabajar en JavaScript puro (vanilla), que es exactamente lo que utilizarás en esta ocasión.

- **Plugins nativos**: Vite utiliza plugins nativos de ESModules para cargar y procesar diferentes tipos de archivos, lo que puede proporcionar un mejor rendimiento y manejo de las dependencias.

- **Menor sobrecarga**: debido a su enfoque en la velocidad de desarrollo, Vite tiene menos sobrecarga y procesamiento durante el desarrollo, lo que puede llevar a una experiencia más ágil.

2.3 PRIMEROS PASOS EN LA APP

Habiendo explicado todos los conceptos necesarios para la creación de la app correspondiente a este capítulo, es hora de comenzar. En esta ocasión, consumirás una API que retorna información en formato JSON de la popular serie animada estadounidense Rick y Morty. Realizarás la aplicación en el siguiente orden:

▶ **Creación del proyecto con Vite**: para empezar vas a crear un nuevo proyecto utilizando Vite.

▶ Este es conocido por su configuración mínima y su rápido tiempo de arranque, lo que lo vuelve ideal para proyectos pequeños y medianos.

▶ **Instalación de paquetes (Axios y Bootstrap)**: instalarás las dependencias necesarias para tu proyecto. Esto incluirá los paquetes Axios y Bootstrap para trabajar en la parte de los estilos. Al igual que Tailwind CSS, utilizado en el capítulo anterior, Bootstrap posee estilos predefinidos ideales para agilizar el trabajo en este campo.

▶ **Escritura del código**: implementarás la lógica de la aplicación utilizando JavaScript Vanilla.

▶ **Despliegue a GitHub**: una vez que hayas completado la aplicación, subirás el código fuente a un repositorio en GitHub. Esto te permitirá tener un control de versiones y compartir el código con otros colaboradores.

▶ **Despliegue a Netlify**: finalmente, desplegarás la aplicación en Netlify, un servicio de alojamiento y despliegue de aplicaciones web. Netlify es conocido por su integración sencilla con repositorios de GitHub, y por ofrecer una forma rápida y cómoda de colocar en línea aplicaciones web estáticas.

PASO 1

Comienza abriendo una terminal de Windows en un directorio de tu preferencia en la PC y ejecuta el comando para crear el proyecto en Vite: **npm create vite@latest**. Colócale un nombre a tu proyecto y presiona **ENTER**.

```
C:\WINDOWS\system32\cmd.exe

Microsoft Windows [Versión 10.0.19045.3208]
(c) Microsoft Corporation. Todos los derechos reservados.

C:\Users\PC06\Desktop\Ebook Javascrip vanilla REDUSERS\CAPITULO 2>npm create vite@latest
? Project name: » vanilla_RickAndMorty_Axios
```

PASO 2

Elige la opción **Vanilla**.

```
C:\WINDOWS\system32\cmd.exe
Microsoft Windows [Versión 10.0.19045.3208]
(c) Microsoft Corporation. Todos los derechos reservados.

C:\Users\PC06\Desktop\Ebook Javascrip vanilla REDUSERS\CAPITULO 2>npm create vite@latest
√ Project name: ... vanilla_RickAndMorty_Axios
√ Package name: ... vanilla-rickandmorty-axios
? Select a framework: » - Use arrow-keys. Return to submit.
>   Vanilla
    Vue
    React

    Lit


    Qwik
    Others
```

PASO 3

Luego, la opción **JavaScript**.

```
C:\WINDOWS\system32\cmd.exe
Microsoft Windows [Versión 10.0.19045.3208]
(c) Microsoft Corporation. Todos los derechos reservados.

C:\Users\PC06\Desktop\Ebook Javascrip vanilla REDUSERS\CAPITULO 2>npm create vite@latest
√ Project name: ... vanilla_RickAndMorty_Axios
√ Package name: ... vanilla-rickandmorty-axios
√ Select a framework: » Vanilla
? Select a variant: » - Use arrow-keys. Return to submit.

>   JavaScript
```

PASO 4

Navega a la carpeta de tu proyecto con **cd nombre_de_tu_proyecto** y luego instala el módulo de dependencias con **npm i**.

```
npm i                                                              — □ ×
Microsoft Windows [Versión 10.0.19045.3208]
(c) Microsoft Corporation. Todos los derechos reservados.

C:\Users\PC06\Desktop\Ebook Javascrip vanilla REDUSERS\CAPITULO 2>npm create vite@latest
√ Project name: ... vanilla_RickAndMorty_Axios
√ Package name: ... vanilla-rickandmorty-axios
√ Select a framework: » Vanilla
√ Select a variant: » JavaScript

Scaffolding project in C:\Users\PC06\Desktop\Ebook Javascrip vanilla REDUSERS\CAPITULO 2\vanilla_RickAndMorty_Axios...

Done. Now run:

  cd vanilla_RickAndMorty_Axios
  npm install
  npm run dev

C:\Users\PC06\Desktop\Ebook Javascrip vanilla REDUSERS\CAPITULO 2>cd vanilla_RickAndMorty_Axios

C:\Users\PC06\Desktop\Ebook Javascrip vanilla REDUSERS\CAPITULO 2\vanilla_RickAndMorty_Axios>npm i
[                    ] / idealTree:vanilla_RickAndMorty_Axios: sill        buildDeps
```

PASO 5

Instala los paquetes que utilizarás en el desarrollo de la app, **npm i axios** y **npm i boostraap**; hazlo de a uno.

```
C:\Users\PC06\Desktop\vanilla_RickAndMorty_Axios>code .

C:\Users\PC06\Desktop\vanilla_RickAndMorty_Axios>npm i axios boostrap
npm WARN            boostrap@2.0.0: Package no longer supported. Contact support@npmjs.com for more info.

added 10 packages, and audited 19 packages in 6s

4 packages are looking for funding
  run `npm fund` for details

found 0 vulnerabilities

C:\Users\PC06\Desktop\vanilla_RickAndMorty_Axios>_
```

PASO 6

Abre el proyecto con Visual Studio Code arrastrando la carpeta hacia el editor de código o desde esa misma terminal ejecutando **code**.

```
C:\Windows\System32\cmd.exe                                               —    □    ×

 cd vanilla_RickAndMorty_Axios
 npm install
 npm run dev

C:\Users\PC06\Desktop\Ebook Javascrip vanilla REDUSERS\CAPITULO 2>cd vanilla_RickAndMorty_Axios

C:\Users\PC06\Desktop\Ebook Javascrip vanilla REDUSERS\CAPITULO 2\vanilla_RickAndMorty_Axios>npm i

added 8 packages, and audited 9 packages in 42s

3 packages are looking for funding
  run `npm fund` for details

found 0 vulnerabilities

C:\Users\PC06\Desktop\Ebook Javascrip vanilla REDUSERS\CAPITULO 2\vanilla_RickAndMorty_Axios>code .
```

PASO 7

Haz correr el proyecto con el comando **npm run dev**. Trabajarás en Visual Studio Code y dejarás corriendo el proyecto en la terminal de Windows, para más comodidad. Una vez que se levante, te dará una URL.

```
VITE v4.4.9  ready in 1530 ms

  ➜  Local:   http://localhost:5173/
  ➜  Network: use --host to expose
  ➜  press h to show help
```

PASO 8

Si abres la URL en el navegador web, deberás ver la estructura básica por defecto de la aplicación.

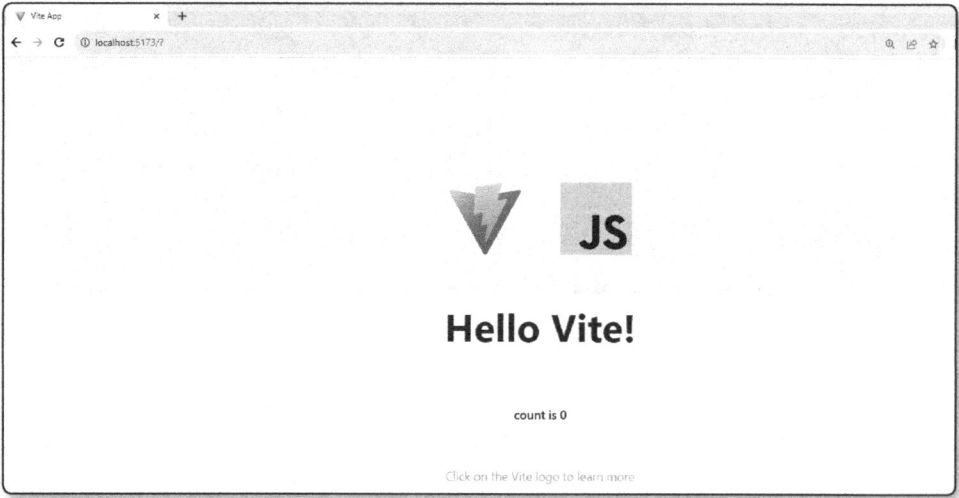

PASO 9

Ve a la carpeta de los recursos, donde verás otra llamada **public**. Dentro de ella hay un logo y una foto en formato **webp**. Cópialos y reemplaza el contenido de la carpeta **public** en el proyecto.

PASO 10

Ahora vas a quitar algunas cosas innecesarias. Borra el archivo **javascript. svg** y el **counter.js**. Luego ve a **style.css**, borra su contenido e introduce el siguiente código para corregir errores de márgenes en algunos navegadores:

```css
*{
  margin: 0;
  padding: 0;
  box-sizing: border-box;
}
```

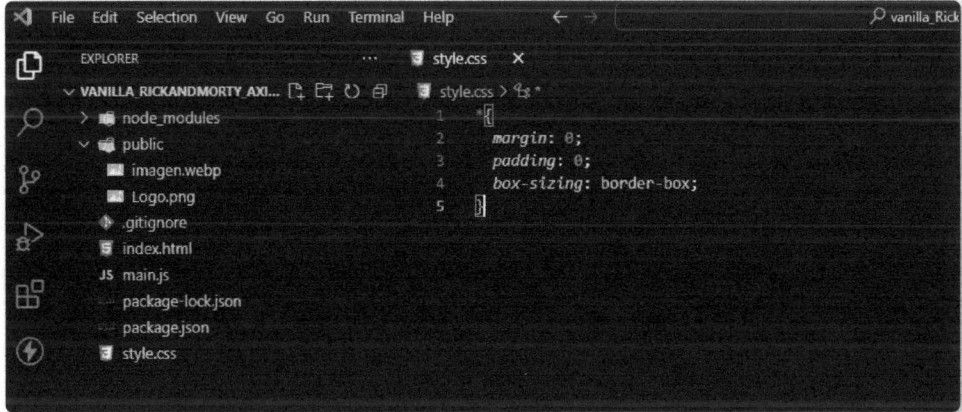

Si chequeas el navegador web, notarás varios errores, pero no te preocupes, vas bien. Ahora ve al **index.html** y debajo del título pega la siguiente línea de código, que habilitará el uso de Bootstrap en el proyecto. Y ya que estas allí, puedes cambiar el título a tu gusto:

```html
<link href="https://cdn.jsdelivr.net/npm/bootstrap@5.3.1/dist/css/bootstrap.min.css" rel="stylesheet" integrity="sha384-4bw+/aepP/YC94hEpVNVgiZdgIC5+VKNBQNGCHeKRQN+PtmoHDEXuppvnDJzQIu9" crossorigin="anonymous">
```

Si prestas atención, al final de la etiqueta **<body>** se está referenciando un script llamado **main.js**. Es allí donde se construirá tu código.

```html
<script type="module" src="/main.js"></script>
```

PASO 1

Ahora ve al archivo **main.js** y borra las importaciones de las líneas 2, 3 y 4. O sea, la de **javascriptLogo**, **viteLogo** y **setupCounter**. Borra también la última línea y el contenido del **div** que inserta **innerHTML** dentro del elemento con el **id app** (#app).

El código reducido debería quedarte como el de la siguiente imagen.

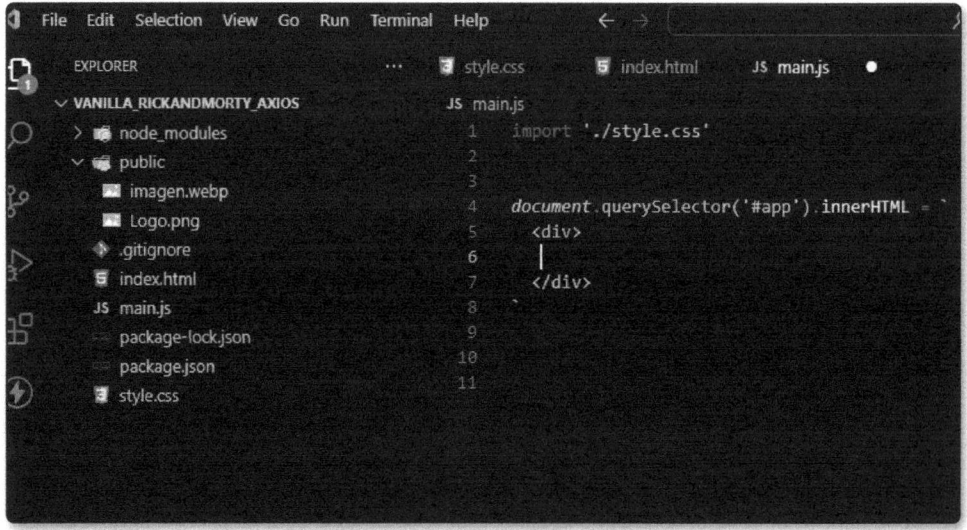

PASO 2

Si te fijas en el navegador, los errores han desaparecido, pero la pantalla se muestra totalmente en blanco. Esto es porque aún no has introducido elementos en el **main.js** y, por lo tanto, el **index.html** no está mostrando nada.

Ve a **main.js** y coloca un **<div>** que, a su vez, contendrá dos **<div>**: uno para la imagen y otro para el logo que pusiste en la carpeta **public**. Siéntete libre de colocar las imágenes y logos que quieras:

```
<div>
  <div>
    <img src="./public/imagen.webp" alt="imagen" class="img-fluid ">
  </div>
</div>
```

Como puedes observar, el atributo **src** es la ubicación de la imagen, el **alt** es lo que se mostrará si esta no se puede cargar y la clase de Bootstrap **img-fluid** es la que ajusta la imagen al ancho de las diferentes pantallas.

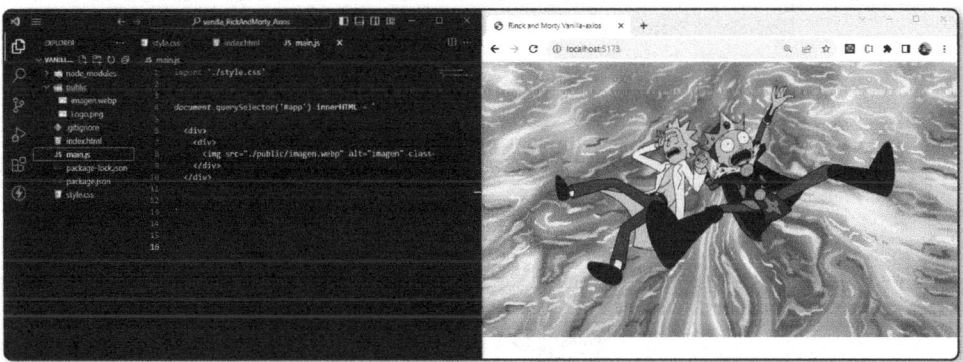

PASO 3

Es el turno del logo. Vas a colocarlo de la siguiente manera:

```
<div >
    <img src="./public/imagen.webp" alt="imagen" class="img-fluid " >
    <img src="./public/Logo.png" alt="Logo" style="min-width: 100vw;">
</div>
```

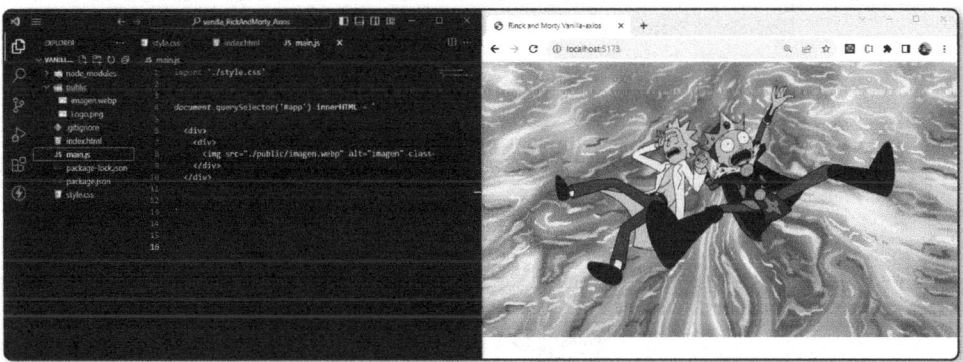

PASO 4

En tanto, en el navegador deberías ver lo siguiente:

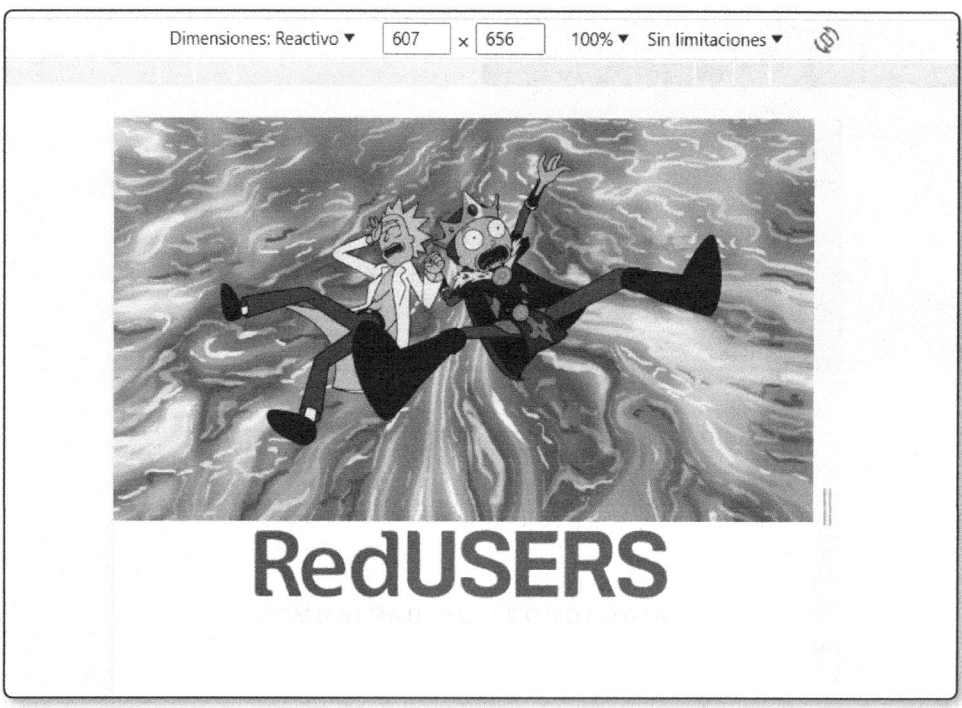

PASO 5

Agrega un título en una etiqueta **<h1>**.

```
import './style.css'

document.querySelector('#app').innerHTML = `

    <div >
        <img src="./public/imagen.webp" alt="imagen" class="img-fluid " >
        <img src="./public/logo.png" alt="Logo" style="min-width: 100vw;">
    </div>

    <div class="d-flex justify-content-center align-items-center text-white" style="min-height: 10vh;">
        <h1>RICK AND MORTY!</h1>
    </div>
```

PASO 6

Adicionalmente agrega un color salmón de fondo al body. Puedes añadir los colores que prefieras.

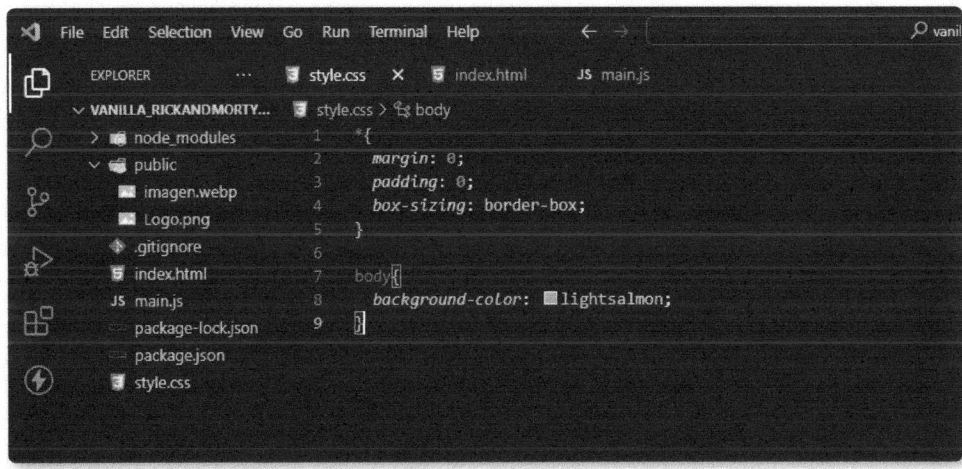

PASO 7

Luego agrega un **footer** o pie de página al final de la página.

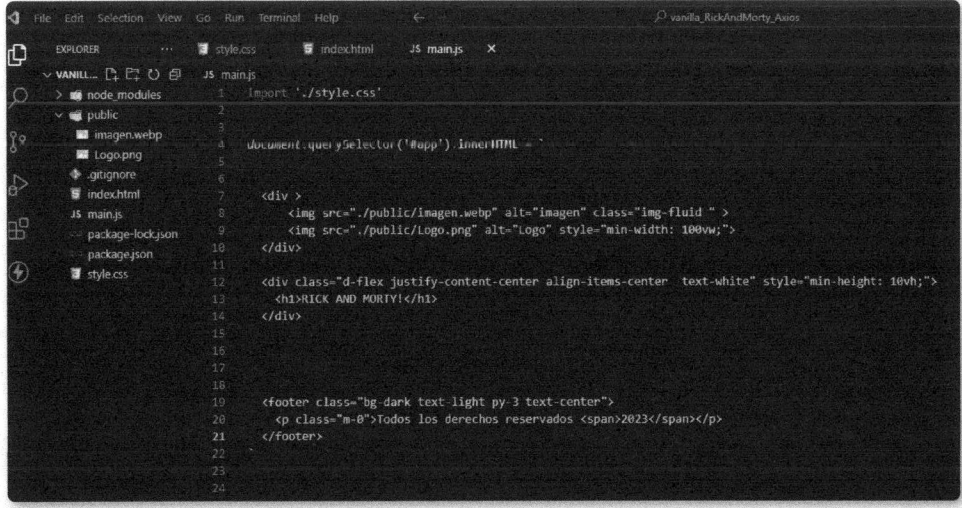

Ahora introduce el siguiente código para concretar el esqueleto de la aplicación:

```
<div class="d-flex flex-column justify-content-center align-items-center">
    <form>
        <div class="input-group m-1" style="max-width: 400px;">
            <input type="text" class="form-control" placeholder="BUSCA UN PERSONA-
JE" aria-label="Buscar" aria-describedby="basic-addon2" id="inputValue">
            <div class="input-group-append">
                <button class="btn btn-primary" type="button"
id="buscarPorId">Buscar por nombre</button>
            </div>
        </div>
    </form>
    <div class="input-group m-3 d-flex flex-wrap" style="max-width: 400px;">
        <select id="ubicaciones" class="form-select m-2">
            <option value="" selected>Selecciona una ubicación</option>
        </select>
        <button class="btn btn-primary m-2" type="button" id="obtenerUbicacionPers
onajes">Buscar por ubicacion</button>
    </div>
    <div id="pagination" class="d-flex flex-wrap align-items-center"></div>
    <div id="resultado" class="d-flex flex-wrap"></div>
</div>
```

Si observas bien, se agregó un **div** que contiene un formulario con un **input**, un botón para buscar un personaje por nombre, y se le asignó un id **buscarPorId** (ya verás el porqué de ese nombre). Luego, otro **div** dentro de ese **div** que contiene una etiqueta **select** con el id **ubicaciones**, la cual se llenará con opciones cuando consumas la API. Junto a ella hay un botón con el id **obtenerUbicacionPersonajes**, que disparará el evento para realizar esa búsqueda.

Luego hay dos **divs** más que son de suma importancia. El primero, con el id **paginación**, está vacío y se llenará con el número de páginas que te brindará la API para mostrar el total de personajes. El segundo es otro **div** vacío con el id de **resultado**, donde se mostrarán todos los resultados de las peticiones a la API. En cuanto a lo que se encuentra dentro de los atributos **class**, son solamente clases predefinidas de Bootstrap que deberás ir agregando y personalizando a tu gusto a medida que avances en el proyecto.

En este punto, es muy difícil de leer, de modo que tómate el tiempo de ver cada una de las etiquetas que se han introducido al código de **main**. Al día de hoy existen muchas librerías y frameworks modernos, como React, Angular, Vue, Svelte y otros, que facilitan y ordenan de una manera más legible e intuitiva este tipo de códigos, pero en esta ocasión estás aprendiéndolo en JavaScript puro, y comprender el lenguaje base y los conceptos fundamentales te proporcionará una base sólida para entender de qué manera funcionan estas herramientas más avanzadas.

```
style.css        index.html        JS main.js  X
JS main.js
  7    <div >
  8        <img src="./public/imagen.webp" alt="imagen" class="img-fluid " >
  9        <img src="./public/Logo.png" alt="Logo" style="min-width: 100vw;">
 10    </div>
 11
 12    <div class="d-flex justify-content-center align-items-center  text-white" style="min-height: 10vh;">
 13        <h1>RICK AND MORTY!</h1>
 14    </div>
 15
 16
 17  ⚡
 18  |  <div class="d-flex flex-column justify-content-center align-items-center">
 19        <form>
 20            <div class="input-group m-1" style="max-width: 400px;">
 21                <input type="text" class="form-control" placeholder="BUSCA UN PERSONAJE" aria-label="Buscar" aria-describedby="basic-addon2" id="inputValue">
 22                <div class="input-group-append">
 23                    <button class="btn btn-primary" type="button" id="buscarPorId">Buscar por nombre</button>
 24                </div>
 25            </div>
 26        </form>
 27        <div class="input-group m-3 d-flex flex-wrap" style="max-width: 400px;">
 28            <select id="ubicaciones" class="form-select m-2">
 29                <option value="" selected>Selecciona una ubicación</option>
 30            </select>
 31            <button class="btn btn-primary m-2" type="button" id="obtenerUbicacionPersonajes">Buscar por ubicacion</button>
 32        </div>
 33        <div id="pagination" class="d-flex flex-wrap align-items-center"></div>
 34        <div id="resultado" class="d-flex flex-wrap"></div>
 35    </div>
 36
 37
 38
 39
 40    <footer class="bg-dark text-light py-3 text-center">
 41        <p class="m-0">Todos los derechos reservados <span>2023</span></p>
 42    </footer>
```

Figura 2.1. Observa la imagen y asegúrate de que tu código sea igual.

Figura 2.2. Si todo está correcto, la página web debería mostrar esto.

Ahora que el esqueleto de la página está completo, deberás concentrarte en la lógica. Para comenzar a diagramar la lógica, debes pensar escalonadamente el problema, es decir, subdividirlo en problemas más pequeños y comprensibles. Sabes que tienes que buscar los personajes por nombre, por ubicación y por el total (paginación). Y sabes que los resultados van a ir en un div contenedor con el id de resultado. Por lo tanto, crea ese primer selector:

```
const resultado = document.querySelector('#resultado');
```

Ahora, si quieres hacer más de una petición, se irán acumulando dentro de ese contenedor y ahí habrá un problema. Lo siguiente que harás será crear una función que borre el contenido previo para que se inserte el nuevo.

La primera función que crearás será la función de limpieza del HTML. Puedes hacerla en un archivo separado e importarla si así lo deseas:

```
function limpiarHTML() {
  while (resultado.firstChild) {
    resultado.removeChild(resultado.firstChild)
  }
}
```

PASO 1

Es momento de hacer uso de Axios y realizar peticiones a la API. Crea una carpeta llamada **api** en la raíz del proyecto y dentro un archivo denominado **obtenerTodosLosPj.js**.

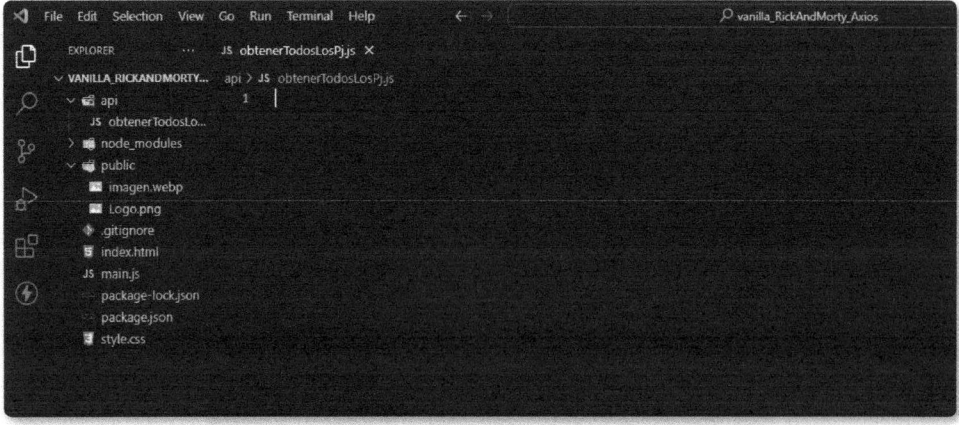

PASO 2

Ve a la página de la API de Rick y Morty, en https://rickandmortyapi.com/. Dentro de ella, dirígete a **Docs**.

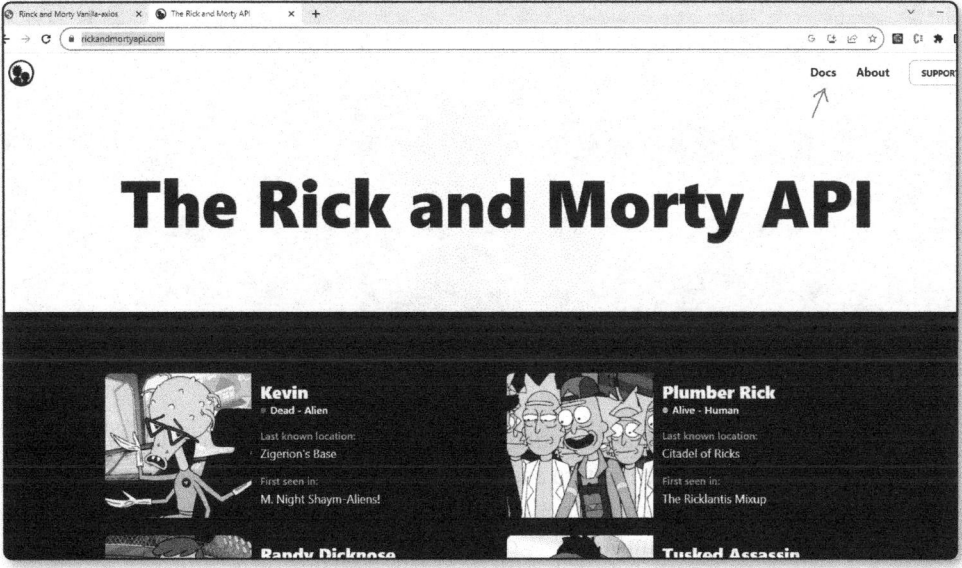

PASO 3

Encontrarás la URL para obtener todos los personajes y las ubicaciones. En este caso, harás uso de la que termina en **character**. Cópiala y guárdala en una variable dentro del archivo generado anteriormente.

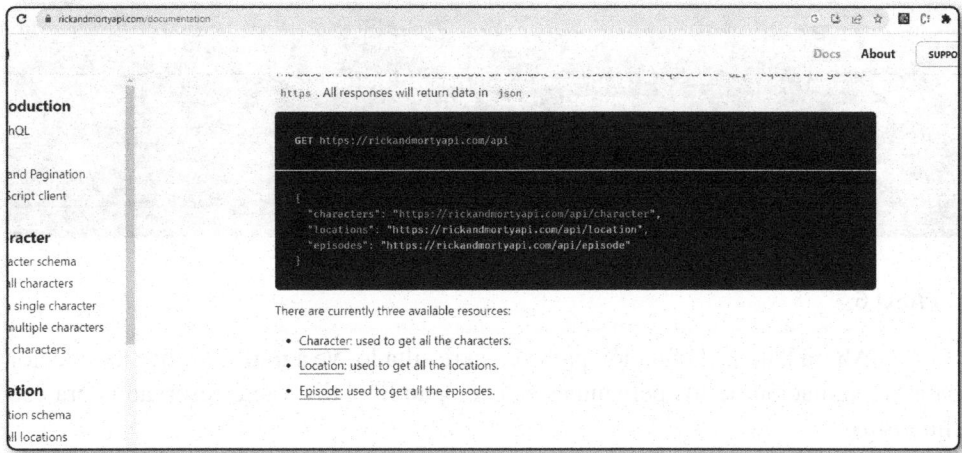

PASO 4

Crea una función con el nombre del archivo y expórtala.

```
File  Edit  Selection  View  Go  Run  Terminal  Help        ← →                          ⌕ vanilla_RickAndMorty_Axios

  EXPLORER              ···    JS  obtenerTodosLosPj.js  ×

∨ VANILLA_RICKANDMORTY...      api > JS obtenerTodosLosPj.js > [∅] obtenerTodosLosPj
  ∨  api                  1
     JS  obtenerTodosLo... 2     const baseUrl = "https://rickandmortyapi.com/api/character";
  >  node_modules         3
  ∨  public               4     // BUSCAR TODOS LOS PERSONAJES
     imagen.webp          5     export const obtenerTodosLosPj = async () => {
     Logo.png             6
     .gitignore           7
     index.html           8     |
     JS  main.js          9
     package-lock.json   10     };
     package.json        11
     style.css
```

PASO 5

Haz la petición **get** utilizando **Axios** (asegúrate de importarlo del paquete axios, como en la línea 1) de manera asíncrona y dentro de un **try catch** para capturar el error si lo hay. En caso de que la petición se realice correctamente, se le ha asignado un **console.log(data)** para imprimir la data en consola (línea 11). Más adelante esto debe ser reemplazado por un **return** para que pueda ser utilizado desde otro punto de la aplicación.

```
File  Edit  Selection  View  Go  Run  Terminal  Help        ← →                          ⌕ vanilla_RickAndMorty_Axios

  EXPLORER              ···    JS  obtenerTodosLosPj.js  ●    JS  main.js

∨ VANILLA_RICKANDMORTY...      api > JS obtenerTodosLosPj.js > ...
  ∨  api                  1     import axios from "axios";
     JS  obtenerTodosLo... 2
  >  node_modules         3     const baseUrl = "https://rickandmortyapi.com/api/character";
  ∨  public               4
     imagen.webp          5     // BUSCAR TODOS LOS PERSONAJES
     Logo.png             6     export const obtenerTodosLosPj = async () => {
     .gitignore           7
     index.html           8         try {
     JS  main.js          9             const response = await axios.get(`${baseUrl}`);
     package-lock.json   10             const data = response.data;
     package.json        11             console.log(data)
     style.css           12         } catch (error) {
                         13             console.error("Error al obtener los personajes:", error);
                         14             return [];
                         15         }
                         16
                         17
```

PASO 6

Ahora llama a la función para ver su resultado. Ve a **main.js** y haz un selector para la paginación de los personajes seleccionando el div vacío reservado para eso (línea 40).

A continuación, añádele un evento al objeto **windows**, para que, cuando cargue la aplicación, se ejecute la función creada en el otro archivo (línea 50 a la 53).

Asegúrate de importarla en la parte superior del código.

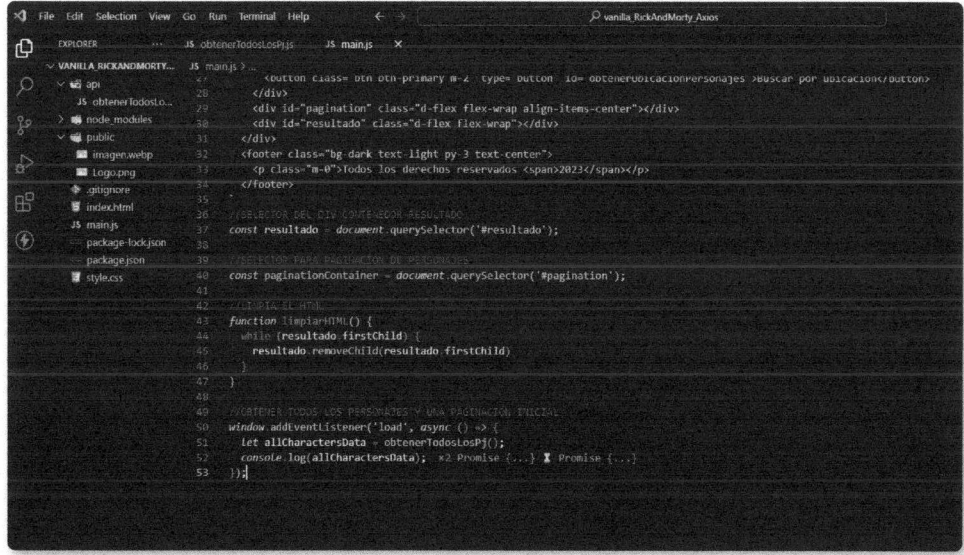

PASO 7

Dirígete a la consola del navegador y observa los resultados a la petición. En info tienes el total de páginas y, por lo tanto, ese es el total de botones que debes crear. Lo harás con un bucle **for**.

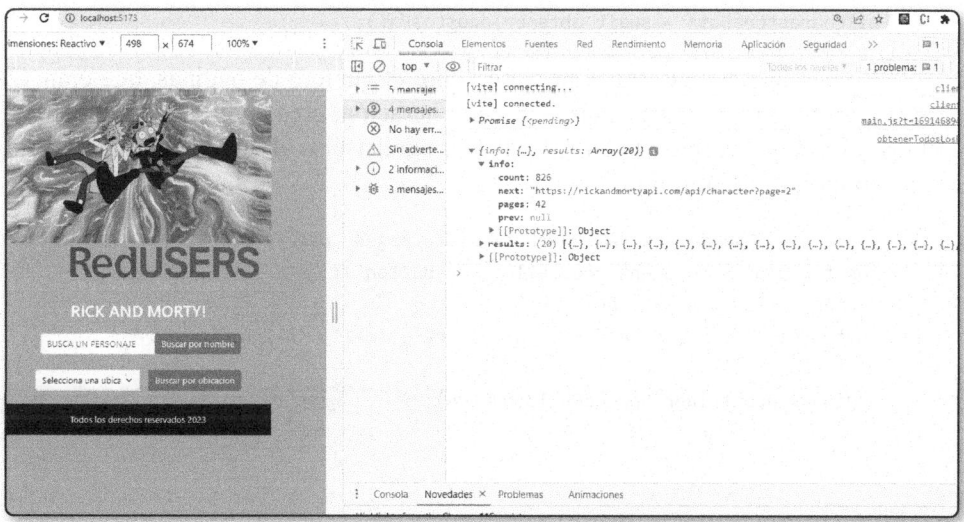

PASO 8

Vuelve a la función y cambia el **console.log(data)** por un **return data.info;**; de esta manera, podrás hacer uso de esa información dentro del **main.js**.

```
File   Edit   Selection   View   Go   Run   Terminal   Help                    ←  →                              vanilla_RickAndMorty_Axios

EXPLORER                  ...      JS obtenerTodosLosPj.js  ×      JS main.js

VANILL...                         api > JS obtenerTodosLosPj.js > ...
  api                          1    import axios from "axios";
    JS obtenerTodosLo...       2
  node_modules                 3    const baseUrl = "https://rickandmortyapi.com/api/character";
  public                       4
    imagen.webp                5    //BUSCAR TODOS LOS PERSONAJES
    Logo.png                   6    export const obtenerTodosLosPj = async () => {
    .gitignore                 7
    index.html                 8        try {
  JS main.js                   9            const response = await axios.get(`${baseUrl}`);
    package-lock.json         10            const data = response.data;
    package.json              11            return data.info;
    style.css                 12        } catch (error) {
                              13            console.error("Error al obtener los personajes:", error);
                              14            return [];
                              15        }
                              16
                              17
                              18    };
                              19    |
```

PASO 9

En **main** quita el **console.log()**, agrégale un **await** a la línea donde guarda los resultados en la variable **allCharacterData** para que no quede la promesa en pendiente. Debería quedarte así:

```
let allCharactersData = await obtenerTodosLosPj();
```

Luego haz el ciclo **for** para iterar sobre el número de páginas, que eran 42 acorde a lo que viste en la imagen. Por cada iteración, crea un elemento **<button>** con los valores que correspondan del 1 al 42 y agrégaselos al selector de paginación, o sea, a **paginationContainer**:

```
for (let page = 1; page <= allCharactersData.pages; page++) {
    const button = document.createElement('button');
    button.textContent = page;
    button.classList.add('btn', 'btn-primary', 'm-1', 'p-2');

    paginationContainer.appendChild(button);
}
```

```
JS main.js            47    }
   package-lock.json  48
   package.json       49    //OBTENER TODOS LOS PERSONAJES Y UNA PAGINACION INICIAL
   style.css          50    window.addEventListener('load', async () => {
                      51       let allCharactersData = await obtenerTodosLosPj();
                      52
                      53       for (let page = 1; page <= allCharactersData.pages; page++) {
                      54          const button = document.createElement('button');
                      55          button.textContent = page;
                      56          button.classList.add('btn', 'btn-primary', 'm-1', 'p-2');
                      57
                      58          paginationContainer.appendChild(button);
                      59       }
                      60
                      61    });
```

PASO 10

En el navegador se visualizarán los siguientes botones.

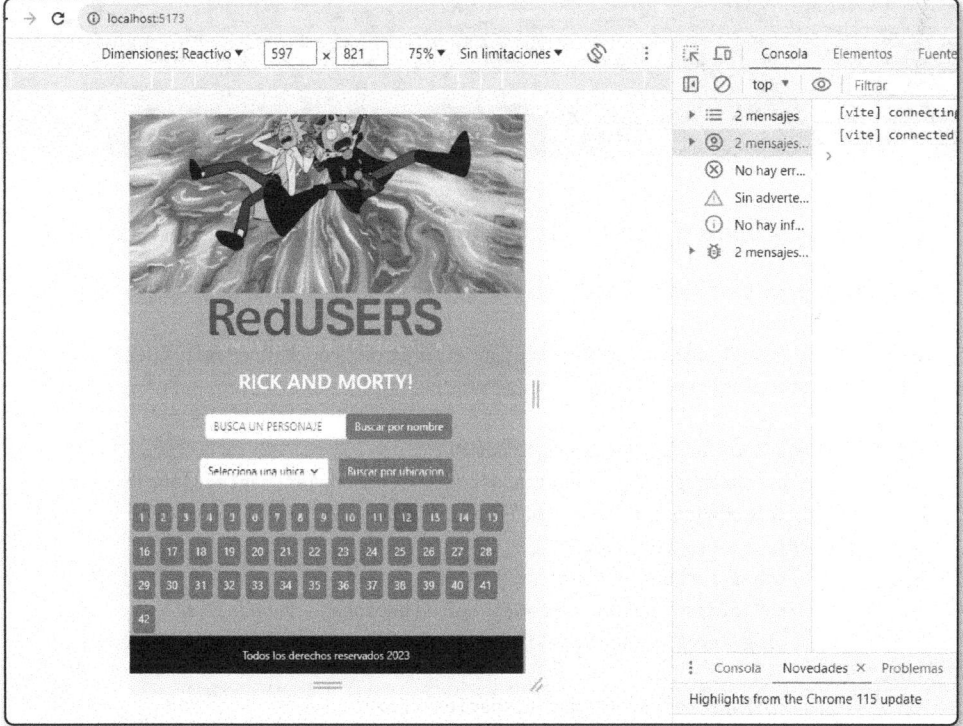

PASO 11

Ahora crea otro archivo con una función llamada **obtenerPjPorPagina** dentro de la carpeta **api**. Esta función será similar a la anterior, pero con una pequeña diferencia. Esta apunta a una URL que contiene un número de página al final y, además, el retorno es **data.results** y no **data.info**. Esto se debe a que, si miras nuevamente la imagen, observarás que los datos de los personajes se muestran en **results** y no en **info**. El número de página será lo que recibe como parámetro (**page**) y lo sacarás del valor del botón que estés presionando, o sea de alguno de los 42 botones.

Vuelve a **main** y, dentro del ciclo **for**, al final agrega el siguiente código:

```js
button.addEventListener('click', async () => {
    limpiarHTML();
    const resultadoTodosLosPersonajes = await obtenerPjPorPagina(page); //
Pasa los datos almacenados

    // Genera un array de elementos HTML
    const personajesHTML = resultadoTodosLosPersonajes.map(personaje => `
      <div class="card m-2 shadow" style="width: 20rem;">
        <div class="card-body">
          <h2>${personaje.name}</h2>
          <h5 class="card-title">Género: ${personaje.gender}</h5>
          <img src="${personaje.image}" alt="${personaje.name}" class="img-
fluid">
          <p>Especie: ${personaje.species}</p>
          <p>status: ${personaje.status}</p>
        </div>
      </div>
    `);

    resultado.innerHTML = personajesHTML;
});
```

Esto es más simple de lo que parece y es que por cada iteración le estás agregando al selector **button** un evento en el cual le dices que, al hacer clic, llame a la función **obtenerPjPorPagina** y guarde el producto del retorno de la función en una variable (**resultadoTodosLosPersonajes**). Luego, haciendo uso del método **map**, itera esa variable y crea un HTML con los datos, similar a lo que hiciste en el comienzo. Después inserta esa porción en el selector de **resultado** reservado para mostrar la información.

Figura 2.3. Otro punto importante es que, al hacer clic, estás llamando a la función limpiarHTML() y, por lo tanto, los resultados no se acumularán de forma inapropiada.

Ve al navegador y presiona cualquier botón que acabas de crear. Verás que la información se visualiza dentro de tu aplicación web

Hasta ahí has logrado cumplir el primer objetivo. Es hora de hacer la búsqueda por nombre.

Crea un nuevo archivo llamado **obtenerPjPorNombre.js** y vuelve a hacer la petición **get** a la URL de **character**.

Esta función evalúa el **return** de una manera diferente. Va a recibir un id como argumento, ya que las peticiones deben realizarse de la siguiente forma, donde el 675 del final puede ser cualquier otro id dinámico.

Si miras bien la imagen, verás que hace uso del método **filter**. Esto se debe a que tiene que buscar un personaje específico de la lista. Ese id, en realidad, será un nombre escrito en el input, por lo que debe coincidir con el elemento que lo iguale en la propiedad **name**:

```
const resultadoByName = resultado.filter(el => el.name == id)
```

Es momento de llamar esa función en main y pasarle el argumento que está esperando. Selecciona el botón:

```
const btnBusquedaByName = document.querySelector('#buscarPorId');

btnBusquedaByName.addEventListener('click', async () => {

  limpiarHTML();

  const valorInput = document.querySelector('#inputValue').value;
  const personajes = await obtenerPjPorNombre(valorInput);

  const personajesHTML = personajes.map(personaje => `
    <div class="card m-2 shadow" style="width: 20rem;">
      <div class="card-body">
        <h2>${personaje.name}</h2>
        <h5 class="card-title">Género: ${personaje.gender}</h5>
        <img src="${personaje.image}" alt="${personaje.name}" class="img-fluid">
        <p>Especie: ${personaje.species}</p>
        <p>Estado: ${personaje.status}</p>
      </div>
    </div>
  `)

  resultado.innerHTML = personajesHTML;
});
```

- **const btnBusquedaByName = document. querySelector('#buscarPorId')**: aquí se selecciona el botón con el ID **buscarPorId** del documento y se almacena en la variable **btnBusquedaByName**.
- **btnBusquedaByName.addEventListener('click', async () => {**: se agrega un evento de clic al botón **buscarPorId** que ejecutará una función asíncrona cuando se haga clic.
- **limpiarHTML();**: como has visto anteriormente, borra el contenido previo si es que lo hay.
- **const valorInput = document.querySelector('#inputValue').value;**: se obtiene el valor del elemento de entrada con el ID **inputValue**, que es el input de entrada de texto, y se almacena en la variable **valorInput**.
- **const personajes = await obtenerPjPorNombre(valorInput);**: se llama a la función **obtenerPjPorNombre()** pasando el **valorInput** como argumento. Esta función devuelve un personaje que coincide con el valor proporcionado.

Luego se utiliza el método **map()** para transformar cada objeto de personaje (en este caso, solo 1) en una cadena HTML que representa la información del personaje. La cadena resultante se almacena en la variable **personajesHTML**.

▶ **resultado.innerHTML = personajesHTML;**: se actualiza el contenido HTML del elemento con el ID resultado con el contenido generado en el paso anterior (**personajesHTML**). Esto mostrará los detalles del personaje en la página.

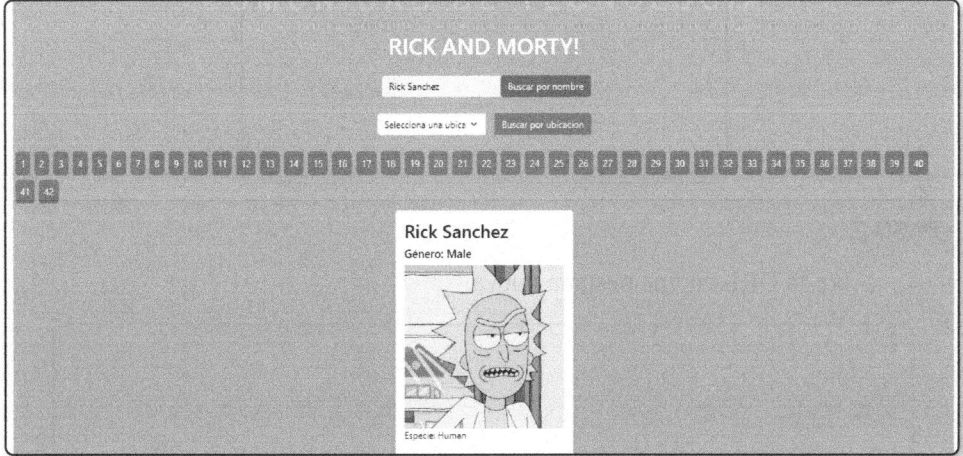

Figura 2.4. Si vas al navegador y escribes el nombre del personaje que deseas buscar, por ejemplo, "Rick Sanchez", aparecerá su tarjeta en la app. Recuerda que debes escribirlo tal cual, respetando mayúsculas.

Figura 2.5. Con eso ya tienes 2/3 del trabajo completo. Es momento de realizar el último punto. Hasta aquí solo faltaría obtener los personajes por ubicación. Ve a la página de la API y ubica la URL para obtener las ubicaciones de los personajes.

Ya sabes que esa es la URL pero no sabes qué información o cómo la suministrará cuando la consumas con Axios. Hay muchas formas de probar los endpoint o URL de las APIs. Para visualizar los datos puedes hacer lo siguiente:

PASO 1

Descarga la extensión **JSON formatter** en el navegador.

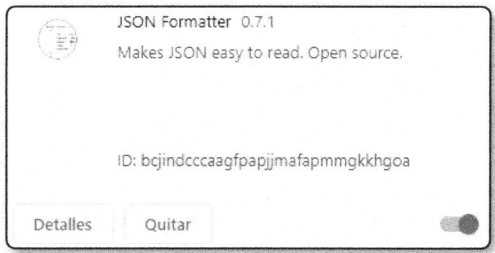

PASO 2

Abre la URL en una pestaña nueva.

```
←  →  C    🔒 rickandmortyapi.com/api/location

{
  "info": {
    "count": 126,
    "pages": 7,
    "next": "https://rickandmortyapi.com/api/location?page=2",
    "prev": null
  },
  "results": [
    {
      "id": 1,
      "name": "Earth (C-137)",
      "type": "Planet",
      "dimension": "Dimension C-137",
      "residents": [
        "https://rickandmortyapi.com/api/character/38",
        "https://rickandmortyapi.com/api/character/45",
        "https://rickandmortyapi.com/api/character/71",
        "https://rickandmortyapi.com/api/character/82",
        "https://rickandmortyapi.com/api/character/83",
        "https://rickandmortyapi.com/api/character/92",
        "https://rickandmortyapi.com/api/character/112",
        "https://rickandmortyapi.com/api/character/114",
        "https://rickandmortyapi.com/api/character/116",
        "https://rickandmortyapi.com/api/character/117",
        "https://rickandmortyapi.com/api/character/120",
        "https://rickandmortyapi.com/api/character/127",
        "https://rickandmortyapi.com/api/character/155",
        "https://rickandmortyapi.com/api/character/169",
        "https://rickandmortyapi.com/api/character/175",
        "https://rickandmortyapi.com/api/character/179",
        "https://rickandmortyapi.com/api/character/186",
        "https://rickandmortyapi.com/api/character/201",
        "https://rickandmortyapi.com/api/character/216",
        "https://rickandmortyapi.com/api/character/239",
        "https://rickandmortyapi.com/api/character/271",
        "https://rickandmortyapi.com/api/character/302",
        "https://rickandmortyapi.com/api/character/303",
        "https://rickandmortyapi.com/api/character/338",
        "https://rickandmortyapi.com/api/character/343",
```

PASO 3

Identifica la información que requieres. En este caso está en **results.name (nombre de la ubicacion)** y **results.residents (nombre de los residentes de esa ubicacion)**.

```json
"info": {
    "count": 126,
    "pages": 7,
    "next": "https://rickandmortyapi.com/api/location?page=2",
    "prev": null
},
"results": [
    {
        "id": 1,
        "name": "Earth (C-137)",
        "type": "Planet",
        "dimension": "Dimension C-137",
        "residents": [
            "https://rickandmortyapi.com/api/character/38",
            "https://rickandmortyapi.com/api/character/45",
            "https://rickandmortyapi.com/api/character/71",
            "https://rickandmortyapi.com/api/character/82",
```

Ahora, de manera similar a como lo manejaste con la paginación, debes llenar las opciones con todas las ubicaciones disponibles. Crea un archivo llamado **obtenerUbicaciones.js** dentro de la carpeta **api** y genera su respectiva función con el método **get** en **axios** a la URL mencionada. Ahora agrega el evento en main.js de la siguiente forma:

```js
window.addEventListener('load', async () => {
  const ubicacionesResponse = await obtenerUbicaciones();
  console.log(ubicacionesResponse)
});
```

Hasta este punto, no es nada nuevo o diferente de lo que venías realizando, y el único cambio fue la URL a la cual le has realizado la petición. Debido a que hay un **console.log()** en lo que devuelve, puedes visualizarlo por consola.

La propiedad que te interesa está en **"name"**, de modo que debes tomarla recorriendo el array e introducirla al **select** vacío del HTML, de esta forma:

Crea un selector para la etiqueta **<select>** (línea 11), haz un **forEach** de los elementos **(ubicacionesResponse)** y, por cada ubicación, crea una etiqueta **<option>** (línea 113) e introdúcela en el selector que acabas de crear. Esto llenará el elemento con las opciones disponibles.

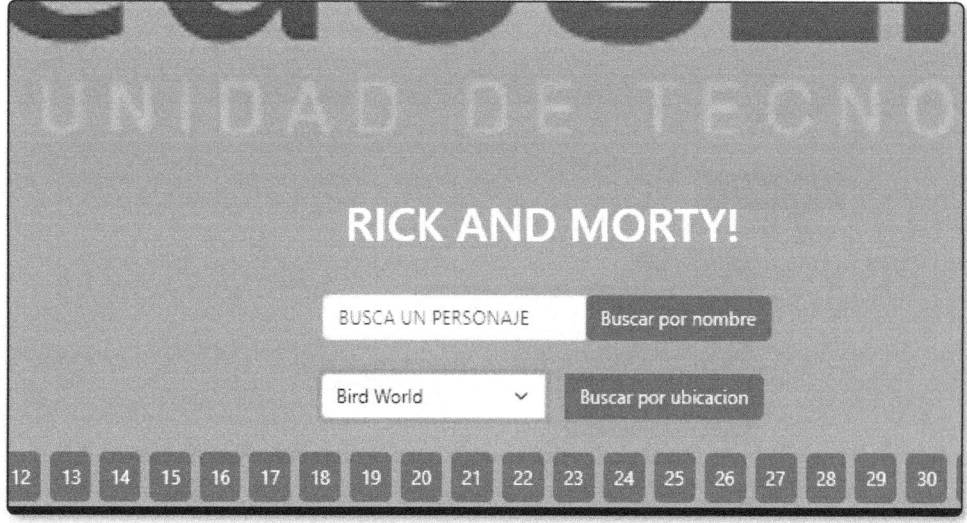

Figura 2.6. En el navegador web se verá de la siguiente manera, y al hacerle clic, aparecerán las opciones disponibles:

Esto nos lleva al último paso. Ahora debes tomar esa información y pasársela como parámetro a la función que se encargará de imprimir la lista de personajes en esa ubicación. Si recuerdas, en la imagen 41 se mostraba una lista de personajes; en esa misma trabajarás. Crea un archivo **obtenerPjPorUbicacion.js**, haz su respectiva función y el **get** pero, esta vez, a la URL que recibe como parámetro.

Cuando dispares la función anterior dentro del **main.js**, te devolverá una lista de URLs de personajes, que deberás volver a consumir. Es por eso que necesitas una última función auxiliar. Crea un archivo llamado **obtenerPjPorUrl.js**, haz su función y, al igual que en la anterior, el **get** a la URL que recibe como parámetro. Esta URL es un character parecida a esta: **https://rickandmortyapi.com/api/character/1**. Por lo tanto, el retorno de sus datos es diferente del de **location**.

PASO 1

Ve a **main.js**, crea una constante para el botón de buscar personajes por ubicación y añádele el evento con un clic. Antes de nada, ejecuta la función para limpiar el HTML y ya estás listo/a para desarrollar la lógica.

```js
const ubicacionButton = document.querySelector('#obtenerUbicacionPersonajes');
ubicacionButton.addEventListener('click', async () => {
  limpiarHTML();


});
```

PASO 2

Ahora lee el valor de la opción seleccionada y guárdala en una variable **(selectUbicaciones)**. Luego ejecuta la función auxiliar **obtenerPjPorUbicacion()** y pásale la variable como parámetro. Finalmente haz un **console.log()** para conocer su resultado:

```js
const ubicacionButton = document.querySelector('#obtenerUbicacionPersonajes');
ubicacionButton.addEventListener('click', async () => {
  limpiarHTML();
  const selectUbicaciones = document.getElementById('ubicaciones').value;
  const urlsPersonajesPorUbi = await obtenerPjPorUbicacion(selectUbicaciones);
  console.log(urlsPersonajesPorUbi)


});
```

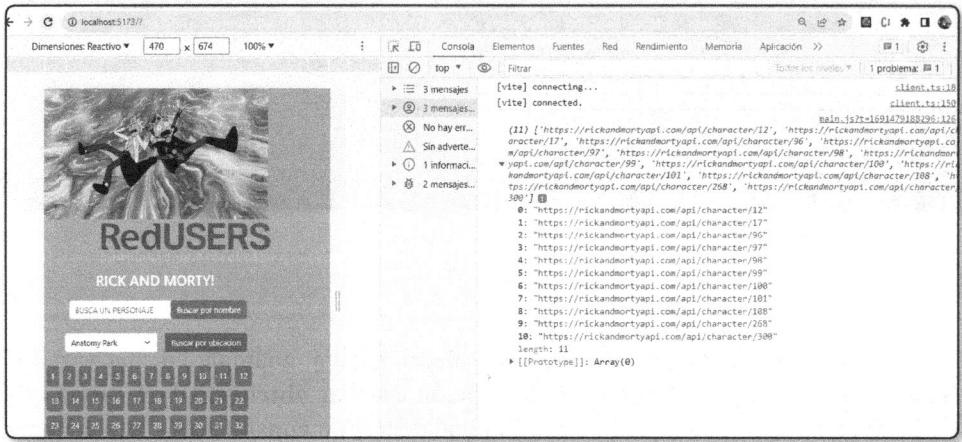

En la consola visualizarás una lista de URLs.

Ahora bien, esas URLs no muestran información específica, y es ahí cuando entra en juego la última función auxiliar, **obtenerPjPorUrl()**.

Aquí harás uso de un **for of**. Existen muchas formas de resolver este problema, pero en lo personal, creo que esta es la mejor. Crea un arreglo vacío, recorre los resultados y asígnaselos mediante el bucle mencionado:

```
const detallesPersonajes = [];

  for (const url of urlsPersonajesPorUbi) {
    const personaje = await obtenerPjPorUrl(url);
    detallesPersonajes.push(personaje);
  }
```

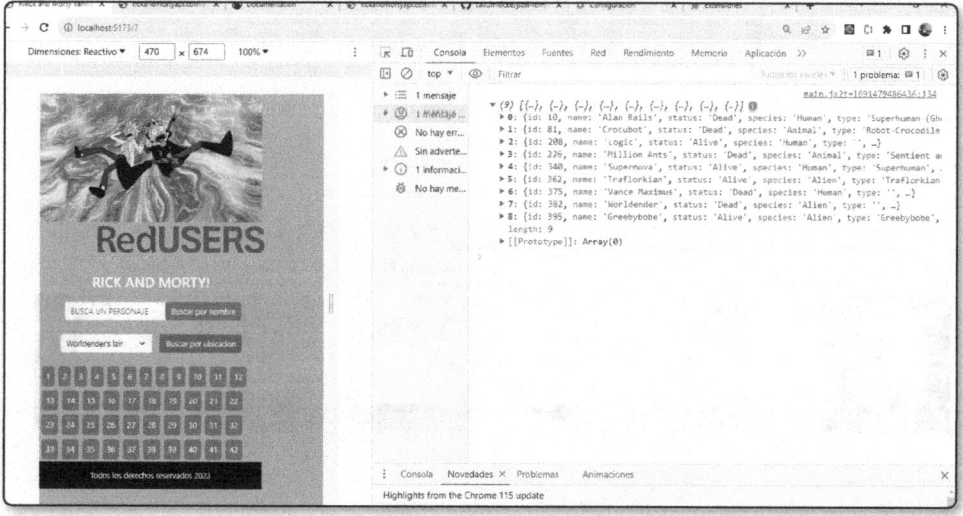

PASO 5

Si le haces un **console.log()** a **detallesPersonajes**, verás el arreglo con los datos correspondientes y listos para mapear en el HTML.

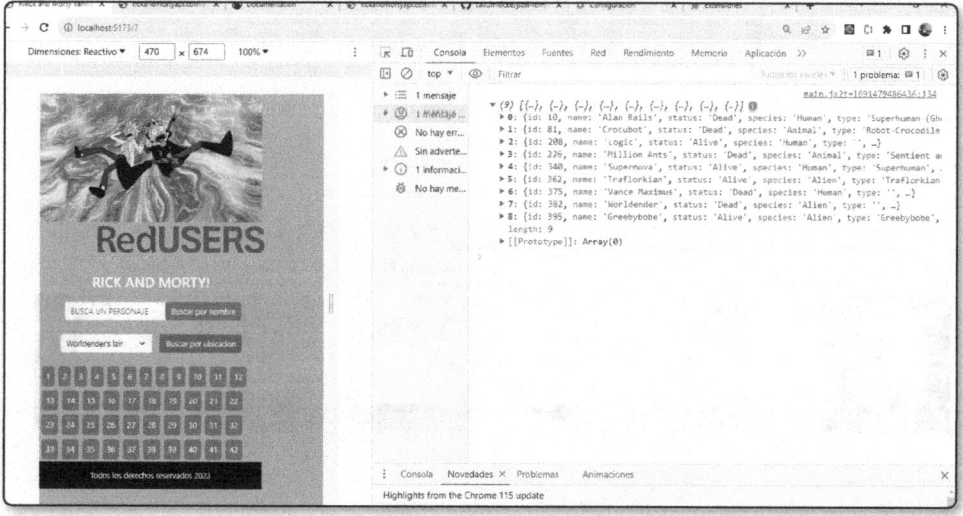

PASO 6

Por último, quita ese **console.log()** y, en su lugar, inserta los elementos en el HTML.

```
const detallesPersonajes = [];

for (const url of urlsPersonajesPorUbi) {
  const personaje = await obtenerPjPorUrl(url);
  detallesPersonajes.push(personaje);
}

const personajesHTML = detallesPersonajes.map(personaje => `
  <div class="card m-2 shadow" style="width: 20rem;">
    <div class="card-body">
      <h2>${personaje.name}</h2>
      <h5 class="card-title">Género: ${personaje.gender}</h5>
      <img src="${personaje.image}" alt="${personaje.name}" class="img-fluid">
      <p>Especie: ${personaje.species}</p>
      <p>Estado: ${personaje.status}</p>
    </div>
  </div>
`);

resultado.innerHTML = personajesHTML.join('');
});
```

PASO 7

Haz una última prueba en el navegador y veras cómo se visualiza la información.

2.4 DESPLIEGUE A GITHUB

Hasta aquí se podría decir que el proyecto está finalizado, pero siéntete libre de hacer las modificaciones que creas necesarias, principalmente en los estilos, ya que el enfoque principal de este trabajo fue desarrollar la lógica, y quizá los estilos se pueden considerar descuidados o un poco básicos. Por lo tanto, te invito a profundizar más sobre el tema.

Sin más que decir, llegó el momento de subir el repositorio a GitHub.

En esta ocasión, explicaremos cómo hacerlo desde Visual Studio Code.

PASO 1

Abre la terminal de Visual Studio Code e inserta el comando **git init** en el directorio del proyecto.

```js
JS main.js > ubicacionButton.addEventListener('click') callback
118      });
119    });
120
121    const ubicacionButton = document.querySelector('#obtenerUbicacionPersonajes');
122    ubicacionButton.addEventListener('click', async () => {
123      limpiarHTML();
124      const selectUbicaciones = document.getElementById('ubicaciones').value;
125      const urlsPersonajesPorUbi = await obtenerPjPorUbicacion(selectUbicaciones);
126
127      const detallesPersonajes = [];
128
129      for (const url of urlsPersonajesPorUbi) {
130        const personaje = await obtenerPjPorUrl(url);
131        detallesPersonajes.push(personaje);
132      }
133
134      const personajesHTML = detallesPersonajes.map(personaje => `
135        <div class="card m-2 shadow" style="width: 20rem;">
136          <div class="card-body">
137            <h2>${personaje.name}</h2>
138            <h5 class="card-title">Género: ${personaje.gender}</h5>
139            <img src="${personaje.image}" alt="${personaje.name}" class="img-fluid">
140            <p>Especie: ${personaje.species}</p>
141            <p>Estado: ${personaje.status}</p>
142          </div>
143        </div>
```

PROBLEMS   OUTPUT   DEBUG CONSOLE   **TERMINAL**

```
PS C:\Users\PC06\Desktop\vanilla_RickAndMorty_Axios> git init
Initialized empty Git repository in C:/Users/PC06/Desktop/vanilla_RickAndMorty_Axios/.git/
PS C:\Users\PC06\Desktop\vanilla_RickAndMorty_Axios>
```

PASO 2

Ve al tercer icono del lado superior izquierdo, coloca un mensaje para el commit y presiona el botón azul.

PASO 3

Coloca otro mensaje y pulsa en **Publish Branch**, selecciona el repositorio del tipo **public** y listo.

2.5 DESPLIEGUE A NETLIFY

Ahora analicemos el despliegue del proyecto a Netlify para que todo el mundo pueda verlo. En esta ocasión, explicaremos cómo hacerlo desde Visual Studio Code.

PASO 1

Abre Netlify.

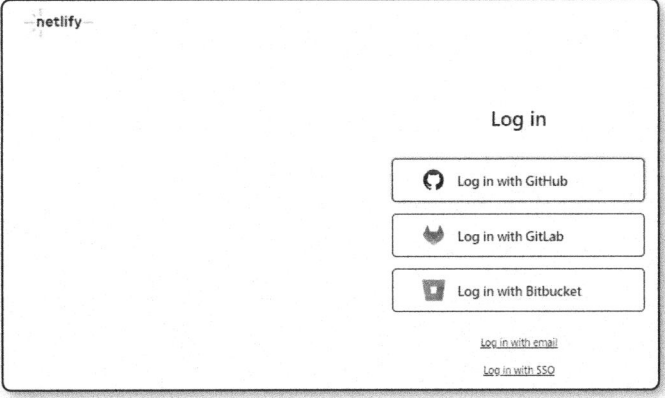

PASO 2

Loguéate con GitHub, ve a **Import and existing project** y luego a **deploy with GitHub**.

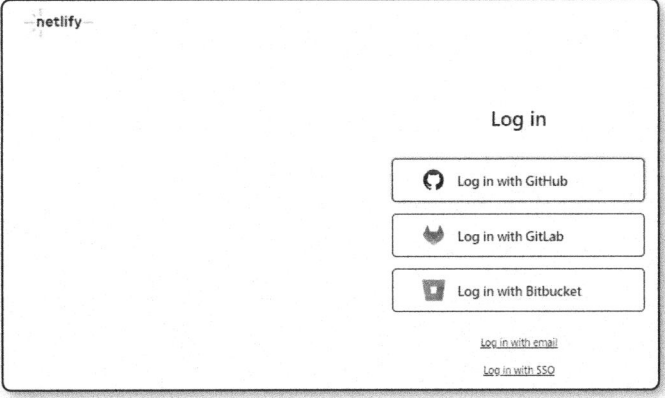

PASO 3

Selecciona el repositorio y pulsa **deploy**. Listo, ya tienes la URL de tu proyecto.

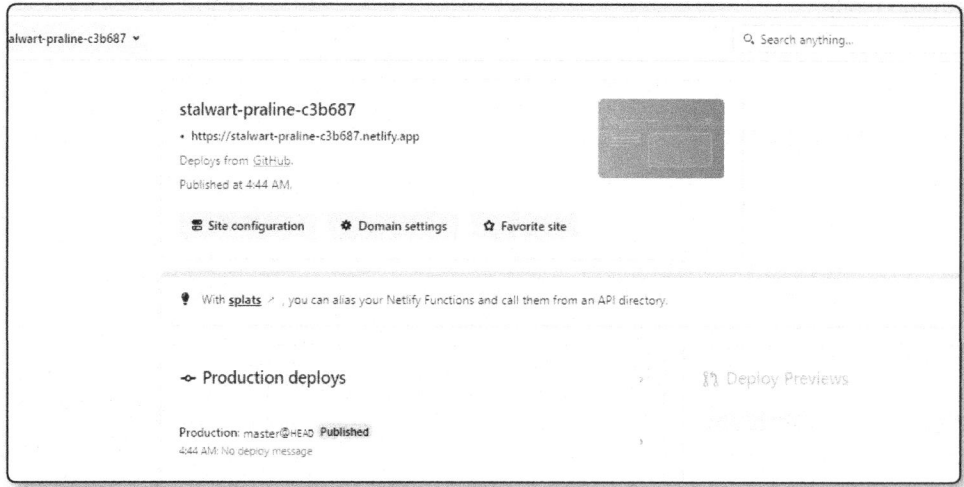

2.6 ACTIVIDADES

A continuación se presentan las preguntas y los ejercicios que deberías saber responder y resolver para considerar aprendido el capítulo.

2.6.1 Test de autoevaluación

1. *¿Cuál es el propósito de las promesas en JavaScript y cuáles son sus tres estados posibles?*

2. *¿Qué palabra clave se usa antes de una función para indicar que contendrá operaciones asíncronas en JavaScript?*

3. *¿Qué hace la palabra clave "await" en JavaScript y en qué contexto se utiliza?*

4. *¿Cuáles son algunas diferencias fundamentales entre Vite y Webpack en el desarrollo web?*

5. *¿Qué elementos componen la estructura básica de la aplicación que se está creando en este capítulo?*

2.6.2 Ejercicios prácticos

1. *Crea una función JavaScript llamada* **limpiarHTML** *que elimine todos los elementos hijos del elemento con el id "resultado". Luego, usa esta función para limpiar el contenido HTML antes de mostrar nuevos resultados en la página.*

2. *Escribe una función en JavaScript en un archivo separado llamado* **obtenerTodosLosPj.js** *que utilice Axios para realizar una solicitud GET a la API de Rick y Morty y obtener todos los personajes. Asegúrate de que esta función sea asíncrona y devuelva los datos obtenidos. Luego, en el archivo* **main.js***, importa y utiliza esta función para obtener los datos y muestra el resultado en la consola.*

3. *Dentro de la función que obtiene todos los personajes, crea un bucle que genere botones de paginación correspondientes al número total de páginas. Estos botones deben agregarse al elemento con el id pagination en el HTML. Cada botón debe tener un valor numérico y un evento asociado que se active cuando se haga clic en él. Cuando se hace clic en un botón de paginación, deberías poder obtener los personajes de esa página específica de la API y mostrarlos en la página.*

3

CONSUMO DE APIS

Bienvenido al tercer capítulo, enfocado en una tarea tan esencial en el desarrollo de software del lado del cliente como lo es el consumo de APIs. En el capítulo anterior lograste consumir una API utilizando Axios e implementarla en una app de JavaScript Vanilla (sin framework). Ahora profundizaremos en el consumo de APIs repasando conceptos más avanzados.

3.1 TRY Y CATCH

Try y Catch son bloques fundamentales en la programación que se utilizan para manejar errores y excepciones. Permiten que un programa maneje situaciones en las que algo no funciona como se esperaba, en vez de provocar una interrupción completa del flujo. Es decir, en caso de que esa porción del programa falle, el catch atrapará el error para que lo manejes a tu gusto. Esto es muy útil en situaciones en que se necesita hacer solicitudes al backend o, en tu caso, a una API que simulará ese backend, y este no funcione o bloquee la petición por algún motivo, ya sea por el envío incorrecto de los datos o por errores del servidor. Al atrapar el error, permitirá que el resto de la aplicación siga funcionando sin esa funcionalidad o acceso que se bloqueó.

Al atrapar errores con el bloque catch, tienes la oportunidad de:

▸ **Registrar información**: puedes registrar detalles específicos sobre el problema, como mensajes de error, datos involucrados y la ubicación donde ocurrió. Esto es útil para la depuración y el seguimiento de los problemas.

▶ **Tomar medidas correctivas**: puedes tomar medidas para manejar el error de manera adecuada. Esto podría incluir retroceder a un estado seguro, notificar a los usuarios sobre el inconveniente o intentar una alternativa.

▶ **Evitar la interrupción del programa**: como se mencionó anteriormente, al manejar los errores de modo controlado, evitas que un pequeño problema haga que toda la aplicación se detenga. Esto es especialmente importante en aplicaciones en vivo o en producción.

Ejemplo de bloque try-catch:

```
/try {
  // Código que podría generar un error
  const result = someFunctionThatMightFail();
  console.log('Resultado:', result);
} catch (error) {
  // Manejar el error
  console.error('Ocurrió un error:', error.message);
}
```

3.2 MÉTODOS DEL CRUD: GET, POST, PUT Y DELETE

El CRUD es un acrónimo que representa las cuatro operaciones básicas que se realizan en la manipulación de datos en la mayoría de las aplicaciones: Create (crear), Read (leer), Update (actualizar) y Delete (eliminar). Estas operaciones son fundamentales para interactuar con bases de datos y otros sistemas de almacenamiento de información como las APIs.

▶ **Create (POST)**: este método implica la creación de nuevos registros o elementos en una base de datos o sistema de almacenamiento. Al usar la operación de creación, estás añadiendo nuevos datos al sistema. Por ejemplo, en una aplicación de gestión de tareas, podrías usar la operación de creación para agregar una nueva tarea a la lista. Está asociada al método POST.

▶ **Read (GET)**: la operación de lectura se utiliza para recuperar datos existentes de la base o sistema de almacenamiento. Al usar esta operación, obtienes información que ya ha sido almacenada previamente. Por ejemplo, en una aplicación de redes sociales, podrías usar la operación de lectura para mostrar los posts de los usuarios en su feed. Esta es quizá la que te resulte más familiar, ya que hasta el momento solo has hecho lectura de datos.

▶ **Update (PUT)**: esta operación se usa para modificar registros o datos existentes en la base o sistema de almacenamiento. Al usar la operación de actualización, puedes cambiar información existente sin tener que crear un nuevo registro. Por ejemplo, en una aplicación de gestión de contactos, podrías usar la operación de actualización para cambiar el número de teléfono de un contacto.

▶ **Delete (DELETE)**: la operación de eliminación se utiliza para eliminar registros o datos existentes de la base de datos o sistema de almacenamiento. Al usarla, estás retirando información del sistema. Por ejemplo, en una aplicación de carrito de compras, podrías usar la operación de eliminación para quitar un artículo del carrito.

En resumen, los cuatro métodos CRUD son esenciales para administrar y manipular datos en aplicaciones y sistemas. Estos métodos se aplican en una variedad de contextos, desde aplicaciones web hasta aplicaciones móviles y sistemas empresariales. El entendimiento de estas operaciones es fundamental para desarrollar y mantener sistemas de software que interactúen con datos.

3.3 SUPERAGENT

Superagent es una biblioteca de cliente HTTP en JavaScript que simplifica la realización de solicitudes HTTP y la gestión de respuestas. Diseñada para trabajar tanto en navegadores como en entornos de servidor (Node.js), proporciona una interfaz fácil de usar para realizar solicitudes a APIs, servidores web y otros recursos HTTP.

En los capítulos anteriores has hecho uso de Axios y Fetch para el consumo de APIs de terceros. En este capítulo usarás Superagent. Esta es una alternativa con una sintaxis simple al igual que Axios y que puedes utilizar tanto en JavaScript Vanilla como en React, Angular, Svelte y Vue, entre otros.

3.4 APP PRÁCTICA

Es el momento de que comiences a programar. Este proyecto, tal como se mencionó anteriormente, utilizará Superagent, pero en cuanto a su lógica y estilo a la hora de programar, quizá te parezca hasta más sencillo que el anterior.

PASO 1

Abre la terminal de Windows y ubícate en el escritorio de tu PC. Allí coloca el comando **npm create vite@latest** y pulsa **ENTER** para comenzar la construcción del proyecto.

```
C:\Windows\System32\cmd.exe
licrosoft Windows [Versión 10.0.19045.3324]
c) Microsoft Corporation. Todos los derechos reservados.

:\Users\PC06\Desktop>npm create vite@latest
```

PASO 2

Dale un nombre al proyecto (recuerda que no puede tener espacios), selecciona **Vanilla** y luego **JavaScript**, tal como en el proyecto anterior.

```
C:\Windows\System32\cmd.exe
icrosoft Windows [Versión 10.0.19045.3324]
c) Microsoft Corporation. Todos los derechos reservados.

:\Users\PC06\Desktop>npm create vite@latest
 Project name: ... superagent-tinUsers
 Package name: ... superagent-tinusers
 Select a framework: » Vanilla
 Select a variant: » JavaScript

caffolding project in C:\Users\PC06\Desktop\superagent-tinUsers...

one. Now run:

 cd superagent-tinUsers
 npm install
 npm run dev
```

PASO 3

Navega hacia el nombre de la carpeta de tu proyecto con **cd nombreDeTuProyecto** e instala las dependencias con **npm i**.

```
npm i
Microsoft Windows [Versión 10.0.19045.3324]
(c) Microsoft Corporation. Todos los derechos reservados.

C:\Users\PC06\Desktop>npm create vite@latest
√ Project name: ... superagent-tinUsers
√ Package name: ... superagent-tinusers
√ Select a framework: » Vanilla
√ Select a variant: » JavaScript

Scaffolding project in C:\Users\PC06\Desktop\superagent-tinUsers...

Done. Now run:

  cd superagent-tinUsers
  npm install
  npm run dev


C:\Users\PC06\Desktop>cd superagent-tinUsers

C:\Users\PC06\Desktop\superagent-tinUsers>npm i
[                ] \ idealTree:superagent-tinUsers: sill        buildDeps
```

PASO 4

Luego instala las dos dependencias que utilizarás, **Bootstrap** (para confeccionar los estilos) con el comando **npm i bootstrap**, y **Superagent** (para consumir la API) con el comando **npm i superagent**.

```
C:\Windows\System32\cmd.exe                                                  —

C:\Users\PC06\Desktop\superagent-tinUsers>npm i boostrap
npm WARN          boostrap@2.0.0: Package no longer supported. Contact support@npmjs.com for more info.

added 1 package, and audited 10 packages in 3s

3 packages are looking for funding
  run `npm fund` for details

found 0 vulnerabilities

C:\Users\PC06\Desktop\superagent-tinUsers>npm i superagent

added 32 packages, and audited 42 packages in 4s

11 packages are looking for funding
  run `npm fund` for details

found 0 vulnerabilities

C:\Users\PC06\Desktop\superagent-tinUsers>
```

PASO 5

Abre el proyecto en **Visual Studio** con el comando **code**. Visualiza el archivo **package.json** y chequea que estén instaladas las dos dependencias anteriores (líneas 15 y 16).

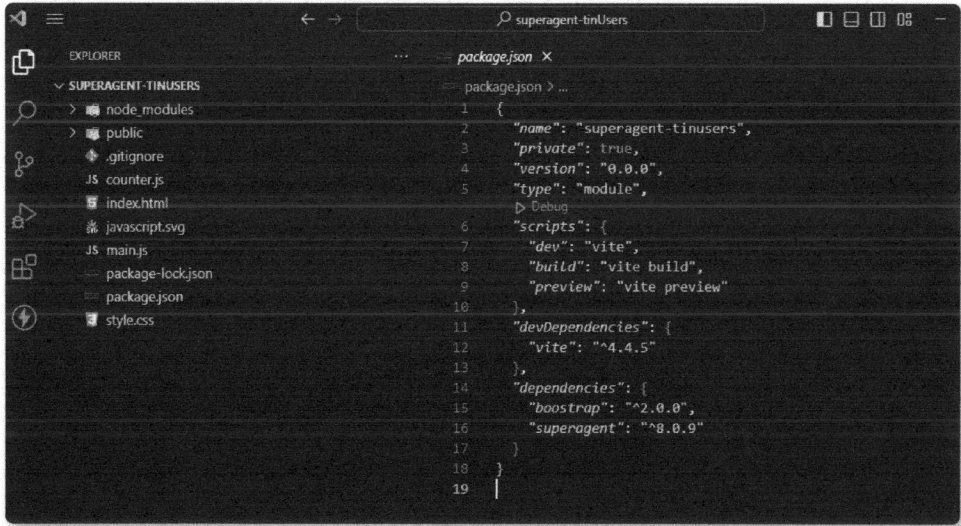

PASO 6

Vuelve a la terminal y levanta el proyecto **npm run dev**. Esto te dará la URL del proyecto; cópiala y pégala en tu navegador para que te lleve a la app.

Vuelve al editor de código y quita las cosas que no necesitarás. Primero, borra el interior de la carpeta **public** y coloca dentro el logo que se encuentra en los recursos del curso o uno de tu preferencia. Asígnale el nombre **Logo.png** para evitar confusiones.

Borra los archivos **Javascript.svg** y el **counter.js**. Por último, ve a **main.js** y borra todas las importaciones excepto la del CSS. También borra el interior del **innerHTML** y, en su lugar, coloca una etiqueta **h1** con un mensaje como "**Hola mundo**" para visualizar los cambios. Debería quedarte el proyecto y el navegador como se observa en la imagen.

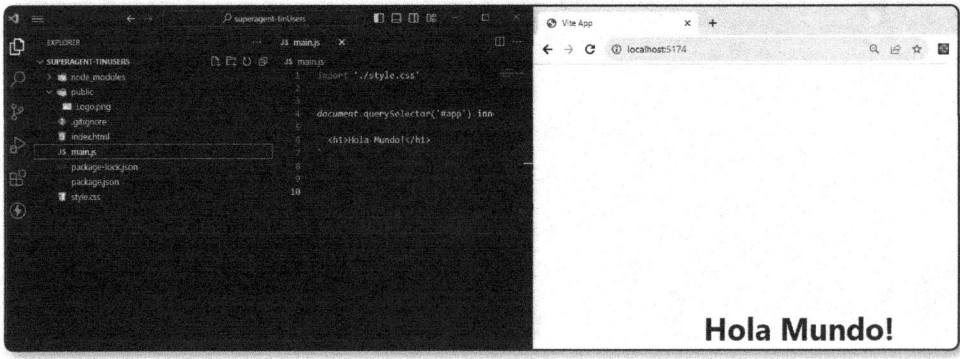

Observa que el mensaje "Hola mundo" se ubica en el centro del navegador, debido a que la hoja de estilos tiene contenido por defecto. Ve al archivo **style.css** y borra todos los estilos. Luego coloca esta porción de código que sirve para solucionar errores de márgenes en algunos navegadores:

```css
*{
  margin: 0;
  padding: 0;
  box-sizing: border-box;
}
```

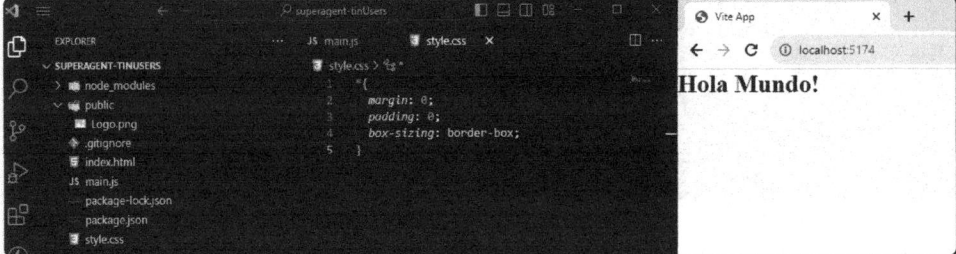

Lo siguiente es opcional; puedes agregar un bonito fondo gradiente desde https://gradients.app/es/gradient. Selecciona el que más te guste, ve a la parte superior derecha **get css** y copia el código que saldrá en el modal.

Ahora dirígete al editor de código y crea un selector para el **body**. Deposita el **css** que acabas de copiar allí. Adicionalmente puedes cambiar el color y los estilos de las letras mediante las siguientes propiedades:

- ⚑ **font-family:**
- ⚑ **color:**

Estos estilos son muy personalizables, de modo que siéntete libre de escoger y hacer cambios a tu gusto y necesidades.

Si bien a lo largo del proyecto se utilizará CSS puro, también se hará uso de Bootstrap, ya que tiene estilos predefinidos muy útiles. Para usarlo, debes habilitarlo. Ve a **index.html** y, debajo del título, pega el siguiente código:

```
<link href="https://cdn.jsdelivr.net/npm/bootstrap@5.3.1/dist/css/bootstrap.
min.css" rel="stylesheet" integrity="sha384-4bw+/aepP/YC94hEpVNVgiZdgIC5+VKNBQNG
CHeKRQN+PtmoHDEXuppvnDJzQIu9" crossorigin="anonymous">
```

PASO 1

Introduce un encabezado o una **<nav>** en la app para que parezca más realista; puedes elegir dentro de la página de **Bootstrap** alguna de tu agrado o confeccionarla tú mismo. En este caso, vas a colocarla donde comienza el **body** para evitar problemas con las imágenes al momento de hacer el despliegue a Vercel o a Netlify. Si no sabes de qué estamos hablando, no te preocupes porque más adelante cobrará sentido. Por ahora, solo coloca la porción de HTML debajo del body y logra visualizarla en el navegador:

```
<nav class="navbar navbar-expand-lg bg-primary">
    <img src="./public/Logo.png" alt="logo" class="logo">
    <div class="container-fluid">
      <h1>TIN USERS</h1>
    </div>
  </nav>
```

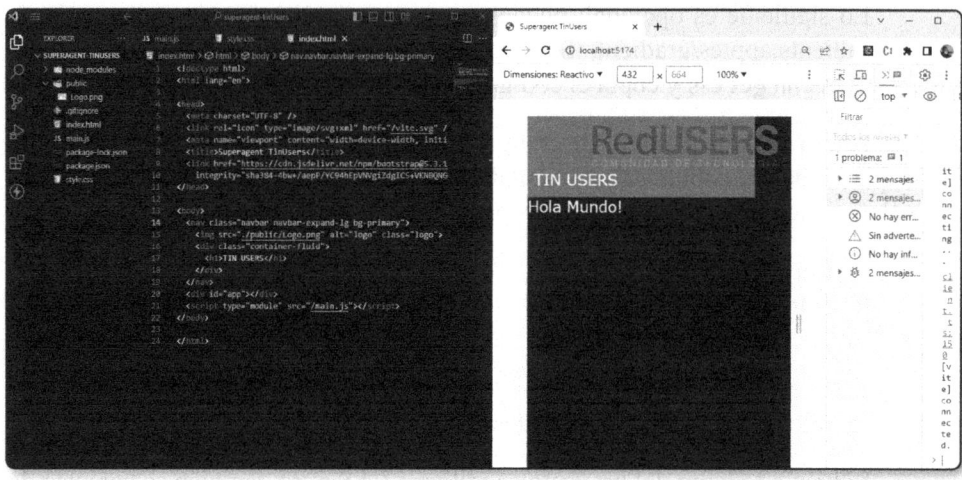

PASO 2

Si vas a inspeccionar y lo ves en pantalla pequeña, nota que hay una franja un poco extraña debido a que el logo se está saliendo del contenedor. Colócale una clase de nombre logo **class="logo"**; en este caso ya lo tiene. Ve al css; allí coloca un **width** del 60% y un margen de 1rem para separar un poco el logo de los bordes superior e inferior.

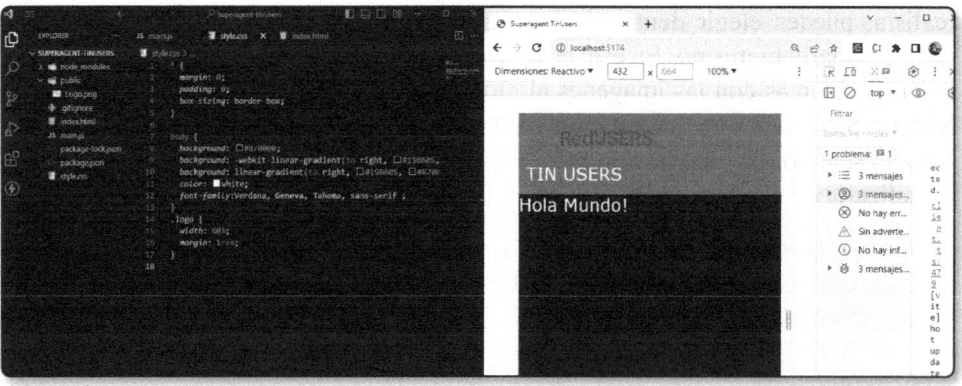

PASO 3

Vuelve al **index.html** y agrega una etiqueta **<footer>** o pie de página debajo del div con el **id="app"**, ya que allí se alojará el contenido principal proveniente del script **main.js**.

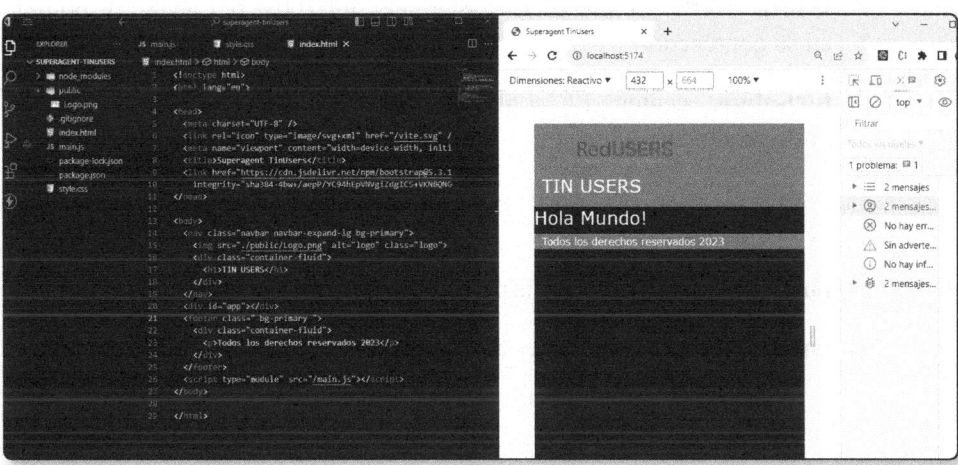

PASO 4

Ve al css y agrega un selector a la etiqueta para estilarlo. Los estilos dependen de cómo desees que se ubique el contenido de ese footer, color de fondo y demás. En este caso, se agregaron los siguientes estilos:

```
footer {
  width: 100%;
  text-align: center;
  padding: 10px;
  position: sticky;
  bottom: 0;
}
```

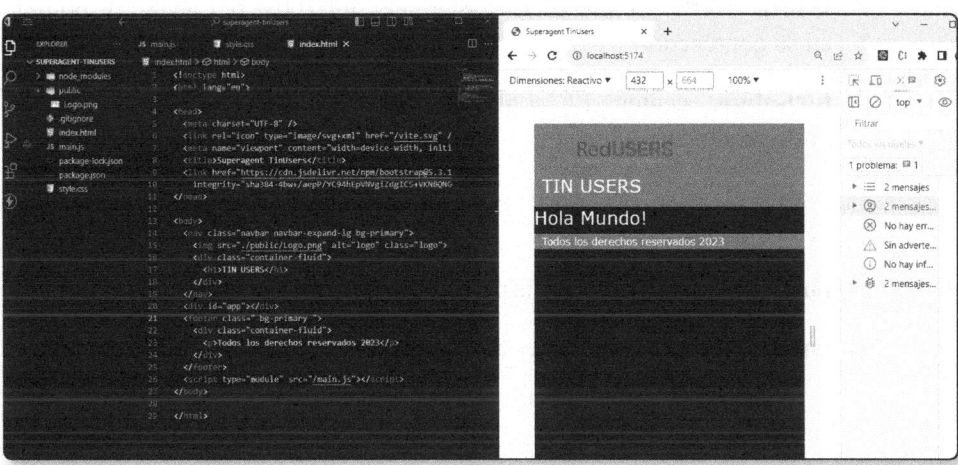

▶ **Width**: 100%. El ancho del footer será del 100% del ancho disponible en su contenedor.

▶ **text-align**: center. El contenido del footer se alineará al centro horizontalmente.

▶ **padding**: 10px. Agrega un espacio de 10px de padding alrededor del contenido del footer.

▶ **position**: sticky. Establece la posición del footer como "sticky" (pegajoso).

▶ **bottom**: 0. Coloca el footer en la parte inferior de su contenedor.

No te preocupes si está muy arriba, ya verás que el mismo contenido lo empujará hacia abajo.

PASO 5

Ahora comienza a definir la estructura en donde se mostrarán los resultados y los botones de la app. Dirígete a **main.js** y, dentro de **innerHTML**, ingresa el siguiente código:

```
<button id="btnMostrarLikes" class="btn btn-info position-fixed top-2 end-0 m-
3">Mis Likes</button>

  <div>
    <h2 class="d-flex justify-content-center p-3">TIN USERS</h2>
  </div>
  <div class="ocultar" id="likesContenedor">
    <button class="btn btn-danger position-fixed top-0 end-0 m-3"
id="vaciarLikes">Borrar todo</button>
    <div id="misLikes" class="likesVisibility"></div>
  </div>
  <div id="resultado" class="d-flex flex-wrap"></div>
```

Si lo recuerdas, en el **index.html** tienes un encabezado y un pie de página. Entre medio de ellos hay un div con el **id="app"**, y es aquí donde se mostrará todo este contenido.

Aquí tienes un botón para ver los likes que se irán acumulando (línea 6),

un título (línea 8), un div con un botón para borrar los likes y un contenedor para ver esos likes (líneas 10 a la 13). Además, un div contenedor donde se mostrará una persona al azar para que puedas darle sí o no y, según la decisión que tomes, el código tomará dos caminos diferentes.

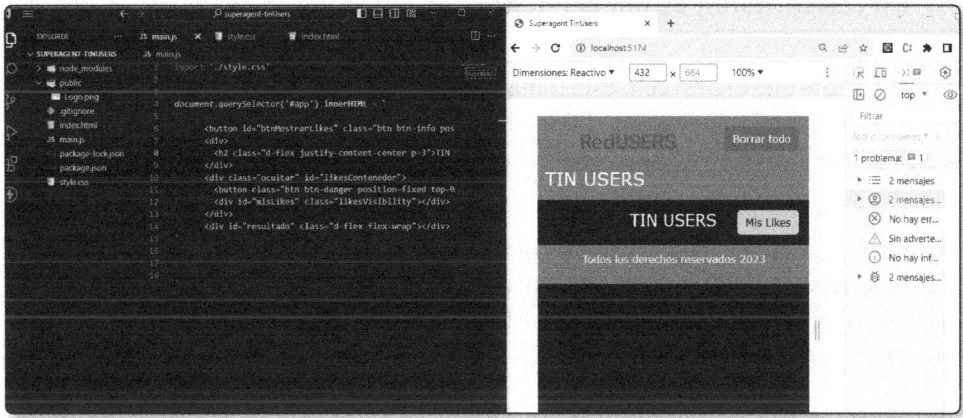

PASO 6

Ahora tienes que seleccionar esos dos botones y esos dos divs, y referenciarlos en una variable, cada uno de esta forma:

```js
const divResultado = document.querySelector('#resultado');
const mostrarLikes = document.querySelector('#misLikes');
const btnMostrarLikes = document.querySelector('#btnMostrarLikes');
const btnVaciarLikes = document.querySelector('#vaciarLikes');
```

El primero es un selector para el resultado de la persona al azar, el segundo es el contenedor donde se irán alojando los likes, el tercero es el botón para mostrar los likes, y el cuarto es el botón rojo que vacía el contenedor. Hasta el momento, solo los has referenciado en variables, pero más adelante tendrás que darles funcionalidad.

```
File   Edit   Selection   View   Go   Run   Terminal   Help           ←  →                          superagent-tinUsers

EXPLORER                    JS main.js  ●   style.css      index.html
∨ SUPERAGENT-TINUSERS        JS main.js > ...
  > node_modules            1   import './style.css'
  ∨ public                  2
      Logo.png              3
      .gitignore            4   document.querySelector('#app').innerHTML = `
      index.html            5
  JS main.js                6       <button id="btnMostrarLikes" class="btn btn-info position-fixed top-2 end-0 m-3">Mis Likes</button>
      package-lock.json     7       <div>
      package.json          8         <h2 class="d-flex justify-content-center p-3">TIN USERS</h2>
      style.css             9       </div>
                           10       <div class="ocultar" id="likesContenedor">
                           11         <button class="btn btn-danger position-fixed top-0 end-0 m-3" id="vaciarLikes">Borrar todo</button>
                           12         <div id="misLikes" class="likesVisibility"></div>
                           13       </div>
                           14       <div id="resultado" class="d-flex flex-wrap"></div>
                           15
                           16   const divResultado = document.querySelector('#resultado');
                           17   const mostrarLikes = document.querySelector('#misLikes');
                           18   const btnMostrarLikes = document.querySelector('#btnMostrarLikes');
                           19   const btnVaciarLikes = document.querySelector('#vaciarLikes');
                           20
                           21   |
```

3.5 IMPLEMENTACIÓN DE SUPERAGENT

Ahora que el proyecto está tomando forma, es momento de hacer la conexión a la API que simulará el backend. Ve a la raíz del proyecto y crea una carpeta nueva llamada **"api"**. Dentro de ella coloca un archivo denominado **superagent.js**.

Aquí se alojará la función más importante del proyecto, que será la encargada de traer los datos externos que provee la API. Crea una función utilizando la exportación de módulos para que puedas utilizarla fuera del archivo. Asegúrate de que sea asíncrona (async), ya que estarás solicitando datos externos y, por lo tanto, hay que esperar a que estos lleguen.

Ve a https://1password.com/es/username-generator. Esta web brinda un **endpoint** que genera un usuario al azar, por lo tanto, es perfecta para este proyecto.

PASO 1

Una vez allí, baja un poco y verás un ejemplo de cómo utilizarla en Ajax, una tecnología un poco obsoleta al día de hoy. Veamos cómo modernizar esta petición con **Superagent**.

Copia esta porción de código: **url: 'https://randomuser.me/api/'**.

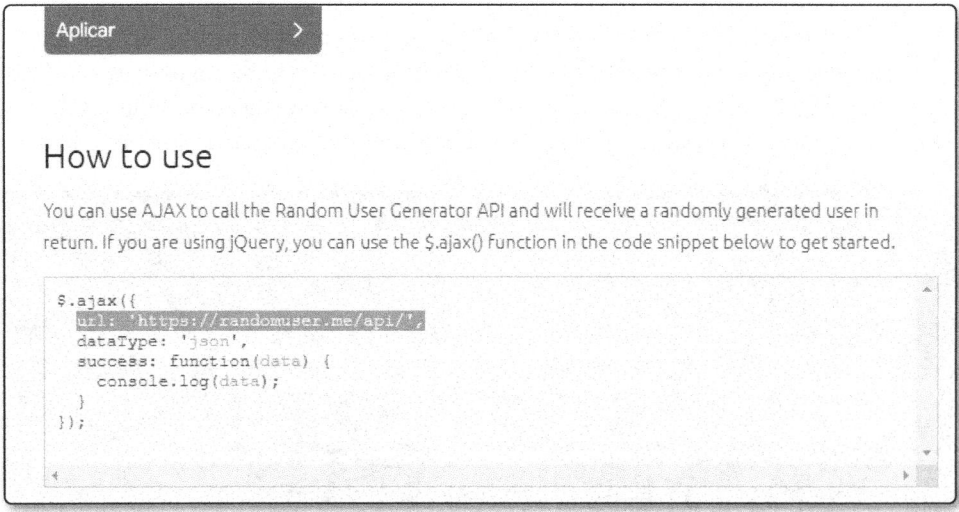

PASO 2

Vuelve al código y guarda esa URL en una variable (línea 2). También importa **superagent** del paquete **"superagent"** (línea 1).

PASO 3

Ahora bien, esta petición puede fallar y, por lo tanto, hay que manejar un hipotético error. Dentro de la función, crea un bloque **try-catch** y haz un **console. log()** al error dentro del **catch** para visualizarlo en consola. Asimismo, coloca el código **throw error;** para utilizarlo fuera de la función si es necesario (línea 12).

PASO 4

Abre la URL en el navegador y visualizarás qué devuelve este **endpoint**. Si tienes alguna extensión como **JSON formatter**, la verás como en la imagen a continuación:

PASO 5

Como observas en el navegador, debes llegar hasta **results** y allí ya puedes acceder a las propiedades internas. Vuelve al código y, dentro del bloque **try**, guarda la respuesta de la petición en una variable, de la siguiente forma:

```
const respuesta = await superagent.get(apiUrl);
```

Asegúrate de colocar el **await** para que espere los datos. Aquí estarás haciendo una petición del tipo **GET** para hacer lectura de los datos pasándole como parámetro la URL que está en la variable **apiUrl**. Por último, hazle un **console. log(respuesta)** a esa respuesta para poder verla en consola.

```
JS superagent.js ×
api > JS superagent.js > [∅] usuariosTodos
1  import superagent from 'superagent';
2
3  const apiUrl = 'https://randomuser.me/api/';
4
5  export const usuariosTodos = async () => {
6    try {
7      const respuesta = await superagent.get(apiUrl);
8      console.log(respuesta)
9      |
10
11   } catch (error) {
12     console.error('Error al cargar los datos:', error);
13     throw error; // Importante lanzar el error para manejarlo fuera de la función
14   }
15 };
```

PASO 6

Si aún no ves nada en consola, está bien, porque la función todavía no se está ejecutando. Ve a **main.js** y añade un evento al objeto **windows** para llamar esa función no bien cargue el navegador:

```
window.addEventListener('load', ()=>{
  usuariosTodos();
})
```

Este código ejecuta la función al cargar el navegador (load). Asegúrate de importar la función **usuariosTodos** del archivo **superagent.js** (línea 1).

```
JS superagent.js    JS main.js ×
JS main.js > ⦿ window.addEventListener('load') callback
1  import { usuariosTodos } from ./api/superagent ;
2  import './style.css'
3
4
5  document.querySelector('#app').innerHTML = `
6
7      <button id="btnMostrarLikes" class="btn btn-info position-fixed top-2 end-0 m-3">Mis Likes</button>
8      <div>
9        <h2 class="d-flex justify-content-center p-3">TIN USERS</h2>
10     </div>
11     <div class="ocultar" id="likesContenedor">
12       <button class="btn btn-danger position-fixed top-0 end-0 m-3" id="vaciarLikes">Borrar todo</button>
13       <div id="misLikes" class="likesVisibility"></div>
14     </div>
15     <div id="resultado" class="d-flex flex-wrap"></div>
16   `
17   const divResultado = document.querySelector('#resultado');
18   const mostrarLikes = document.querySelector('#misLikes');
19   const btnMostrarLikes = document.querySelector('#btnMostrarLikes');
20   const btnVaciarLikes = document.querySelector('#vaciarLikes');
21
22   window.addEventListener('load', ()=>{
23     usuariosTodos();
24   })
```

En la consola del navegador verás la respuesta a la petición.

Si bien no es exactamente lo que necesitas, vas por buen camino.

Si recuerdas, la información que necesitas está en **body.results**, como muestra la imagen.

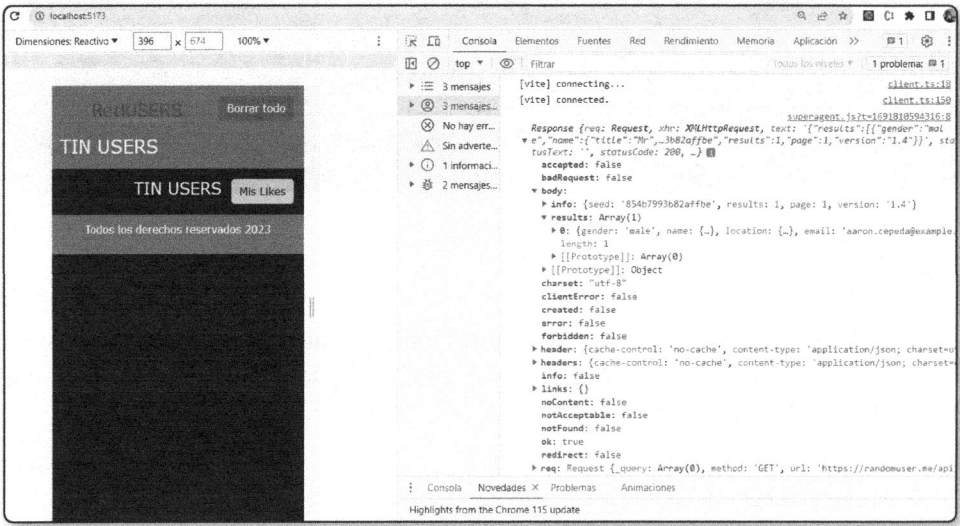

Para resolver esto, ve al archivo **superagent.js** y haz lo siguiente: crea una nueva variable dentro del **try** con el nombre **datos**, esto será igual a **respuesta.body. results** por lo que accederá al objeto que necesitas y lo guardará en datos. Luego hazle un **console.log()** a **datos**.

```
import superagent from 'superagent';

const apiUrl = 'https://randomuser.me/api/';

export const usuariosTodos = async () => {
  try {
    const respuesta = await superagent.get(apiUrl);
    const datos = respuesta.body.results;
    console.log(datos)

  } catch (error) {
    console.error('Error al cargar los datos:', error);
    throw error; // importante lanzar el error para manejarlo fuera de la función
  }
};
```

PASO 9

Si guardas los cambios, verás el objeto en la consola.

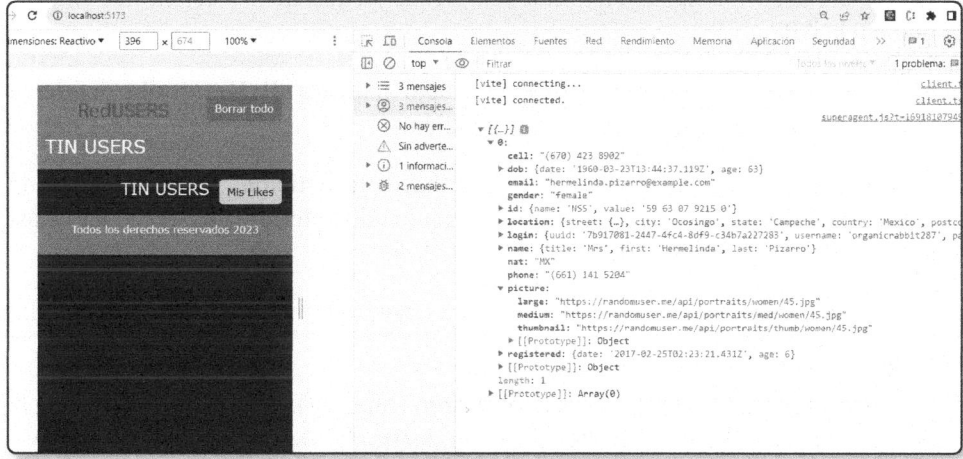

PASO 10

Ahora que sabes que todo está funcionando, ve a **superagent.js** otra vez y reemplaza ese **console.log(datos)** por un **return datos**. Esto te permitirá hacer uso de estos datos desde el otro lado (**main**).

```js
import superagent from 'superagent';

const apiUrl = 'https://randomuser.me/api/';

export const usuariosTodos = async () => {
  try {
    const respuesta = await superagent.get(apiUrl);
    const datos = respuesta.body.results;
    return datos
  }
  } catch (error) {
    console.error('Error al cargar los datos:', error);
    throw error; // Importante lanzar el error para manejarlo fuera de la función
  }
};
```

Por el momento, **superagent.js** ya contiene todo lo que necesitas, de modo que guarda los cambios y cierra el archivo.

A continuación, dirígete a **main.js** y crea la función encargada de mostrar la tarjeta del usuario. Hazla de forma asíncrona, ya que dentro estará haciendo la petición a la API.

Recuerda que tienes un selector global llamado **divResultado** donde se mostrará el contenido que resulte de esa petición.

Entonces, inmediatamente luego de hacer la petición, insértale un string vacío (linea 29) al contenedor para borrar el contenido anterior si es que lo hay y así evitar que las tarjetas se acumulen.

Es algo parecido a lo que hiciste en el capítulo anterior, pero más sencillo aún.

Haz un **console.log()** a **usuarioRandom** (línea 28), la variable que guarda la petición. Llama a la función **mostrarTarjeta** dentro del evento del objeto **windows** (línea 23) para que el usuario random se visualice nuevamente en la consola.

En la consola podrás ver las propiedades. Por lo tanto, ve a la función **mostrarTarjeta**, recorre la variable que posee el array con el objeto **usuarioRandom** con un **map** o un **forEach** y, por cada iteración, crea un elemento **div** e insértale los datos, como muestra la imagen. A continuación, usa **appenChild** para insertarle el resultado al contenedor **divResultado**. Tómate tu tiempo para leer cada línea de código y ver qué hace. Si te fijas bien, es muy parecido a lo que hace el elemento **"#app"** más arriba. En cuanto a las propiedades, son varias. Puedes fijarte en la consola y colocar las que quieras y como quieras, eso es indistinto.

Todo lo que está dentro de **class** son clases predefinidas de **Bootstrap**. Además, se ha agregado la clase **tarjeta-persona**, que es de css puro, para dar estilos manualmente. Recuerda que los estilos son subjetivos y puedes hacer volar tu imaginación. Hay muchas formas de dar estilo, y se podría hacer un libro completo con solo CSS.

Este informe está más enfocado en la lógica de la aplicación, y no tanto en estilos y efectos visuales.

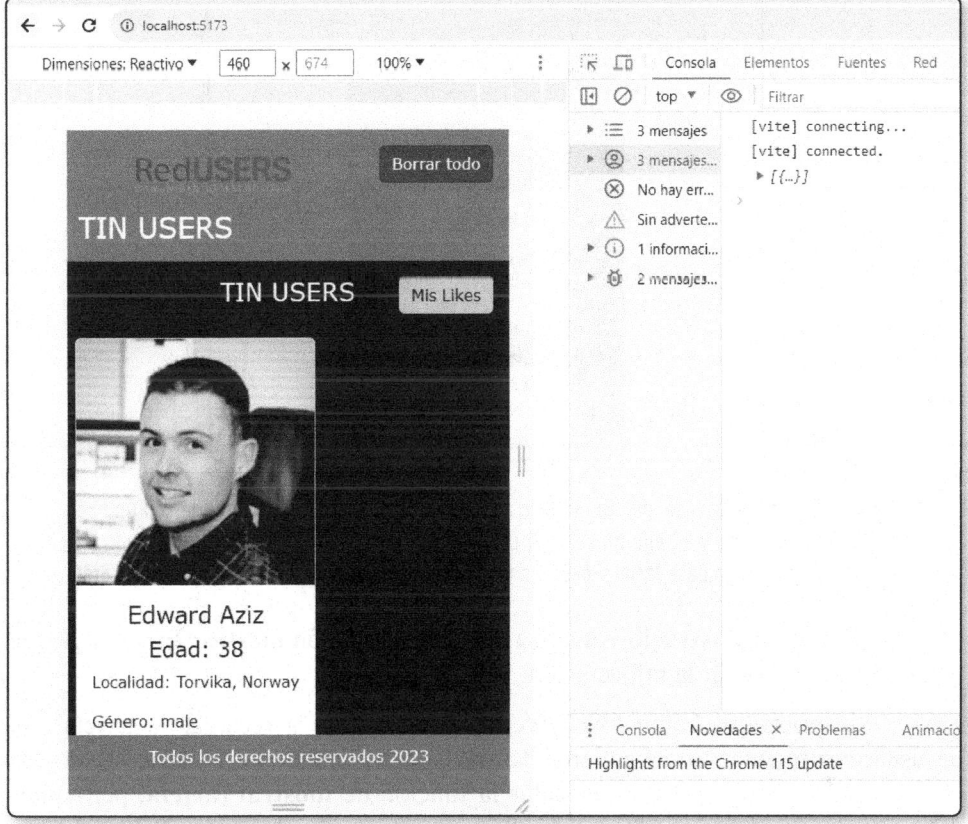

Figura 3.1. En el navegador web comenzarás a ver los primeros resultados concretos.

Si bajas un poco en el navegador, verás dos botones que se han insertado, uno con la leyenda NO ? y otro con SI ?.

Estos botones cumplirán dos funciones: el primero solo recargará la petición, y el segundo guardará el usuario random como un like para ser visto más adelante. Si vas al código, verás que ambos tienen un id llamado positivo y negativo. Con este id debes referenciarlos.

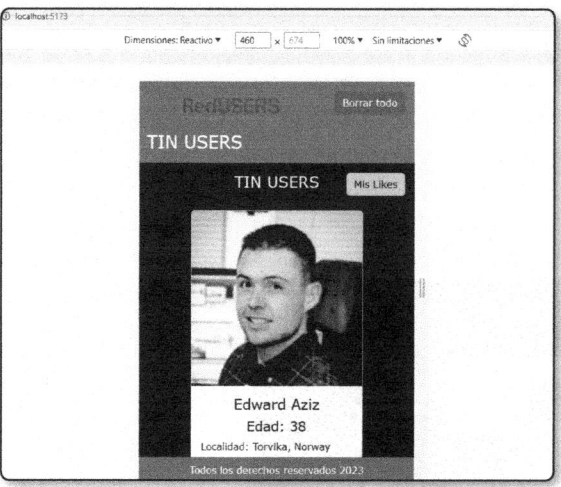

Figura 3.2. Si observas, se inclina un poco a la izquierda, y podrías solucionarlo con un poco de css. Ve a style.css y agrega un selector para el elemento con el id de resultado y centra el contenido. Luego, otro para tarjeta-persona y agrégale un sombreado, color y ancho de 18rem.

El caso negativo solo volverá a ejecutar la función **mostrarTarjeta**, ya que no necesitas almacenar la información.

Si aprietas el botón **"No"**, verás cómo vuelve a recargar la tarjeta con un usuario diferente. Esta funcionalidad no necesita nada más. Ahora, si aprietas el botón **"Sí"**, también deberá ejecutar la función de **mostrarTarjeta**, pero antes debe guardar los datos en algún lado. Para eso, agrégale el evento **click** y, dentro, ejecuta la función. Antes ejecuta otra función llamada **adjuntarLikes(us)** y pásale como parámetro el objeto que contiene el usuario. Esto tiene sentido porque antes de recargar la tarjeta hay que enviar los datos a algún lado para que sean registrados.

Si vas al navegador y presionas **"Sí"**, notarás que no recarga la tarjeta y, en su lugar, da un error en consola como este: **ReferenceError: adjuntarLikes is not defined**. Precisamente se debe a que no has hecho esa función. Ve al final del código y crea la función **adjuntarLikes(us)**, que recibe el usuario.

Borra los **console.log()** que tengas en otras funciones para evitar confusión y agrega un **console.log(us)** dentro de la función **adjuntarLikes**. Guarda los cambios, ve al navegador y pulsa **"Sí"**. Verás que ahora sí actualiza la tarjeta y, además, imprime ese usuario en consola.

Bien, ahora que sabes que todo está funcionando, debes acumular los likes y, si recuerdas, hay un **div** para hacerlo, que tiene un selector llamado **mostrarLikes**. Crea la estructura de la tarjeta en el **innerHTML** como hiciste anteriormente, y agrégale la clase de Bootstrap **card** y la clase de CSS **miniatura**.

En el navegador verás que las tarjetas se van acumulando a medida que das like, con un tamaño desproporcionadamente grande. Como has agregado la clase **miniatura**, ve a **style.css** y úsala. También hay una llamada **likesVisibility**, que es del contenedor de dichos likes (**Figuras 3.3. y 3.4.**).

Asegúrate de que la clase **ocultar** esté presente en el contenedor de los likes que está en el comienzo (línea 11). Ya que está presente, comenzará con un **display none**. Ve al final del código y define la función que cambia la clase sobre la referencia al contenedor de likes (líneas 76 a 79), luego haz un evento al botón para mostrar los likes y ejecuta la función cuando se haga **click** en el botón (línea 80). Esto está perfecto porque también ocultará el botón para borrar todo debido a que se encuentra dentro de ese contenedor. Haz la prueba: da varios likes (**Sí**) y aprieta el botón **mostrar likes** para ver la lista; luego vuelve a apretarlos para ocultarla.

La última funcionalidad será la de borrar toda la lista de likes. Esta función es sencilla ya que solo debes enviarle un string vacío al contenedor al presionar el botón **borrar todo**.

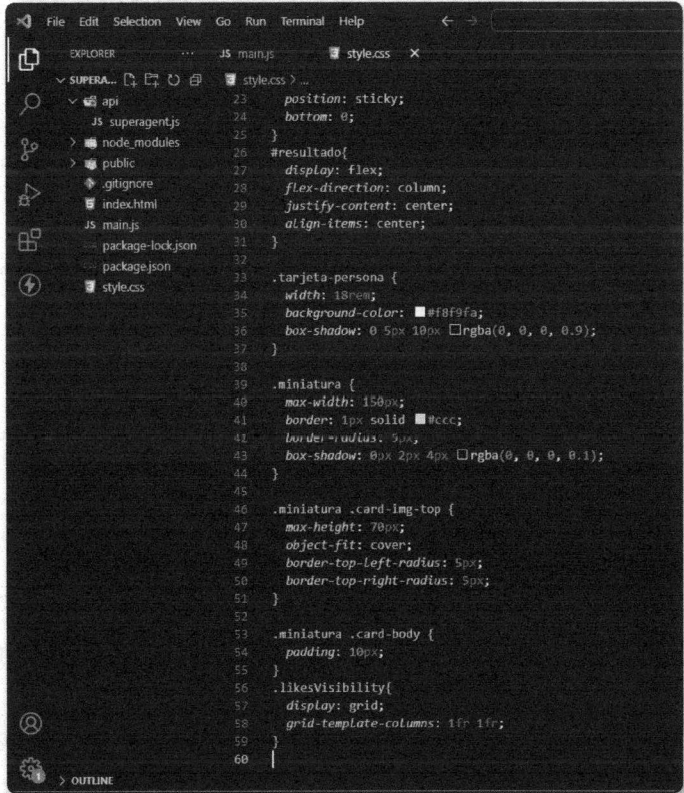

Figura 3.3. En la imagen están los estilos para que todo quede medianamente ordenado; por ahora déjalo así. Finalizada la lógica, podrás ver cómo retocar estos elementos.

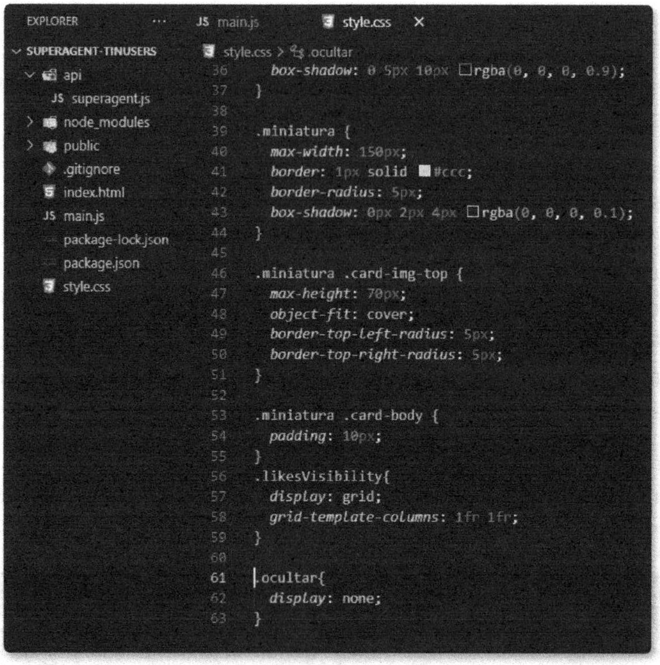

Figura 3.4. Ya que estás allí, agrega una clase llamada ocultar y ponle dentro un display: "none". Esta clase hará que el elemento que la posee directamente desaparezca, y te será útil porque tienes un botón para mostrar los likes. Entonces, podría empezar siendo invisible y hacerse visible luego

Hasta aquí, el final de la lógica de la aplicación. Cumple con todas las funcionalidades que debe cumplir.

Obviamente, la información que estás guardando de manera provisoria, como los likes, en un contexto real deben guardarse en un backend para lograr la permanencia de datos. Pero para hacer pruebas sobre el frontend, este tipo de prácticas están perfectas.

3.6 DESPLIEGUE A GITHUB

Sin más que decir, llegó el momento de subir el repositorio a GitHub.

PASO 1

Abre la terminal de Visual Studio Code e inserta el comando **git init**.

```js
      const adjuntarLikes = (us) => {
61       const user = document.createElement('div');
62       user.innerHTML = `
63       <div>
64       <img src="${us.picture.large}" class="card-img-top" alt="user">
65          <div class="card-body">
66             <p class="card-title text-center text-xs">${us.name.first} ${us.name.last}</p>
67          </div>
68       </div>
69       `;
70       user.classList.add('card', 'miniatura')
71       mostrarLikes.appendChild(user);
72
73    }
74
75
76    const fnOcultarLikes = ()=>{
77       const likesContenedor = document.querySelector('#likesContenedor');
78       likesContenedor.classList.toggle('ocultar')
79    }
80    btnMostrarLikes.addEventListener('click', fnOcultarLikes);
81
82    btnVaciarLikes.addEventListener('click', ()=>{
83       mostrarLikes.textContent = ""
84       fnOcultarLikes();
85    })
```

```
PROBLEMS    OUTPUT    DEBUG CONSOLE    TERMINAL

PS C:\Users\PC06\Desktop\superagent-tinUsers> git init
Initialized empty Git repository in C:/Users/PC06/Desktop/superagent-tinUsers/.git/
PS C:\Users\PC06\Desktop\superagent-tinUsers>
```

PASO 2

Ve al tercer icono del lado superior izquierdo, coloca un mensaje para el commit y presiona el botón azul.

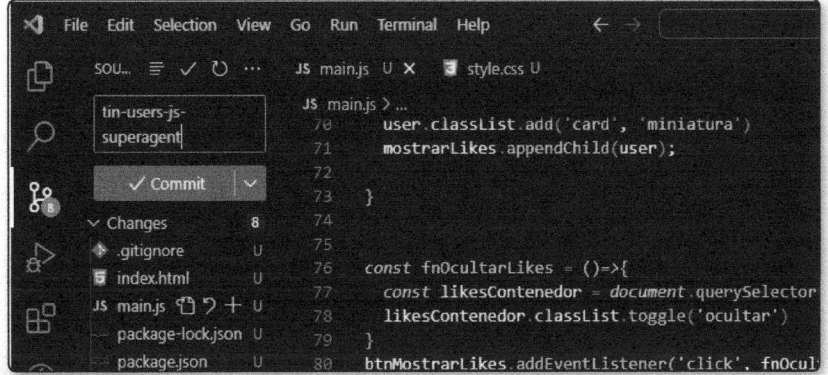

Coloca otro mensaje y pulsa en Publish Branch; selecciona el repositorio del tipo **public** y listo.

```
File  Edit  Selection  View  Go  Run  Terminal  Help        ←  →

SOU...              JS main.js  ×    style.css

js-superagent          JS main.js > ...
                       70      user.classList.add('card', 'miniatura')
  Publish Branch       71      mostrarLikes.appendChild(user);
                       72
                       73    }
                       74
                       75
                       76    const fnOcultarLikes = ()=>{
                       77      const likesContenedor = document.querySelector('#
                       78      likesContenedor.classList.toggle('ocultar')
                       79    }
                       80    btnMostrarLikes.addEventListener('click', fnOcultar
                       81
                       82    btnVaciarLikes.addEventListener('click', ()=>{
                       83      mostrarLikes.textContent = ""
                       84      fnOcultarLikes();
```

3.7 DESPLIEGUE A VERCEL

Ahora veremos cómo subir tu proyecto a Vercel para que todo el mundo lo vea. Dirígete a la página oficial de Vercel: **https://vercel.com** y crea una cuenta o loguéate si ya tienes una.

PASO 1

Una vez logueado con tu cuenta, ve a **IMPORTAR REPOSITORIO GIT** y agrega tu cuenta si no la tienes; te pedirá una verificación para enlazar ambas herramientas.

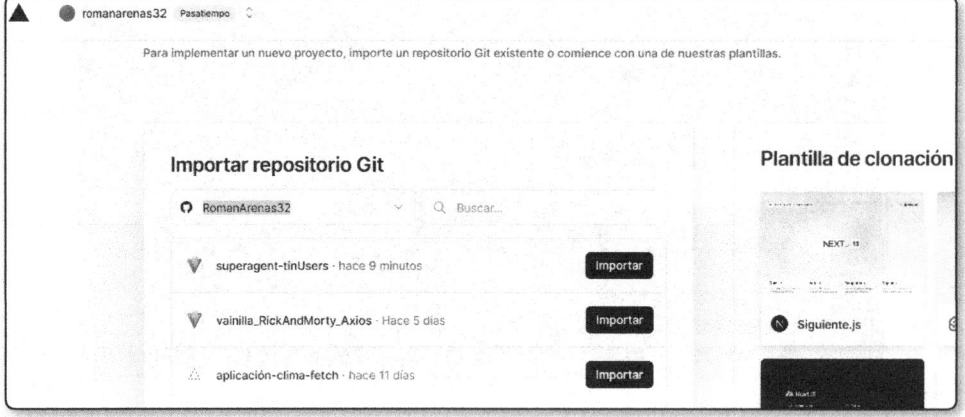

PASO 2

Agrega el repositorio que creaste anteriormente. Presiona **IMPORTAR** y luego **DESPLEGAR**.

PASO 3

Si todo es correcto, verás una imagen parecida a la siguiente.

PASO 4

Haz clic sobre la imagen y verás el proyecto desplegado. Puedes compartir la URL y verla desde cualquier dispositivo.

3.8 ACTIVIDADES

A continuación se presentan las preguntas y los ejercicios que deberías saber responder y resolver para considerar aprendido el capítulo.

3.8.1 Test de autoevaluación

1. *¿Qué son los bloques try y catch en programación y para qué se utilizan?*
2. *¿Cuáles son las cuatro operaciones básicas que representa el acrónimo CRUD en la manipulación de datos?*
3. *¿Cuál es el propósito de cada una de las operaciones CRUD: Create, Read, Update y Delete?*
4. *¿Qué es Superagent y cuál es su utilidad en el consumo de APIs?*
5. *¿Cuáles son los pasos principales para crear un proyecto que utiliza Superagent para consumir una API?*

3.8.2 Ejercicios prácticos

1. *Escribe un bloque try-catch en JavaScript que intente ejecutar una función llamada **divideNumeros** y atrape cualquier error que ocurra, registrando el mensaje de error en la consola.*
2. *Crea una página web simple que utilice Bootstrap para agregar un encabezado con un título y un pie de página con un mensaje. Asegúrate de incluir los estilos de Bootstrap en tu página.*
3. *Implementa una función en JavaScript que haga una solicitud a la API de randomuser.me utilizando Superagent. Luego, muestra la información de un usuario aleatorio en tu página web como una tarjeta. Añade estilos CSS para que la tarjeta se vea atractiva.*

4

API CON REACT

En este capítulo consumirás una API de cotizaciones de criptomonedas en tiempo real mediante el uso de Axios, una tecnología que has empleado en el Capítulo 2 y que, al día de hoy, es la más popular para este tipo de acciones.

4.1 PROYECTO PRÁCTICO

React es una biblioteca de JavaScript desarrollada por Facebook que se utiliza para construir interfaces de usuario interactivas y dinámicas en aplicaciones web. Fue lanzada por primera vez en 2013, y desde entonces se ha convertido en una de las herramientas más populares para el desarrollo de aplicaciones frontend.

La característica central de React es su enfoque en la construcción de componentes reutilizables y modulares. En lugar de pensar en la interfaz de usuario como una estructura monolítica, React permite descomponerla en partes más pequeñas y autónomas. Cada componente puede manejar su propio estado interno y su lógica, lo que facilita el mantenimiento y la escalabilidad de las aplicaciones.

La principal filosofía detrás de React es el concepto de unidireccionalidad de datos. Esto significa que los datos fluyen en una sola dirección: desde el componente principal hacia los componentes secundarios. Cuando el estado de un componente cambia, React actualiza automáticamente la interfaz de usuario para reflejarlo de manera eficiente, minimizando la manipulación directa del DOM y optimizando el rendimiento.

React también es conocido por su uso de **JSX** (JavaScript XML), una extensión de sintaxis que permite escribir componentes usando una sintaxis similar a HTML, pero integrando lógica de JavaScript. JSX facilita la creación de interfaces de usuario de manera declarativa y comprensible.

Una de las ventajas adicionales de React es su comunidad activa y el ecosistema que la rodea. Existen numerosas bibliotecas y herramientas complementarias, como React Router para la navegación, Redux para la gestión del estado, y muchas más.

React es una potente biblioteca que simplifica la creación de interfaces de usuario dinámicas y eficientes en aplicaciones web. Su enfoque en la modularidad, la reutilización de componentes y la unidireccionalidad de datos la convierten en una herramienta esencial para desarrolladores que buscan crear experiencias interactivas y atractivas en sus aplicaciones.

4.1.1 Construcción de una app de React con Vite

A esta altura, seguramente sabrás qué es Vite y para qué sirve. Confeccionar una aplicación de React en Vite te dará las siguientes ventajas:

▸ **Rendimiento mejorado en el desarrollo**:

Vite utiliza un enfoque de carga en demanda y módulos nativos de JavaScript para compilar y cargar solo lo que se necesita durante el desarrollo. Esto resulta en tiempos de recarga más rápidos y en una experiencia de desarrollo altamente ágil.

▸ **Menor tiempo de compilación**:

Vite realiza la compilación en tiempo real y solo compila los módulos que realmente se modifican. Esto reduce de manera significativa el tiempo de compilación en comparación con las herramientas de construcción tradicionales, como Webpack. En proyectos React grandes, la reducción del tiempo de compilación puede ser especialmente beneficiosa.

▸ **Fácil configuración**:

Vite se destaca por su configuración simple y minimalista. A menudo, no es necesario establecer múltiples archivos de configuración, como ocurre en Webpack. Esto hace que sea más fácil para los desarrolladores comenzar con un nuevo proyecto y reducir la carga de trabajo relacionada con la configuración.

▸ **Soporte para TypeScript y JSX**:

Vite proporciona soporte nativo para TypeScript y JSX, lo que facilita la integración de React en proyectos que utilizan estas tecnologías. Esto simplifica la configuración y mejora la experiencia de desarrollo cuando se trabaja con estas herramientas en conjunto.

▼ **Optimización de producción**:

Aunque Vite se centra en el rendimiento del desarrollo, también tiene beneficios para la producción, como la creación de paquetes optimizados y la carga diferida de recursos. Esto asegura que las aplicaciones React sean rápidas y eficientes en producción.

▼ **Integración con otras tecnologías**:

Vite se puede utilizar en conjunto con otras herramientas y frameworks, lo que permite una integración fluida con otras partes de tu pila tecnológica. Esto te brinda la flexibilidad para elegir las mejores herramientas para cada parte de un proyecto.

En general, combinar React con Vite puede acelerar el proceso de desarrollo, mejorar la experiencia del desarrollador y optimizar el rendimiento de las aplicaciones web. Sin embargo, es importante recordar que la elección de herramientas debe basarse en las necesidades específicas del proyecto y en la familiaridad que tengas con las tecnologías involucradas.

4.1.1.1 CONCEPTOS BÁSICOS PARA COMENZAR A TRABAJAR

Desestructuración de objetos:

La desestructuración de objetos es una característica que permite extraer valores de objetos y asignarlos a variables de manera más conveniente. Se realiza utilizando la sintaxis de llaves {} para extraer propiedades específicas de un objeto y asignarlas a variables con los mismos nombres que las propiedades:

```
const persona = {
  nombre: 'Juan',
  edad: 30,
  profesion: 'Ingeniero'
};

// Destructuración de objetos
const { nombre, edad, profesion } = persona;

console.log(nombre);    // 'Juan'
console.log(edad);      // 30
console.log(profesion); // 'Ingeniero'
```

En el ejemplo anterior, tienes un objeto persona con tres propiedades. Utilizando desestructuración de objetos, podrás "desarmar" el objeto y hacer uso de sus propiedades como si fueran variables, sin acceder mediante la sintaxis de puntos.

4.1.2 HOOKS

Ya que el proyecto estará construido en React, debes saber que esta librería hace sus funciones en base a **hooks**. Estos permiten a los desarrolladores usar el estado y otras características de React en **componentes** funcionales, en vez de depender exclusivamente de componentes de clase.

En esencia, los hooks son funciones especiales que permiten "engancharse" o conectarse a características internas de los componentes funcionales de React. Esto ayuda a simplificar el código y a reutilizar la lógica en diferentes componentes. Algunos de los hooks más comunes son:

- ▼ **useState**: permite que los componentes funcionales tengan su propio estado interno. Puedes usarlo para almacenar y gestionar datos que cambian con el tiempo.

- ▼ **useEffect**: permite realizar efectos secundarios en componentes funcionales. Puedes usarlo para realizar tareas como llamadas a API, manipulación del DOM y suscripciones a eventos.

- ▼ **useContext**: con este hook puedes acceder al contexto global de la aplicación en componentes secundarios, sin necesidad de pasar propiedades manualmente a través de múltiples niveles.

- ▼ **useReducer**: similar a **useState**, permite gestionar estados más complejos mediante un patrón similar al de los reducers en Redux.

- ▼ **useCallback**: ayuda a prevenir la recreación innecesaria de funciones en cada renderizado, lo que puede mejorar el rendimiento en ciertos casos.

- ▼ **useMemo**: permite memorizar el resultado de una función para evitar cálculos costosos en cada renderizado.

- ▼ **useRef**: proporciona una manera de acceder al DOM o mantener referencias a valores entre renderizados sin causar re-renderizados adicionales.

▶ **Custom Hooks**: además de los hooks incorporados, puedes crear tus propios hooks personalizados para encapsular lógica específica y reutilizable en tus componentes.

Lenguaje JSX

JSX (JavaScript XML) es una extensión de sintaxis utilizada en React que permite escribir componentes de interfaz de usuario de una manera que se asemeja a la estructura de marcado HTML, pero se integra directamente con JavaScript.

Ejemplo:

```
const element = <h1>Hola, mundo!</h1>;
```

En este caso, **element** es un componente JSX que representa un encabezado **<h1>** con el texto "Hola, mundo!". JSX se compila a código JavaScript válido antes de ser ejecutado por el navegador.

4.2 CONFIGURACIÓN DE TAILWIND EN REACT

PASO 1

Crea una carpeta en un directorio de tu preferencia. Ábrela con el IDE (Visual Studio Code) y ejecuta una terminal de Windows desde el mismo directorio o desde el IDE. Allí escribe el comando **npm create vite@latest**. Espera que cargue y colócale el nombre al proyecto (el que quieras). Elige la opción **React**, luego **JavaScript** y presiona **ENTER**.

PASO 2

Navega a la carpeta que contiene el proyecto (**cd nombreDelProyecto**) y ejecuta el comando **npm i**. Esto construirá el módulo de dependencias (tarda entre 1 y 10 minutos).

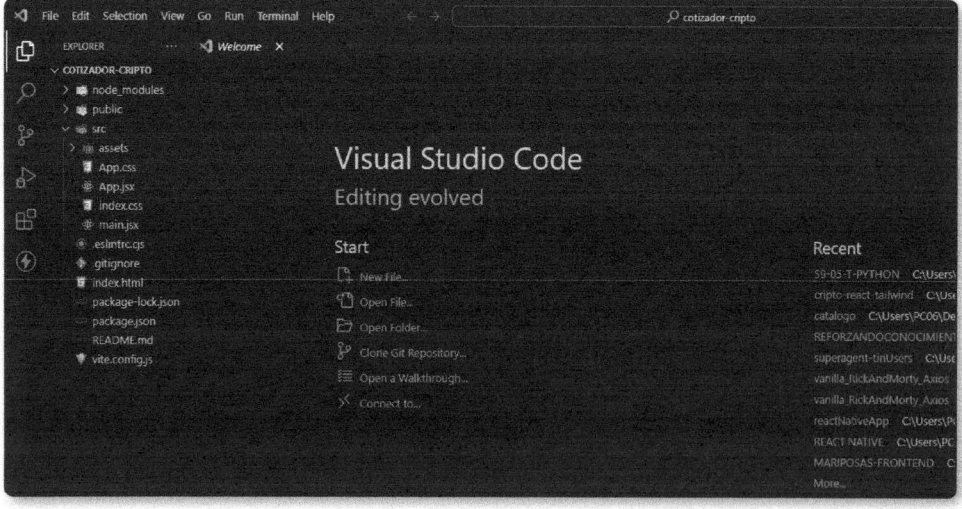

PASO 3

Como puedes observar, se ha creado un árbol de archivos; toma la carpeta completa y arrástrala a **Visual Studio Code**.

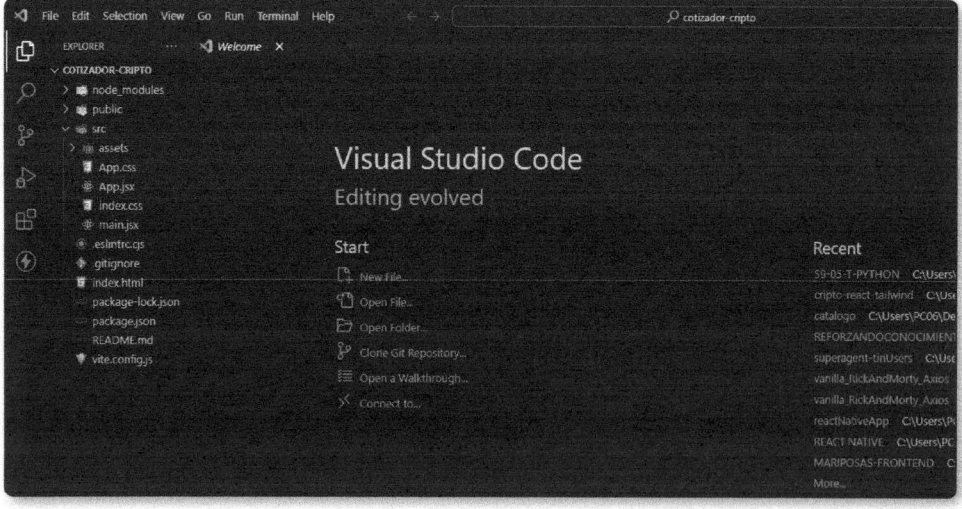

PASO 4

Es momento de instalar y configurar las herramientas que vas a utilizar. Abre la terminal de **Visual Studio Code**, o desde la misma terminal de Windows que ya tenías abierta, y asegúrate de estar posicionado sobre la ruta del proyecto. Luego ejecuta los siguientes comandos, uno por uno, e instala las dependencias necesarias para empezar a trabajar:

```
npm i axios
npm install tailwindcss postcss autoprefixer
npx tailwindcss init -p. Esto te creará un archivo llamado Tailwind.config.js.
```

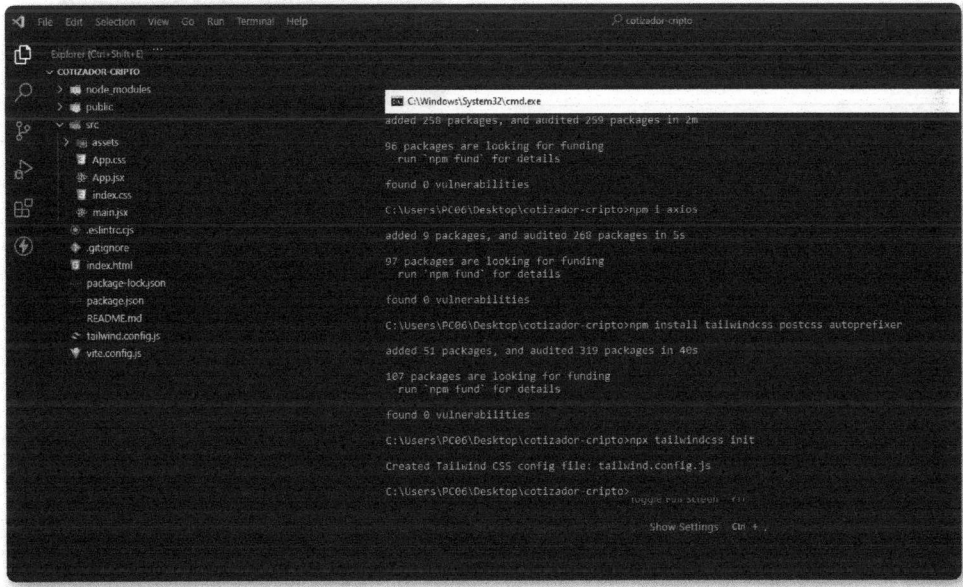

PASO 5

Ve a la documentación de Tailwind en esta URL.

En la parte derecha, busca el archivo **tailwind.config.js**. Copia su contenido y reemplázalo por el que tienes en **Visual Studio Code** con el mismo nombre.

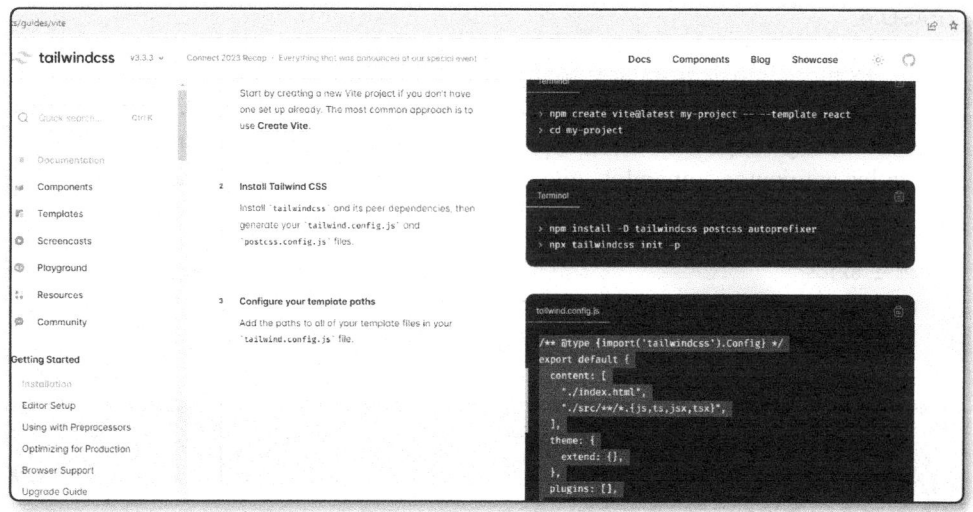

PASO 6

Vuelve a la página de Tailwind y copia el contenido de **index.css**. Luego regresa a **Visual Studio Code**, entra en la carpeta **src** y reemplaza el contenido por el que copiaste desde la página. Ya tienes configurado Tailwind en tu proyecto. Esto tendrá significativas ventajas en la parte visual de la aplicación, ya que Tailwind posee estilos predefinidos muy atractivos a la vista. Adicionalmente, se han agregado en el **index.css** al selector * las propiedades **margin**: 0, **padding**: 0 y **box-sizing**: border-box, como en proyectos anteriores.

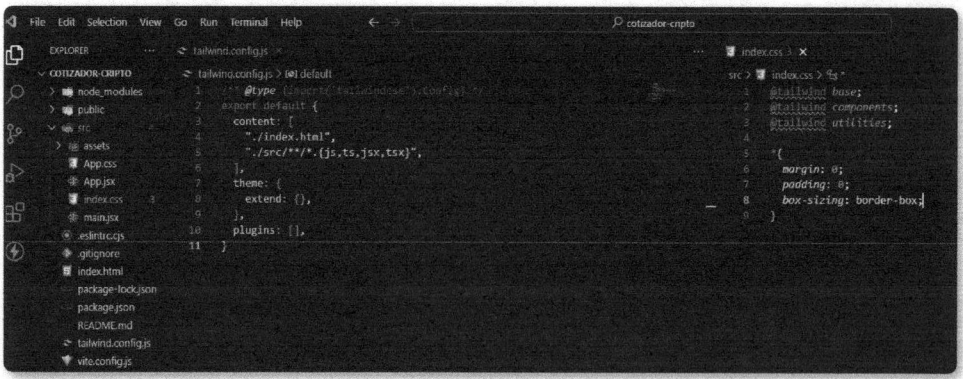

PASO 7

Antes de comenzar a trabajar, debes quitar algunas cosas que no utilizarás en esta ocasión. Borra el archivo **App.css**. Ve al archivo **App.jsx**, borra todo su contenido y escribe el siguiente código:

```
export const App = () => {
  return (
    <div>App</div>
  )
}
```

Explicación: crea un componente llamado **App** y lo exporta. Dentro tiene un **div** con la leyenda App, el cual está escrito en lenguaje **jsx**.

PASO 8

Luego ve al archivo **main.jsx** y coloca el siguiente código:

```
import React from "react";
import ReactDOM from "react-dom/client";
import "./index.css";
import { App } from "./App";

ReactDOM.createRoot(document.getElementById("root")).render(
  <React.StrictMode>
    <App />
  </React.StrictMode>
);
```

Explicación: crea el componente principal llamado **main**, hace las importaciones de la hoja de estilos y el componente **App (./App)** y lo renderiza dentro de la etiqueta < **React.StrictMode** ></**React.StrictMode**>.

PASO 9

Has terminado de preparar el proyecto de React. Ya puedes comenzar a trabajar en el código. Pero antes de continuar, asegúrate de que los archivos **main** y **app** contengan lo mismo que en la imagen.

PASO 10

Ejecuta el script **npm run dev** desde la terminal para levantar el proyecto, ve a la URL que te proporciona la terminal y verifica que tu navegador luzca como la imagen a continuación.

PASO 11

Si vas a los recursos del curso, encontrarás dos imágenes con extensión .jpg y un logo con extensión .png.

Copia estos tres archivos y pégalos en la raíz del proyecto dentro de la carpeta **assets**, sueltos o dentro de otra carpeta.

En este proyecto solo usarás imágenes, pero si tienes pensado colocar videos y otros elementos, puedes separar todo en subcarpetas para que quede más ordenado.

PASO 12

Comienza a construir el código. Ve a la raíz del proyecto y crea una carpeta llamada **componentes**. Dentro de ella haz cuatro archivos con extensión **"jsx"**: uno llamado **Encabezado.jsx**, que contendrá el título y el logo de la app; otro llamado **PiePagiona.jsx**, que irá al final de la app y tendrá información del desarrollador (tu información), ya sea GitHub, Instagram o lo que quieras; otro llamado **Contenedor. jsx**, que incluirá el contenido principal donde irá toda la información; y otro llamado **Cotizacion.jsx**, donde se mostrarán los resultados de la petición a la API.

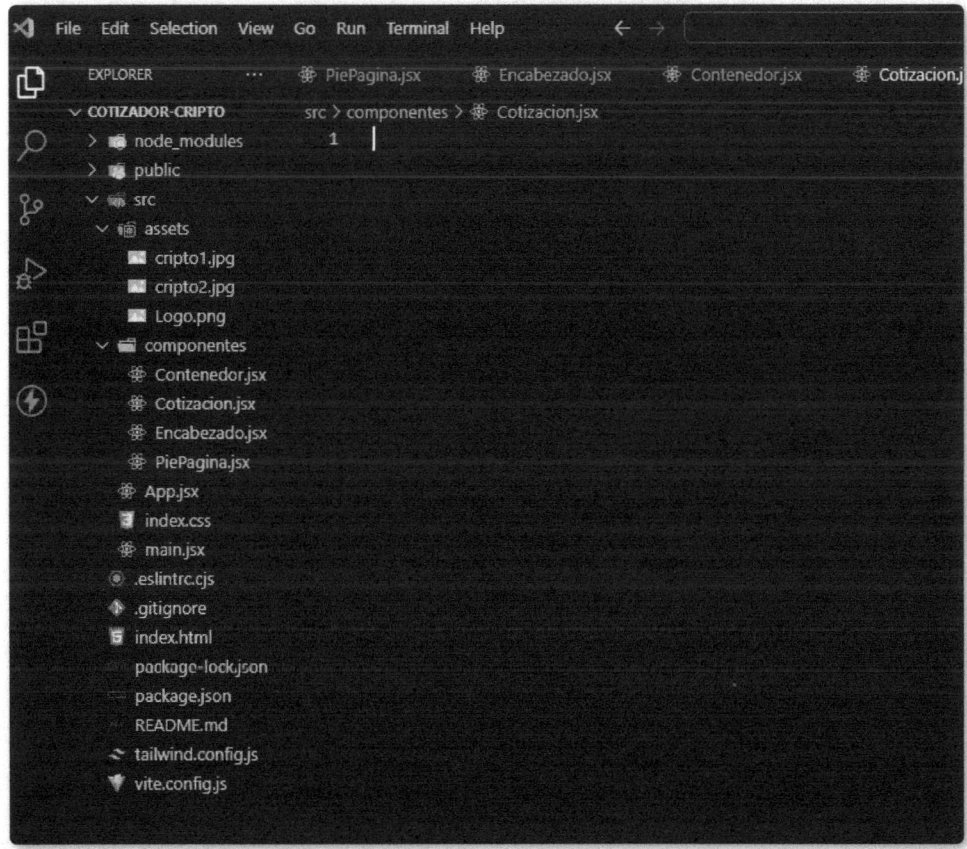

PASO 13

El siguiente paso es opcional. Si deseas obtener una ayuda extra en tu código, hay extensiones en Visual Studio Code que pueden ayudarte a escribir. Particularmente para este proyecto, hay tres que puedes utilizar:

⚐ **Tailwind CSS IntelliSense**: brinda autocompletado de las clases de Tailwind.

⚐ **Material Icon Theme**: coloca un dibujo de referencia para los archivos y carpetas dependiendo de cada tecnología. Es la más opcional de todas porque es puramente estética.

⚐ **ES7+ React/Redux/React-Native snippets**: es la más importante y es recomendable instalarla, ya que posee snippets para funciones y hooks.

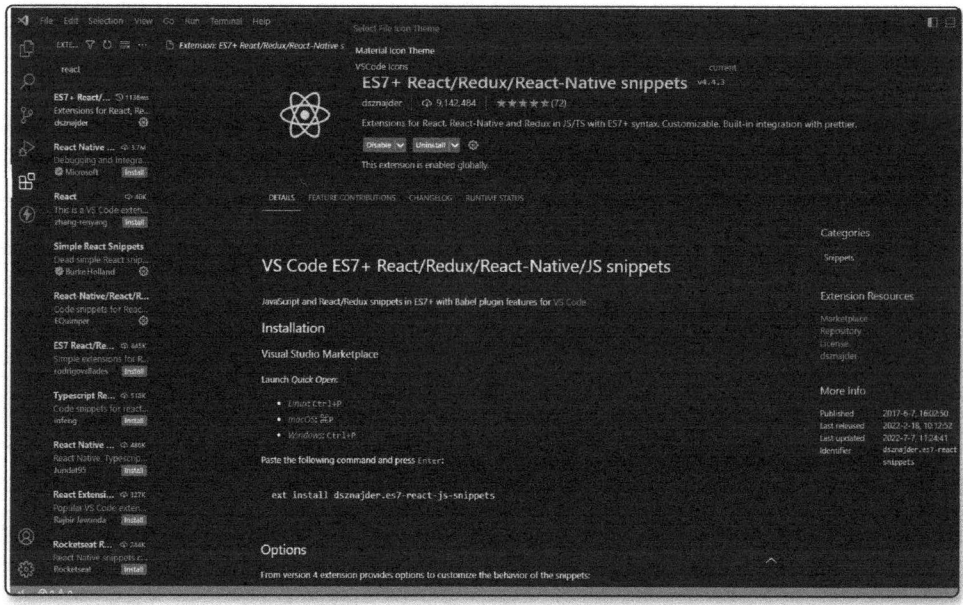

PASO 14

Una vez instalado todo, ve a cualquiera de los componentes y escribe las estructuras básicas de estos. Si colocas **rafc**, te aparecerá el snippet de la estructura. Si en la primera línea aparece algo como **import React from "react"**, bórralo porque al día de hoy, en las versiones nuevas ya no es necesaria esta importación. Haz lo mismo con los demás componentes.

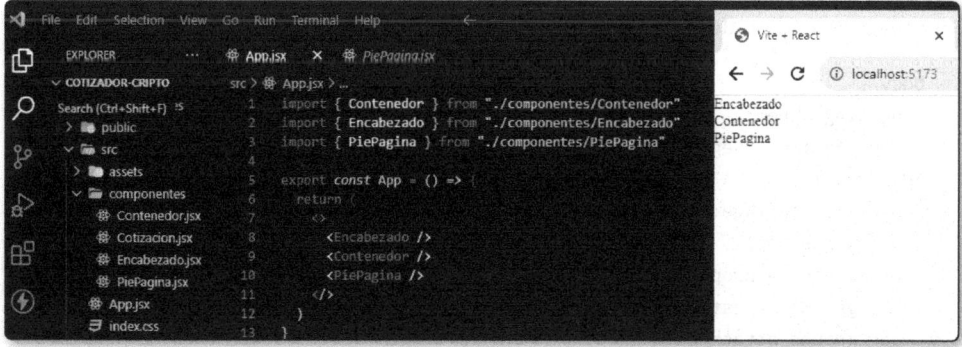

PASO 15

Ahora renderiza los componentes **Encabezado**, **Contenedor** y **PiePagina** en **App.jsx** siguiendo ese orden. Por el momento no renderizarás **Cotizacion** ya que irá dentro del **Contenedor**. Asegúrate de que, al colocarlos en **App**, haga las importaciones necesarias y los tres componentes estén dentro de un **<div></div>** o dentro de un **<></>** (esto se llama fragmento). Si vas al navegador web, deberías ver los textos de referencia a los componentes.

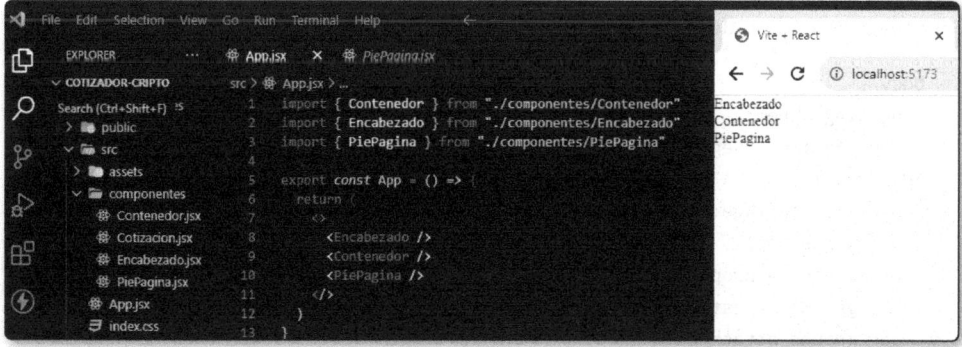

PASO 16

Colócate sobre la carpeta **componentes** y haz otra llamada **utilidades**. Dentro haz los componentes **Titulo.jsx** y **Logo.jsx** con sus respectivas estructuras.

PASO 17

Por ahora esa parte déjala así, esos componentes los renderizarás en el encabezado o en el contenedor, puedes decidirlo más tarde.

Antes de continuar, definirás algunas propiedades de CSS globales dentro de **index.css**. Ve al archivo de estilos y coloca el siguiente código al selector del body. Recuerda que los estilos son opcionales y puedes modificarlos según tus gustos o requerimientos. Al día de hoy, hay muchas inteligencias artificiales que pueden estilar tus componentes ofreciéndote letras, colores y demás elementos muy atractivos visualmente:

```css
body {
  padding: 1rem;
  font-family: 'Segoe UI', Tahoma, Geneva, Verdana, sans-serif; /*define el tipo de letra*/
  background-image: url('./assets/cripto1.jpg'); /*coloca una imagen de fondo*/
  background-size: cover; /* Esto hará que la imagen se adapte a la pantalla manteniendo la proporción */
  background-repeat: no-repeat; /* Evita la repetición de la imagen de fondo */
  background-attachment: fixed; /* Fija la imagen de fondo mientras se desplaza la página */
  color: white; /*color de la letra*/
  font-weight: 700; /*grosor de las letras*/
  display: flex; /*display flexible*/
```

```
flex-direction: column; /*dirección de columnas. Uno debajo del otro*/
align-items: center; /*alineación de los ítems dentro del body en el centro de
la pantalla*/
}
```

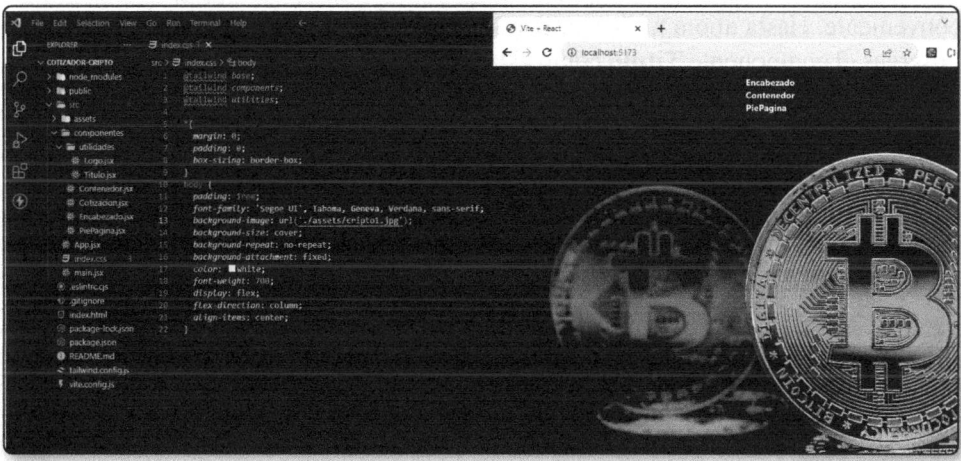

PASO 18

Ve al componente **Logo.jsx** e importa el logo de la ruta donde se encuentra (línea 1), luego retorna una etiqueta **<img/>** donde la ruta de la propiedad **src** será el logo y el **alt** será una descripción que puede ser, por ejemplo, "logo". A continuación, renderízalo en el encabezado. El objetivo de separar estas cosas en componentes más pequeños es poder lograr un mejor mantenimiento y escalabilidad de la app en un futuro. Si todo sale bien, deberás visualizar el logo en la parte superior del navegador.

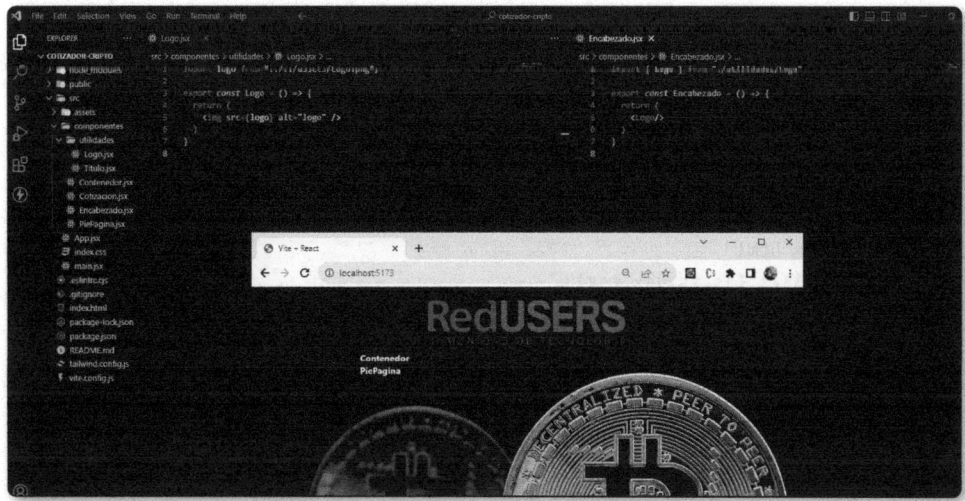

PASO 19

Ahora define el título de la app. Ve a **Titulo.jsx** y agrégale un **<h1></h1>** con el nombre de la aplicación, el que prefieras. Luego renderízalo en contenedor o en encabezado. En este caso, se ha hecho sobre contenedor porque resulta más conveniente. Hasta ahora no has utilizado Tailwind, y este es un buen momento. Si observas el componente **Titulo** como está en la imagen, las propiedades de Tailwind se ubican dentro de **className**. Y si recuerdas, en JavaScript Vanilla se usaba **class** para los estilos. Aquí no es posible porque **class** está reservado en JavaScript para definir clases propias del lenguaje.

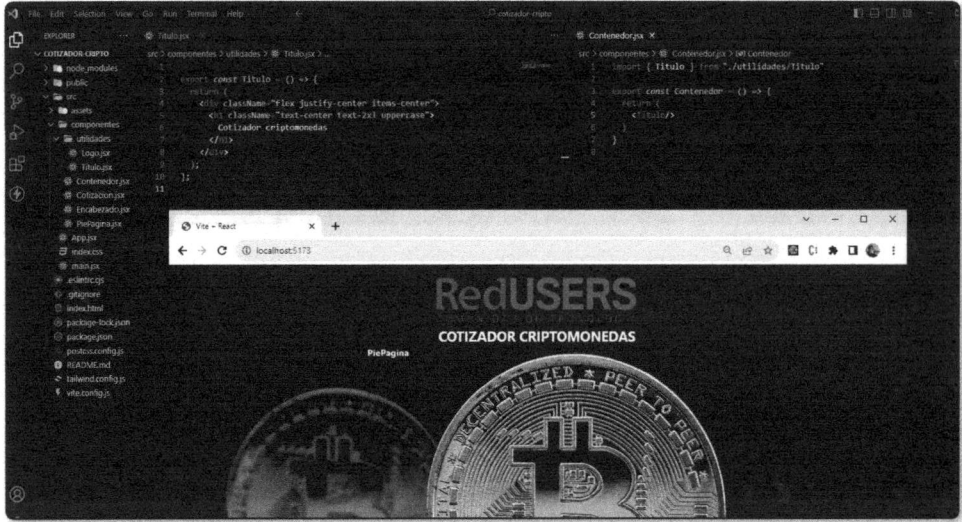

En este punto deberás corroborar que las clases de Tailwind se estén aplicando correctamente. En caso de que no sea así, borra el archivo **tailwind.config.js**, vuelve a crearlo con el comando **npx tailwindcss init –p** y vuelve a colocarle su contenido:

```
/** @type {import('tailwindcss').Config} */
export default {
  content: [
    "./index.html",
    "./src/**/*.{js,ts,jsx,tsx}",
  ],
  theme: {
    extend: {},
  },
  plugins: [],
}
```

Ahora trabaja sobre el contenedor.

Encierra el código dentro de un fragmento (líneas 6 y 38), renderiza **Cotizacion** (línea 36) y asegúrate de importar dicho componente (línea 1). Debajo del **Titulo** crea un **<div></div>** (líneas 8 a la 37) con la clase de css **contenedor-cripto** que usarás en breve (línea 8). Dentro crea una etiqueta **select** para los tipos de moneda (líneas 9 y 24) que tenga las **<option>** con las monedas que desees. Es importante que aquí pongas la abreviatura de las monedas a colocar dentro del atributo **"value"** en mayúscula, ya que esto será requerido así por la API. Luego crea el **select** que contendrá las opciones de las criptomonedas (líneas 24 a la 32); esta se llenará con la API más adelante, pero puedes agregarle una opción con el texto "Elige una criptomoneda", con un value igual a un string vacío. Por último, crea un botón que disparará la petición a la API (línea 33 a la 35).

Figura 4.1. En el navegador web se verá de la siguiente forma.

PASO 1

Ahora ve al **index.css** y estila la clase **contenedor-cripto**. Hazlo de esta forma porque le agregarás la segunda imagen de fondo.

PASO 2

Antes de comenzar con la lógica de la app, crea el pie de página o footer. Si recuerdas, el requerimiento es colocar al menos una red social. Para esto usarás un paquete externo llamado **fontawesome**.

Detén la terminal un momento e instala dicho paquete con el siguiente comando:

```
npm install @fortawesome/react-fontawesome @fortawesome/free-brands-svg-icons
```

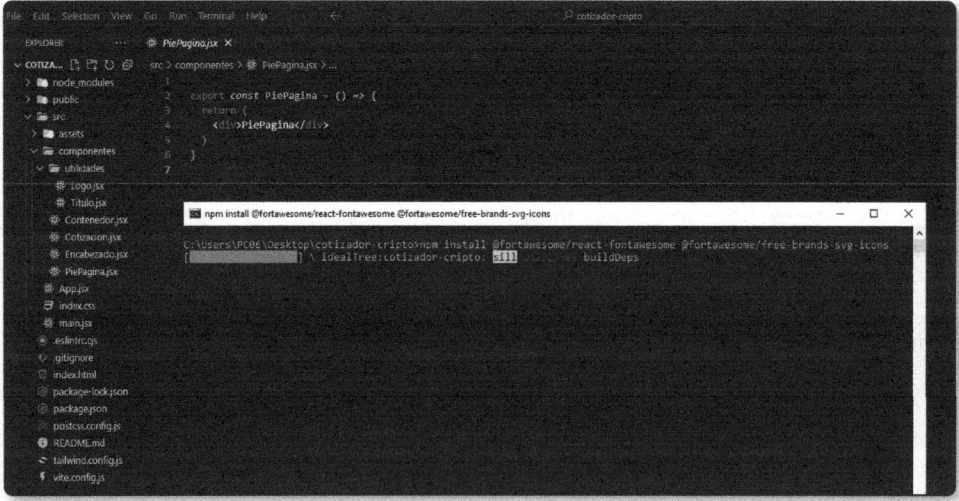

PASO 3

Una vez que se haya instalado, vuelve a levantar el proyecto con **npm run dev** y dirigete al componente **PiePagina.jsx**. Allí, retorna un **<footer></footer>** dentro del componente que contendrá un párrafo y un icono de fontawesome dirigido al enlace que quieras. En este caso es de **GitHub**, pero tú puedes colocarle el que deseas.

Puedes obtener más iconos de la web oficial de fontawesome:

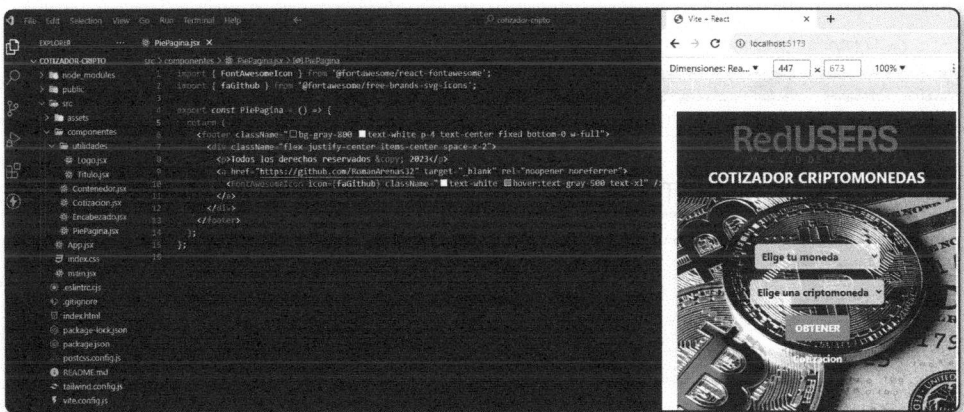

PASO 4

Hasta el momento, la web se ve bastante elegante, pero faltaría su lógica.

Ve a la raíz del proyecto y crea una carpeta llamada **axios**. Recuerda que tienes una etiqueta **select** dentro del **Contenedor.jsx**, que necesita llenarse; eso es justamente lo que harás ahora.

Dentro de la carpeta **axios** crea un archivo llamado **top.js** que servirá para manejar la lógica de la petición por separado. Este contendrá una función de JavaScript común y corriente, pero debe ser asíncrona, ya que solicitará recursos externos.

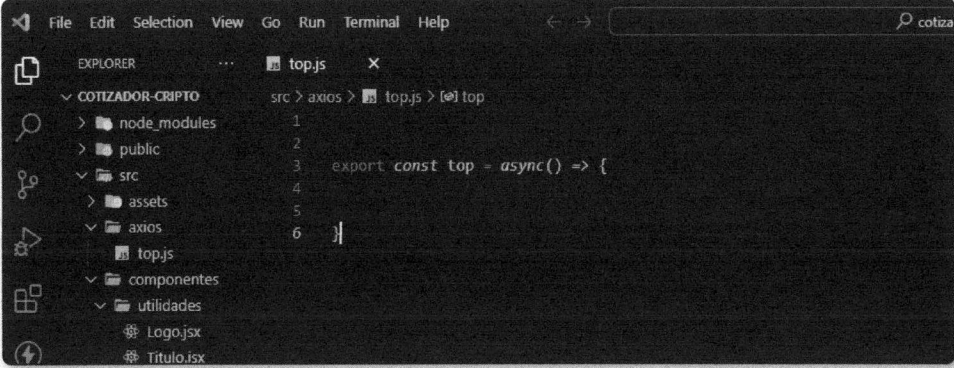

PASO 5

Ve al sitio de la API en https://www.cryptocompare.com/.

Allí busca la opción **Toplists** y luego **Toplist by 24H Top Tier Volume Full Data**. Copia la URL que suministrará la API.

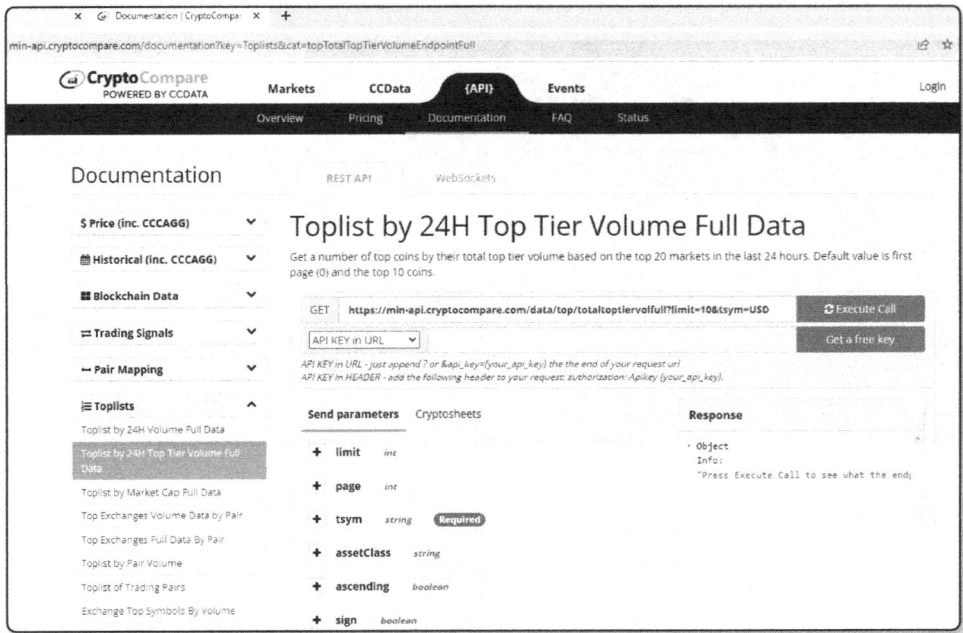

PASO 6

Vuelve al código, al archivo **top.js**, y guarda la URL en una variable de nombre **url**. Si observas el parámetro, dice "**limit=10**"; puedes cambiarlo a 20 para que traiga las 20 más populares.

PASO 7

Coloca una petición **get** con **axios** (recuerda importar el paquete) y guarda la respuesta en una variable. Luego retorna la respuesta con un **return respuesta**.

```
import axios from "axios"

const url = `https://min-api.cryptocompare.com/data/top/totaltoptiervolfull?limit=20&tsym=USD`

export const top = async() => {
    const resp = await axios.get(url)
    const respuesta = resp.data
    return respuesta
}
```

PASO 8

Aquí se podría aplicar la desestructuración de objetos y ahorrar un paso.

```
import axios from "axios"

const url = `https://min-api.cryptocompare.com/data/top/totaltoptiervolfull?limit=20&tsym=USD`

export const top = async() => {
    const {data} = await axios.get(url)
    return data
}
```

Ahora ve a **Contenedor.jsx** y crea un **useState** para ir guardando los resultados. Este será el primero de los dos hooks que utilizarás en este proyecto. Asegúrate de importar **useState** del paquete "react" (línea 1)

const [criptomonedas, setCriptomonedas] = useState([]);

- ▶ **criptomonedas**: es una variable que contiene el estado actual. En este caso, es un array vacío al principio.

- ▶ **setCriptomonedas**: es una función que permite actualizar el valor de criptomonedas en el estado. Cuando llamas a esta función con un nuevo valor, React se encargará de re-renderizar el componente con el nuevo valor de estado.

Con esta línea de código, estás creando una variable de estado llamada **criptomonedas** que comenzará con un array vacío, y una función llamada **setCriptomonedas** que puedes usar para actualizar el valor de criptomonedas en el estado cuando sea necesario. Esto almacenará y gestionará datos que pueden cambiar a lo largo del ciclo de vida del componente.

En este punto deberás saber que, al cargar la app, automáticamente el **select** de criptomonedas debe llenarse por sí solo con las 20 más populares que extraerás de la API con la función **top.js**, conectándola con el estado almacenado en el **useState**. Para esto, recuerda que en Vanilla JS esto se hacía agregándole un evento al objeto **windows**. En React, la lógica es más práctica, con el uso del segundo hook que verás aquí:

```
useEffect.
useEffect(() => {
    top().then(result => {
      setCriptomonedas(result);
    });
  }, []);
```

Coloca el código anterior debajo del **useState**. Al igual que el hook anterior, debes importar **useEffect** del paquete "react" (línea 1). A su vez, deberás importar **top.js**, ya que se encuentra en otro archivo.

Acto seguido, colócale un **console.log()** a criptomonedas para ver su resultado en la consola del navegador.

▶ **.then(result => { setCriptomonedas(result); })**: después de que **top()** se resuelva (por ejemplo, después de que la llamada a la API se complete y los datos estén disponibles), se ejecutará la función pasada a **.then()**. En este caso, toma el resultado (**result**) y lo utiliza para actualizar el estado de **criptomonedas** utilizando la función **setCriptomonedas**.

▶ **[]**: este es el array de dependencias. Al estar vacío, le dice a React que solo debe ejecutarse una vez, después de que el componente se monte. Esto se conoce como efecto "on mount".

PASO 1

Aquí te encuentras con un pequeño problema: no estás accediendo correctamente a los datos dado que necesitas el arreglo que se encuentra dentro de **Data**. Agrégale **.Data** en lo que envías dentro de la función **setCriptomonedas** y ya tendrás el arreglo de objetos que necesitas. También puedes aplicar desestructuración de objetos.

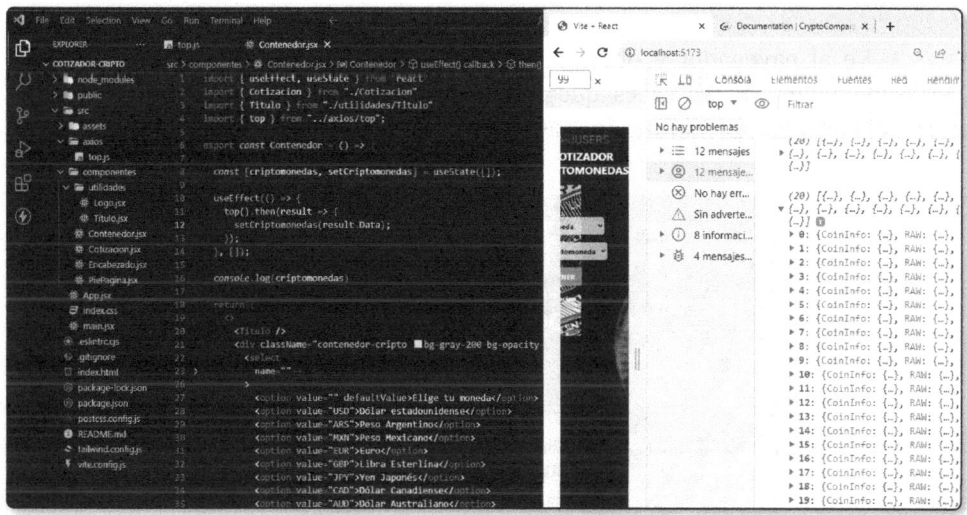

PASO 2

Ahora sabes que todo lo necesario está en **criptomonedas**. Ve al segundo **select** y haz un **map** a la variable **criptomonedas**, que sabes que es un arreglo de objetos. Por cada iteración, crea una nueva etiqueta **<option></option>** donde el contenido será el **FullName**, y adicionalmente se envía una key para evitar un **warning** (error en amarillo que no detiene el código, o sea, una advertencia) (líneas 49 a la 51).

PASO 3

Ve al navegador y observa que el **select** se ha llenado con las opciones correspondientes. Si ya sabes que todo está funcionando correctamente, puedes borrar el **console.log(criptomonedas)**.

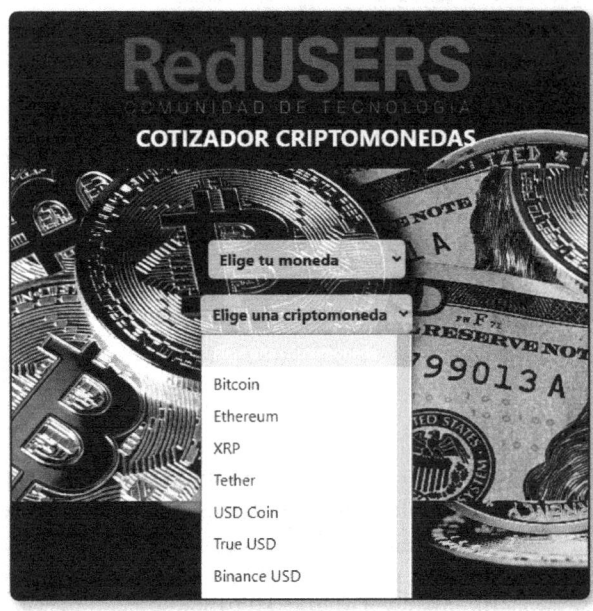

PASO 4

Ya completaste la primera parte, lo siguiente que harás será la cotización. Ve a la página de la API nuevamente y busca la opción **"$ Price (inc. CCCAGG)"** y, luego, la tercera opción, **Multiple Symbols Full Data**. Esta es la que contiene mayor cantidad de datos. Copia la URL que te suministrará la API.

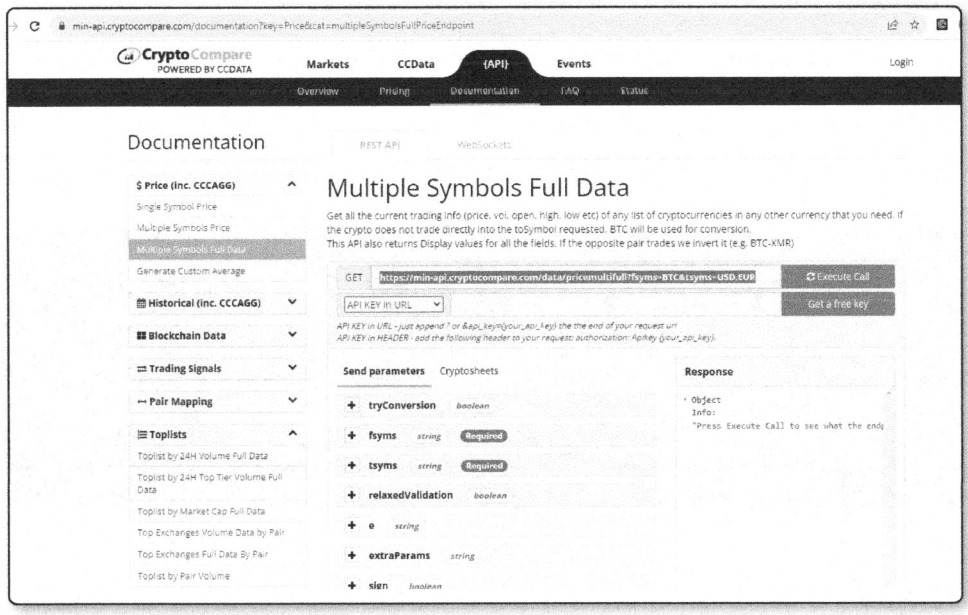

PASO 5

Ve al código y crea un archivo llamado **cotizar.js** dentro de la carpeta **axios**. Esta función recibirá como parámetros la moneda y la criptomoneda. En ella coloca la URL que copiaste dentro de una variable.

Seguramente te estarás preguntando por qué esta vez tuviste que colocar la URL dentro de la función y no por fuera, como en **top.js**. La respuesta es simple: si observas la URL, luego de **fsyms=** viene **BTC**; aquí irá la criptomoneda seleccionada y necesitas que esto sea dinámico. Lo mismo pasa con lo que viene luego de **tsyms=**, o sea, **USD, EUR** esto representa a la moneda.

```
export const cotizar = async(moneda, cripto) => {
    const url = `https://min-api.cryptocompare.com/data/pricemultifull?fsyms=BTC&tsyms=USD,EUR`
}
```

PASO 6

Como se mencionó anteriormente, la URL debe tener datos dinámicos que vendrán como parámetro dependiendo de lo que elija el usuario. Por lo tanto, coloca la URL dentro de backticks `url` (comillas fuertes en JavaScript) e introduce las variables que vienen como parámetro en la función.

PASO 7

Haz una petición **get** a la URL con **axios** y guarda la respuesta en una variable, luego imprímela en consola con un **console.log()**. Asegúrate de importar **axios** del paquete "**axios**".

PASO 8

Llama esta función desde el **Contenedor.jsx**. Ve a dicho archivo y agrégale un evento al botón **OBTENER** con un **onClick={obtenerCotizacion}**. Esto refiere que, al hacer clic, ejecutará la función **obtenerCotizacion** (línea 49).

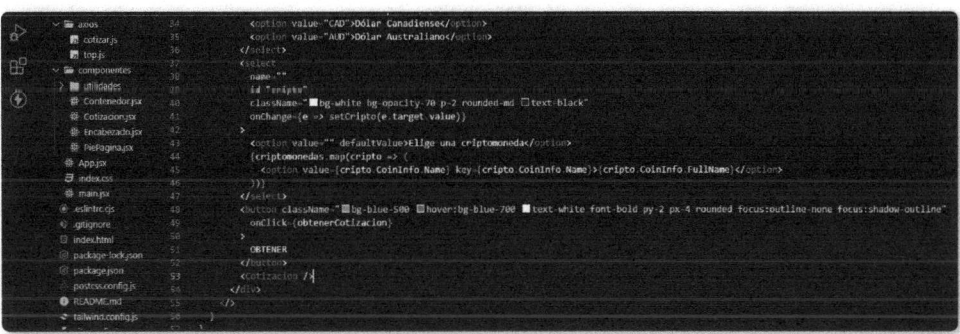

PASO 9

Define la función en la parte superior del código justo arriba del **return** y debajo del **useEffect** del ejercicio anterior. Por ahora, esta función no está haciendo nada, y probablemente si le das clic al botón **OBTENER**, tengas un resultado en consola que no es el esperado. Esto se debe a que faltan los parámetros que debe recibir la función **cotizar.js** para insertarlos en la URL. Una vez más, asegúrate de importar la función **cotizar.js**.

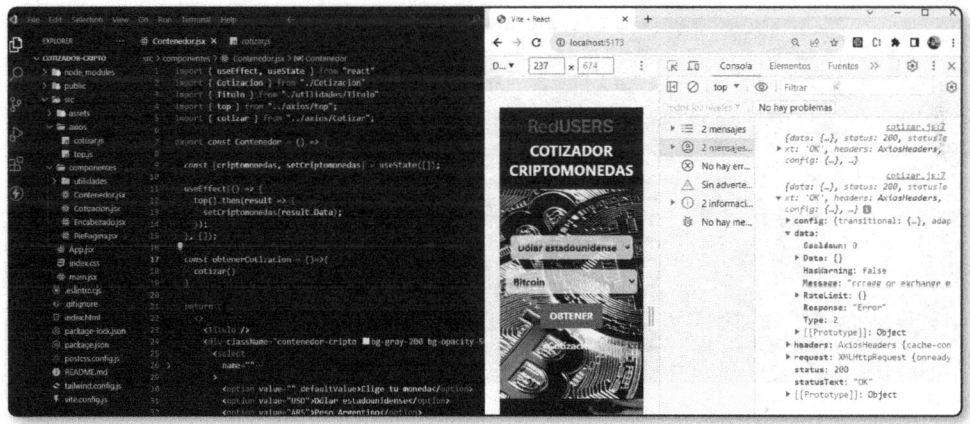

PASO 10

Es el momento de leer esos parámetros para enviárselos a la función encargada de realizar la petición. Coloca dos **useState**, uno para la moneda y otro para la criptomoneda (líneas 10 y 11).

```
componentes          7   export const Contenedor = () => (
  utilidades          8
  Contenedor.jsx      9   const [criptomonedas, setCriptomonedas] = useState([]);
  Cotizacion.jsx     10   const [moneda, setMoneda] = useState("");
  Encabezado.jsx     11   const [cripto, setCripto] = useState("");
  PiePagina.jsx      12
  App.jsx            14   useEffect(() => {
  index.css          15     top().then(result => {
  main.jsx           16       setCriptomonedas(result.Data);
  .eslintrc.cjs      17     });
  .gitignore         18   }, []);
  index.html         19
  package-lock.json  20   const obtenerCotizacion = ()=>{
  package.json       21     cotizar()
  postcss.config.js  23   }
```

PASO 11

Ahora deberás setearle el estado a cada una de las variables mediante el uso de las funciones **setCripto** y **setMoneda**. Estas se tienen que ubicar en las etiquetas **<select></select>** correspondientes y serán definidas de la siguiente forma (líneas 32 y 49):

```
onChange={e => setMoneda(e.target.value)}
onChange={e => setCripto(e.target.value)}
```

```
Cotizacion.jsx     32   onChange={e => setMoneda(e.target.value)}
Encabezado.jsx     33
PiePagina.jsx      34   >
App.jsx            35   <option value="" defaultValue>Elige tu moneda</option>
index.css          36   <option value="USD">Dólar estadounidense</option>
main.jsx           37   <option value="ARS">Peso Argentino</option>
.eslintrc.cjs      38   <option value="MXN">Peso Mexicano</option>
.gitignore         39   <option value="EUR">Euro</option>
index.html         40   <option value="GBP">Libra Esterlina</option>
package-lock.json  41   <option value="JPY">Yen Japonés</option>
package.json       42   <option value="CAD">Dólar Canadiense</option>
postcss.config.js  43   <option value="AUD">Dólar Australiano</option>
README.md          44   </select>
tailwind.config.js 45   <select
vite.config.js     46     name=""
                   47     id="cripto"
                   48     className="bg-white bg-opacity-70 p-2 rounded-md text-black"
                   49     onChange={e => setCripto(e.target.value)}
                   50   >
                   51   <option value="" defaultValue>Elige una criptomoneda</option>
```

PASO 12

Ya posees la lectura de los dos **select** en variables, y puedes pasarle esas variables a la función. Colócale los parámetros, ve al navegador, elige **"dólar estadounidense"** y **"bitcoin"**, y presiona **OBTENER**. Observa el resultado en consola. Esto se acerca a lo que necesitas, pero no es precisamente eso. Si miras bien, los datos están dentro de **data > DISPLAY > BTC >USD**. USD y BTC también deben ser dinámicos para poder acceder correctamente a las propiedades.

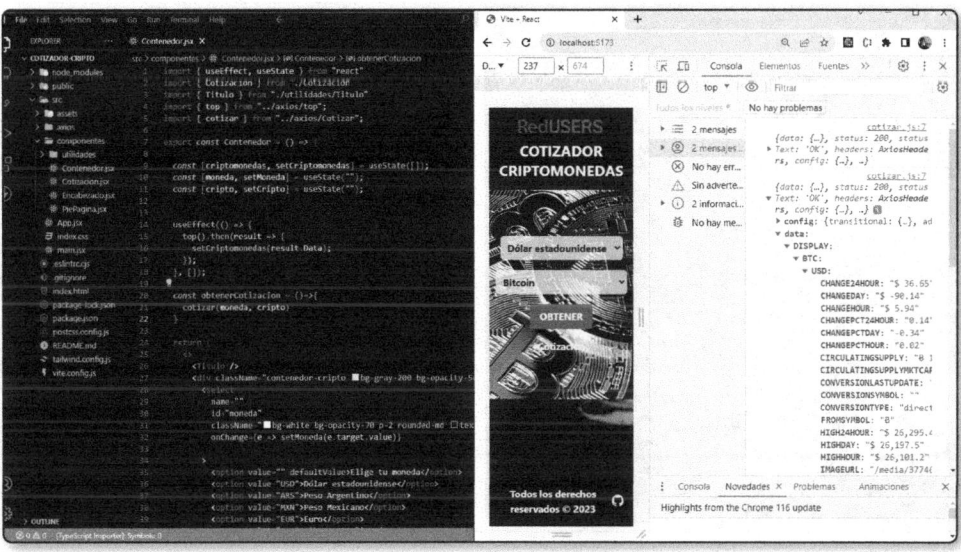

PASO 13

Este problema debes corregirlo en la petición misma. Para hacerlo, ve a **cotizar.js** y accede a la información colocando las variables para acceder a los índices del arreglo de la siguiente forma:

```
export const cotizar = async(moneda, cripto) => {
    const url = `https://min-api.cryptocompare.com/data/pricemultifull?fsyms=${c
ripto}&tsyms=${moneda}`
    const resp = await axios.get(url)
    const resultado = resp.data.DISPLAY[cripto][moneda];
    console.log(resultado);
}
```

Lo que se guarda en la variable **resultado** es la respuesta a la API accediendo a la información necesaria en **data.DISPLAY**, reemplazando **BTC** por la variable **cripto** y **USD** por la variable **moneda**. Seguidamente, haz un **console.log** al resultado y vuelve a realizar la petición.

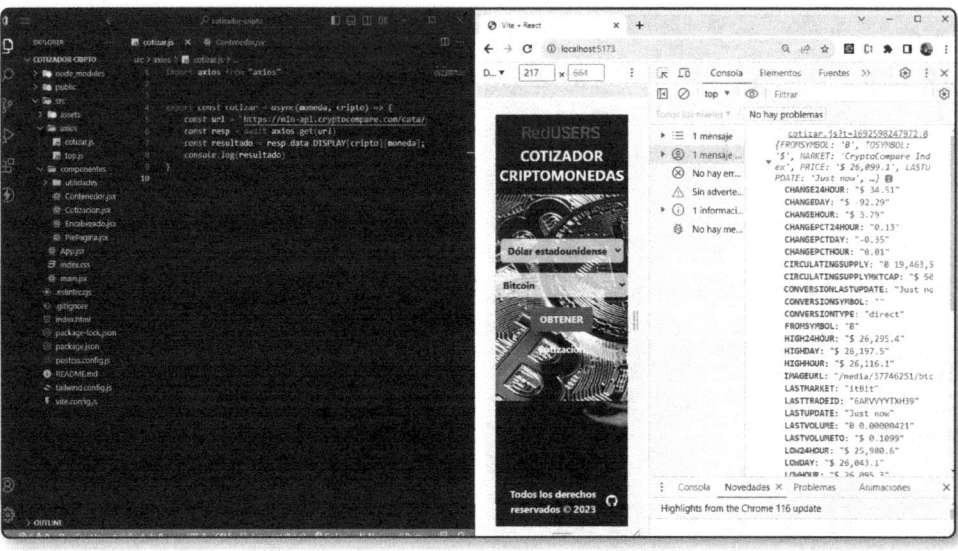

PASO 14

Ahora estás accediendo correctamente. Cambia el **console.log(resultado)** por un **return resultado** y regresa a **Contenedor.jsx**.

```
v COTIZADOR CRIPTO        src > axios > JS cotizar.js > ...
  > node_modules          1   import axios from "axios"
  > public                2
  v src                   3
    > assets              4   export const cotizar = async(moneda, cripto) => {
    v axios               5       const url = `https://min-api.cryptocompare.com/data/pricemultifull?fsyms=${cripto}&tsyms=${moneda}`
      JS cotizar.js       6       const resp = await axios.get(url)
      JS top.js           7       const resultado = resp.data.DISPLAY[cripto][moneda];
    v componentes         8       return resultado
    > utilidades          9   }
                         10   }
```

PASO 15

Esta información resultante de la API debe enviarse al componente **Cotizacion.jsx**. En realidad, podría hacerse dentro de **Contenedor.jsx** pero la idea es desglosar un poco la lógica y que los componentes no tengan tanto código junto o, más bien, que cada uno cumpla una función específica. Crea un nuevo **useState** que contendrá el resultado obtenido (línea 12).

```
File  Edit  Selection  View  Go  Run  Terminal  Help        ←  →              🔍 cotizador-cripto

      EXPLORER                ···       ⚙ Contenedor.jsx ●
   ∨ COTIZADOR-CRIPTO                   src > componentes > ⚙ Contenedor.jsx > [∅] Contenedor > ☆ useEffect() callback > ☆ then() callback
      > ■ node_modules               1     import { useEffect, useState } from "react"
      > ■ public                     2     import { Cotizacion } from "./Cotizacion"
      ∨ ■ src                        3     import { Titulo } from "./utilidades/Titulo"
         > ■ assets                  4     import { top } from "../axios/top";
         ∨ ■ axios                   5     import { cotizar } from "../axios/Cotizar";
            ■ cotizar.js             6
            ■ top.js                 7     export const Contenedor = () =>
         ∨ ■ componentes             8
            > ■ utilidades           9       const [criptomonedas, setCriptomonedas] = useState([]);
            ⚙ Contenedor.jsx        10       const [moneda, setMoneda] = useState("");
            ⚙ Cotizacion.jsx        11       const [cripto, setCripto] = useState("");
            ⚙ Encabezado.jsx        12       const [resultadoCotizacion, setResultadoCotizacion] = useState("");
            ⚙ PiePagina.jsx         13
         ⚙ App.jsx                  14
         ⊟ index.css                15       useEffect(() => {
         ⚙ main.jsx                 16         top().then(result => {
         ◉ .eslintrc.cjs            17           setCriptomonedas(result.Data);
         ◇ .gitignore               18         });
         ▯ index.html               19       }, []);
         ⬚ package-lock.json        20
                                    21       const obtenerCotizacion = async()=>{
                                    22         const resp = await cotizar(moneda, cripto);
                                    23         setResultadoCotizacion(resp)
```

PASO 16

```
File  Edit  Selection  View  Go  Run  Terminal  Help        ←  →              🔍 cotizador-cripto

      EXPLORER                ···       ⚙ Contenedor.jsx ●   ■ cotizar.js
   ∨ COTIZADOR-CRIPTO                   src > componentes > ⚙ Contenedor.jsx > [∅] Contenedor
      > ■ node_modules               1     import { useEffect, useState } from "react"
      > ■ public                     2     import { Cotizacion } from "./Cotizacion"
      ∨ ■ src                        3     import { Titulo } from "./utilidades/Titulo"
         > ■ assets                  4     import { top } from "../axios/top";
         ∨ ■ axios                   5     import { cotizar } from "../axios/Cotizar";
            ■ cotizar.js             6
            ■ top.js                 7     export const Contenedor = () =>
         ∨ ■ componentes             8
            > ■ utilidades           9       const [criptomonedas, setCriptomonedas] = useState([]);
            ⚙ Contenedor.jsx        10       const [moneda, setMoneda] = useState("");
            ⚙ Cotizacion.jsx        11       const [cripto, setCripto] = useState("");
            ⚙ Encabezado.jsx        12       const [resultadoCotizacion, setResultadoCotizacion] = useState("");
            ⚙ PiePagina.jsx         13
         ⚙ App.jsx                  14
         ⊟ index.css                15       useEffect(() => {
         ⚙ main.jsx                 16         top().then(result => {
         ◉ .eslintrc.cjs            17           setCriptomonedas(result.Data);
         ◇ .gitignore               18         });
         ▯ index.html               19       }, []);
         ⬚ package-lock.json        20
         ◉ package.json             21       const obtenerCotizacion = async()=>{
            postcss.config.js       22         const resp = await cotizar(moneda, cripto);
         ❶ README.md                23         setResultadoCotizacion(resp)
         ≈ tailwind.config.js       24       }
         ∨ vite.config.js           25
                                    26       return (
                                    27         <>
                                    28           <Titulo />
                                    29           <div className="contenedor-cripto ▪bg-gray-200 bg-opacity-50 flex flex-col items-center justify-center mt-4 p-4 sp
                                    30             <select
                                    31               name=""
                                    32               id="moneda"
                                    33               className="▪bg-white bg-opacity-70 p-2 rounded-md ▫text-black"
                                    34               onChange={e => setMoneda(e.target.value)}
                                    35
                                    36             >
                                    37               <option value="" defaultValue>Elige tu moneda</option>
                                    38               <option value="USD">Dólar estadounidense</option>
                                    39               <option value="ARS">Peso Argentino</option>
      > OUTLINE
```

Modifica la función **obtenerCotizacion** para que sea asíncrona, ya que debes esperar que se complete la solicitud. Luego guarda el resultado de la petición en una variable **(resp)** y envíasela a **resultadoCotizacion** a través de la función **setResultadoCotizacion** (línea 21 a 24). Si le haces un **console.log()** a **resultadoCotizacion** y vuelves a realizar la solicitud, verás que se vuelve a imprimir el resultado que necesitas para trabajar.

PASO 17

Si recuerdas, en la parte inferior del componente **Contenedor.jsx** está siendo renderizado el componente **Cotizacion.jsx**. Este último debe recibir ese **resultadoCotizacion** para poder leerlo e imprimirlo en el navegador (línea 63):

```
<Cotizacion resultadoCotizacion={resultadoCotizacion}/>
```

La variable **resultadoCotizacion** se envía como una **prop**. Esto se refiere a los valores que se pasan de un componente padre a un componente hijo. Las **props** son una forma fundamental de comunicación entre componentes en React y permiten que los datos fluyan de manera unidireccional desde el componente padre que los proporciona hacia los componentes hijos que los reciben.

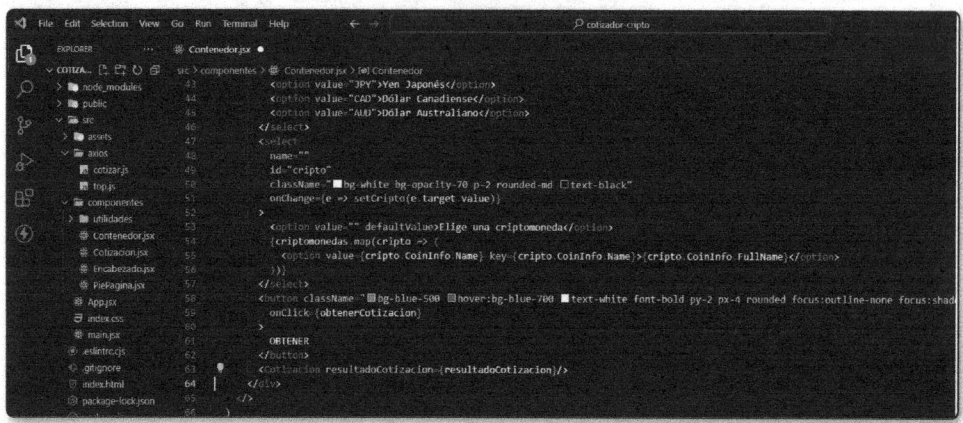

PASO 18

Recibe la prop en el componente **Cotizacion.jsx**. Si imprimes en consola lo que recibes en la prop, verás que al hacer la petición todo sigue igual:

```
export const Cotizacion = ({resultadoCotizacion}) => {

  console.log(resultadoCotizacion)
  return (
    <div>Cotizacion</div>
  )
}
```

Estás llegando al final, es hora de que mapees los resultados para mostrarlos en pantalla. Dentro del componente **Cotizacion.jsx**, retorna un div con las propiedades que vienen en la **prop**. Aquí queda un ejemplo, pero tú puedes colocarle las propiedades que quieras, como el precio actual, el precio más bajo del día, el precio más alto del día, etc. En cuanto a los estilos, ya sabes que es subjetivo y, por lo tanto, es recomendable hacer volar tu imaginación.

Si te diriges al navegador web y haces la solicitud, verás los resultados en pantalla.

4.3 ACTIVIDADES

A continuación se presentan las preguntas y los ejercicios que deberías saber responder y resolver para considerar aprendido el capítulo.

4.3.1 Test de autoevaluación

1. *¿Cuál es el propósito principal de React en el desarrollo de aplicaciones web?*

2. *¿Qué es la unidireccionalidad de datos y por qué es importante en React?*

3. *¿Cuál es la ventaja de usar Vite en proyectos de React en términos de rendimiento de desarrollo?*

4. *Menciona al menos tres de los hooks más comunes en React y explícalos brevemente.*

5. *¿Qué es JSX y cómo se compila en JavaScript?*

4.3.2 Ejercicios prácticos

1. *Crea un componente React llamado* **Encabezado.jsx** *que muestre un título y un logo para la aplicación. Renderiza este componente en la parte superior de la página principal de la aplicación.*

2. *Crea un componente React llamado* **PiePagina.jsx** *que muestre información del desarrollador, como su nombre y enlaces a perfiles de redes sociales. Renderiza este componente en la parte inferior de la página principal de la aplicación.*

Parte 2

Usa JavaScript para crear aplicaciones web completas para
organizar y mostrar datos de forma atractiva

5

INTRODUCCIÓN

En esta oportunidad, podrás crear una aplicación web que sea lo suficientemente robusta y escalable como para configurar un sistema completo capaz de adaptarse a diversas necesidades comerciales.

5.1 ARQUITECTURA DEL SOFTWARE POR CONSTRUIR

El conocimiento que adquirirás al completar todos los capítulos de este material te permitirá formarte en un stack completo de tecnologías, lo cual te capacitará para incursionar en el desarrollo de aplicaciones web tanto en el lado del cliente como en el lado del servidor. Este conjunto de habilidades te dotará de las herramientas necesarias para afrontar desafíos más complejos y desarrollar soluciones web sofisticadas que satisfagan los requerimientos cambiantes de tu proyecto o negocio. Adicionalmente, aprenderás a trabajar con el sistema de versiones en GitHub para que el código no sufra modificaciones indeseadas y verás la manera de hacer un deploy del backend en Render, una alternativa gratuita a Heroku.

▶ **Frontend**: es la parte de la aplicación que interactúa directamente con el usuario final. Puede ser una aplicación web en un navegador, una aplicación móvil o, incluso, una de escritorio. Su principal responsabilidad es presentar la interfaz de usuario y recopilar la entrada del usuario, como formularios o clics en botones. Se comunica con el backend para obtener datos y enviar solicitudes con el fin de realizar acciones específicas. Verás cómo construir esta parte del software en los Capítulos 3 y 4.

▶ **Backend**: es la parte central del sistema que se ejecuta en un servidor y se ocupa de procesar las solicitudes del frontend. Maneja la lógica empresarial, realiza cálculos, accede a la base de datos y ejecuta tareas de procesamiento pesado. Proporciona endpoints de API (URLs) que el frontend utiliza para realizar solicitudes y obtener respuestas. Esta parte del software se creará en los Capítulos 1 y 2.

5.1.1 Base de datos en la nube

La base de datos en la nube almacena y gestiona los datos de la aplicación. Puede ser una base de datos SQL o NoSQL, según las necesidades del proyecto. Está alojada en un servicio de nube, como Amazon Web Services (AWS), Microsoft Azure, Google Cloud Platform (GCP) u otros proveedores de servicios en la nube.

El backend se comunica con la base de datos en la nube para leer, escribir y administrar datos. Esta parte del software se creará junto con el backend, pero está sujeta a modificaciones si el proyecto así lo requiere.

5.1.2 Comunicación

El frontend y el backend se comunican a través de protocolos de comunicación estándar, como HTTP o WebSocket, empleando solicitudes y respuestas.

El frontend envía solicitudes al backend para obtener datos o realizar acciones. El backend procesa estas solicitudes y envía respuestas al frontend. El backend también puede autenticar y autorizar a los usuarios antes de proporcionar acceso a ciertos datos o funcionalidades.

5.1.3 Seguridad

La seguridad es un aspecto crítico en esta arquitectura, y la irás viendo a medida que avances en las dos partes del proyecto. Implementarás medidas como autenticación y autorización para proteger los datos y la funcionalidad de la aplicación. También aplicarás prácticas de seguridad recomendadas para proteger tu desarrollo contra amenazas como ataques de inyección SQL y ataques XSS (*Cross-Site Scripting*), entre otros.

5.1.4 Escalabilidad y rendimiento

La arquitectura debe ser escalable para manejar un aumento en la carga de usuarios. Esto puede lograrse mediante la implementación de equilibrio de carga y escalado horizontal, tanto en el frontend como en el backend. Es posible usar servicios en la nube para escalar la infraestructura de manera eficiente según las necesidades. En resumen, esta arquitectura cliente-servidor con una base de datos en la nube es común en muchas aplicaciones modernas. Proporciona un alto grado de flexibilidad, escalabilidad y acceso a recursos en la nube para almacenar y gestionar datos. La comunicación entre los **componentes** es esencial para el funcionamiento de la aplicación, y la seguridad es un aspecto clave para tener en cuenta en el diseño y la implementación. Este tipo de cuestiones estarán muy presentes a lo largo del proyecto ya que, por cuestiones éticas, tu trabajo debe ser lo más limpio y ordenado posible, pensando en futuros desarrolladores o, incluso, en ti mismo en el futuro.

5.2 PREPARACIÓN DEL ENTORNO DE TRABAJO

Para comenzar a escribir código de JavaScript, instala el editor de código (IDE) **Visual Studio Code** desde esta URL.

Para hacer pruebas de los endpoints (URLs) necesitarás Postman; puedes descargar esta herramienta desde este link.

Luego instala **Node** desde este link (marca la casilla de instalación de gestor de paquetes para que instale npm).

Abre la terminal de Windows y comprueba que se haya instalado correctamente con **node –version** y, luego, con **npm –version**.

En esta ocasión, se trata de una aplicación que puede registrar usuarios, editarlos y eliminarlos. También tendrá un esquema para subir material didáctico y descargarlo. Toda esta información, o por lo menos gran parte de ella, se almacenará en una base de datos en la nube con un clúster gratuito que ofrece MongoDB a través de **Mongo Atlas**.

5.2.1 Inicio del backend

PASO 1

Crea una carpeta en algún directorio de tu PC con el nombre que desees; es recomendable que sea algo descriptivo acorde a lo que harás. En este caso es **BookHub**, seguido de **"-backEND"** para hacer referencia al backend. Siéntete libre de dar a tu app el nombre que prefieras.

PASO 2

Abre la carpeta en **Visual Studio Code**. Luego, abre una terminal, ya sea en Visual Studio o la misma terminal de Windows; solo asegúrate de estar dentro del directorio de la carpeta creada con anterioridad. En este caso se usará la de Windows, ya que a veces se vuelve muy tedioso tener que estar agrandando la terminal de VS para localizar errores y demás.

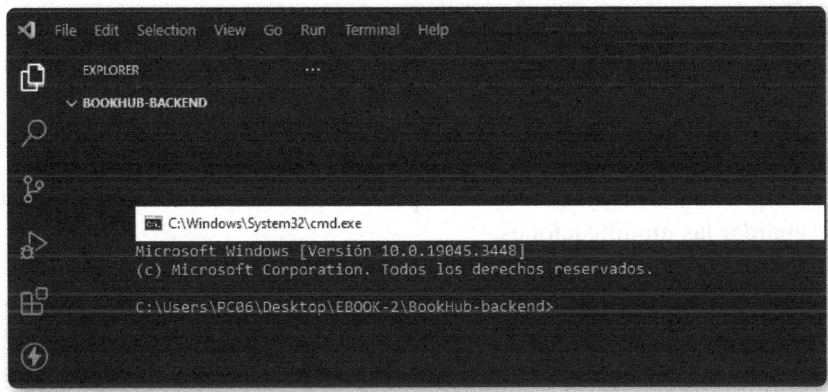

PASO 3

Inicia la app con el comando **npm init** en la terminal. Te hará unas preguntas, como qué nombre deseas colocarle, autor, si existe repositorio en GitHub y demás; si lo deseas, colócale tu nombre en Autor. Se creará un archivo llamado **package. json**. Ábrelo y crea un punto de entrada a la app. Ve a la sección de **scripts** y crea el script tal como se observa en la imagen (línea 8). Importante: no cierres la terminal en ningún momento.

PASO 4

Como puedes observar, este script hace referencia a un archivo llamado **index.js**, que será el punto de partida de la app. Crea un nuevo archivo dentro de la carpeta con el nombre **index.js** y colócale dentro un **console.log("Probando")**. A continuación, ve a la consola y ejecuta **npm start**. Verás que, luego de compilar el archivo, imprime ese log y queda a la espera de posibles cambios. Importante: no olvides guardar las modificaciones.

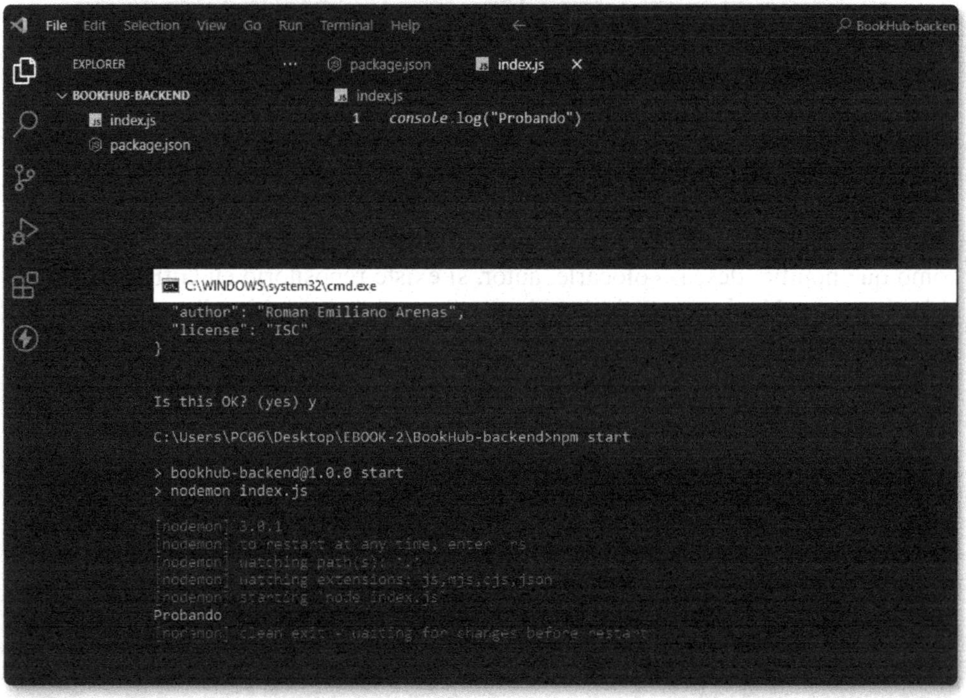

PASO 5

Detén el servidor un momento presionando **CTRL+C** (Windows) o **ComMand+C** (Mac) e instala una por una las siguientes dependencias:

- ▸ **npm i express**
- ▸ **npm i cors**
- ▸ **npm i dotenv**

Luego, vuelve a correr el servidor con **npm start**.

▾ **Express**: es un popular framework de Node.js diseñado para simplificar el desarrollo dc aplicacioncs wcb y APIs. Sc dcstaca por su simplicidad y su capacidad para gestionar de manera eficiente las tareas comunes en el desarrollo web.

▾ **Dotenv**: es una biblioteca de Node.js que se utiliza para cargar variables de entorno desde un archivo llamado **.env**. Proporciona una forma sencilla y segura de gestionar configuraciones y secretos en una aplicación sin necesidad de "hardcodearlos" directamente en el código fuente. Con este archivo podrás manejar datos sensibles que no querrás que tus usuarios vean.

▾ **Cors**: *Cross-Origin Resource Sharing* (compartir recursos entre orígenes cruzados) es un mecanismo de seguridad implementado en los navegadores web que controla las solicitudes HTTP realizadas por un dominio (origen) hacia otro diferente. Esto te será útil para controlar desde dónde permitirás que se hagan las peticiones al backend y, además, te dejará agregar una "lista negra" de usuarios que efectúan peticiones.

PASO 6

Luego de instalar las dependencias, se listarán en tu **package.json** como dependencias de producción, junto con la creación de la carpeta **node_modules** que contendrá los módulos necesarios para utilizarlas.

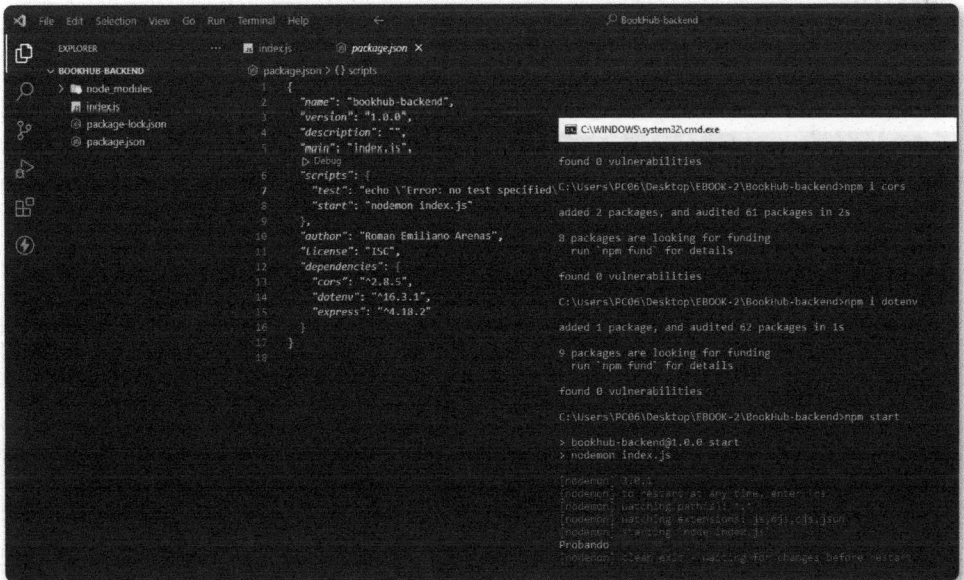

PASO 7

Crea el árbol del proyecto tal como se ve en la imagen. Utilizarás el patrón de diseño **MVC** (Modelo-Vista-Controlador), dado que es uno de los más simples a la hora de obtener escalabilidad en la app, al segmentar cada parte del código para que puedas, a futuro, hacer modificaciones de un modo más ordenado.

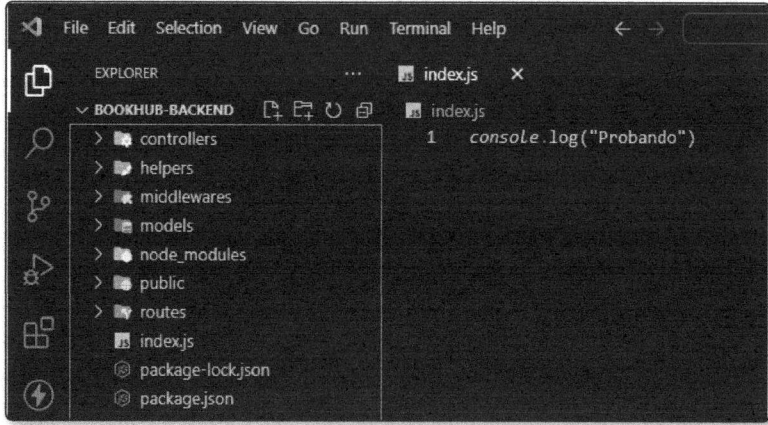

PASO 8

Además de las carpetas, crea el archivo **.env** con la variable **PORT**, y colócale el número 8000, 8080, 4000 o el número de puerto que desees. Solo asegúrate de no usar 3000 o 5173 porque en estos podría correr el frontend.

PASO 9

Siempre que realices cambios sobre el archivo **.env**, debes reiniciar el servidor para que surtan efecto.

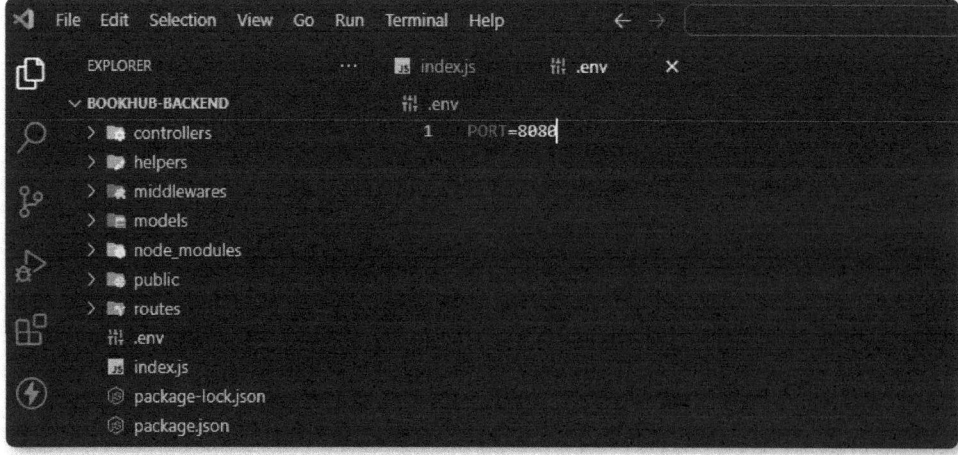

PASO 10

Dentro de la carpeta **models** crea un archivo llamado **server.js** con el siguiente código:

```
const express = require('express');
const cors = require('cors');

class Server {
    constructor() {
        this.app = express();
        //variables
        this.PORT = process.env.PORT

        //middlewares
        this.middlewares();

    }

    middlewares() {
        //cors
        this.app.use(cors());
        //leer json
        this.app.use(express.json());
        //directorio publico
        this.app.use(express.static('public'));
    }

    listen() {
        this.app.listen(this.PORT, () => {
            console.log(`Corriendo`, this.PORT)
        })
    }
}
module.exports = Server;
```

Esto implica que se importan las bibliotecas necesarias: **express** y **cors**; y se define la clase **Server**, que se utilizará para crear una instancia de un servidor web.

En el constructor de la clase **Server**, se realiza lo siguiente:

Se crea una instancia de Express llamada **this.app**, que representa la aplicación web.

Se establece una variable **this.PORT** para almacenar el número de puerto en el que se ejecutará el servidor, proveniente de la variable de entorno **process.env. PORT**, lo que permite configurar el puerto de forma dinámica.

En el método **middlewares()**, se configuran los middleware que serán usados por la aplicación:

cors() se emplea para habilitar el middleware CORS, que permite realizar solicitudes desde diferentes orígenes (dominios).

express.json() se utiliza para habilitar el middleware que interpreta las solicitudes HTTP con contenido JSON, lo que permite el análisis de datos enviados en formato JSON.

express.static('public') se usa para servir archivos estáticos desde el directorio **public**. Esto es útil para servir archivos HTML, CSS, JavaScript u otros recursos estáticos.

El método **listen()** se encarga de iniciar el servidor en el puerto especificado (**this.PORT**) y muestra un mensaje en la consola cuando el servidor comienza a escuchar conexiones entrantes.

Ahora ve al index.js:

PASO 1

Crea una instancia del servidor y usa el método **listen()** para imprimir su mensaje. Previamente usa **dotenv** para leer variables de entorno e importa el server. js para poder utilizar sus métodos.

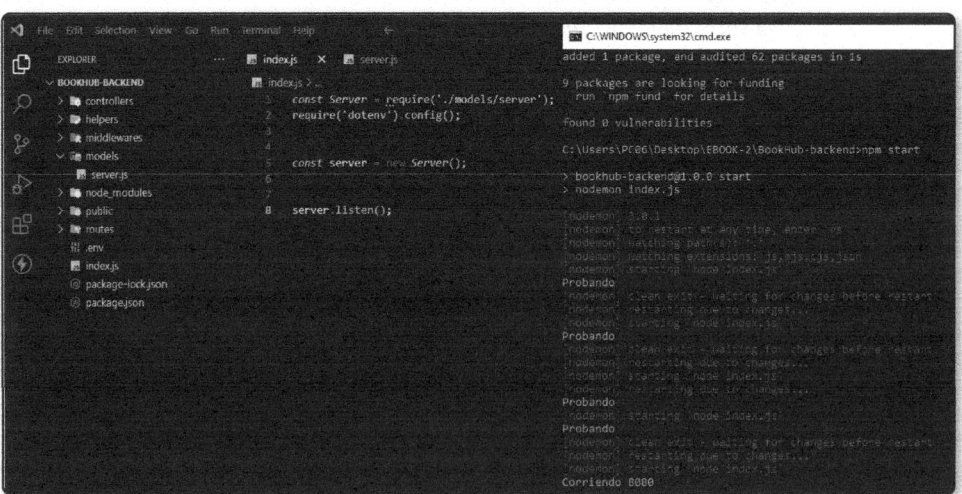

PASO 2

Ve a la carpeta **controllers**, haz un archivo llamado **usuarios.controllers.js** y crea cinco funciones para realizar las solicitudes **GET**, **POST**, **PUT**, **PATCH** y **DELETE**. Luego expórtalas todas juntas con un **module.exports**.

PASO 3

Dirígete a la carpeta **routes** y crea en ella un archivo llamado **usuarios. router.js**. Allí genera las rutas para las funciones anteriores. Primero debes importar la función **Router()** de Express y, luego, guardarla en una variable llamada **router**. Esta procesará las solicitudes y se exportará al final del archivo:

```
const {Router} = require('express');
const { usuariosGet, usuariosPost, usuariosPut, usuariosDelete, usuariosPatch }
= require('../controllers/usuarios.controllers.js');
const router = Router();

router.get('/', usuariosGet);
router.post('/', usuariosPost);
router.put('/', usuariosPut);
router.patch('/', usuariosPatch);
router.delete('/', usuariosDelete);

module.exports = router;
```

```js
const {Router} = require('express');
const [ usuariosGet, usuariosPost, usuariosPut, usu
const router = Router();

router.get('/', usuariosGet);
router.post('/', usuariosPost);
router.put('/', usuariosPut);
router.patch('/', usuariosPatch);
router.delete('/', usuariosDelete);




module.exports = router;
```

PASO 4

Hasta aquí has definido las rutas de la app junto a sus controladores, pero falta iniciarlas. Ve al archivo **server.js** y haz una variable para el path de la URL con la ruta que desees; en este caso, es **/api/usuarios** (línea 9). Crea el middleware para las rutas (línea 27 a la 29); este recibe como primer parámetro la ruta y, como segundo parámetro, dónde está ubicado el archivo en el que están definidas. Finalmente, inicialízalo en el constructor (línea 15).

```js
const express = require('express');
const cors = require('cors');

class Server {
    constructor() {
        this.app = express();
        //variables
        this.PORT = process.env.PORT
        this.pathUsuarios = '/api/usuarios'

        //middlewares
        this.middlewares();

        //rutas
        this.routes();
    }

    middlewares() {
        //cors
        this.app.use(cors());
        //leer json
        this.app.use(express.json());
        //directorio publico
        this.app.use(express.static('public'));
    }

    routes() {
        this.app.use(this.pathUsuarios, require('../routes/usuarios.router'))
    }

    listen() {
        this.app.listen(this.PORT, () => {
            console.log(`Corriendo`, this.PORT)
        })
    }
}
module.exports = Server;
```

PASO 5

Es hora de probar los endpoints con **Postman**. Abre la herramienta, crea una cuenta y luego genera un **Workspace** si no lo tienes. No te preocupes si no lo entiendes con claridad; tomate tu tiempo y verás que es muy intuitivo.

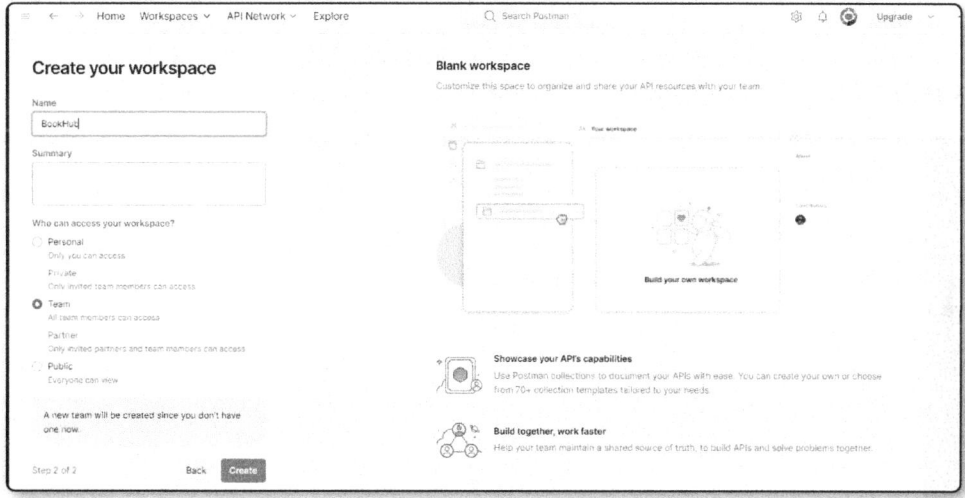

PASO 6

Una vez que estés en tu workspace, crea una nueva colección en la parte superior izquierda con el nombre de la app.

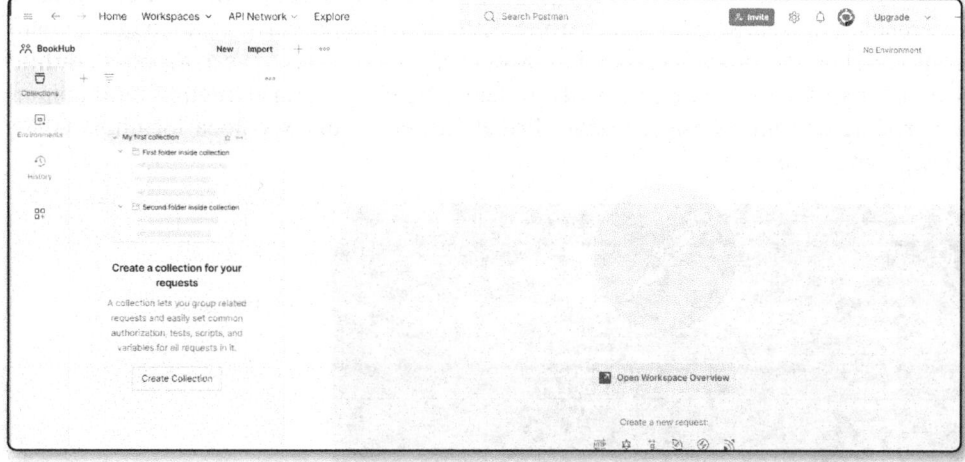

PASO 7

Crea una petición http que sea un **GET** y apunte a la dirección **localhost:8080/api/usuarios**; 8080 es el puerto que definiste en las variables de entorno y **/api/usuarios** es la variable que contiene el path en el server.js.

Luego presiona **SEND** y verás el mensaje que está dentro del controlador que contiene la función **usuariosGet**. A continuación, guárdala pulsando **CTRL+S** dentro de la colección. Haz lo mismo con las demás solicitudes, **POST**, **PUT**, **PATH** y **DELETE**. Solo acuérdate de cambiar el tipo de solicitud al lado de la URL.

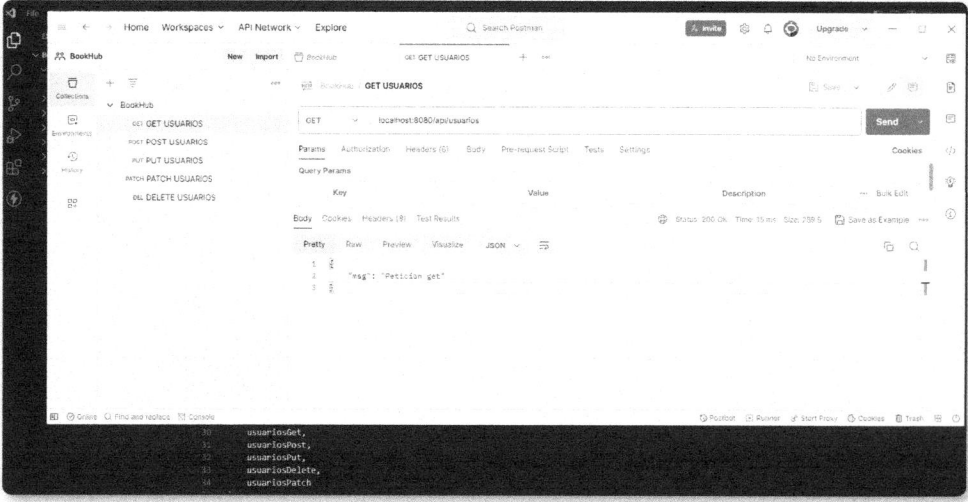

PASO 8

Si recuerdas, en el **server.js** se está ejecutando un middleware que hace referencia a una carpeta llamada **public**. Esto servirá un archivo estático que actuará como referencia cuando hagas el deploy del proyecto en breve. Ve a la carpeta **public** y crea un archivo llamado **index.html**; dentro de él crea una estructura html común y corriente con un mensaje. Luego dirígete al navegador y coloca localhost:8080; verás el mensaje en él.

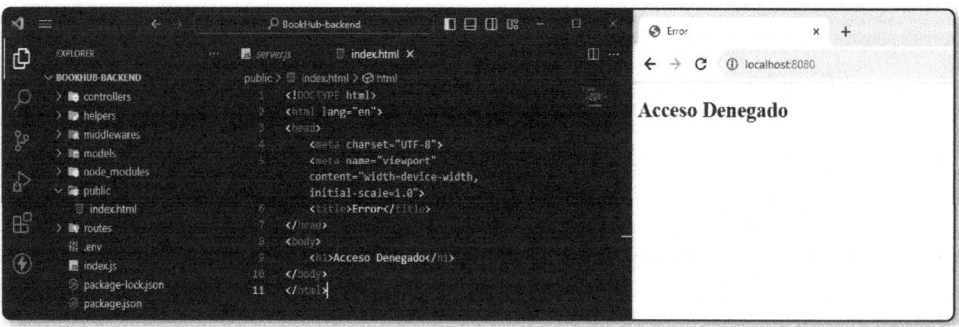

5.3 DESPLIEGUE A GITHUB

En la página oficial de GitHub regístrate si no tienes una cuenta o loguéate si la tienes: **https://github.com**

PASO 1

Crea un nuevo repositorio. Te dará la URL para que subas tu código.

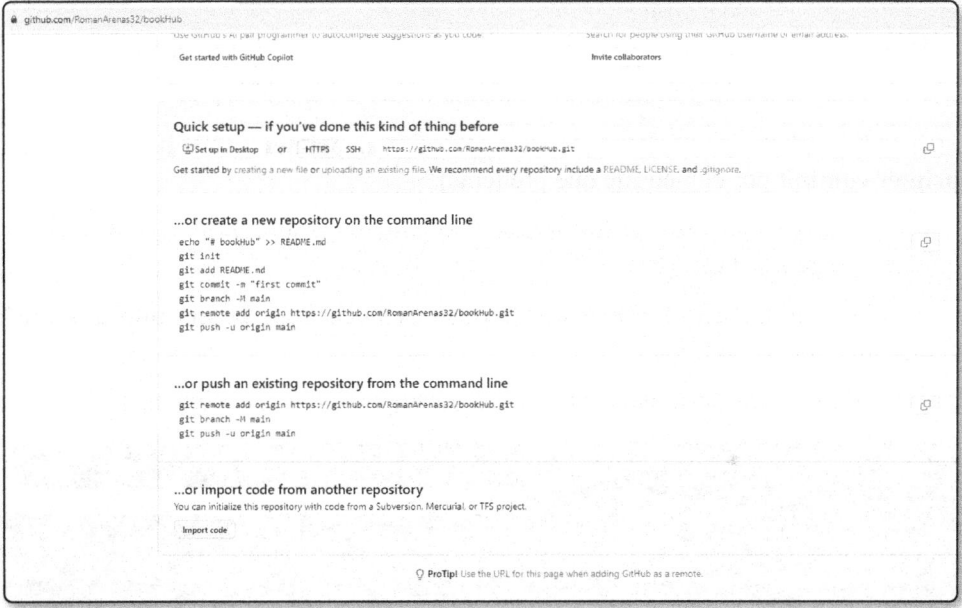

PASO 2

Vuelve al código y crea un archivo llamado **.gitignore**. Dentro coloca:

node_modules.env

Se agregarán a la lista de excepción esos dos archivos y, por lo tanto, no se subirán a GitHub. Recuerda que **.env** contiene información sensible, y **node_modules** se reconstruye al descargar el repositorio, por lo que no tiene sentido subirlo. Detén el servidor y ejecuta el comando **git init**.

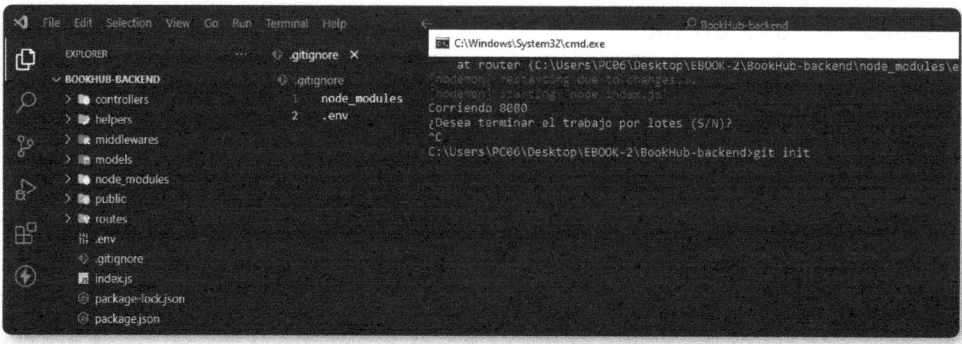

Luego ejecuta **git add**; esto preparará todos los cambios para subirlos.

Seguidamente ejecuta **git commit –m "mi primer commit"** (reemplaza **primer commit** por el mensaje que prefieras).

Luego, en **git remote add master "url que te proporcionó github"** coloca la URL que generó GitHub.

Por último, en el comando **git push "coloca aquí la url nuevamente"** colocando otra vez la URL.

Si todo salió bien, deberás tener en los repositorios el código elaborado.

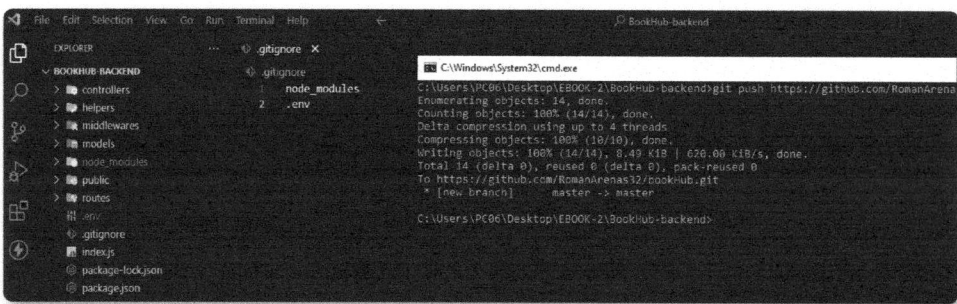

5.4 DESPLIEGUE A RENDER

Es hora de hacer el deploy. En este caso utilizarás **Render** porque posee una capa gratuita, pero siéntete libre de usar el hosting que desees. Existen muchas alternativas, tanto gratuitas como pagas.

Si optas por Render, sigue estos pasos:

Ve a la web oficial y crea una cuenta o loguéate (es recomendable hacerlo con GitHub): **https://render.com**

PASO 1

En la parte superior derecha, donde dice **New**, elige la opción

Web Service y **Build and deploy from a Git repository. Connect a GitHub or GitLab repository**. Elige el repositorio y dale acceso si lo requiere; lo demás es sumamente intuitivo.

En caso de que te dé error, instala en el proyecto la dependencia de nodemon desde la terminal con el comando **npm i nodemon**; este error no es común, pero puede suceder. Vuelve a hacer el deploy en Render y ya no tendrás inconvenientes.

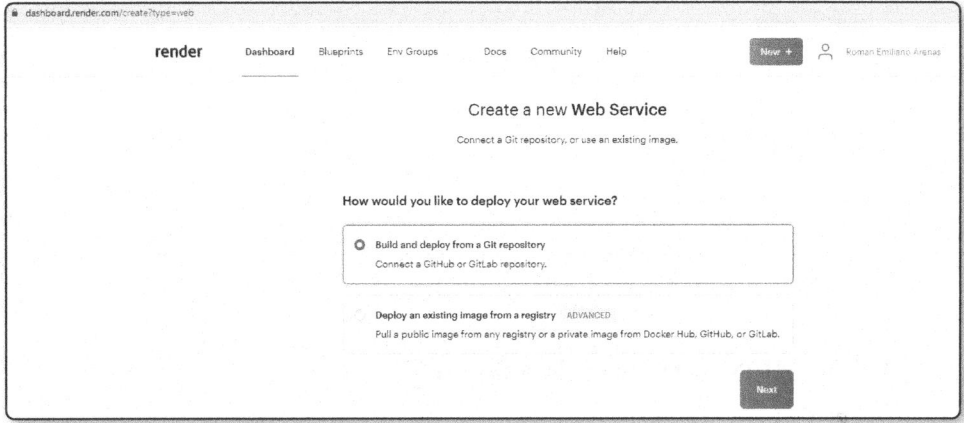

PASO 2

Una vez que hagas el despliegue, el servicio te dará una URL; si accedes a ella, te dará el mensaje visto anteriormente en el localhost, que provenía del **index. html**.

Dicho esto, podrás crear nuevas peticiones en **Postman** aplicándole directamente esta URL en vez de localhost, como se puede apreciar en la imagen.

Adicionalmente, se ha creado otra colección de endpoints para producción.

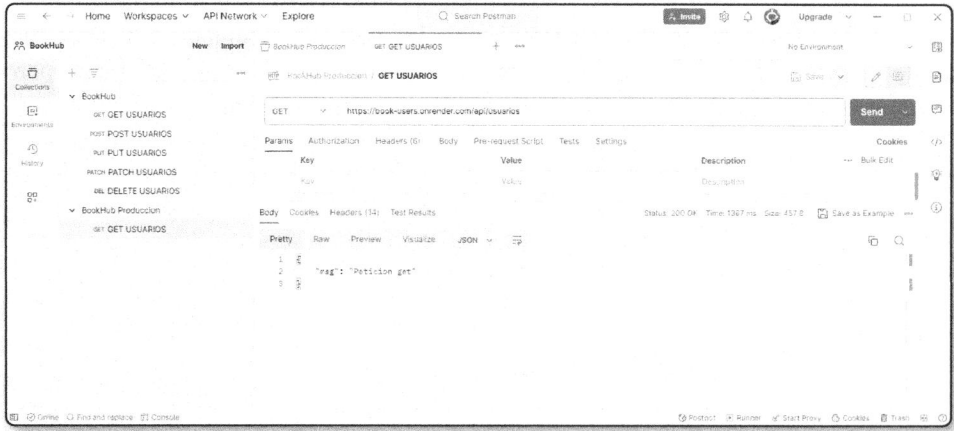

5.5 BASE DE DATOS EN LA NUBE: MONGO ATLAS

En la arquitectura del software se mencionó que los datos tendrán una permanencia dentro de una base de datos en la nube. Existen muchos proveedores de este servicio; el elegido en esta ocasión en Mongo Atlas. Esta tecnología permite crear y administrar una base de datos de Mongo desde cualquier parte del mundo a través de su plataforma.

Existe un plan gratuito que provee 500 MB gratuitos para almacenar datos. En este caso, es perfecto para almacenar texto plano.

5.5.1 Configuración de la base de datos en Atlas

Dirígete a la página oficial de MongoDB, inicia sesión o regístrate si no tienes cuenta: **www.mongodb.com/es**

Una vez dentro, completa las preguntas para tu proyecto. Elige la opción **construir una nueva aplicación**, marca **microservicios o API** y **JavaScript** como lenguaje. Presiona **Finalizar**.

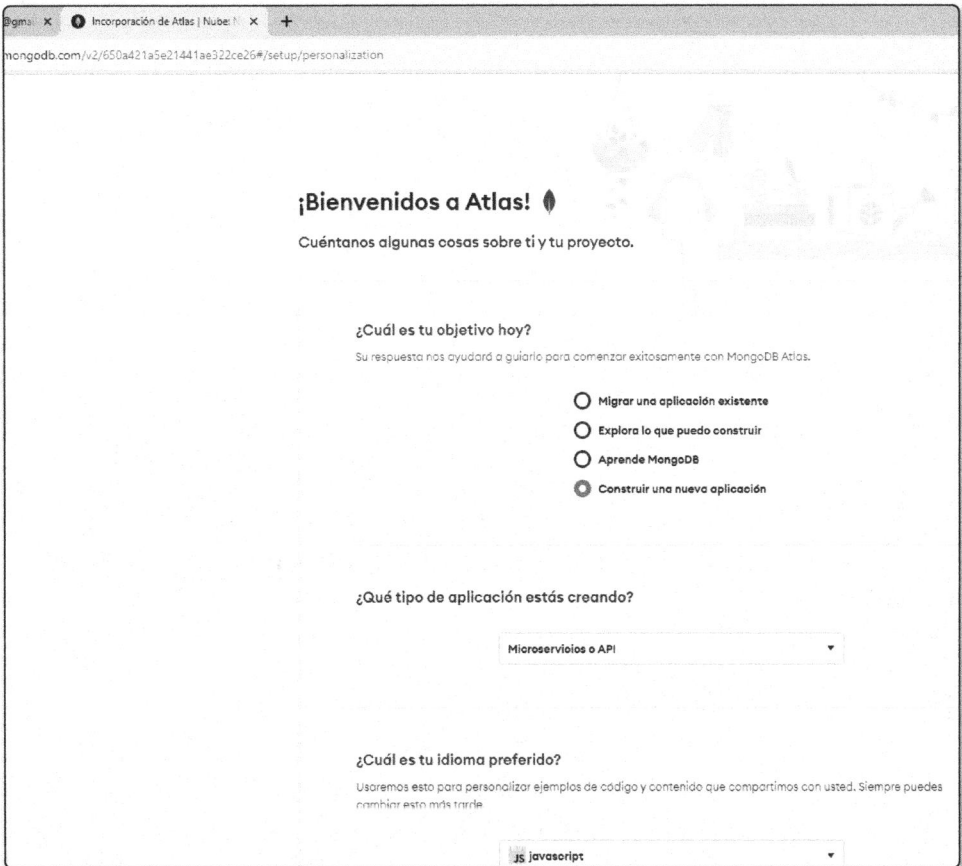

PASO 2

Presiona **CREATE**, arriba a la derecha, para crear el clúster. Elige la opción **Shared**, que contiene la opción gratuita. Luego elige un **Cloud Provider** entre las opciones que hay: AWS, Google Cloud o Azure. El resto déjalo como está, ya que por defecto buscará el servidor más próximo a tu ubicación. Finalmente, presiona **Create Cluster**, esto puede tardar entre 3 y 15 minutos.

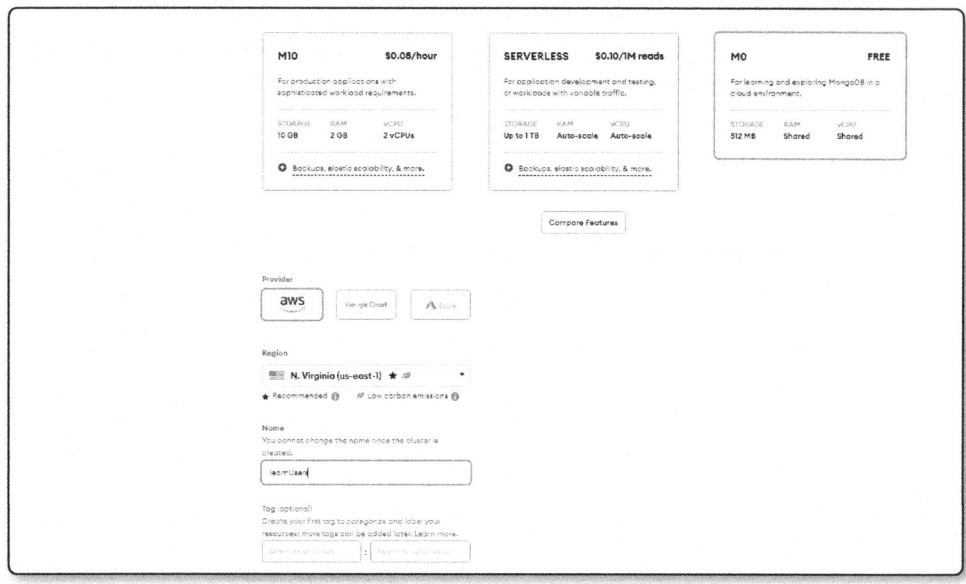

PASO 3

Una vez creado el clúster, ve a la opción **Quickstart**. Define un usuario y una contraseña.

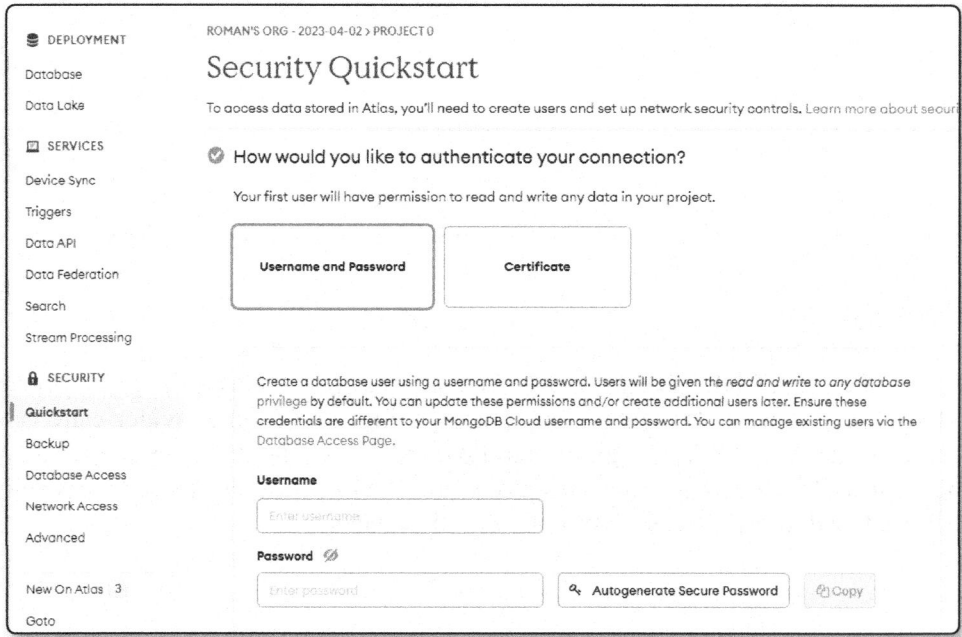

PASO 4

Guarda estos datos (usuario y contraseña) como variables de entorno para que no se pierdan. Cópialos y pégalos en el archivo **.cnv** en el código del proyecto. Este paso es muy importante ya que estos datos son necesarios para conectar a la base en la nube desde la app. Si recuerdas, el **.env** no se sube al repositorio porque contiene este tipo de datos que son muy sensibles, y si alguien con malas intenciones los obtiene, puede manipular la base de datos.

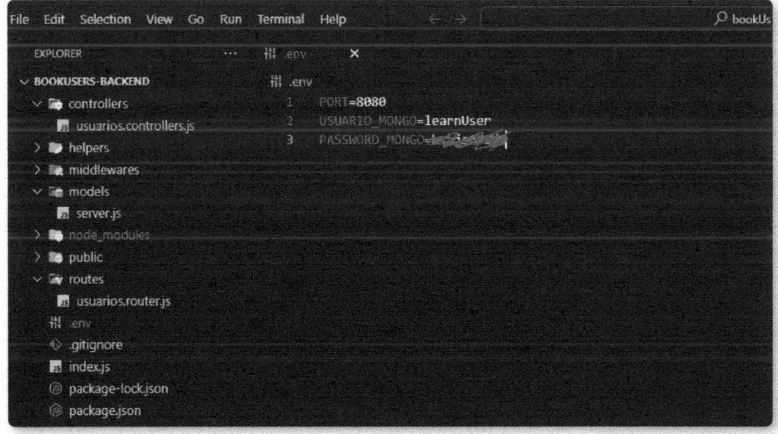

PASO 5

Vuelve a la página de Mongo Atlas. Es importante que habilites qué tipo de conexiones entrantes permitirás en tu base de datos. Ve al apartado **Network Access**. Si solo pretendes que sean de una IP específica, coloca ese número. Ahora bien, si tu app recibirá conexiones desconocidas, puedes dejar todos los números 0 colocando **0.0.0.0/0** como se observa en la imagen.

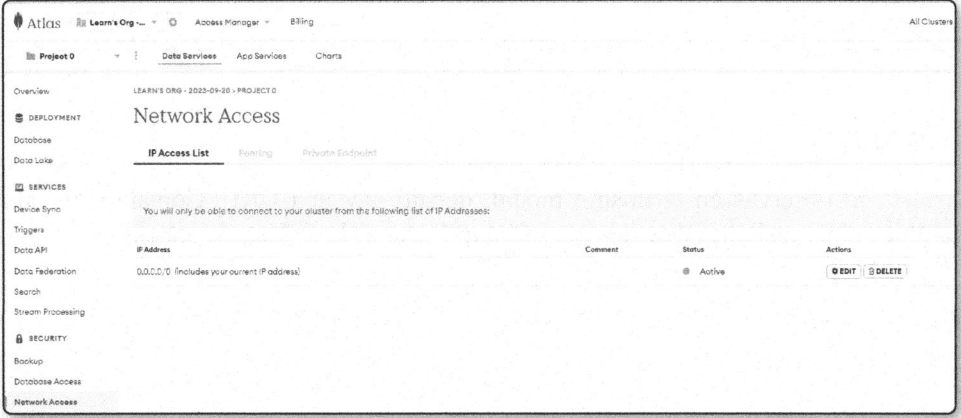

PASO 6

Hecho esto, dirígete a la parte superior izquierda, **Overview**, y pulsa en **CONNECT** para elegir el tipo de conexión. Se desplegará una lista con las diferentes maneras de conectar la app. Es recomendable utilizar **Compass**, ya que su interfaz es muy intuitiva y es una excelente opción si estás incursionando en las bases de datos en la nube. Al seleccionar Compass, te pedirá que lo instales si no lo tienes.

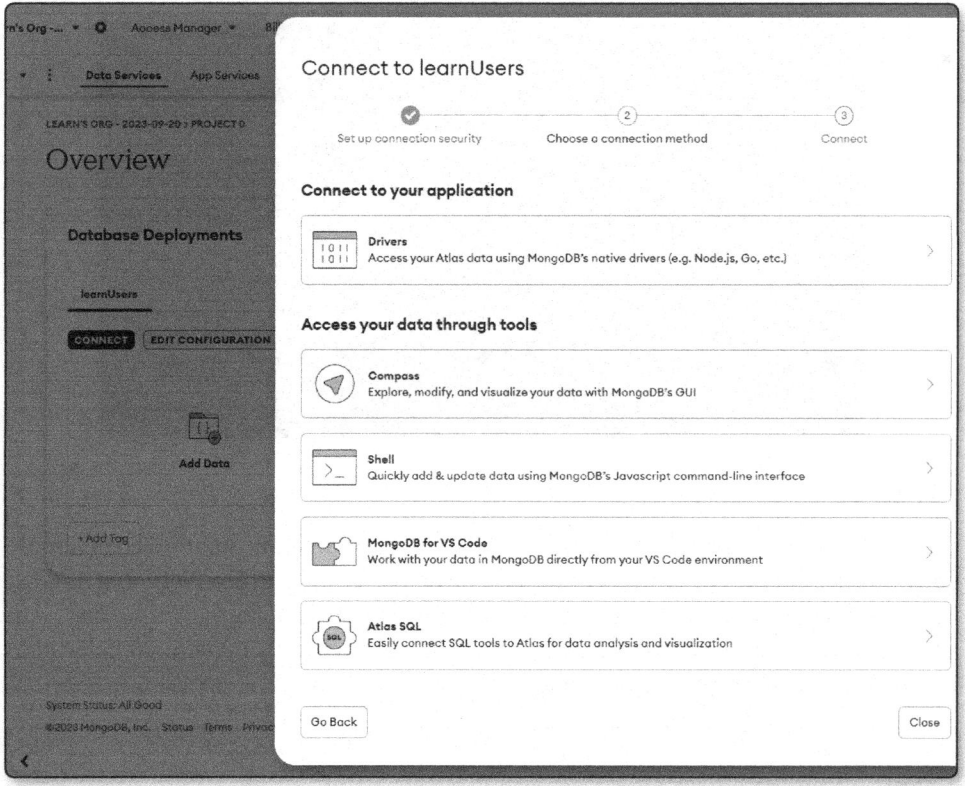

PASO 7

Si observas en el mismo modal, debajo hay una URL. Cópiala y llévala también a tus variables de entorno en el **.env**. Esta es la cadena de conexión.

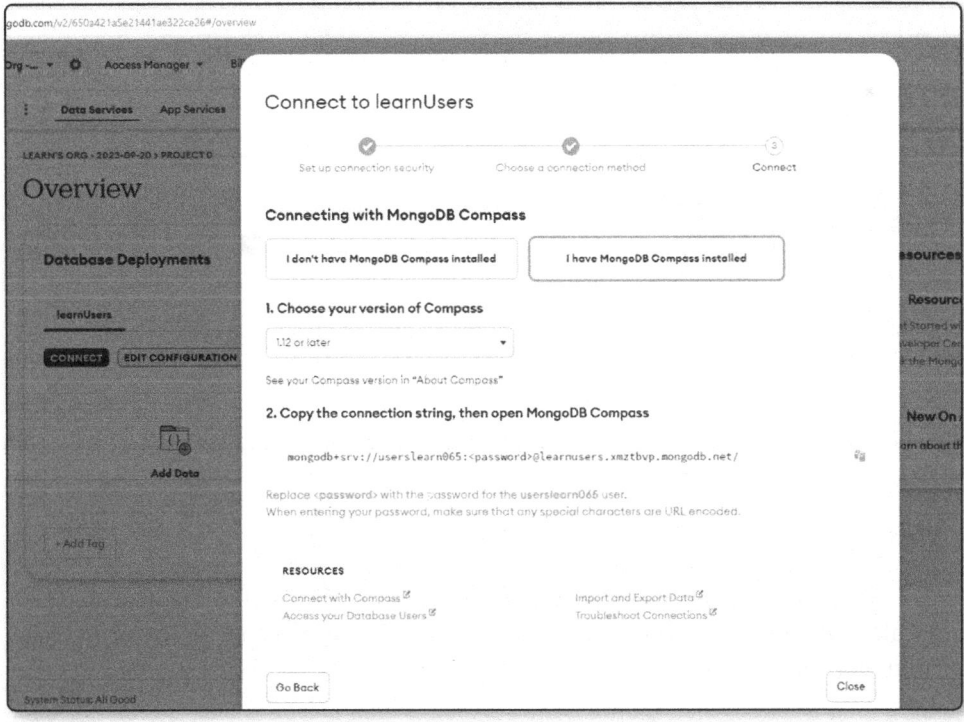

PASO 8

Guárdala en el **.env** en una variable y reemplaza **<password>** por tu contraseña de MongoDB. Además, al final colócale el nombre a tu base de datos por defecto. Es este caso es **/books**.

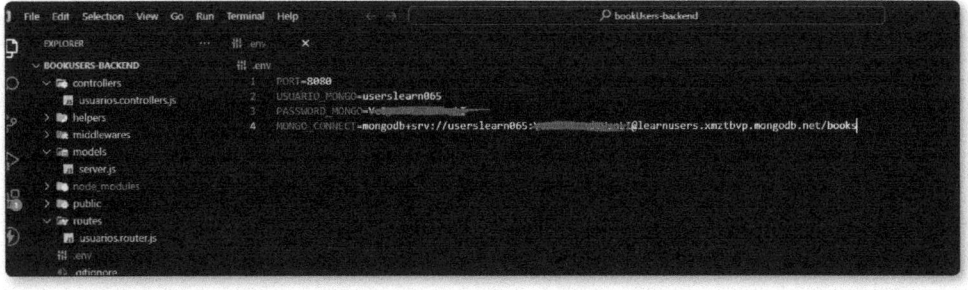

PASO 9

Abre **Mongo Compass**, coloca la cadena de conexión con la contraseña agregada y presiona **connect**.

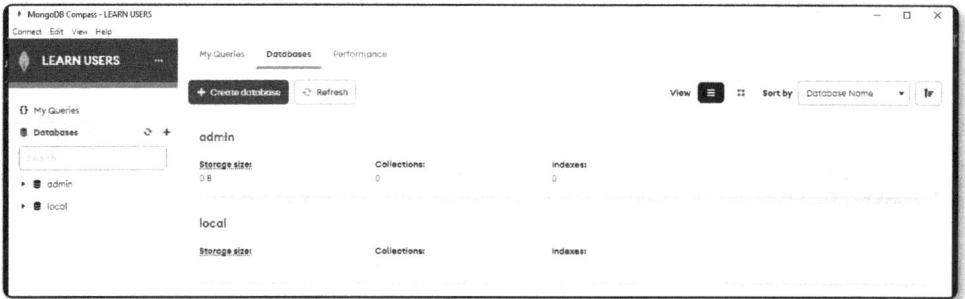

PASO 10

Crea la DB, arriba a la izquierda desde el botón **Create Database**, y colócale el nombre definido; en este caso, **books**. Por ahora solo se requieren estas configuraciones.

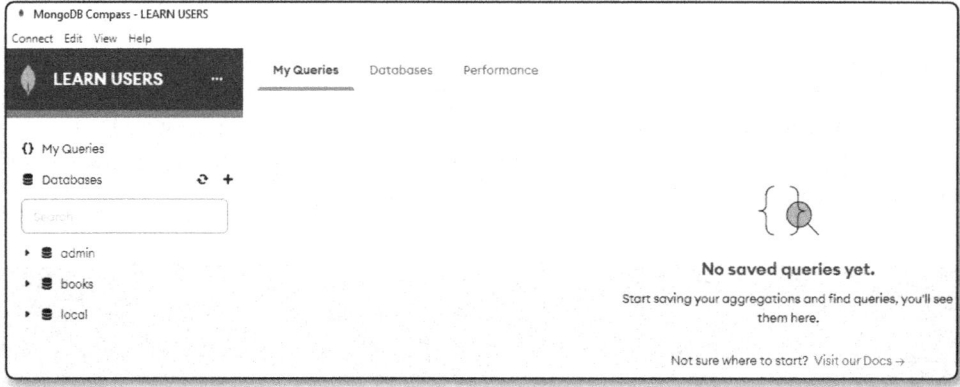

5.5.2 Conexión de la app con la base de datos

PASO 1

Instala el paquete de **Mongoose**. Detén la terminal un momento y coloca el comando **npm i mongoose**.

PASO 2

Llegó el momento de conectar la base de datos de Mongo Atlas a la aplicación. Crea una carpeta llamada **config** dentro de la raíz del proyecto y, dentro, un archivo **config.js**. Este script contendrá el punto de acceso a la base de datos.

Coloca dentro el siguiente código:

```
const mongoose = require('mongoose');
require('dotenv').config();


const openUri = process.env.MONGO_CONNECT


const dbConnection = async () => {


    try {
        await mongoose.connect(openUri, { useNewUrlParser: true, useUnifiedTopo-
logy: true })
        console.log("Base de datos online")

    } catch (error) {
        console.error('Error al conectar con la base de datos:', error);
        throw new Error('Error al conectar con la base de datos');
    }
}



module.exports = dbConnection;
```

El código anterior configura una función para establecer una conexión a una base de datos MongoDB utilizando Mongoose, guardando la cadena de conexión en una variable denominada **openUri** y manejando un caso de error mediante un **try catch**. También se importan los paquetes de **mongoose** y **dotenv** para trabajar con las variables de entorno.

Estas configuraciones y otras, como la creación de Schemas (que crearás a continuación) se pueden consultar en la documentación oficial de Mongoose ingresando a **este link**.

PASO 3

Ahora que la conexión está lista, hay que llamarla desde el modelo del servidor. Ve al archivo **server.js** en la carpeta **models**. Importa la función creada en el paso anterior (línea 3) y, debajo del constructor, crea la función que llamará a la función, valga la redundancia, que contiene la conexión. Esta debe ser asíncrona porque puede demorar en ejecutarse por razones externas al código en sí (línea 22 a la 24). Luego llama a esa función dentro del constructor, preferentemente, por encima de los **middlewares** y demás, porque debe ser de las primeras en ejecutarse (línea 13).

Hecho esto, ve a la terminal y levanta el servidor, si no lo has hecho, con **npm start**. Si todo sale correctamente, deberás ver el mensaje de la imagen en la terminal.

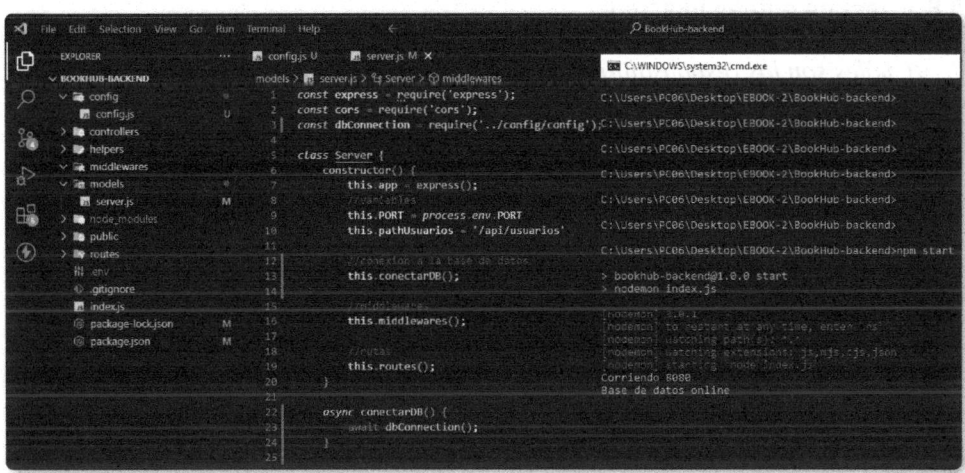

5.5.3 Corrección en el despliegue

Si subes los cambios a GitHub y te diriges a Render, notarás que da error. Esto se debe a que no existen variables de entorno disponibles en Render y, por lo tanto, la base de datos en la nube no puede conectarse en el deploy. Dirígete al **dashboard** de Render desde este link

En la parte izquierda, donde dice **Environment**, presiona **Create Environment Group** y crea una variable de entorno con la cadena de conexión a Mongo. Coloca el nombre de la variable en **key** y la URL en **value**.

Hasta este punto, has logrado crear un Rest Server API básico que servirá de base para muchos proyectos. En el siguiente capítulo le darás enfoque al proyecto, moldeándolo hacia el objetivo requerido.

5.6 ACTIVIDADES

A continuación se presentan las preguntas y los ejercicios que deberías saber responder y resolver para considerar aprendido el capítulo.

5.6.1 Test de autoevaluación

1. *¿Cuáles son las responsabilidades del frontend y el backend en la arquitectura?*

2. *Explica la función de los archivos* **usuarios.controllers.js** *y* **usuarios.router.js**.

3. *Menciona la importancia de definir rutas y controladores en una aplicación.*

4. *¿Cómo se realiza una prueba* **GET** *con Postman?*

5.6.2 Ejercicios prácticos

1. *Crea un proyecto en Visual Studio Code y realiza la inicialización con el comando* **npm init**.

2. *Implementa el árbol del proyecto utilizando el patrón de diseño MVC.*

3. *Crea rutas para las funciones* **POST**, **PUT**, **PATCH** *y* **DELETE** *en el archivo* **usuarios.router.js**.

4. *Implementa las funciones correspondientes en el archivo* **usuarios.controllers. js**.

5. *Realiza pruebas para cada uno de los métodos (***GET**, **POST**, **PUT**, **PATCH**, **DELETE***) en la ruta* **/api/usuarios**.

6. *Asegúrate de que el archivo* **.gitignore** *excluya correctamente los archivos mencionados.*

6

MODELOS

En el capítulo anterior creaste un Rest Server API con las funcionalidades básicas de un crud, pero sin llegar a establecer la permanencia de los datos. En esta ocasión, vas a diseñar los cimientos de la aplicación, que se enfoca en gestionar usuarios y compartir material bibliográfico.

6.1 CREACIÓN DE LOS MODELOS

Este proyecto se compone de dos elementos esenciales: un modelo para los usuarios que se registrarán en la plataforma y un modelo para los libros, con la posibilidad de que los usuarios publiquen, descarguen y compartan contenido bibliográfico de manera sencilla. Vamos a definir estos dos **modelos** clave para crear una aplicación que fomente la colaboración y el acceso a recursos académicos. Sin más rodeos, comencemos.

Recuerda que debes tener corriendo la app, también abre Postman y ten conectada la base de datos de Mongo Compass en todo momento.

PASO 1

Vuelve a levantar la app en la terminal de Windows con **npm start**.

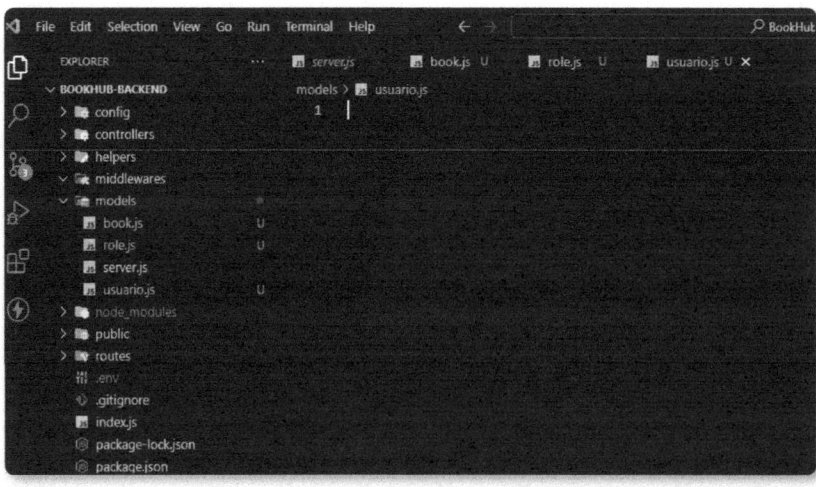

PASO 2

En esta app utilizarás cuatro modelos. Dentro de la carpeta **models** crea los archivos **book.js** (para los libros), **role.js** (para los roles de usuario), **usuario.js** (modelo para los usuarios) y **server.js**, que ya deberías tener hecho. Estos modelos servirán como una especie de molde para la creación de usuarios, libros y demás.

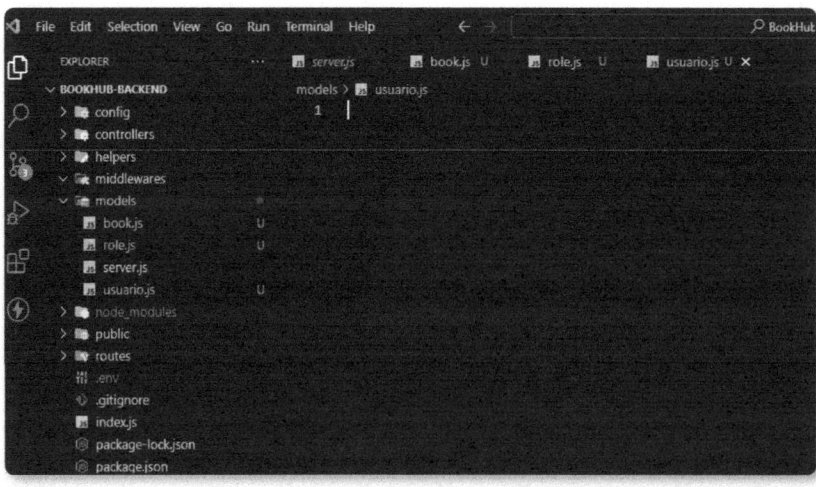

PASO 3

Comienza con el primero; ve al archivo **role.js** y escribe el siguiente código:

```
const { Schema, model } = require('mongoose');

const RoleSchema = Schema({
    rol: {
        type: String,
        required: [true, 'El rol es obligatorio']
    }
});

module.exports = model( 'Role', RoleSchema );
```

PASO 4

Este código define un modelo de datos para roles en una base de datos MongoDB utilizando Mongoose. El modelo tiene un campo **rol**, que es de tipo string y requerido. Seguidamente, exporta el modelo para utilizar más adelante.

PASO 5

Define el modelo para los usuarios:

```javascript
const {model, Schema} = require('mongoose');


const UsuarioSchema = Schema({
    nombre: {
        type: String,
        required: [true, 'El nombre es obligatorio'],

    },
    apellido: {
        type: String,
        required: [true, 'El apellido es obligatorio']
    },
    correo: {
        type: String,
        required: [true, 'El email es obligatorio'],
        unique: true
    },
    password: {
        type: String,
        required: [true, 'La contraseña es obligatorio'],
    },
    rol: {
        type: String,
        required: true,
        enum: ['ADMIN_ROLE', 'USER_ROLE']
    },
    estado: {
        type: Boolean,
        default: true
    },
});

module.exports = model('Usuarios', UsuarioSchema);
```

En este modelo se requerirán varios datos; entre ellos, **nombre**, **apellido**, **password**, **correo** y **rol** y, adicionalmente, un **estado** que comenzará como true. Este último **estado** te será útil para eliminar usuarios simplemente cambiándolo a false; es conveniente hacer esto y no borrar permanentemente al usuario de la base de datos, ya que con este método, podrías banearlo para que no vuelva a registrarse con ese correo y, así, evitar pérdida de datos, cambios o aportes que ha realizado en la aplicación.

PASO 6

Por último, crea el modelo para los libros. Ve al archivo **book.js** y escribe el siguiente código:

```
const {model, Schema} = require('mongoose');
const BooksShema = Schema({
    titulo: {
        type: String,
        required: [true, 'El titulo es obligatorio'],
    },
    sinopsis: {
        type: String,
        required: [true, 'La sinopsis del libre es obligatoria']
```

```
    },
    urlFoto: {
        type: String,
        required: [true, 'La url de la fotografía es obligatoria']
    },
    urlDescarga: {
        type: String,
        required: [true, 'El link de descarga es obligatorio']
    },
});

module.exports = model('books', BooksShema);
```

PASO 7

Aquí estás creando el modelo para libros con sus requerimientos, respectivamente.

6.2 CREACIÓN DE LOS CONTROLADORES PARA USUARIOS

Es hora de crear los controladores para los usuarios, donde se podrán crear, editar, eliminar, etcétera. Ve al archivo **usuarios.controllers.js** y borra su contenido. No te preocupes si la consola da error, es lo que se esperaba.

La primera función será la de registrar usuarios:

```
const Usuario = require('../models/usuario');
const registrarUsuario = async (req, res) => {

    const { nombre, apellido, correo, password, rol } = req.body;

    const usuario = new Usuario({ nombre, apellido, correo, password, rol });

    //grabar el usuario
    await usuario.save()

    res.status(200).json({
        usuario
    });
}
module.exports = {
    registrarUsuario,
}
```

Aquí ocurren varias cosas interesantes. Primero, se importa el modelo de usuario que creaste en los pasos anteriores (línea 1).

Luego, se crea la función del controlador, que no es más que una función fecha común y corriente, con el detalle que recibe como parámetros la **req** (la request es lo que envía el usuario) y la **res** (la response es lo que devolverá la petición). Luego se extraen los valores que enviará el usuario para utilizarlos más adelante (línea 4). A continuación, se crea una instancia del modelo de usuarios, que como viste anteriormente, recibe nombre, apellido, etc. (línea 6). Seguidamente, se graba ese usuario en la base de datos con el **.save()** propio de Mongoose (línea 9). Para terminar, devuelve como respuesta el usuario (línea 12).

Para que lo realizado anteriormente funcione, deberás configurar la ruta correspondiente. Ve al archivo **usuarios.router.js** dentro de la carpeta **routes** y déjalo de la siguiente manera:

```
const {Router} = require('express');
const { registrarUsuario } = require('../controllers/usuarios.controllers.js');
const router = Router();
router.post('/', registrarUsuario);
module.exports = router;
```

PASO 1

Aquí conservarás las importaciones de la función **Router()** de Express, con la diferencia de que solo dejarás un endpoint porque has creado un controlador. Asegúrate de importarlo desde el archivo de controladores (línea 2).

```js
const {Router} = require('express');
const { registrarUsuario } = require('../controllers/usuarios.controllers.js');
const router = Router();


router.post('/', registrarUsuario);


module.exports = router;
```

PASO 2

El paso anterior debió quitar cualquier error. Ahora es momento de probar ese endpoint. Ve a **Postman** y borra todos los endpoint, ya que los crearás otra vez. Crea una petición del tipo **POST** a la dirección localhost:8080/api/usuarios y guárdala como **CREAR USUARIO**; dentro ve a donde dice **Body**, luego a **raw** y elige la opción **JSON**.

PASO 3

Si recuerdas, necesitas una request para que la función la lea y grabe el usuario, y ciertos datos que son obligatorios. Arma un json con dichos datos y colócalos allí, luego presiona **send**.

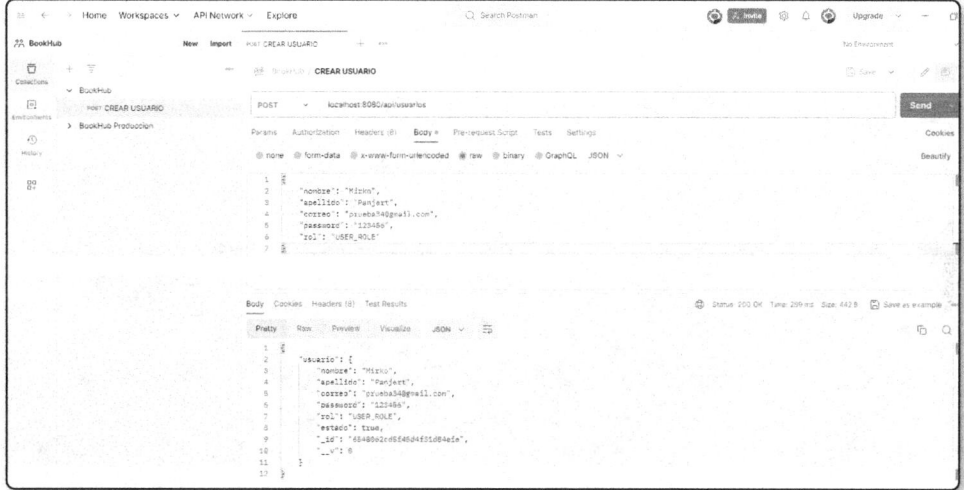

PASO 4

Como se ve en la imagen anterior, el usuario fue creado correctamente, ya que como respuesta recibiste el mismo usuario. Si vas a la base de datos en Mongo Atlas, verás la colección de usuarios que se acaba de crear y el usuario que has grabado.

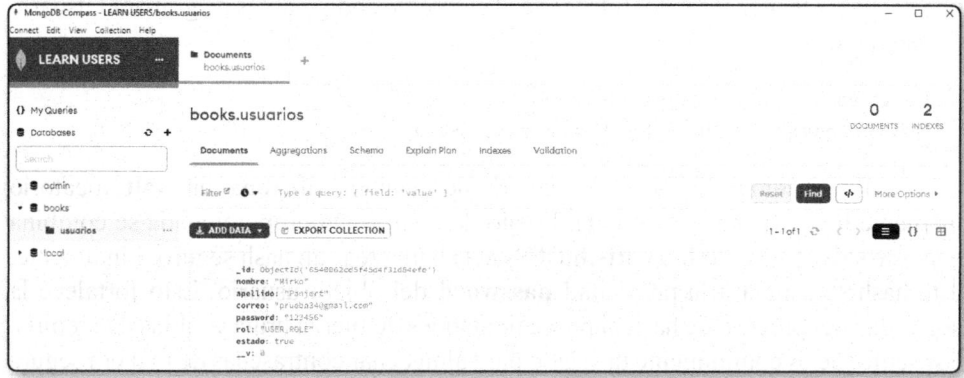

PASO 5

Aquí hay un tema bastante delicado, y es que la contraseña no debería verse tal como la grabó el usuario, ya que podría generar ciertos problemas de seguridad y, en caso de que alguien acceda a la base de datos, podría verla sin ningún problema. A fin de evitar estos inconvenientes, utilizarás un paquete muy popular para encriptar claves mediante un hash de una sola vía. Se trata de **bcryptjs**. Detén la terminal un momento y ejecuta el comando **npm i bcryptjs**.

PASO 6

Una vez instalado, ve nuevamente al controlador de usuarios e importa la librería en él (línea 2).

Si recuerdas, los datos directamente se guardan en "crudo" en la base. Esto hace que datos como la contraseña sean grabados tal como los tipea el usuario que se está registrando. Es por esto que, justo antes de que el usuario grabe, hay que hacer uso del paquete mencionado. Introduce el siguiente código antes de grabar el usuario (líneas 13 y 14):

```
const salt = bcryptjs.genSaltSync();
usuario.password = bcryptjs.hashSync(password, salt);
```

Explicación: primero se genera de manera síncrona un **salt** aleatorio mediante **bcryptjs.genSaltSync()**. Luego, la contraseña proporcionada se combina con este **salt** utilizando **bcryptjs.hashSync()** para crear un hash seguro. Finalmente, este hash se asigna a la propiedad **password** del objeto usuario. Esto fortalece la seguridad del proceso de hash al prevenir ataques de fuerza bruta y tablas de arcoíris. Este enfoque es comúnmente utilizado para almacenar contraseñas de manera segura en sistemas web y aplicaciones.

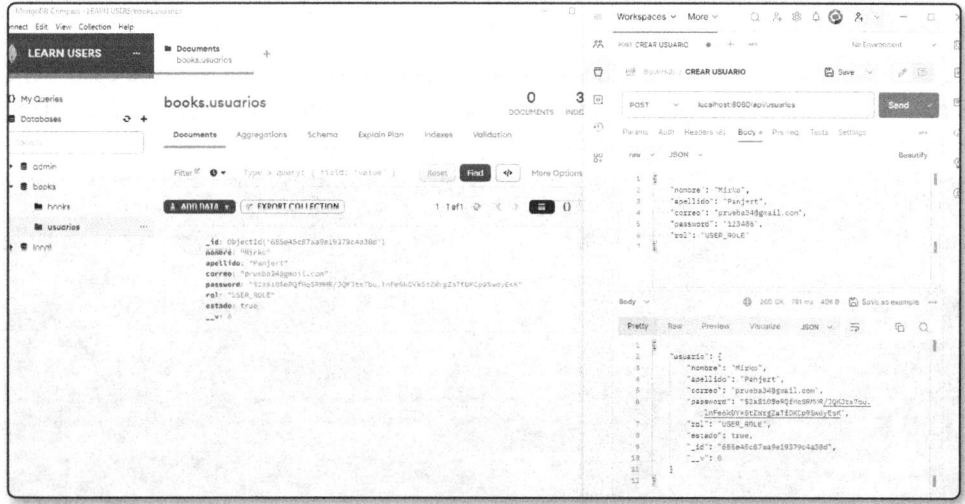

```
const Usuario = require('../models/usuario');
const bcryptjs = require('bcryptjs');

const registrarUsuario = async (req, res) => {

    const { nombre, apellido, correo, password, rol } = req.body;

    const usuario = new Usuario({ nombre, apellido, correo, password, rol });

    //encriptar la contraseña
    const salt = bcryptjs.genSaltSync();
    usuario.password = bcryptjs.hashSync(password, salt);

    //grabar el usuario
    await usuario.save()

    res.status(200).json({
        usuario
```

PASO 7

Es momento de probar este punto. Ve a **Mongo Compass** y borra el usuario creado anteriormente. Luego dirígete a **Postman** y vuelve a ejecutar el endpoint para el registro de usuario. Obtendrás el usuario anterior, pero con un ligero cambio en el **password**. Con la contraseña ya encriptada, no debes preocuparte por ciertos ataques a tu software, o al menos, por la mayoría de ellos.

PASO 8

Ahora que ya puedes registrar un usuario, tienes que atender futuras necesidades de los mismos. A continuación, le darás la posibilidad al usuario de actualizar su perfil.

Ve al controlador de usuarios y crea la función **actualizarUsuario**; por el momento solo retorna el mensaje **Ejecutando actualización de usuario** (líneas 18 a 23). Expórtala para utilizarla en otra parte (línea 26).

```javascript
const Usuario = require('../models/usuario');
const bcryptjs = require('bcryptjs');


const registrarUsuario = async (req, res) => {
    const { nombre, apellido, correo, password, rol } = req.body;
    const usuario = new Usuario({ nombre, apellido, correo, password, rol });
    //encriptar la contraseña
    const salt = bcryptjs.genSaltSync();
    usuario.password = bcryptjs.hashSync(password, salt);
    //grabar el usuario
    await usuario.save()
    res.status(200).json({
        usuario
    });
}

const actualizarUsuario = async (req, res) => {
    res.json({
        msg: "Ejecutando actualizar usuarios"
    })
}

module.exports = {
    registrarUsuario,
    actualizarUsuario
}
```

PASO 9

Ve a las rutas de usuario y agrega la ruta correspondiente. En este caso, será una petición **PUT** y tendrá un parámetro **/:id** para identificar el usuario a actualizar (línea 7). No olvides importar la función.

```javascript
const {Router} = require('express');
const { registrarUsuario, actualizarUsuario } = require('../controllers/usuarios.contro
const router = Router();


router.post('/', registrarUsuario);
router.put('/:id', actualizarUsuario);



module.exports = router;
```

PASO 10

Ve a **Postman** y crea una nueva petición del tipo **PUT**, colócale la URL del localhost, un parámetro con un número cualquiera (lo validarás más adelante) y dale **Send**. Si hiciste todo acorde a lo descripto, tendrás el siguiente mensaje:

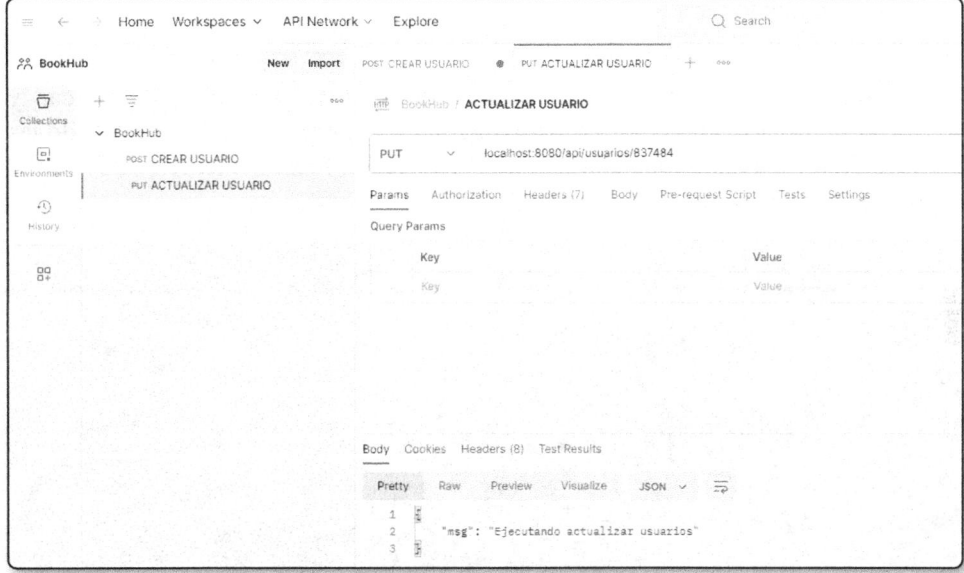

PASO 11

El retorno de la función solo es un mensaje sin relación con la base de datos. Ahora debes realizar la lógica correspondiente. Ve nuevamente al controlador de usuarios y elabora la función para actualizar el usuario de la siguiente forma:

```
const actualizarUsuario - async (req, res) => {
    const { id } = req.params;
    const { _id, password, correo, ...resto } = req.body;

    if (password) {
        // Encriptar la contraseña
        const salt = bcryptjs.genSaltSync();
        resto.password = bcryptjs.hashSync(password, salt);
    }

    const usuario = await Usuario.findByIdAndUpdate(id, resto);

    res.json(usuario);
}
```

Explicación: extrae el parámetro **id** de la solicitud y desestructura el cuerpo de la solicitud (**req.body**), excluyendo las propiedades **_id**, **password** y **correo**, y almacenándolas en una variable llamada **resto** (esto se debe a que no se permitirá cambiar el correo electrónico ni el id).

Si se proporciona una nueva contraseña en la solicitud, la función genera un nuevo **salt**; utilízalo para hashear la nueva clave y actualiza la propiedad password en el objeto **resto** tal como se hizo en el registro de usuarios.

Luego, utiliza el método **Usuario.findByIdAndUpdate** para buscar y actualizar un usuario en la base de datos según el ID proporcionado, empleando las propiedades actualizadas que contiene el objeto **resto**. Finalmente, responde con el objeto de usuario actualizado en formato **JSON**.

```javascript
const Usuario = require('../models/usuario');
const bcryptjs = require('bcryptjs');


const registrarUsuario = async (req, res) => {
    const { nombre, apellido, correo, password, rol } = req.body;
    const usuario = new Usuario({ nombre, apellido, correo, password, rol });
    //encriptar la contraseña
    const salt = bcryptjs.genSaltSync();
    usuario.password = bcryptjs.hashSync(password, salt);
    //grabar el usuario
    await usuario.save()
    res.status(200).json({
        usuario
    });
}

const actualizarUsuario = async (req, res) => {
    const { id } = req.params;
    const { _id, password, correo, ...resto } = req.body;

    if (password) {
        // Encriptar la contraseña
        const salt = bcryptjs.genSaltSync();
        resto.password = bcryptjs.hashSync(password, salt);
    }

    const usuario = await Usuario.findByIdAndUpdate(id, resto);

    res.json(usuario);
}

module.exports = {
    registrarUsuario,
    actualizarUsuario
}
```

PASO 12

Es el momento de probar todo. Ve a **Postman** y, dentro de la petición **ACTUALIZAR USUARIO**, dirígete a **Body**.

Marca la casilla **raw**, elige formato **JSON**, coloca el objeto con los datos del usuario que tienes en la base de datos para actualizar y cambia, por ejemplo, el nombre. Presiona **Send** y verás que da un error. Esto se debe a que el ID es inexistente. En la siguiente imagen está marcado dónde deberá ir un ID válido.

PASO 13

Para corregir este error, ve a **Mongo Atlas**, copia el ID del usuario y pégalo como parámetro en la petición. A continuación, vuelve a pulsar **Send** y esta vez sí devolverá el usuario. Por lo que puedes observar, la respuesta es positiva y todo salió bien. En tanto, en la base de datos verás los datos cambiados correctamente.

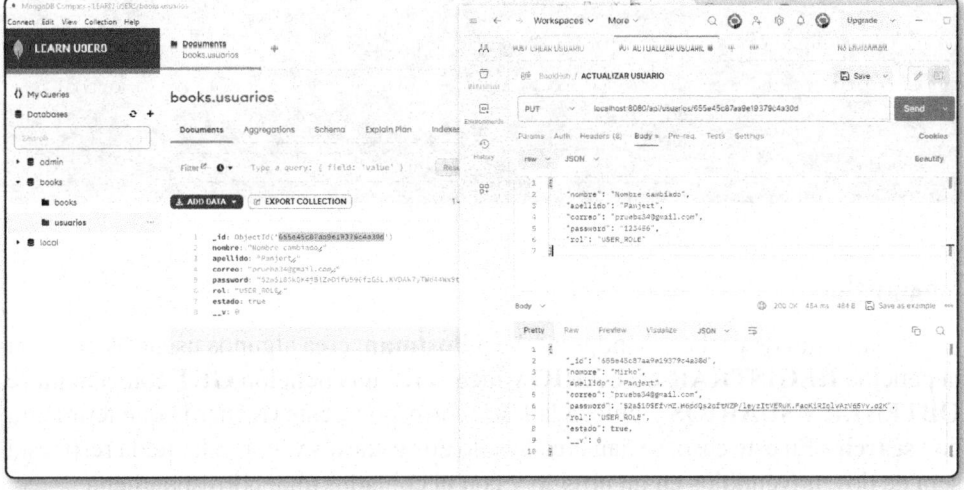

PASO 14

Vas a crear unos cuantos endpoint más. Es el turno de obtener los perfiles. Esta parte está pensada para un usuario con permisos de administrador, ya que a raíz de eso, podrá restringir los usuarios, etc. Debido a que tienes el conocimiento de los pasos a seguir para la creación de ruta, controlador y hasta la prueba en **Postman**, lo harás de una manera más dinámica. Crea la ruta en **usuarios.routes** y la función en **usuarios.controllers**. La ruta apuntará a **localhost:8080/api/usuarios/search**, y es por eso que le tienes que agregar **/search**; es una petición del tipo **GET**. En cuanto a la función en el controlador, puede aceptar parámetros que verás más adelante y que tienen como objetivo filtrar o hacer una especie de paginación. ¿Por qué esto? La respuesta es simple. Imagina que tienes 2000 usuarios en la base de datos; no te gustará ver todos de una vez, porque esto te consumirá demasiados recursos.

A su vez, entregará un total de usuarios, lo cual está definido en la línea 41 haciendo uso de una función propia de **Mongoose** para contar registros. En este caso, contará los que tengan estado **true**, o sea que no están restringidos por un administrador.

PASO 15

Es hora de probar el endpoint. Ve a **Postman**, crea algunos usuarios más con la petición **REGISTRAR USUARIO** y luego crea una petición **GET** con el nombre **OBTENER USUARIOS** y coloca la URL correspondiente (recuerda que terminará con **search**). En este caso, se han creado solo dos usuarios y, por lo tanto, la respuesta será de dos, trayéndolos en un arreglo y con el contador total correspondiente.

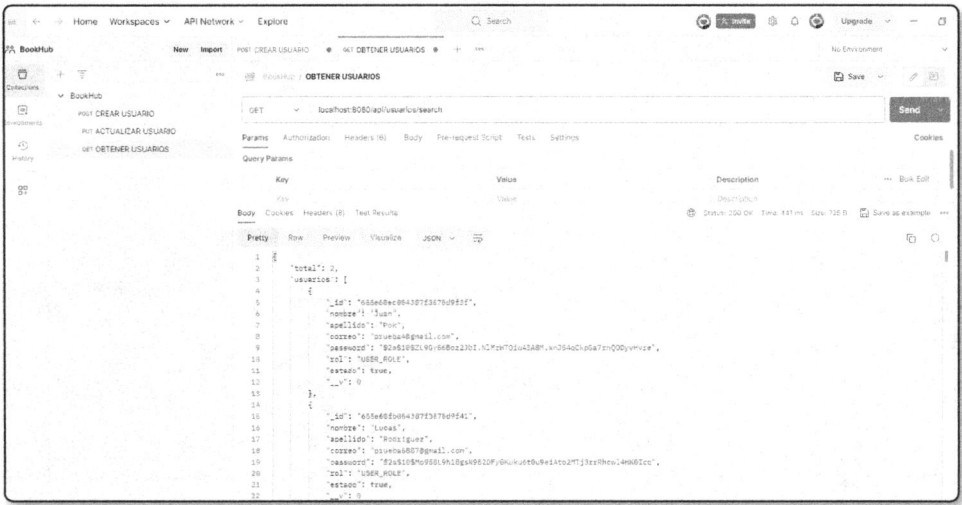

PASO 16

Es hora de darle al usuario la posibilidad de "eliminar" otros usuarios. Para esto usarás una técnica muy común en sistemas que protegen bien la información. Imagina que en la base de datos hay un usuario registrado que hizo muchas modificaciones positivas en el sistema. Si eliminas al usuario, con él también se podría ir información valiosa. Es por eso que lo más conveniente es usar un sistema de "baneo" para dicho usuario. Si recuerdas, en el modelo de usuarios hay una propiedad llamada **estado**, que por defecto está en **true** al momento de la creación de dicho usuario. Entonces, habría que cambiar su estado a **false** y, en base a eso, restringir ciertas funcionalidades. Ve al controlador de usuarios y arma la función para realizar la tarea mencionada de la siguiente forma (no olvides exportarla al pie del archivo):

```
const borrarUsuario = async (req, res) => {
    const { id } = req.params;

    const usuario = await Usuario.findByIdAndUpdate(id, { estado: false });
    res.status(200).json({
        usuario

    });
}
```

Lo que hace esta función es buscar el usuario que se envía por parámetro **id** y hacer uso de la función propia de **;ongoose findByIdAndUpdate**, donde el primer parámetro que recibe es el **id** propiamente dicho, y el segundo es la propiedad por modificar. Luego, retorna el usuario con la propiedad ya modificada y grabada en la base de datos.

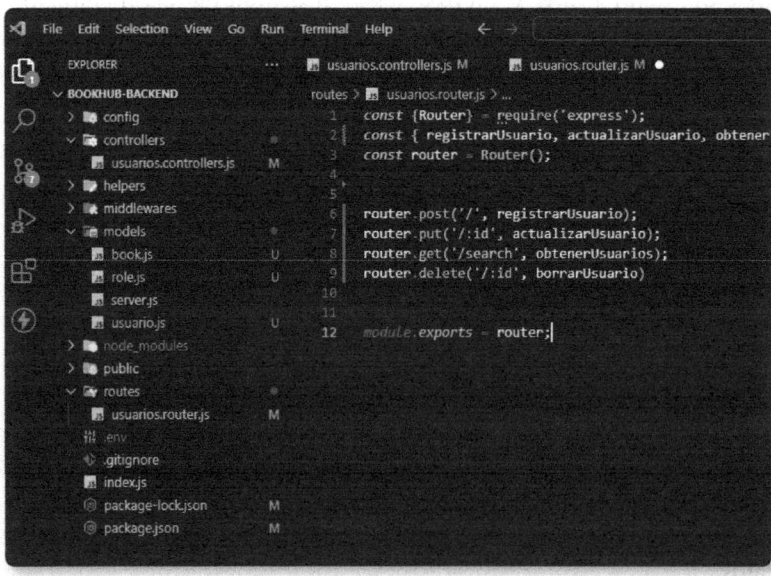

```
const obtenerUsuarios = async (req, res) => {

    const { limit = 5, desde = 0 } = req.query;

    const usuarios = await Usuario.find({ estado: true })
        .skip(Number(desde))
        .limit(Number(limit));

    const total = await Usuario.countDocuments({ estado: true });
    res.status(200).json({
        total,
        usuarios
    });
}

const borrarUsuario = async (req, res) => {
    const { id } = req.params;


    const usuario = await Usuario.findByIdAndUpdate(id, { estado: false });
    res.status(200).json({
        usuario

    });
}



module.exports = {
    registrarUsuario,
    actualizarUsuario,
    obtenerUsuarios,
    borrarUsuario
```

PASO 17

Ahora deberás armar su respectiva ruta. Ve a las rutas de usuario y coloca la correspondiente junto con la función creada anteriormente (no olvides importarla).

```
const {Router} = require('express');
const { registrarUsuario, actualizarUsuario, obtener
const router = Router();


router.post('/', registrarUsuario);
router.put('/:id', actualizarUsuario);
router.get('/search', obtenerUsuarios);
router.delete('/:id', borrarUsuario)


module.exports = router;
```

PASO 18

Como con todos los endpoint que has estado haciendo, es hora de probarlo. Dirígete a la base de datos y copia el **id** del primer usuario. Luego ve a **Postman** y crea una nueva petición del tipo **DELETE**. Coloca la URL correspondiente y al final pásale ese **id**. Al hacer la petición, debería retornar el usuario, y al actualizar la base de datos, su estado debería cambiar a **false**.

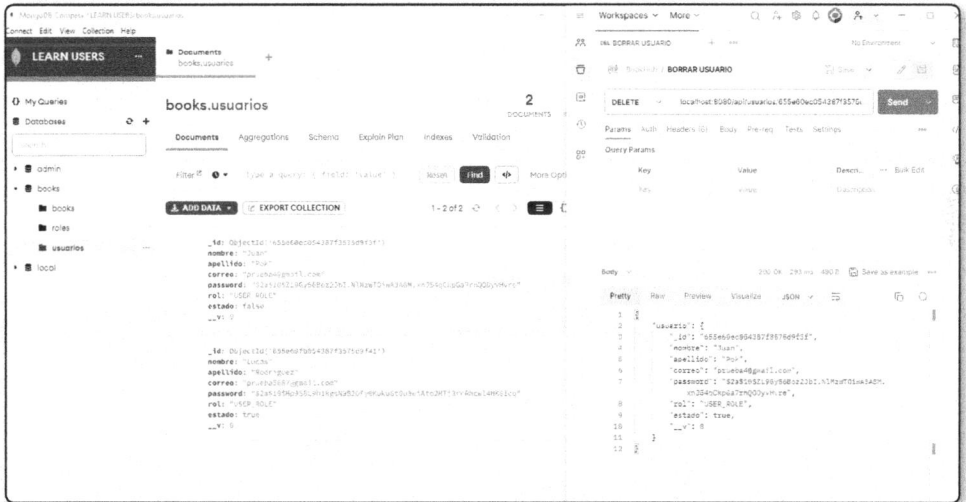

Ahora que los principales endpoints para usuarios están creados, queda quizá el más importante, y en esta ocasión lo colocarás separado de los demás, ya que requiere ser tratado de forma diferente. Este es el de autenticación o login de usuarios. Esta funcionalidad debe decirle al programa quién es el que está haciendo uso de él y, a su vez, dar la posibilidad de limpiar dicha sesión para que nadie utilice su cuenta. Para que esto suceda, desde el lado del frontend o lado del cliente debe enviarse un **token** al **localStorage** con algunos datos de interés de dicho usuario. En esta parte del programa, llamada **backend** (es lo que venimos realizando hasta ahora), generarás el **token** y se lo servirás al frontend para su posterior uso.

Aclarado este punto, detén la terminal un instante para instalar el paquete que te permitirá generar el token con el comando **npm i jsonwebtoken**. Luego vuelve a levantar el servidor con **npm start**.

Antes de continuar, ve al archivo **.env** y crea una nueva variable de entorno llamada **SECRET**, con alguna palabra de tu preferencia. Esto servirá para firmar el token. Luego reinicia el servidor para que el cambio surta efecto.

Ahora ve a la carpeta **helpers** y crea un nuevo archivo llamado **generarJWT. js**. Dentro deberás crear la función encargada de generar dicho token y luego exportarla:

```
const jwt = require('jsonwebtoken')
require('dotenv').config();


const generarJWT = (uid = "")=>{

    return new Promise((resolve, reject) => {
        const payload = {uid};

        jwt.sign(payload, process.env.SECRET ,{
            expiresIn: "12h"
        }, (err, token)=>{
            if(err){
                console.log(err)
                reject('No se pudo generar el token')
            }
            else{
                resolve(token)
            }
        })
    })
}
module.exports = generarJWT;
```

Explicación: primero importa los paquetes **jsonwebtoken** y **dotenv** para utilizar variables de entorno (líneas 1 y 2). Luego, la función recibirá como parámetro el id de usuario **uid** que, por defecto, será un string vacío. Dicha función retornará una promesa que firma el token con el método propio de **jsonwebtoken ".sing"**, el cual recibe como parámetros el **payload** (**uid**), la variable de entorno **SECRET** y le da una expiración de 12 horas. En caso de que haya un error, está designado en las líneas 11 a 15, y si todo ocurre correctamente, retorna el **token** (línea 17).

Antes de confeccionar el controlador, hay varios puntos que debes tener en cuenta. Como estará separado, debe tener su archivo de rutas y controladores diferentes. Ve al archivo **server.js** dentro de la carpeta **models**. Allí, dentro del constructor crea una variable con la ruta **this.pathAuth = '/api/auth'** (línea 11). Luego usa la ruta dentro del método **routes()** (línea 37) con la siguiente línea de código: **this.app.use(this.pathAuth,   require('../routes/auth.router'));**.   Vale aclarar que todavía no creaste el archivo **auth.router**.

PASO 1

Dirígete a la carpeta **routes** y crea el archivo **auth.router.js** junto con la ruta al controlador de autenticación. Recuerda que aún no has creado el archivo **auth. controllers** y, por lo tanto, la función **autenticarUsuario** no existe. Por ahora, esto dará error, pero no te preocupes.

PASO 2

Es momento de unir todas las piezas. Ve a la carpeta **controllers** y crea el archivo **auth.controllers.js**. Dentro coloca la siguiente función:

```
const generarJWT = require("../helpers/generarJWT");
const Usuario = require("../models/usuario");
const bcryptjs = require('bcryptjs');

const autenticarUsuario = async(req, res) => {


}
module.exports = autenticarUsuario;
```

Aquí se están importando los paquetes que utilizarás; luego se crea la función y finalmente se exporta.

```
const generarJWT = require("../helpers/generarJWT");
const Usuario = require("../models/usuario");
const bcryptjs = require('bcryptjs');

const autenticarUsuario = async(req, res) => {


}
module.exports = autenticarUsuario;
```

PASO 3

Comienza a trabajar en la función. Lo primero será envolverla en un **try catch** para manejar posibles errores. En caso de que algo salga mal, retornará el mensaje plasmado en las líneas 18 a 22. Dejando de lado el catch, céntrate en la parte positiva de la respuesta. Como es común, el usuario ingresará el **email** y la **contraseña**, y es por eso que se reciben de la **req.body**. Lo primero será evaluar si ese correo existe, y para eso se usa el método **findOne** sobre los usuarios de la base. Si no lo encuentra, devuelve el error plasmado en la línea 14.

```
const generarJWT = require("../helpers/generarJWT");
const Usuario = require("../models/usuario");
const bcryptjs = require('bcryptjs');

const autenticarUsuario = async(req, res) => {

    const { correo, password } = req.body;

    try {
        //verificar si el email existe
        const usuario = await Usuario.findOne({correo})
        if(!usuario){
            return res.status(400).json({
                msg: 'Usuario y/o contraseña incorrecta'
            })
        }

    } catch (error) {
        return res.status(500).json({
            msg: 'Ups algo salio mal..! :('
        })
    }
}
module.exports = autenticarUsuario;
```

PASO 4

Lo siguiente será comprobar que el usuario esté activo o no esté baneado. Recuerda que esta propiedad está explicada en la parte de la creación del endpoint que elimina los usuarios, más arriba. Si su estado es **false**, entrará en el bloque de las líneas 18 a 22 y, por lo tanto, no permitirá el ingreso.

```
const autenticarUsuario = async(req, res) => {

    const { correo, password } = req.body;

    try {
        //verificar si el email existe
        const usuario = await Usuario.findOne({correo})
        if(!usuario){
            return res.status(400).json({
                msg: 'Usuario y/o contraseña incorrecta'
            })
        }
        //verificar si el usuario esta activo
        if(!usuario.estado){
            return res.status(400).json({
                msg: 'Usuario restringido. Contacte al administrador'
            })
        }

    } catch (error) {
        return res.status(500).json({
            msg: 'Ups algo salio mal.! :('
        })
    }
}
module.exports = autenticarUsuario;
```

PASO 5

Por último, comprueba la contraseña. Utilizarás un método similar al de actualizar usuario realizado anteriormente en la petición **PUT** dentro del controlador de usuarios, para comprobar la contraseña de la base de datos con la que está ingresando el usuario (líneas 25 a 29).

Si todas estas comprobaciones pasan correctamente, retornará el preciado **token** (líneas 33 a 37).

```
30          }
31          //generar el jwt
32
33          const token = await generarJWT(usuario.id)
34          res.status(200).json({
35              usuario,
36              token
37          })
38      } catch (error) {
39          return res.status(500).json({
40              msg: 'Ups algo salio mal.! :('
41          })
```

PASO 6

Es momento de probar el endpoint. Ve a **Postman** y crea una petición del tipo **POST** llamada **AUTENTICAR USUARIO**. Dentro del **body** de la petición marca **raw**, **json** y pasale un json con un correo y una contraseña existente en la base de datos. Recuerda que la URL en este caso será diferente de las demás: **localhost:8080/api/auth/login**. Si el usuario existe, retornará el usuario junto con el token. En caso de que los datos sean incorrectos, devolverá sus respectivos errores.

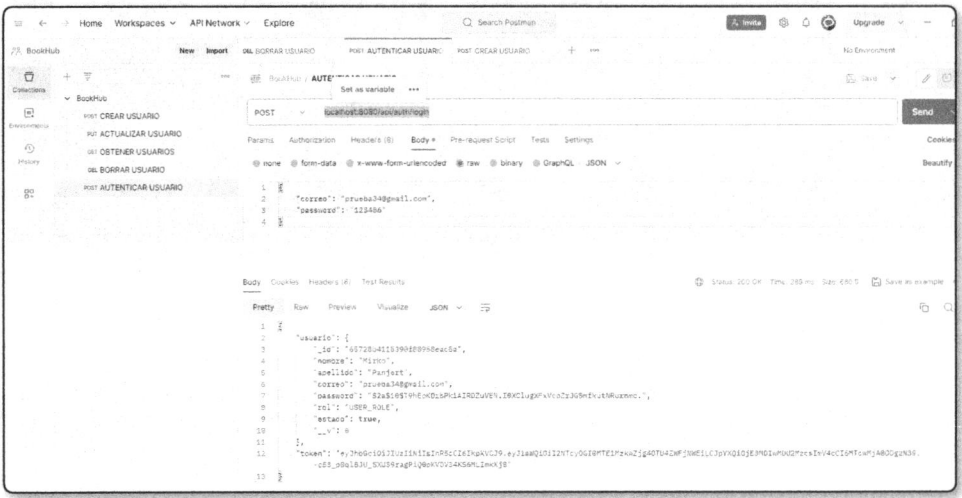

6.3 ACTIVIDADES

A continuación se presentan las preguntas y los ejercicios que deberías saber responder y resolver para considerar aprendido el capítulo.

6.3.1 Test de autoevaluación

1. *Explica la importancia de los modelos en una aplicación.*

2. *En el modelo de usuario, ¿por qué es útil el campo* **estado***?*

3. *¿Cuál es el propósito de la librería* **bcryptjs** *en el registro de usuarios?*

4. *Explica brevemente la función de la ruta* **PUT** *para la actualización de usuarios.*

5. *En el controlador, ¿por qué se excluyen ciertas propiedades al desestructurar el cuerpo de la solicitud?*

6. *Explica la razón detrás de encriptar la contraseña, incluso en la actualización.*

7. *¿Cómo se crea una petición del tipo* **POST** *para registrar un usuario en Postman?*

8. *¿Qué información se espera en la respuesta al realizar una petición* **PUT** *para actualizar un usuario?*

6.3.2 Ejercicios prácticos

1. *Crea un nuevo modelo llamado* **Review.js** *para gestionar las reseñas de libros. Incluye campos como* **calificación** *y* **comentario***.*

2. *En el controlador de libros, agrega una función para eliminar un libro. Luego, crea la ruta correspondiente en el archivo de rutas.*

3. *Mejora la función de encriptación en el controlador para la actualización del usuario. Asegúrate de que la contraseña solo se actualice si es diferente de la anterior.*

4. *Utilizando Postman, crea una nueva petición* **GET** *para obtener todos los roles disponibles. ¿Qué respuesta esperas?*

5. *Modifica el modelo de usuario para agregar una validación que requiera que la contraseña tenga al menos 8 caracteres. Realiza una prueba en Postman para verificar esta validación.*

7

MODELOS: SEGURIDAD Y VALIDACIONES

Este capítulo será una continuación del anterior. Dada la extensión y la amplitud de los temas de seguridad que quedan por abordar, es imperativo que los tomes con la seriedad y atención que merecen. Como parte de los avances previos, la construcción y finalización de los modelos de usuario y autenticación han otorgado a la aplicación la capacidad de crear, actualizar, eliminar y autenticar usuarios de manera efectiva.

7.1 MODELO DE LIBROS

Siguiendo con la misma mecánica de construcción de la app, recuerda que solo queda un modelo por armar, el de libros.

Para saber de qué se trata, ve al archivo **libros.js** dentro de la carpeta **models**.

Observa allí los requerimientos del modelo de libros, título, sinopsis, etc. Tal como has realizado en los modelos de usuario y autenticación, debes tener controladores y rutas que terminen de cerrar el ciclo, permitan el funcionamiento y, finalmente, logren una permanencia de datos dentro de la base.

7.1.1 Rutas y controladores

Antes de comenzar, si no tienes el proyecto corriendo en la terminal, hazlo. Recuerda que el comando es **npm start**.

Ve al archivo **server.js** dentro de la carpeta **models** y crea una variable dentro del constructor con la ruta correspondiente, de esta manera: **this.pathLibros = '/api/libros'**; (línea 12).

Inicializa la ruta dentro del método **routes()** con el siguiente código: **this.app.use(this.pathLibros, require('../routes/books.router'));** (linea 37). Recuerda que aún no has creado el archivo **books.router**.

PASO 1

Ve a la carpeta **router** y crea el archivo mencionado anteriormente, **books.router.js**. Por ahora, dentro del archivo solo importa el paquete **express** y la función **Router()**. Guárdala en una variable y expórtala.

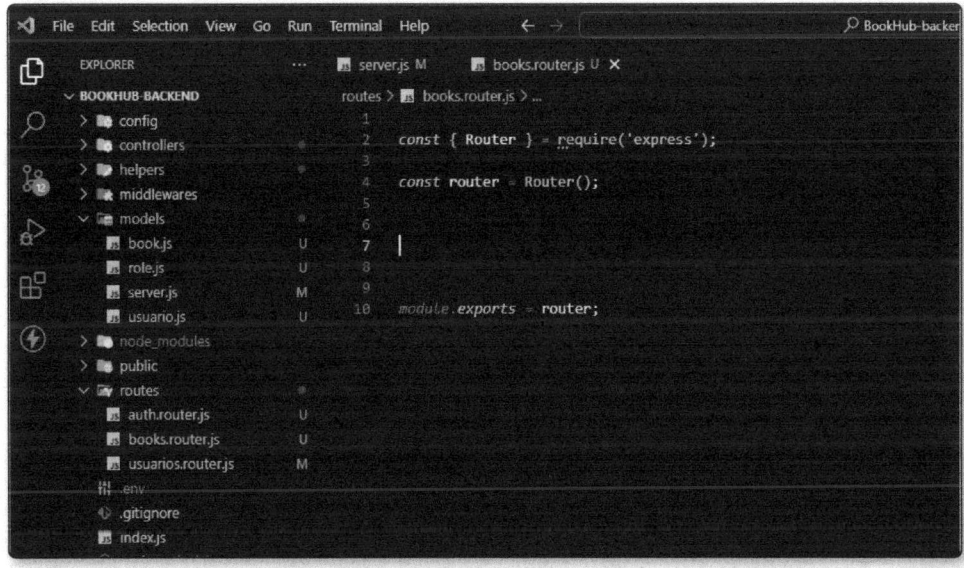

PASO 2

Ahora que el archivo para las rutas está creada, necesitas los controladores para armar los endpoints correspondientes. Ve a la carpeta **controllers** y crea un archivo llamado **books.controllers.js**.

Allí comienza a armar las funciones correspondientes. Recuerda que estarás trabajando con el modelo de libros y, por lo tanto, necesitas importarlo (línea 1). En cuanto a las funciones, deben ser asincrónicas, porque harán una petición a la base de datos. La primera será para obtener todos los libros:

```
const obtenerLibros = async (req, res) => {

    const { limit = 5, desde = 0 } = req.query;

    const books = await Book.find()
        .skip(Number(desde))
        .limit(Number(limit));

    const total = await Book.countDocuments();
    console.log(total)
    res.status(200).json({
        total,
        books
    });
}
```

En esta función se utiliza un método similar al de obtener todos los usuarios mediante una paginación. Si la solicitud es exitosa, retornará un número con el total de libros y, luego, toda la respuesta que serán los libros propiamente dichos.

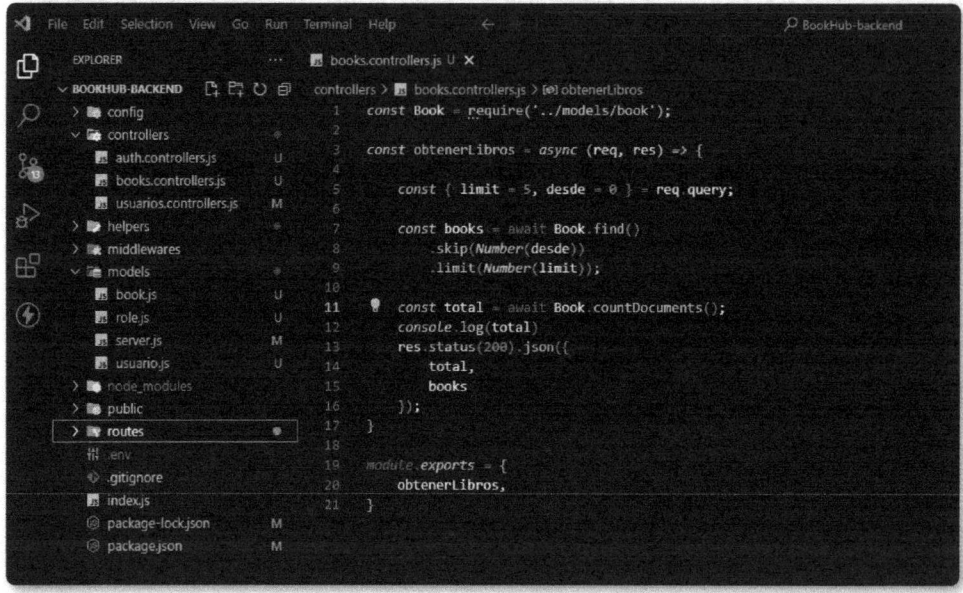

PASO 3

Ve al archivo de las rutas, **books.router.js**, y crea una ruta con una petición del tipo **GET** hacia el **path "/"** (línea 7). Pásale la función creada anteriormente. Recuerda importarla (línea 2).

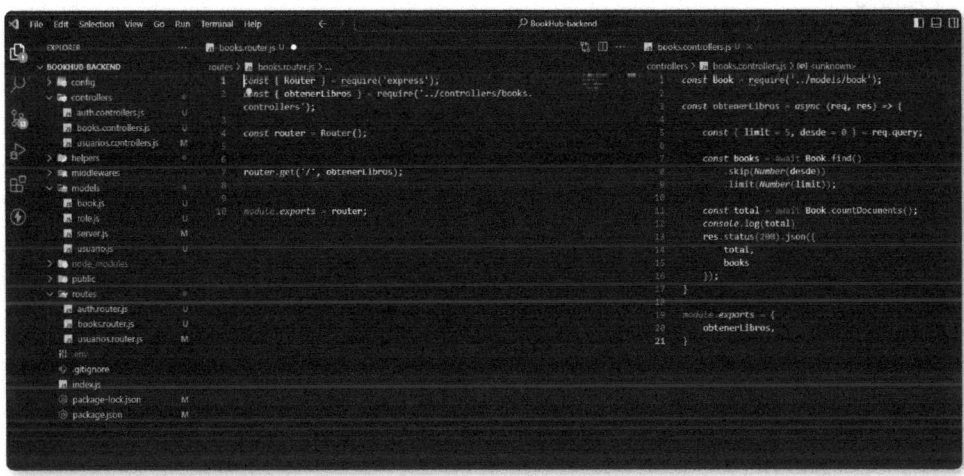

PASO 4

Como con cada endpoint creado, es momento de probarlo. Ve a **Postman** y crea una petición del tipo **GET** a la URL: **localhost:8080/api/libros**. Guárdala como **OBTENER LIBROS**.

Si tu respuesta es la siguiente, lo estás haciendo perfecto. Retornará un número 0 y un arreglo vacío ya que no se han cargado libros en la base de datos:

```
{
    "total": 0,
    "books": []
}
```

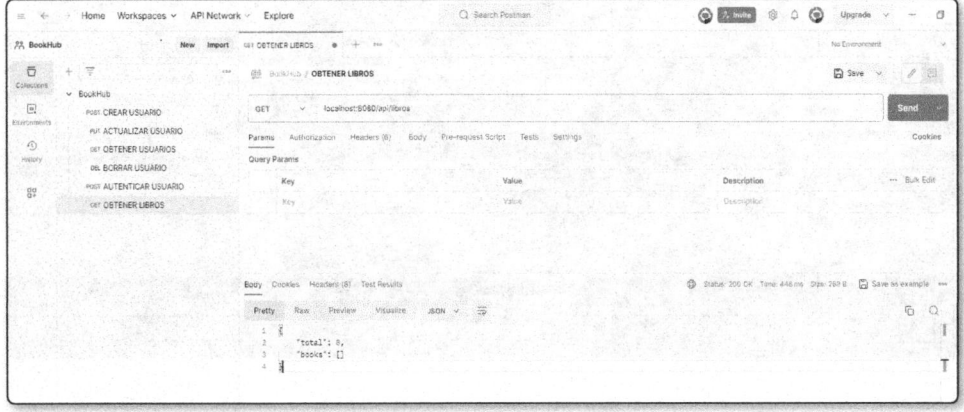

PASO 5

El siguiente endpoint será el encargado de crear un libro. Ve al archivo **books.controllers.js** y crea la función correspondiente. Luego expórtala:

```
const registrarLibro = async (req, res) => {

    const { titulo, sinopsis, urlFoto, urlDescarga } = req.body;

    const book = new Book({ titulo, sinopsis, urlFoto, urlDescarga });

    //grabar el libro
    await book.save()

    res.status(200).json({
        book
    });
}
```

Aquí se están tomando las propiedades correspondientes solicitadas en el modelo de libros, las cuales vienen de la **req.body**. Luego se crea una instancia haciendo uso del modelo y se graba en la base de datos. Si la respuesta es correcta, devuelve el libro cargado.

PASO 6

Ve a las rutas y crea una del tipo **POST** al **path "/"**; pásale la función creada en el controlador.

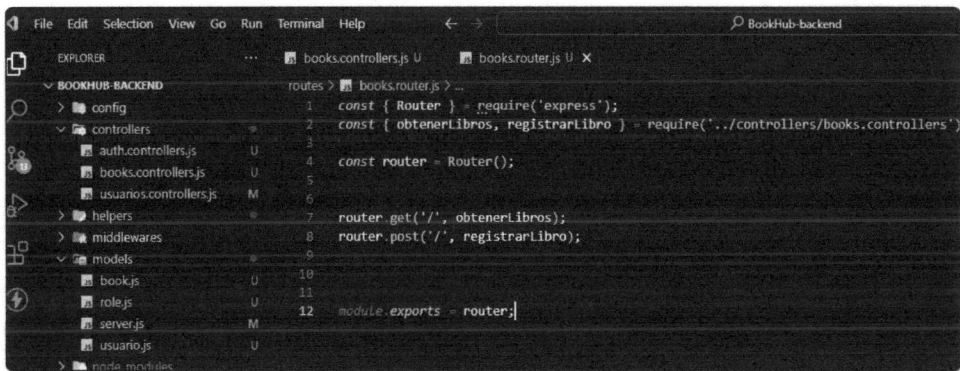

PASO 7

Desde **Postman** prueba el endpoint. Crea una petición del tipo **POST** y, en el body, marca **raw**; luego la opción **json** y envía un **json** con todas las propiedades solicitadas. Si mandas dicha petición, retornarás el libro tal como lo dice el controlador.

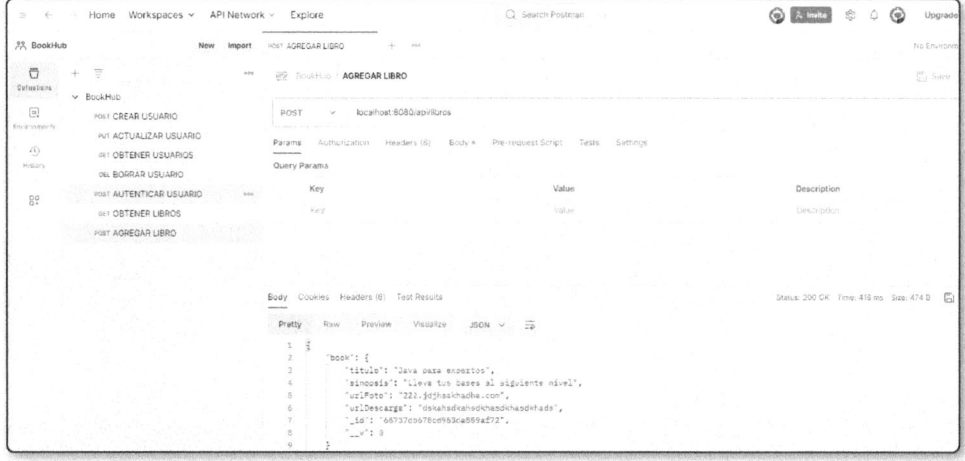

PASO 8

Luego puedes crear otros libros diferentes y volver a enviar la petición. Verás que se van acumulando en la colección de books en **Mongo Atlas**.

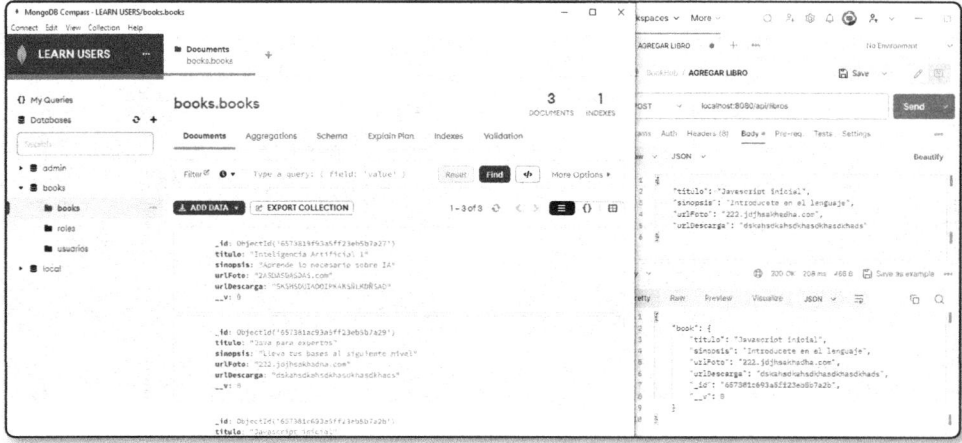

PASO 9

Si ejecutas el primer endpoint creado, o sea, el de obtener libros, se imprimirá un arreglo con contenido y el contador imprimirá el total de libros.

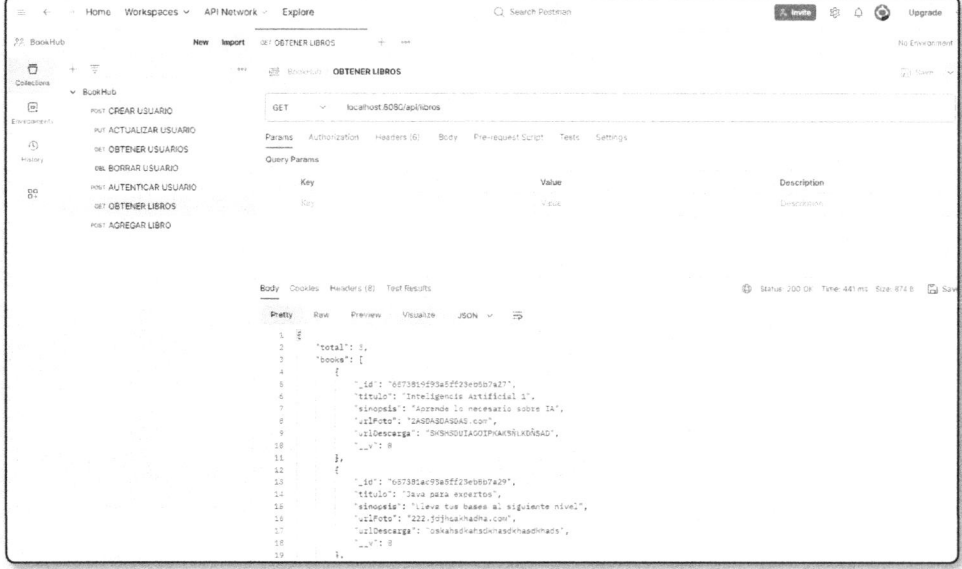

PASO 10

Aún queda trabajo: es hora del endpoint para borrar libros. Ve al controlador de los libros y agrega dicha función. En este caso, no será necesario que uses un sistema de baneo, ya que no afectará a largo plazo la eliminación del libro. Es por eso que harás uso de la función propia de **Mongoose findByIdAndDelete()**; el parámetro que recibe es el **id** del libro que le estará pasando el usuario en los **req.params**:

```js
const borrarLibro = async (req, res) => {
    const { id } = req.params;

    const book = await Book.findByIdAndDelete(id);
    res.status(200).json({
        book,
    });
}
```

PASO 11

Ahora ve a las rutas de los libros y crea la misma mediante una petición del tipo **DELETE** al **path "/:id"**; pásale la función creada. No olvides importarla de los controladores.

PASO 12

Es momento de probarla. Ve a **Postman** y crea una petición del tipo **DELETE**; pásale un ID válido de alguno de los libros creados. Obtén este ID de la base de datos en Mongo Atlas. Verás que, luego de enviar la petición, el registro se ha borrado de la base de datos correctamente.

PASO 13

Si haces un envío con un ID que no existe, fíjate que la aplicación revienta y comienza a dar errores en la consola.

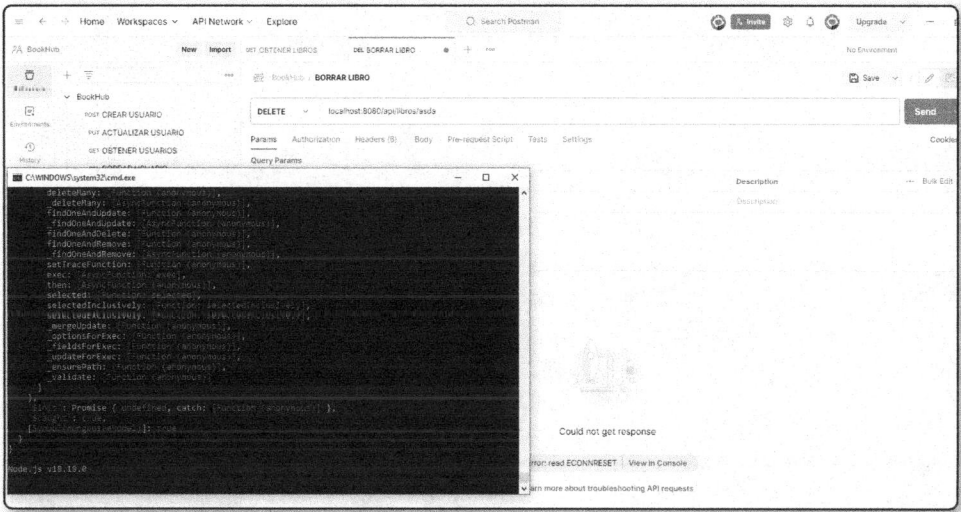

PASO 14

Para capturar ese error y evitar que la aplicación se detenga bruscamente, ve al controlador de books, precisamente a la función **borrarLibro**, y modifícala de la siguiente manera:

```
const borrarLibro = async (req, res) => {
    const { id } = req.params;
    try {
        const book = await Book.findByIdAndDelete(id);
        res.status(200).json({
            book,
        });
    } catch (error) {
        res.json({
            msg: "Libro no encontrado. Intentelo mas tarde!"
        })
    }
}
```

PASO 15

Esto capturará el error y evitará que el programa se detenga a través de un bloque **try catch**.

```
File  Edit  Selection  View  Go  Run  Terminal  Help          ← →                    ⌕ BookHub-backend

EXPLORER                    ···      ▣ books.controllers.js  U  ✕
∨ BOOKHUB-BACKEND                    controllers > ▣ books.controllers.js > ...
  > ▣ config                   12         console.log(total)
  ∨ ▣ controllers              13         res.status(200).json({
    ▣ auth.controllers.js   U  14             total,
    ▣ books.controllers.js  U  15             books
    ▣ usuarios.controllers.js M 16         });
  > ▣ helpers                  17     }
  > ▣ middlewares              18
  ∨ ▣ models                   19     const registrarLibro = async (req, res) => {
    ▣ book.js              U   20         const { titulo, sinopsis, urlFoto, urlDescarga } = req.body;
    ▣ role.js              U   21         const book = new Book({ titulo, sinopsis, urlFoto, urlDescarga });
    ▣ server.js            M   22         //graba el libro
    ▣ usuario.js           U   23         await book.save()
  > ▣ node_modules              24
  > ▣ public                   25         res.status(200).json({
  ∨ ▣ routes                   26             book
    ▣ auth.router.js       U   27         });
    ▣ books.router.js      U   28     }
    ▣ usuarios.router.js   M   29
  ▣ .env                       30     const borrarLibro = async (req, res) => {
  ▣ .gitignore                 31         const { id } = req.params;
  ▣ index.js                   32
  ▣ package-lock.json      M   33
  ▣ package.json           M   34         try {
                               35             const book = await Book.findByIdAndDelete(id);
                               36             res.status(200).json({
                               37                 book,
                               38             });
                               39         } catch (error) {
                               40             res.json({
                               41                 msg: "Libro no encontrado. Intentelo mas tarde!"
                               42             })
                               43         }
                               44
                               45     }
                               46
                               47     module.exports = {
                               48         obtenerLibros,
                               49         registrarLibro,
                               50         borrarLibro,
> OUTLINE
```

PASO 16

Si ejecutas nuevamente la petición y le pasas un ID inexistente, dará el siguiente mensaje, pero los errores en consola desaparecerán.

El último endpoint que crearás es el de buscar por nombre. Imagina que el usuario debe buscar entre 500 libros digitales. Tendría que ver uno por uno hasta encontrar el de su interés, y por eso debes facilitarle el trabajo con un buscador.

Ve al controlador de libros y crea la función correspondiente:

```
const obtenerLibrosPorNombre = async (req, res) => {
    try {
        const keyword = req.query.keyword;
        const results = await Book.find({ titulo: { $regex: keyword, $options:
'i' } });

        res.json(results);
    } catch (error) {
        console.error(error);
        res.status(500).json({ error: 'Error al buscar libros.' });
    }
};
```

Explicación: recibe una solicitud que busca libros por nombre, extrayendo la palabra clave de la consulta. Luego, realiza una búsqueda insensible a mayúsculas y minúsculas en la base de datos utilizando el modelo **Book** y el campo **título**.

Ahora ve a las rutas y crea la respectiva ruta. Esta será del tipo **GET** y pásale la función **obtenerLibrosPorNombre**.

Es momento de hacer la prueba. Ve a **Postman**, crea una petición del tipo **GET** con el nombre de **OBTENER LIBRO POR NOMBRE** a la siguiente URL: **localhost:8080/api/libros/search?keyword=python** (aquí debes cambiar Python por lo que quieras buscar).

En este caso se ha realizado la petición y el retorno fue un libro cargado anteriormente con el nombre Python en el título.

7.2 MIDDLEWARE, VALIDACIONES SOBRE USUARIOS

Un **middleware** es una función que tiene acceso al objeto de solicitud (**req**), al objeto de respuesta (**res**), y a la siguiente función de middleware en la pila de ejecución. Los middlewares son esenciales en frameworks como Express. js. Se utilizan para realizar tareas intermedias entre la recepción de una solicitud del cliente y la generación de una respuesta. Estas tareas pueden incluir la manipulación de datos de la solicitud, la autenticación de usuarios, la gestión de sesiones, la aplicación de medidas de seguridad, y más. Los middlewares se pueden encadenar en una secuencia, y cada uno puede modificar la solicitud o respuesta antes de pasarla al siguiente middleware. Esto proporciona un mecanismo modular y flexible para el manejo de solicitudes y respuestas en una aplicación web, lo que permite extender y reutilizar el código.

Antes de comenzar a implementar los midleware, recuerda que tienes un modelo de roles. Directamente podrías ir a tus rutas o controladores y, mediante comprobaciones, decirle a la app que debe tener, por ejemplo, uno de los dos roles posibles para hacer cierta acción, pero esto limitaría la aplicación. Por lo tanto, se optó por colocar los roles en un modelo, ya que el día de mañana quizá te gustaría agregar un nuevo rol y podrías hacerlo desde la base de datos.

PASO 1

Para dejar esto armado, debes dirigirte a Mongo Atlas, a la colección de roles, y donde dice **ADD DATA**, hacer clic y presionar **Insert Document**.

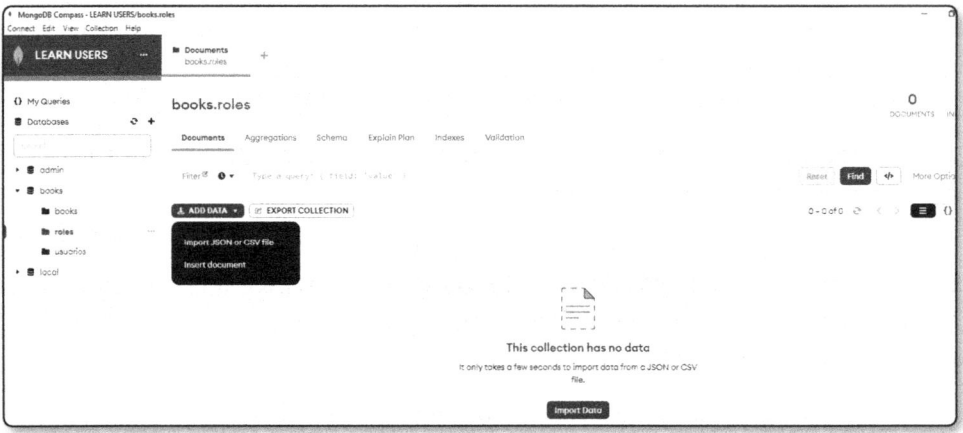

PASO 2

Inserta un json de la siguiente manera:

```
{
    "rol": "ADMIN_ROLE"
}
```

Luego haz clic en **insert**. Crea otro llamado **USER_ROLE**. Ahora ya tienes dos roles dentro de la colección. Si luego necesitas más, puedes insertarlos desde aquí.

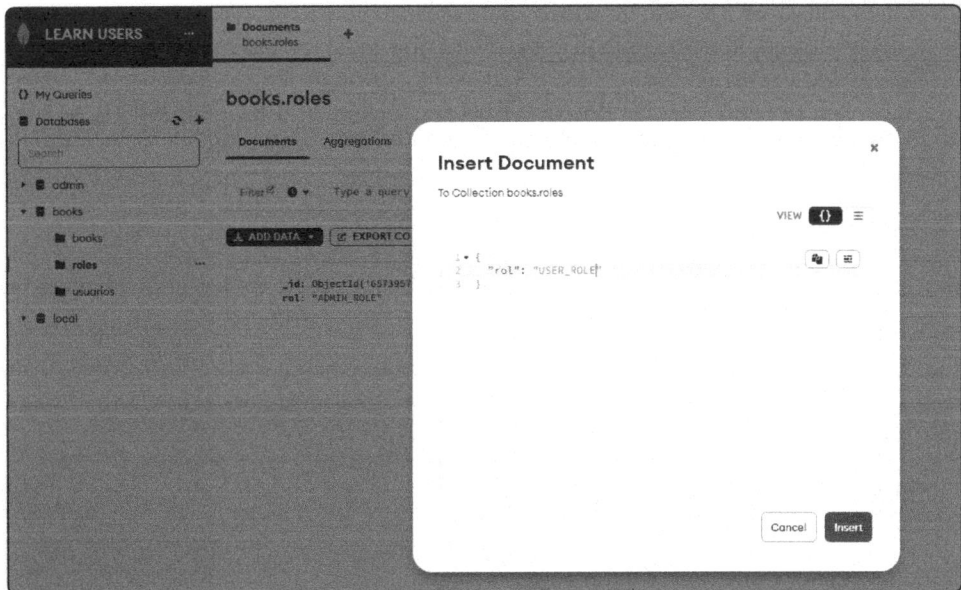

PASO 3

Ahora debes instalar el paquete que te permitirá hacer validaciones. Detén la terminal un momento e instala el paquete con:

npm i express-validator.

Luego vuelve a levantar el proyecto con **npm start**.

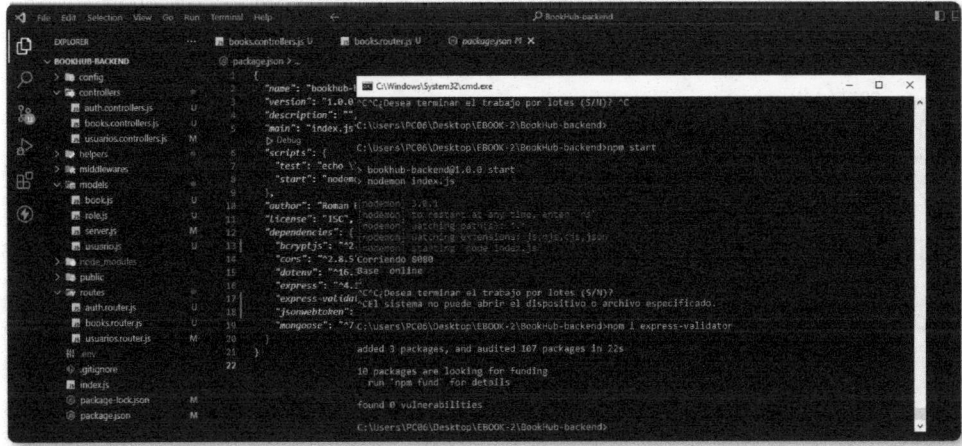

PASO 4

Ahora te centrarás en una de las primeras condiciones. Supón que quieres banear un usuario. Para realizar esta acción, debes contar con ciertos permisos y esto se lo dejarás a aquellos que tengan el rol de administrador, o sea, a **ADMIN_ROLE**.

Crea un archivo **validarToken.js** en la carpeta de **middlewares**. Este middleware será el encargado de chequear que el usuario esté logueado en primera instancia:

```javascript
const jwt = require('jsonwebtoken');

const validarToken = (req, res, next)=>{
    const token = req.header('valid-token');

    if(!token){
        return res.status(401).json({
            msg: 'No posee permisos para dicha accion. Inicie sesion como admi-
nistrador'
        })
    }
    try {

        //verifica que el token sea valido con la variable de entorno que se usa
para firmar el mismo
        const {uid} = jwt.verify(token, process.env.SECRET);
        req.uid = uid;

        next();
    } catch (error) {
        res.status(401).json({
            msg: 'Token no valido'
        })
    }
    next();
}
module.exports = validarToken;
```

Verifica que el **token** exista; si no está, dirá que no contiene permisos para la acción (línea 8). Si es válido, verifica la firma (línea 14) y usa la función **next()** (línea 17) para pasar la validación saltando directamente a la siguiente, en la línea 23. En caso de error, cae en el mensaje de la línea 20 y no avanzará.

```
File  Edit  Selection  View  Go  Run  Terminal  Help        ←  →                              ⌕ BookHub-backend

EXPLORER                    ···    books.controllers.js U      books.router.js U      validarToken.js U ●
∨ BOOKHUB-BACKEND    ⌕ ⌕ ↻ ⤢   middlewares > validarToken.js > validarToken
  > config                     1    const jwt = require('jsonwebtoken');
  ∨ controllers          •     2
    auth.controllers.js   U    3    const validarToken = (req, res, next)=>{
    books.controllers.js  U    4        const token = req.header('valid-token');
    usuarios.controllers.js M  5
  > helpers               •    6        if(!token){
  ∨ middlewares           •    7            return res.status(401).json({
    validarToken.js       U    8                msg: 'No posee permisos para dicha accion. Inicie sesion como
  ∨ models                •    9            })
    book.js               U    10       }
    role.js               U    11       try {
    server.js             M    12
    usuario.js            U    13           //verifica que el token sea valido con la variable de entorno qu
  > node_modules               14           const {uid} = jwt.verify(token, process.env.SECRET);
  > public                     15           req.uid = uid;
  ∨ routes                •    16
    auth.router.js        U    17           next();
    books.router.js       U    18       } catch (error) {
    usuarios.router.js    M    19           res.status(401).json({
    .env                       20               msg: 'Token no valido'
    .gitignore                 21           })
    index.js                   22       }
    package-lock.json     M    23       next();
    package.json          M    24   }
                               25
                               26
                               27   module.exports = validarToken;
```

PASO 5

Ve a **usuarios.router.js** e importa la función **check** de **express-validator** para integrar todas las validaciones de una vez; **const { check } = require('express-validator');** (línea 4). En la ruta que contiene la función para borrar usuarios coloca corchetes y, dentro, la función **validarToken**; seguidamente usa el método **check** y revisa que el ID sea válido con la función propia de **express-validator inMongoId()**.

```
File  Edit  Selection  View  Go  Run  Terminal  Help        ←                                ⌕ BookHub-backend

EXPLORER                    ···    usuarios.router.js M ✕     validarToken.js U
∨ BOOKHUB-BACKEND                  routes > usuarios.router.js > borrarUsuario
  > config                     1    const {Router} = require('express');
  ∨ controllers          •     2    const { registrarUsuario, actualizarUsuario, obtenerUsuarios, borrarUsuario }
    auth.controllers.js   U    3    const router = Router();
    books.controllers.js  U    4    const { check } = require('express-validator');
    usuarios.controllers.js M  5    const validarToken = require('../middlewares/validarToken.js');
  > helpers               •    6
  ∨ middlewares           •    7
    validarToken.js       U    8
  ∨ models                •    9    router.post('/', registrarUsuario);
    book.js               U    10   router.put('/:id', actualizarUsuario);
    role.js               U    11   router.get('/search', obtenerUsuarios);
    server.js             M    12
    usuario.js            U    13   router.delete('/:id',[
  > node_modules               14       validarToken,
  > public                     15       check('id', 'No es un ID válido').isMongoId(),
  ∨ routes                •    16   ],
    auth.router.js        U    17   borrarUsuario);
    books.router.js       U    18
    usuarios.router.js    M    19   module.exports = router;
    .env                       20
    .gitignore                 21
```

PASO 6

Adicionalmente debes revisar que el usuario por eliminar verdaderamente exista en la base de datos. Ve a la carpeta **helpers** y crea un archivo llamado **db-validators.js**. Dentro crea una función que se encargará de verificar la existencia del usuario a través del ID:

```
const existeUsuarioPorId = async( id ) => {

    // Verificar si el usuario existe
    const existeUsuario = await Usuario.findById(id);
    if ( !existeUsuario ) {
        throw new Error(`El id no existe ${ id }`);
    }
}
```

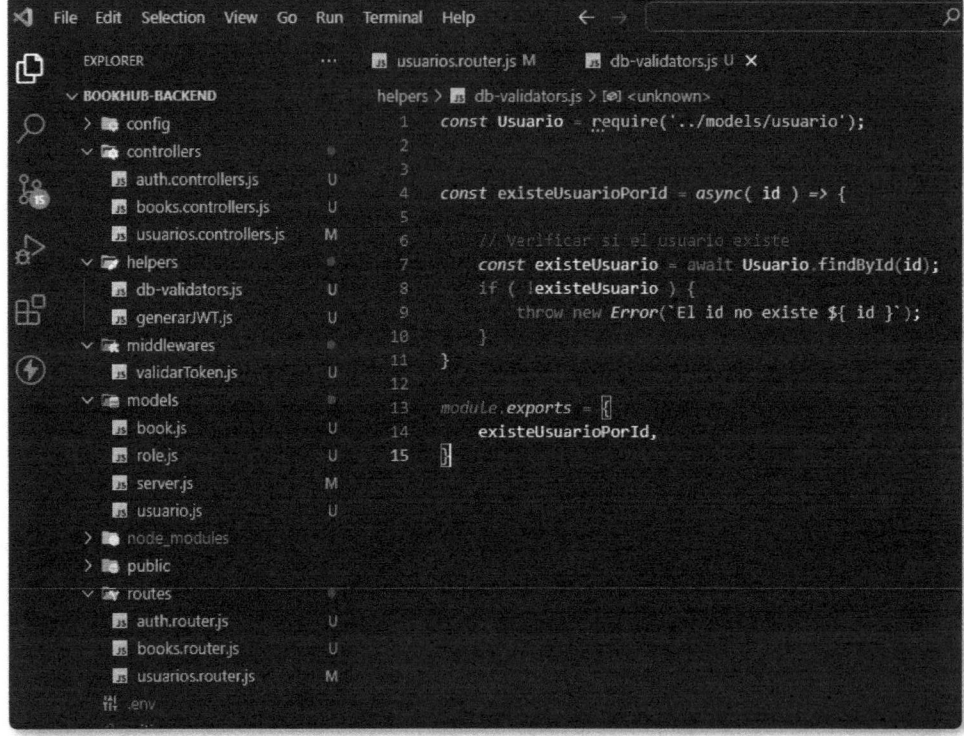

PASO 7

Llama a la función dentro de la ruta para eliminar el usuario (línea 17).

```
File  Edit  Selection  View  Go  Run  Terminal  Help          ←  →                    🔎 BookHub-backend

EXPLORER                    ···      usuarios.router.js  M  ✕
∨ BOOKHUB-BACKEND                    routes >  usuarios.router.js > ...
  >  config                          1    const {Router} = require('express');
  ∨  controllers                     2    const { registrarUsuario, actualizarUsuario, obtenerUsuarios, borrarUsuario } = requ
       auth.controllers.js      U    3    const router = Router();
       books.controllers.js     U    4    const { check } = require('express-validator');
       usuarios.controllers.js  M    5    const validarToken = require('../middlewares/validarToken.js');
  ∨  helpers                         6    const { existeUsuarioPorId } = require('../helpers/db-validators.js');
       db-validators.js         U    7
       generarJWT.js            U    8
  ∨  middlewares              ●      9
       validarToken.js          U    10   router.post('/', registrarUsuario);
  ∨  models                   ●      11   router.put('/:id', actualizarUsuario);
       book.js                  U    12   router.get('/search', obtenerUsuarios);
       role.js                  U    13
       server.js                M    14   router.delete('/:id',[
       usuario.js               U    15       validarToken,
  >  node_modules                    16       check('id', 'No es un ID válido').isMongoId(),
  >  public                          17       check('id').custom(existeUsuarioPorId),
  ∨  routes                   ●      18   ],
       auth.router.js           U    19   borrarUsuario);
                                     20
                                     21   module.exports = router;
                                     22
```

PASO 8

Ahora vas a crear un **middleware** para validar los campos. Dentro de la carpeta **middlewares**, genera un archivo llamado **validar-campos.js**. En él crea la función **validarCampos**, que utiliza el método **validationResults** propio del paquete de **express-validator**. Evalúa si hay errores. Si el resultado es diferente de vacío (línea 7), retornará la lista de errores en forma de un arreglo (línea 8). En caso contrario, solo pasará al siguiente middleware con la función **next()**.

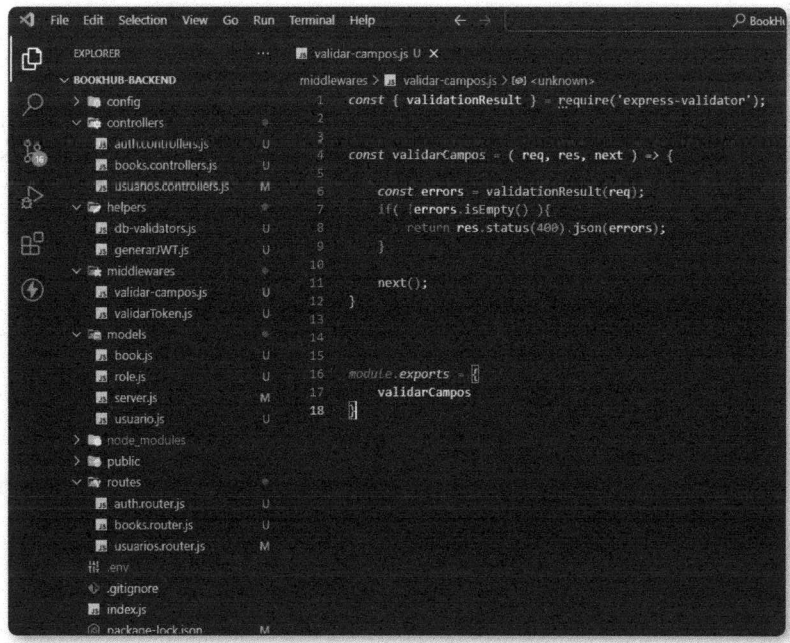

PASO 9

Luego utilízala en el archivo **usuarios.router.js** (línea 7 y línea 19).

PASO 10

La siguiente función es, quizás, de las más importantes. Ve al archivo **db-validators.js**, importa el modelo de roles y crea la función que verificará si es un rol válido y contemplado en la colección. Esta función solo tendrá efecto si el rol no existe; de lo contrario, el programa continuará con normalidad:

```javascript
const esRoleValido = async(rol = '') => {

    const existeRol = await Role.findOne({ rol });
    if ( !existeRol ) {
        throw new Error(`El rol ${ rol } no está registrado en la BD`);
    }
}
```

```
File   Edit   Selection   View   Go   Run   Terminal   Help        ←  →                           ⌕ BookHub-back

EXPLORER                         ···      db-validators.js  U  ✕

∨ BOOKHUB-BACKEND                         helpers >  db-validators.js > [∅] <unknown>
  >  config                           1      const Usuario = require('../models/usuario');
  ∨  controllers                  •    2      const Role = require('../models/role');
       auth.controllers.js       U     3
       books.controllers.js      U     4
       usuarios.controllers.js   M     5      const existeUsuarioPorId = async( id ) => {
  ∨  helpers                     •     6
       db-validators.js          U     7          // Verificar si el usuario existe
       generarJWT.js             U     8          const existeUsuario = await Usuario.findById(id);
  ∨  middlewares                 •     9          if ( !existeUsuario ) {
       validar-campos.js         U    10              throw new Error(`El id no existe ${ id }`);
       validarToken.js           U    11          }
  ∨  models                      •    12      }
       book.js                   U    13      const esRoleValido = async(rol = '') => {
       role.js                   U    14
       server.js                 M    15          const existeRol = await Role.findOne({ rol });
       usuario.js                U    16          if ( !existeRol ) {
  >  node_modules                     17              throw new Error(`El rol ${ rol } no está registrado en la
  >  public                           18          }
  ∨  routes                      •    19      }
       auth.router.js            U    20      module.exports = {
       books.router.js           U    21          existeUsuarioPorId,
       usuarios.router.js        M    22          esRoleValido
                                      23      }
```

PASO 11

Dentro del mismo archivo, crea una función para corroborar si el correo electrónico existe en la base de datos. Esta parte está pensada para aquellos usuarios que intentan registrarse más de una vez con el mismo correo. Con estas tres funciones sobre las colecciones de **Usuarios** y **Roles**, puedes tener las validaciones necesarias para realizar acciones sensibles, como crear, actualizar y borrar usuario:

```
const emailExiste = async( correo = '' ) => {

    // Verificar si el correo existe
    const existeEmail = await Usuario.findOne({ correo });
    if ( existeEmail ) {
        throw new Error(`El correo: ${ correo }, ya está registrado`);
    }
}
```

PASO 12

Es hora de darles uso a estas funciones. Ve a usuarios.router.js y colócale las validaciones necesarias a la ruta para actualizar un usuario; tanto la verificación del ID como el rol y demás. En este punto coloca tantas validaciones como prefieras (no olvides importar las funciones que faltan):

```js
router.put('/:id', [
        check('id', 'No es un ID válido').isMongoId(),
        check('id').custom(existeUsuarioPorId),
        check('rol').custom(esRoleValido),
        validarCampos
], actualizarUsuario);
```

PASO 13

Por último, realiza las validaciones a la función de registrar un usuario. Haciendo uso del método **check()** de **express-validator**, puedes chequear el nombre y apellido para que no estén vacíos, el password para que tenga más de 6 caracteres, y el correo para que sea válido. Luego vendrían las validaciones personalizas para email y rol:

```
router.post('/', [
        check('nombre', 'El nombre es obligatorio').not().isEmpty(),
        check('apellido', 'El nombre es obligatorio').not().isEmpty(),
        check('password', 'El password debe de ser más de 6 letras').isLength({
min: 6 }),
        check('correo', 'El correo no es válido').isEmail(),
        check('correo').custom(emailExiste),
        check('rol').custom(esRoleValido),
        validarCampos
], registrarUsuario);
```

7.3 MIDDLEWARE, VALIDACIONES SOBRE LIBROS

Es momento de que realices lo mismo con la sección de libros. Estos no llevarán tantas validaciones como los usuarios, pero igualmente es conveniente hacerlas para que los datos vengan correctamente y no se guarden registros no deseados en la base.

Ve al archivo **books.router.js** dentro de la carpeta **routes** y dentro de la ruta para crear libros haciendo uso del método **check()**, el cual no debes olvidarte de importar. Coloca algunas validaciones para prevenir datos vacíos:

```
router.post('/', [
    check('titulo', 'El titulo es obligatorio').not().isEmpty(),
    check('sinopsis', 'La sinopsis es obligatoria').not().isEmpty(),
    check('urlFoto', 'La url de la fotografía es obligatoria').not().isEmpty(),
    check('urlDescarga', 'El link de descarga es obligatorio').not().isEmpty(),
```

```
        validarCampos
], registrarLibro);
```

Luego, haz lo mismo con la ruta para borrar libros:

```
router.delete('/:id', [
        check('id', 'No es un ID válido').isMongoId(),
        validarCampos
], borrarLibro);
```

Has llegado al final de esta serie de tres capítulos. Durante el transcurso de este texto lograste crear un sistema de backend lo suficientemente complejo como para que una o varias aplicaciones frontend puedan conectarse y utilizarlo con total libertad. Esta aplicación puede adaptarse a cualquier sistema de similares características, así que siéntete libre de hacer volar tu imaginación.

Para finalizar, realizarás una serie de peticiones con datos erróneos para forzar los errores y dejar en evidencia las validaciones hechas.

PASO 1

Ve a **Postman** e intenta registrar un usuario con un mail existente y sin nombre o apellido. Debajo verás la lista de errores.

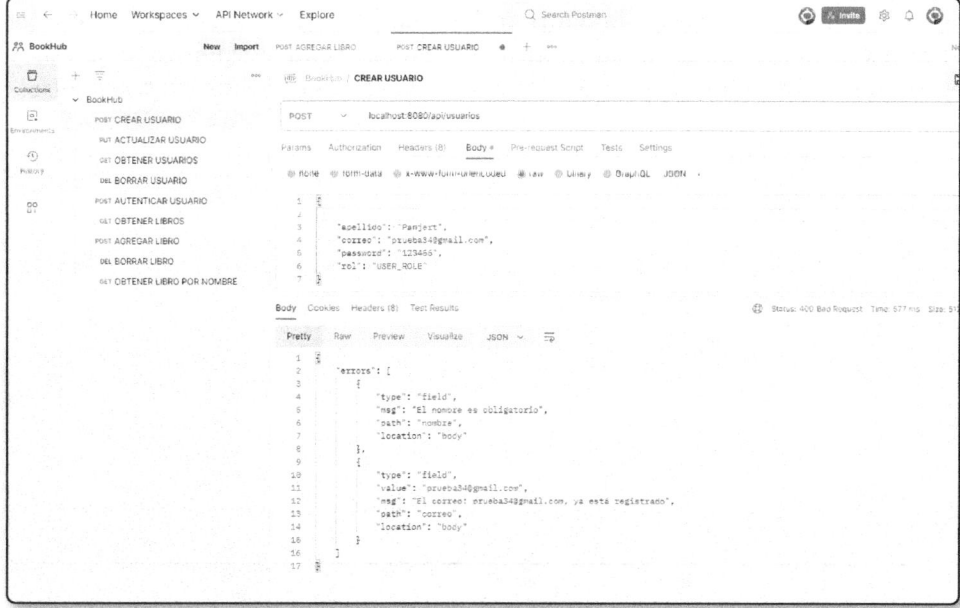

PASO 2

Intenta borrar un usuario sin autenticarte y aparecerá el siguiente error:

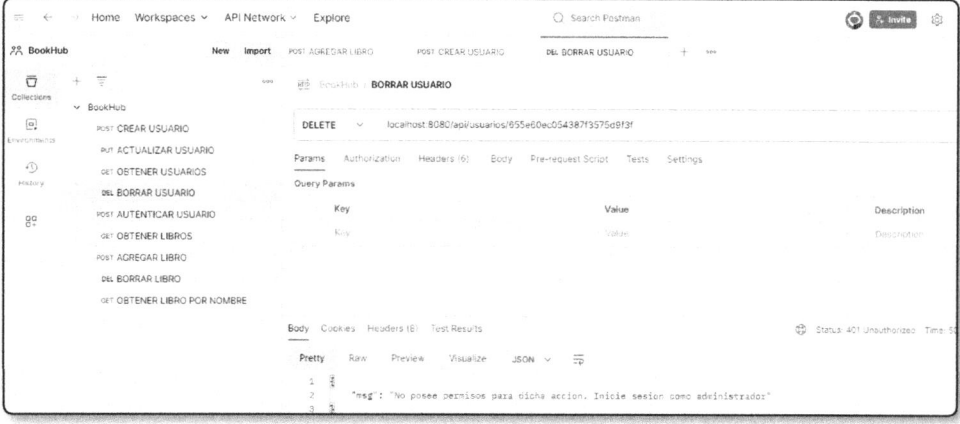

PASO 3

Autentícate con un usuario existente, copia el **token** que te devolverá la autenticación y ve a la petición **BORRAR USUARIO**. Allí dirígete a la parte de **headers** y coloca en la **key "valid-token"**, ya que este es el nombre que se le está dando en el archivo **validarToken.js** en los **middlewares**. Luego, en **value** pega el **token** suministrado en la autenticación. Presiona **send** y entonces sí se estará ejecutando la petición con normalidad cambiando el estado de este usuario a **false**.

PASO 4

Por último, ve a la petición **AGREGAR LIBRO** y borra una propiedad en el **json**, como el título. Verás que la petición dará el error contemplado por el método **check()**.

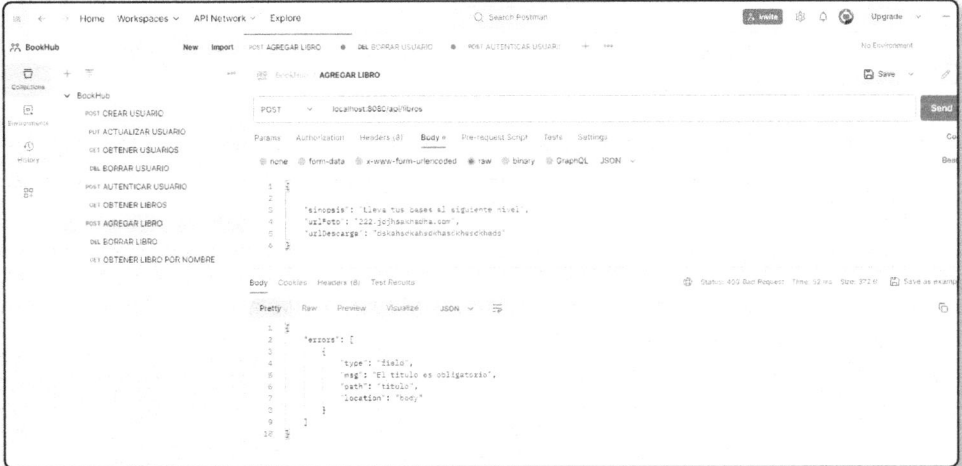

7.4 ACTIVIDADES

A continuación se presentan las preguntas y los ejercicios que deberías saber responder y resolver para considerar aprendido el capítulo.

7.4.1 Test de autoevaluación

1. *¿Por qué es importante tener controladores y rutas para los modelos en una aplicación?*

2. *En el controlador de libros, ¿qué misión cumple la primera función llamada* **obtenerLibros***?*

3. *¿Por qué es necesario inicializar la ruta en el archivo* **server.js***?*

4. *Endpoint de creación: en el controlador de libros, ¿cuál es el propósito de la función* **registrarLibro***?*

5. *Explica cómo probarías el endpoint de creación de libros en Postman.*

7.4.2 Ejercicios prácticos

1. *Crea un nuevo modelo llamado **Author.js** para gestionar información sobre los autores de los libros. Incluye campos como **nombre**, **nacionalidad** y **biografía**.*

2. *En el controlador de libros, agrega una función para actualizar la información de un libro. Luego, crea la ruta correspondiente en el archivo de rutas.*

3. *Crea un nuevo endpoint que devuelva los libros ordenados por fecha de publicación de manera descendente.*

4. *Crea un nuevo middleware llamado **validarRol** que verifique si el usuario tiene el rol necesario para realizar ciertas acciones. Aplícalo en una de las rutas existentes.*

5. *Mejora la función **obtenerLibrosPorNombre** para admitir búsquedas avanzadas. Puedes buscar por nombre, sinopsis, o incluso, combinar ambos criterios en una sola búsqueda.*

Parte 3

Genera una interfaz visual atractiva para tus aplicaciones web y
agrega funcionalidades adicionales

8

INTERFAZ VISUAL

Estás a punto de llevar tu aplicación al siguiente nivel al crear su interfaz visual, integrando de manera elegante todos los endpoints configurados. Para lograr una apariencia más profesional, deberás crear un diseño limpio y una experiencia de usuario intuitiva. Asegúrate de que tu aplicación sea responsiva, emplea componentes reutilizables para mantener la coherencia visual y prioriza la seguridad de los datos. Implementa una gestión eficiente de estados, proporciona feedback claro al usuario y realiza pruebas exhaustivas para identificar y corregir posibles problemas. Con estos consejos, estarás en el camino hacia una aplicación visualmente atractiva, funcional y profesional.

8.1 COMIENZO DEL PROYECTO EN REACT JS CON VITE

En esta ocasión utilizarás una de las librerías más populares en desarrollo web frontend, **React JS**, combinada con una tecnología muy eficiente para proyectos pequeños y medianos llamada **Vite**.

PASO 1

Abre una terminal en el directorio de tu preferencia y ejecuta el comando **npm vite@latest**.

PASO 2

Asígnale un nombre al proyecto, elige la opción **React**, luego **JavaScript** y presiona **ENTER**. Navega a la carpeta de la app con el comando **cd nombre(reemplaza nombre con el nombre de tu app)** y pulsa **ENTER**. Luego instala el paquete de dependencias necesario para empezar a desarrollar, mediante el comando **npm i**.

PASO 3

Instala los paquetes externos que utilizarás a lo largo del desarrollo. Vas a incluir todos de una vez usando el comando **npm i react-router-dom axios react-icons**.

```
cd BookHub-frontend
npm install
npm run dev


C:\Users\PC06\Desktop\FRONTEND-REDUSERS>cd BookHub-frontend

C:\Users\PC06\Desktop\FRONTEND-REDUSERS\BookHub-frontend>npm i

added 269 packages, and audited 270 packages in 5m

97 packages are looking for funding
  run `npm fund` for details

found 0 vulnerabilities

C:\Users\PC06\Desktop\FRONTEND-REDUSERS\BookHub-frontend>
C:\Users\PC06\Desktop\FRONTEND-REDUSERS\BookHub-frontend>
C:\Users\PC06\Desktop\FRONTEND-REDUSERS\BookHub-frontend>npm i react-router-dom axios react-icons

added 13 packages, and audited 283 packages in 21s

98 packages are looking for funding
  run `npm fund` for details
```

PASO 4

Abre el proyecto en **Visual Studio Code** y hazlo correr desde la terminal
con el comando **npm run dev**. Si observas el archivo **package.json**, verás las
dependencias instaladas anteriormente. En cuanto a la URL que aparecerá en la
terminal, puedes abrirla en el navegador y verás la app corriendo. En resumen, debes
dejar corriendo tres cosas: tu editor de código (Visual Studio Code), la terminal con
el proyecto y tu navegador web para observar los cambios.

8.2 CREACIÓN DE LA ESTRUCTURA Y CONFIGURACIONES DE LA APP

Dentro de **Visual Studio Code**, comienza a preparar el trabajo quitando elementos que no necesitarás. Borra el archivo **app.css**, luego ve a **App.jsx**, borra su contenido y coloca por el momento el siguiente código:

```
export const App = () => {
  return (
    <div>App</div>
  )
}
```

Esta es la estructura básica de un componente, la cual utilizarás todo el tiempo a partir de este momento.

PASO 1

En cuanto a la terminal y el navegador, observarás muchos errores, pero no te preocupes, es normal debido a que hay archivos que fueron modificados o borrados y están siendo requeridos en otras partes de la app.

PASO 2

En lo que respecta al navegador, haz clic derecho y ve a **Inspeccionar/ Consola** o **console**, dependiendo del idioma de tu navegador. Notarás errores como el siguiente:

PASO 3

Ve a **main.jsx** y agrega el siguiente código:

```
import React from 'react'
import ReactDOM from 'react-dom/client'
import {App} from './App.jsx'
import './index.css'

ReactDOM.createRoot(document.getElementById('root')).render(
  <React.StrictMode>
    <App />
  </React.StrictMode>,
)
```

Esto corregirá el error de importación. Aquí se ha colocado **{App}** en la importación de ese componente. Si ves el navegador, observarás la palabra **"App"** en el centro de la pantalla. Este es el texto escrito en el componente **App.jsx**.

PASO 4

Antes de seguir, en los materiales del curso hay una carpeta llamada **img**. Arrástrala a la carpeta **assets** en tu proyecto; contiene un logo y una imagen para implementar en la app. En caso de que lo prefieras, coloca tus propias imágenes.

PASO 5

Ve al archivo **index.css**, borra todo su contenido y añade el código de la imagen. Estos serán estilos globales para todos los componentes. Es importante aclarar que los estilos son subjetivos, y en cada archivo **css** que harás en este informe, puedes realizar las modificaciones que quieras, incluso, agregar animaciones y todo lo que se te venga a la mente.

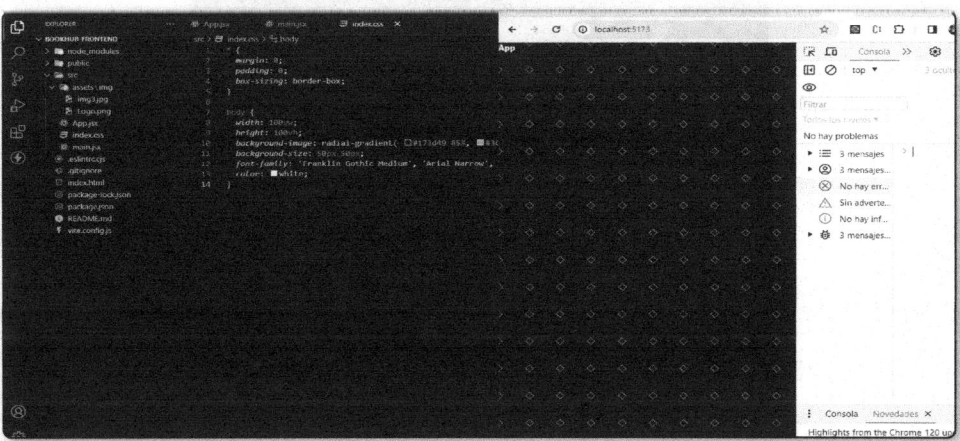

PASO 6

Dentro de **src** crea la siguiente lista de carpetas:

▸ **auth**: login y registro.

▸ **components**: aquí colocarás las piezas que tendrán las páginas, como el footer, el header, etc.

▸ **config**: configuraciones como las de axios para consumir las APIs del backend.

▸ **context**: configuraciones de los estados globales de la aplicación; este tema tendrá más sentido un poco más adelante.

▸ **hooks**: hooks personalizados, que utilizarás para encapsular lógica común o funcionalidades específicas que luego se usarán en varios componentes.

▸ **private**: páginas privadas a las que accederán solo ciertos usuarios.

▸ **public**: páginas públicas, a las que puede acceder cualquier usuario, como el login.

▸ **router**: rutas a las diferentes páginas.

▸ **utils**: utilidades con pequeños componentes que se reutilizarán muchas veces, como botones, etc.

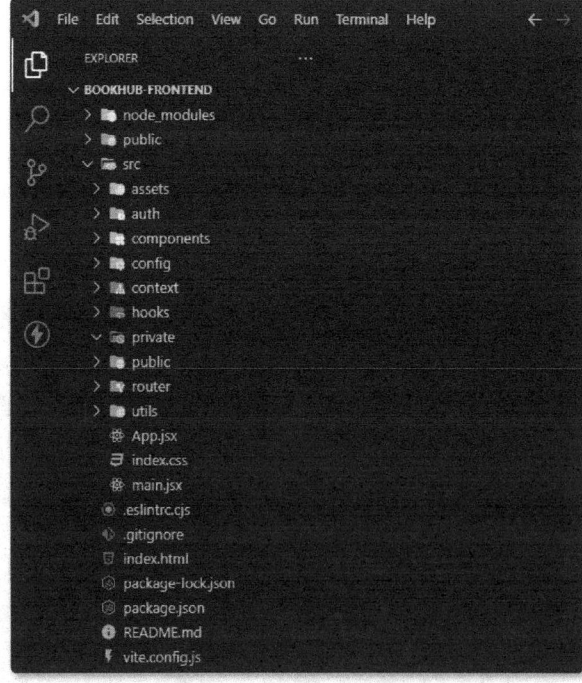

PASO 7

Bien, ya que tienes todo el directorio de la app completo, comienza con la carpeta **auth**. La estructura que utilizarás será la siguiente:

- ☞ Los archivos **jsx** necesarios.
- ☞ Un archivo de css para estilar los jsx que estén en esa carpeta.
- ☞ Un archivo index.js para exportar los jsx y hacer más legibles y organizadas las importaciones.

Crea los archivos **login.jsx** y **registro.jsx** con la estructura básica de un componente.

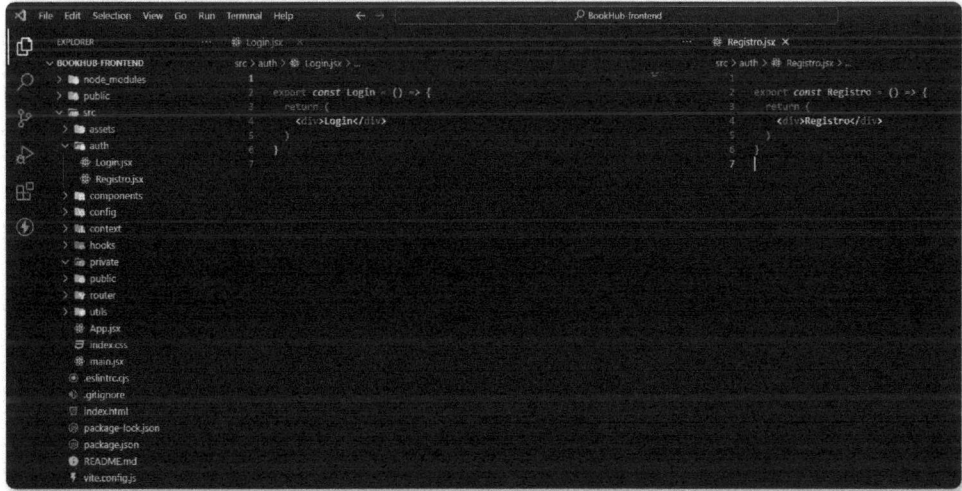

PASO 8

Crea el archivo **index.js** con las exportaciones. Luego, el archivo **auth.css**, que contendrá el css de ambos componentes. Dentro de **Login** y **Registro** importa dicho css (línea 1).

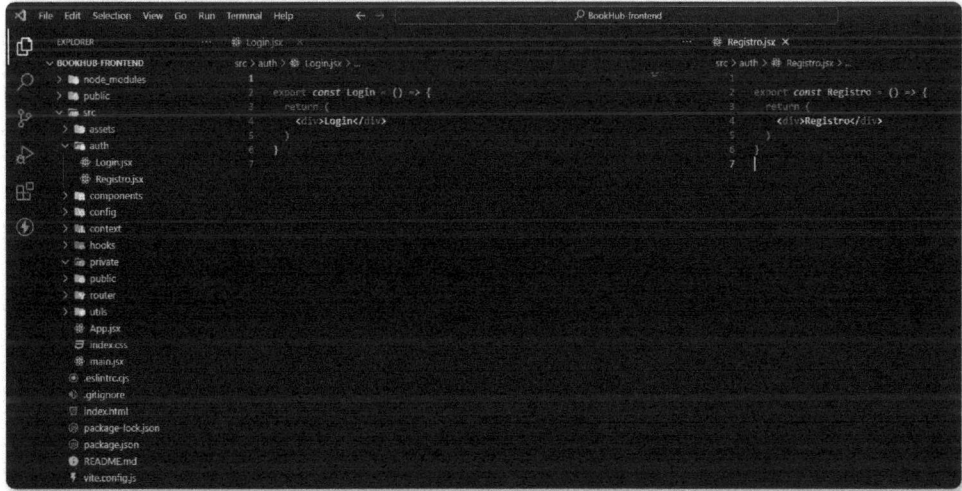

PASO 9

Ve a la carpeta **components** y crea **Header.jsx**, **Footer.jsx** y **Presentacion.jsx**. Una vez que hayas colocado sus estructuras básicas, crea el **index.js** con las exportaciones y un archivo de css llamado **components.css**.

PASO 10

En la carpeta **private** crea los componentes **AgregarLibro.jsx**, **ListaLibros.jsx**, **EditarUsuario.jsx** y **ListaUsuarios.jsx**, ya que estos requerirán de un inicio de sesión para ser accedidos. También crea el archivo de css llamado **private.css** e impórtalo en cada uno de los componentes, como lo hiciste anteriormente. Por último, genera un archivo **index.js** para exportar los mismos.

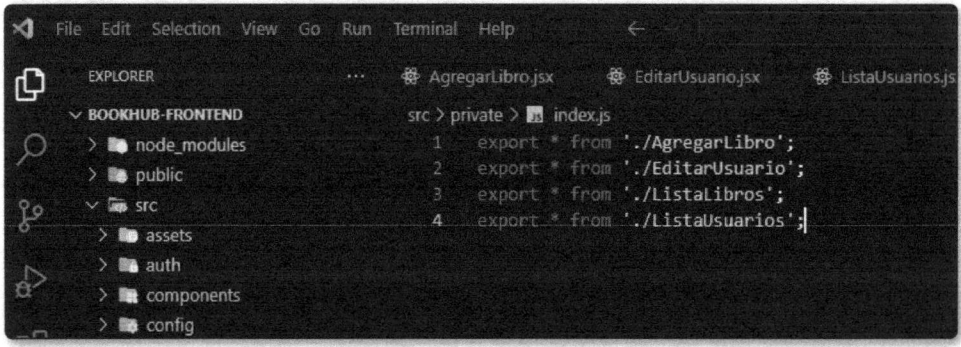

PASO 11

La siguiente es la carpeta **public**. En ella crea los archivos **Home.jsx**, **public.css** e **index.js**, al igual que en los casos anteriores. En esta oportunidad, solo habrá un archivo y no tendría mucho sentido crear el **index.js**, pero ya queda listo en caso de que quieras agregar otra página pública y directamente coloques allí su exportación.

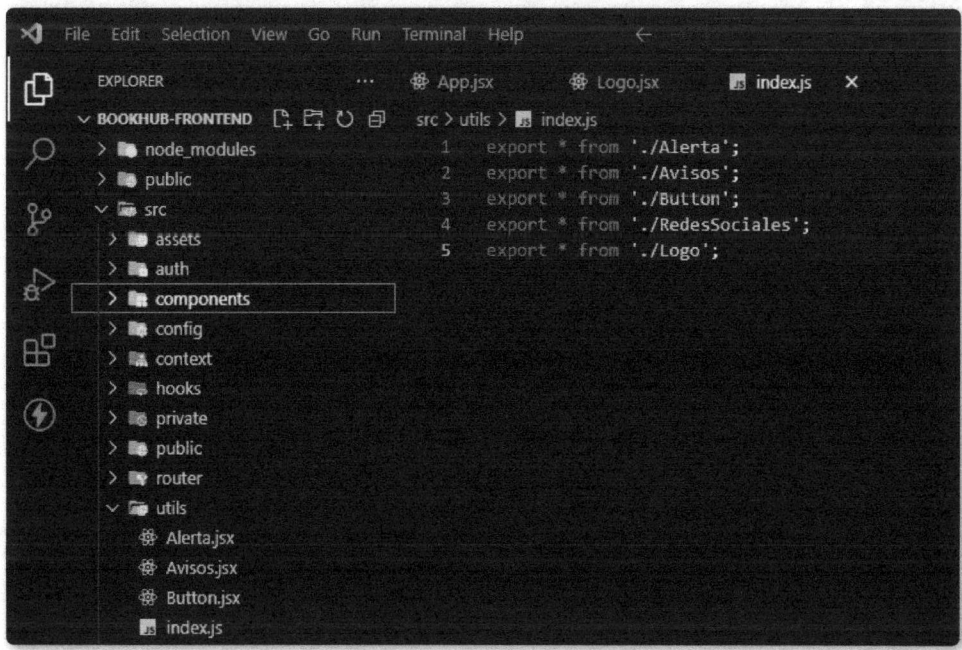

PASO 12

El último grupo de componentes que harás por el momento es el que irá en la carpeta **utils**. En ella crea los archivos **Avisos.jsx**, **Alerta.jsx**, **Button.jsx**, **Logo.jsx** y **RedesSociales.jsx**. A continuación, su respectivo css llamado **utils.css** y el **index. js** para las exportaciones.

8.3 CONFIGURACIÓN DE LAS RUTAS, CREACIÓN DEL ESQUEMA DE PÚBLICAS Y PRIVADAS

Es momento de configurar las rutas. Si recuerdas anteriormente en los paquetes de terceros que has instalado había uno llamado **react-router-dom**. Este paquete te permitirá moverte entre páginas de una forma muy eficiente. Para comenzar a utilizarlo, necesitas dirigirte a un punto alto de la aplicación y colocar la etiqueta **BrowserRouter**, como indica la documentación del paquete. Puedes consultarla en este link.

En este caso, colocarás el paquete en el componente **App.jsx**, donde envolverás todo su contenido dentro de la etiqueta mencionada. No olvides importar la etiqueta del paquete de **react-router-dom** (línea 1) (**Figura 1.1.**).

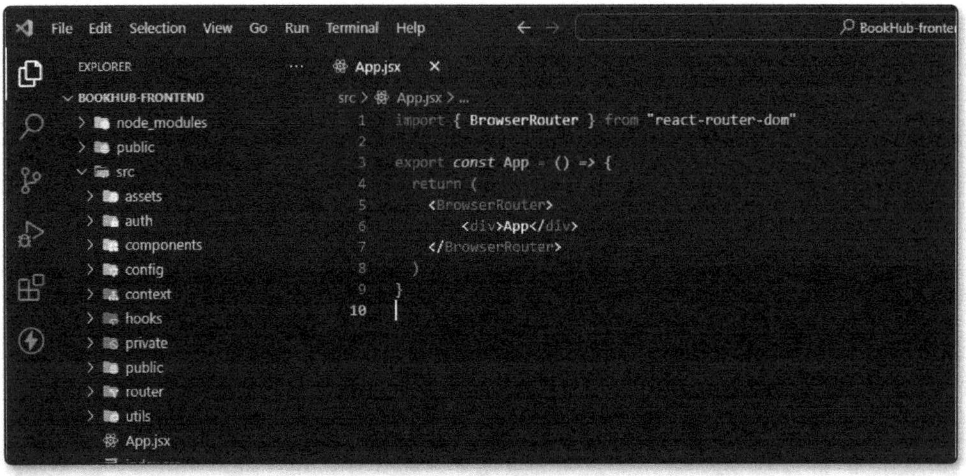

Figura 8.1.

PASO 1

Es momento de armar el esquema de las rutas y reemplazar ese **<div>App</div>** por el archivo **jsx** que las contendrá. Existen muchas formas de realizar este tipo de trabajos. A continuación verás una alternativa muy ordenada. Ve a la carpeta **router**, crea el archivo **AppRoutes.jsx** y reemplaza el contenido de **App.jsx** con ese componente, tal como se muestra en la imagen (no olvides importar el archivo, línea 2).

```
AppRoutes.jsx ×                          ...        App.jsx   ×

src > router > AppRoutes.jsx > ...                  src > App.jsx > ...
  1                                                    1   import { BrowserRouter } from "react-router-dom"
  2   export const AppRoutes = () => {                 2   import { AppRoutes } from "./router/AppRoutes"
  3     return (                                        3
  4       <div>AppRoutes</div>                          4   export const App = () => {
  5     )                                               5     return (
  6   }                                                 6       <BrowserRouter>
  7                                                     7         <AppRoutes />
                                                        8       </BrowserRouter>
                                                        9     )
                                                       10   }
                                                       11
```

PASO 2

Dentro del archivo **AppRoutes.jsx** importa las etiquetas **Routes** y **Route** del paquete de **react-router-dom** (línea 1). En **Routes** haz dos etiquetas **Route**, una para las rutas públicas y otra para las privadas. Por ahora, solo colócale un comentario a cada grupo de rutas (líneas 10 y 16); más adelante, el acceso a ellas se verá afectado por un estado global, pero por ahora déjalas así, para facilitar el desarrollo. Si observas bien, en las líneas 2, 3 y 4 verás algunas importaciones agrupadas. Esta es una de las ventajas de tener índices dentro de los grupos de componentes, o sea, los archivos **index.js**.

En cuanto a las etiquetas **Route**, estas contienen un atributo llamado **path**, donde va la ruta al componente que se coloca en el atributo **element**.

```
File  Edit  Selection  View  Go  Run  Terminal  Help           ←                      BookHub-frontend

   EXPLORER                      ...        AppRoutes.jsx ×
   ∨ BOOKHUB-FRONTEND                        src > router > AppRoutes.jsx > AppRoutes
     > node_modules                  1        import { Route, Routes } from "react-router-dom";
     > public                        2        import { Login, Registro } from "../auth";
     ∨ src                           3        import { Home } from "../public";
       > assets                      4        import { AgregarLibro, EditarUsuario, ListaLibros, ListaUsuarios } from "../privat
       > auth                        5
       > components                  6        export const AppRoutes = () => {
       > config                      7          return (
       > context                     8            <Routes>
       > hooks                       9
       > private                    10              {/* RUTAS PUBLICAS */}
       > public                     11              <Route path="/" element={<Home />} />
       ∨ router                     12              <Route path="/*" element={<Home />} />
         AppRoutes.jsx              13              <Route path="/login" element={<Login />} />
       > utils                      14              <Route path="/registro" element={<Registro />} />
       App.jsx                      15
       index.css                    16              {/*RUTAS PRIVADAS*/}
       main.jsx                     17              <Route path="/editusuario" element={<EditarUsuario />} />
       .eslintrc.cjs                18              <Route path="/libros" element={<ListaLibros />} />
       .gitignore                   19              <Route path="/agregarlibro" element={<AgregarLibro />} />
       index.html                   20              <Route path="/listarusuarios" element={<ListaUsuarios />} />
       package-lock.json            21
       package.json                 22            </Routes>
       README.md                    23          )
       vite.config.js               24        }
                                    25
```

8.4 COMPONENTES Y ESTILOS

Lo primero que harás será fijar algunos componentes que no se moverán: **Header.jsx** y **Footer.jsx**. Renderízalos en **App.jsx**.

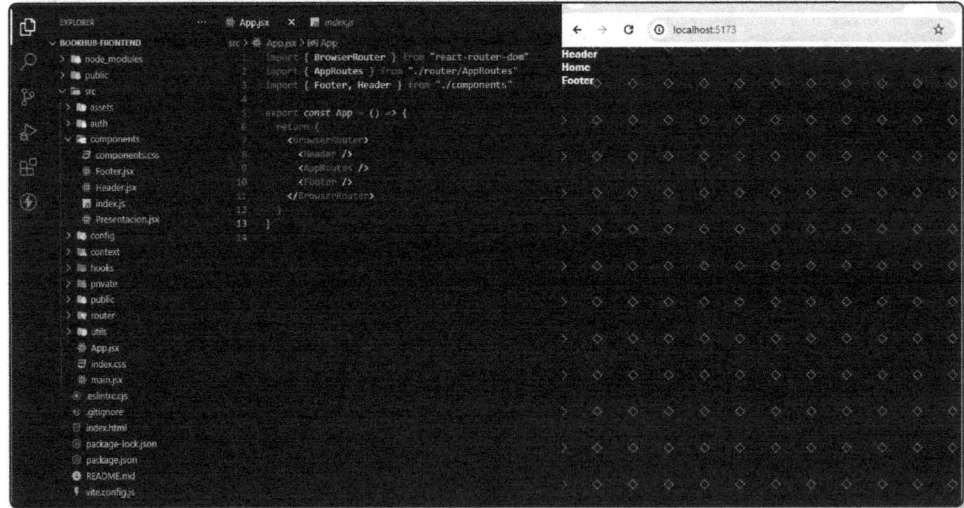

Figura 8.2.

Ve al componente **Logo.jsx**, dentro de la carpeta **utils**, y coloca el siguiente código:

```
import logo from '../assets/img/Logo.png';
import './utils.css';


export const Logo = () => {
  return (
    <img src={logo} alt="logo" className='logo' />
  )
}
```

Renderiza este componente en **Header.jsx** envuelto en un fragmento (<></>) y un título con la clase **header**. Si has hecho las importaciones correctamente, ya podrás ver el logo en el navegador junto con el título.

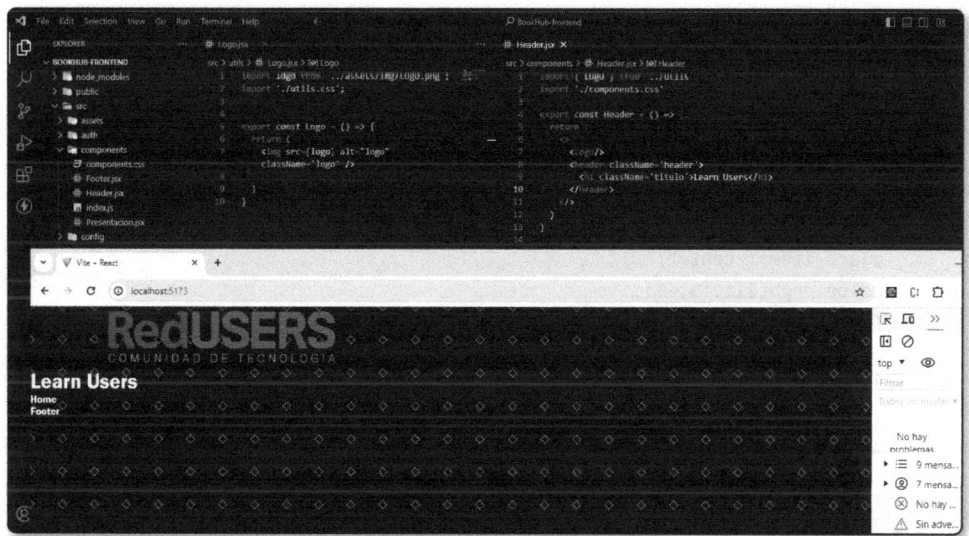

Figura 8.3.

Es momento de aplicar estilos. Recuerda que esta etapa es subjetiva y, por lo tanto, puedes echar a volar tu imaginación. Dentro de **utils.css** coloca el siguiente css (los comentarios marcan el comienzo y el fin de cada componente):

```css
/*LOGO COMIENZO*/
.logo {
    position: fixed;
    display: flex;
    flex-direction: column;
    width: J00px;
}

/*LOGO FINAL*/
```

En el archivo **components.css** vas a estilar el header mediante este código: (**Figura 1.4.**).

```css
/*HEADER COMIENZO*/
.header {
    background-image: url(../assets/img/img3.jpg);
    background-size: cover;
    background-repeat: no-repeat;
    background-position: center center;
    width: 100vw;
```

```
    height: 30rem;
    box-shadow: 5px 5px 10px rgba(0, 0, 0, 0.3);
}

h1 {
    width: 100%;
    height: 100%;
    display: grid;
    place-items: center;
    color: rgb(211, 9, 9);
    font-weight: bold;
    font-size: 4rem;
}

/*HEADER FINAL*/
```

Figura 8.4.

Ahora ve a **RedesSociales.jsx**, dentro de la carpeta **utils**, y arma dicho componente. Observa la línea 2, donde están las importaciones de los iconos que utilizarás. Esto es posible gracias al paquete que instalaste al comienzo de la app **react-icons**. Luego, su respectivo css dentro de **utils.css**. El css en este caso será bastante largo porque el componente contiene muchos estilos, pero como se mencionó anteriormente, queda a tu gusto los estilos que utilices:

```css
/*Redes sociales inicio*/
.social svg {
   height: 25px;
 }

 .social {
   position: relative;
   display: flex;
   flex-direction: row;
   align-items: center;
   justify-content: center;
   background: #7e5d5d;
   box-shadow: 0 1px 3px rgba(0, 0, 0, 0.12), 0 1px 2px rgba(0, 0, 0, 0.24);
   transition: all 0.3s cubic-bezier(0.25, 0.8, 0.25, 1);
   overflow: hidden;
   height: 50px;
   width: 200px;

 }

 .social::before,
 .social::after {
   position: absolute;
   display: flex;
   align-items: center;
   width: 50%;
   height: 100%;
   transition: 0.25s linear;
   z-index: 1;
 }

 .social::before {
   content: "";
   left: 0;
   justify-content: flex-end;
   background-color: #4d60b6;
 }

 .social::after {
   content: "";
   right: 0;
   justify-content: flex-start;
   background-color: #4453a6;
 }

 .social:hover {
   box-shadow: 0 14px 28px rgba(0, 0, 0, 0.25), 0 10px 10px rgba(0, 0, 0,
0.22);
```

```
}

.social:hover span {
  opacity: 0;
  z-index: -3;
}

.social:hover::before {
  opacity: 0.5;
  transform: translateY(-100%);
}

.social:hover::after {
  opacity: 0.5;
  transform: translateY(100%);
}

.social span {
  position: absolute;
  display: flex;
  align-items: center;
  justify-content: center;
  width: 100%;
  height: 100%;
  color: whitesmoke;
  font-family: 'Fira Mono', monospace;
  font-size: 24px;
  font-weight: 700;
  opacity: 1;
  transition: opacity 0.25s;
  z-index: 2;
}

.social .social-link {
  position: relative;
  display: flex;
  align-items: center;
  justify-content: center;
  width: 25%;
  height: 100%;
  color: whitesmoke;
  font-size: 24px;
  text-decoration: none;
  transition: 0.25s;
}

.social .social-link svg {
  text-shadow: 1px 1px rgba(31, 74, 121, 0.7);
```

```css
    transform: scale(1);
}

.social .social-link:hover {
  background-color: rgba(249, 244, 255, 0.774);
  animation: bounce_613 0.4s linear;
}

@keyframes bounce_613 {
  40% {
    transform. scale(1.4);
  }

  60% {
    transform: scale(0.8);
  }

  80% {
    transform: scale(1.2);
  }

  100% {
    transform: scale(1);
  }
}

/*Redes Sociales final*/
```

Figura 8.5.

Dirígete al componente **Footer.jsx** y arma el mismo renderizando el componente **RedesSociales.jsx** dentro. Luego, su respectivo css, como se ve en la imagen dentro del archivo **components.css**. Si todo sale bien, debe verse como en la figura.

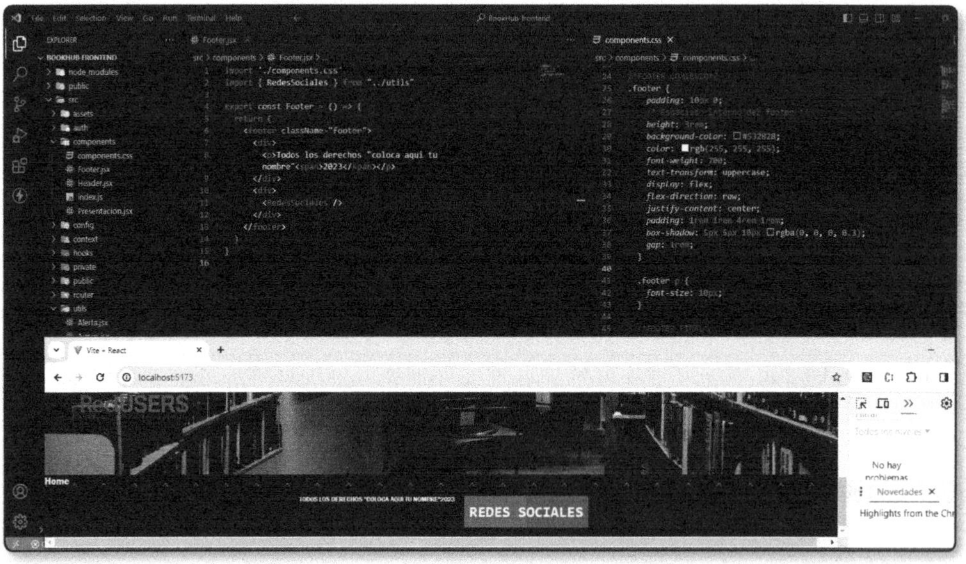

Figura 8.6.

El siguiente componente que harás será el **Button.jsx**, que se encuentra en la carpeta **utils**; será reutilizado con frecuencia.

El siguiente ejemplo es un botón bastante personalizado; puedes colocar el mismo o hacer el tuyo propio con un código más corto. Presta atención porque en las líneas 3 y 6 se está haciendo uso de algo muy común en React llamado **props**. Esta propiedad se recibe en la línea 3 desde otro punto de la app y se utiliza en la línea 6 como texto del botón. Este tema tendrá más sentido en breve, cuando utilices este componente:

```
import './utils.css';

export const Button = ({titulo}) => {
  return (
    <button>
      {titulo}
      <div className="star-1">
        <svg xmlnsXlink="http://www.w3.org/1999/xlink" viewBox="0 0 784.11
815.53" style={{ shapeRendering: 'geometricPrecision', textRendering: 'geometri-
```

```
cPrecision', imageRendering: 'optimizeQuality', fillRule: 'evenodd', clipRule:
'evenodd' }} version="1.1" xmlSpace="preserve" xmlns="http://www.w3.org/2000/
svg">
        <defs></defs>
        <g id="Layer_x0020_1">
          <metadata id="CorelCorpID_0Corel-Layer"></metadata>
          <path d="M392.05 0c-20.9,210.08 -184.06,378.41 -392.05,407.78
207.96,29.37 371.12,197.68 392.05,407.74 20.93,-210.06 184.09,-378.37 392.05,-
407.74 -207.98,-29.38 -371.16,-197.69 -392.06,-407.78z" className="fil0"></path>
        </g>
      </svg>
    </div>
    <div className="star-2">
      <svg xmlnsXlink="http://www.w3.org/1999/xlink" viewBox="0 0 784.11
815.53" style={{ shapeRendering: 'geometricPrecision', textRendering: 'geometri-
cPrecision', imageRendering: 'optimizeQuality', fillRule: 'evenodd', clipRule:
'evenodd' }} version="1.1" xmlSpace="preserve" xmlns="http://www.w3.org/2000/
svg">
        <defs></defs>
        <g id="Layer_x0020_1">
          <metadata id="CorelCorpID_0Corel-Layer"></metadata>
          <path d="M392.05 0c-20.9,210.08 -184.06,378.41 -392.05,407.78
207.96,29.37 371.12,197.68 392.05,407.74 20.93,-210.06 184.09,-378.37 392.05,-
407.74 -207.98,-29.38 -371.16,-197.69 -392.06,-407.78z" className="fil0"></path>
        </g>
      </svg>
    </div>
    <div className="star-3">
      <svg xmlnsXlink="http://www.w3.org/1999/xlink" viewBox="0 0 784.11
815.53" style={{ shapeRendering: 'geometricPrecision', textRendering: 'geometri-
cPrecision', imageRendering: 'optimizeQuality', fillRule: 'evenodd', clipRule:
'evenodd' }} version="1.1" xmlSpace="preserve" xmlns="http://www.w3.org/2000/
svg">
        <defs></defs>
        <g id="Layer_x0020_1">
          <metadata id="CorelCorpID_0Corel-Layer"></metadata>
          <path d="M392.05 0c-20.9,210.08 -184.06,378.41 -392.05,407.78
207.96,29.37 371.12,197.68 392.05,407.74 20.93,-210.06 184.09,-378.37 392.05,-
407.74 -207.98,-29.38 -371.16,-197.69 -392.06,-407.78z" className="fil0"></path>
        </g>
      </svg>
    </div>
    <div className="star-4">
      <svg xmlnsXlink="http://www.w3.org/1999/xlink" viewBox="0 0 784.11
815.53" style={{ shapeRendering: 'geometricPrecision', textRendering: 'geometri-
```

```
cPrecision', imageRendering: 'optimizeQuality', fillRule: 'evenodd', clipRule:
'evenodd' }} version="1.1" xmlSpace="preserve" xmlns="http://www.w3.org/2000/
svg">
          <defs></defs>
          <g id="Layer_x0020_1">
            <metadata id="CorelCorpID_0Corel-Layer"></metadata>
            <path d="M392.05 0c-20.9,210.08 -184.06,378.41 -392.05,407.78
207.96,29.37 371.12,197.68 392.05,407.74 20.93,-210.06 184.09,-378.37 392.05,-
407.74 -207.98,-29.38 -371.16,-197.69 -392.06,-407.78z" className="fil0"></path>
          </g>
        </svg>
      </div>
      <div className="star-5">
        <svg xmlnsXlink="http://www.w3.org/1999/xlink" viewBox="0 0 784.11
815.53" style={{ shapeRendering: 'geometricPrecision', textRendering: 'geometri-
cPrecision', imageRendering: 'optimizeQuality', fillRule: 'evenodd', clipRule:
'evenodd' }} version="1.1" xmlSpace="preserve" xmlns="http://www.w3.org/2000/
svg">
          <defs></defs>
          <g id="Layer_x0020_1">
            <metadata id="CorelCorpID_0Corel-Layer"></metadata>
            <path d="M392.05 0c-20.9,210.08 -184.06,378.41 -392.05,407.78
207.96,29.37 371.12,197.68 392.05,407.74 20.93,-210.06 184.09,-378.37 392.05,-
407.74 -207.98,-29.38 -371.16,-197.69 -392.06,-407.78z" className="fil0"></path>
          </g>
        </svg>
      </div>
      <div className="star-6">
        <svg xmlnsXlink="http://www.w3.org/1999/xlink" viewBox="0 0 784.11
815.53" style={{ shapeRendering: 'geometricPrecision', textRendering: 'geometri-
cPrecision', imageRendering: 'optimizeQuality', fillRule: 'evenodd', clipRule:
'evenodd' }} version="1.1" xmlSpace="preserve" xmlns="http://www.w3.org/2000/
svg">
          <defs></defs>
          <g id="Layer_x0020_1">
            <metadata id="CorelCorpID_0Corel-Layer"></metadata>
            <path d="M392.05 0c-20.9,210.08 -184.06,378.41 -392.05,407.78
207.96,29.37 371.12,197.68 392.05,407.74 20.93,-210.06 184.09,-378.37 392.05,-
407.74 -207.98,-29.38 -371.16,-197.69 -392.06,-407.78z" className="fil0"></path>
          </g>
        </svg>
      </div>
    </button>
  );
};
```

Figura 8.7.

Arma su respectivo css dentro de **utils.css**. Si colocaste el botón anterior, este es su css:

```css
/*Boton comienzo*/

button {
  position: relative;
  padding: 12px 35px;
  background: #6edd4d;
  font-size: 17px;
  font-weight: bold;
  text-transform: uppercase;
  color: #181818;
  border: 3px solid #FEC195;
  border-radius: 8px;
  box-shadow: 0 0 0 #fec1958c;
  transition: all .3s ease-in-out;
  width: 100%;
}

.star-1 {
  position: absolute;
  top: 20%;
  left: 20%;
  width: 25px;
  height: auto;
```

```css
    filter: drop-shadow(0 0 0 #fffdef);
    z-index: -5;
    transition: all 1s cubic-bezier(0.05, 0.83, 0.43, 0.96);
}

.star-2 {
    position: absolute;
    top: 45%;
    left: 45%;
    width: 15px;
    height: auto;
    filter: drop-shadow(0 0 0 #fffdef);
    z-index: -5;
    transition: all 1s cubic-bezier(0, 0.4, 0, 1.01);
}

.star-3 {
    position: absolute;
    top: 40%;
    left: 40%;
    width: 5px;
    height: auto;
    filter: drop-shadow(0 0 0 #fffdef);
    z-index: -5;
    transition: all 1s cubic-bezier(0, 0.4, 0, 1.01);
}

.star-4 {
    position: absolute;
    top: 20%;
    left: 40%;
    width: 8px;
    height: auto;
    filter: drop-shadow(0 0 0 #fffdef);
    z-index: -5;
    transition: all .8s cubic-bezier(0, 0.4, 0, 1.01);
}

.star-5 {
    position: absolute;
    top: 25%;
    left: 45%;
    width: 15px;
    height: auto;
    filter: drop-shadow(0 0 0 #fffdef);
```

```css
  z-index: -5;
  transition: all .6s cubic-bezier(0, 0.4, 0, 1.01);
}


.star-6 {
  position: absolute;
  top: 5%;
  left: 50%;
  width: 5px;
  height: auto;
  filter: drop-shadow(0 0 0 #fffdef);
  z-index: -5;
  transition: all .8s ease;
}

button:hover {
  cursor: pointer;
  background: transparent;
  color: #FEC195;
  box-shadow: 0 0 25px #fec1958c;
}

button:hover .star-1 {
  position: absolute;
  top: -80%;
  left: -30%;
  width: 25px;
  height: auto;
  filter: drop-shadow(0 0 10px #fffdef);
  z-index: 2;
}

button:hover .star-2 {
  position: absolute;
  top: -25%;
  left: 10%;
  width: 15px;
  height: auto;
  filter: drop-shadow(0 0 10px #fffdef);
  z-index: 2;
}

button:hover .star-3 {
  position: absolute;
  top: 55%;
```

```css
    left: 25%;
    width: 5px;
    height: auto;
    filter: drop-shadow(0 0 10px #fffdef);
    z-index: 2;
}

button:hover .star-4 {
    position: absolute;
    top: 30%;
    left: 80%;
    width: 8px;
    height: auto;
    filter: drop-shadow(0 0 10px #fffdef);
    z-index: 2;
}

button:hover .star-5 {
    position: absolute;
    top: 25%;
    left: 115%;
    width: 15px;
    height: auto;
    filter: drop-shadow(0 0 10px #fffdef);
    z-index: 2;
}

button:hover .star-6 {
    position: absolute;
    top: 5%;
    left: 60%;
    width: 5px;
    height: auto;
    filter: drop-shadow(0 0 10px #fffdef);
    z-index: 2;
}

.fil0 {
    fill: #FFFDEF
}

/*Boton final*/
```

```
button {
    position: relative;
    padding: 12px 35px;
    background: #6edd4d;
    font-size: 17px;
    font-weight: bold;
    text-transform: uppercase;
    color: #181818;
    border: 3px solid #FEC195;
    border-radius: 8px;
    box-shadow: 0 0 0 #fec1958c;
    transition: all .3s ease-in-out;
    width: 100%;
}

.star-1 {
    position: absolute;
    top: 20%;
    left: 20%;
    width: 25px;
    height: auto;
    filter: drop-shadow(0 0 0 #fffdef);
    z-index: -5;
    transition: all 1s cubic-bezier(0.05, 0.83, 0.43, 0.96);
}

.star-2 {
    position: absolute;
    top: 45%;
    left: 45%;
    width: 15px;
    height: auto;
    filter: drop-shadow(0 0 0 #fffdef);
    z-index: -5;
    transition: all 1s cubic-bezier(0, 0.4, 0, 1.01);
}
```

Figura 8.8.

Ahora ve al componente **Home.jsx**, dentro de la carpeta **public**, y renderiza un **Button** pasándole la **prop** como título.

En este caso será el botón de iniciar sesión, por lo que la **prop** será un string que diga **Iniciar Sesión**. Si quieres, también puedes colocar algún texto de bienvenida al usuario.

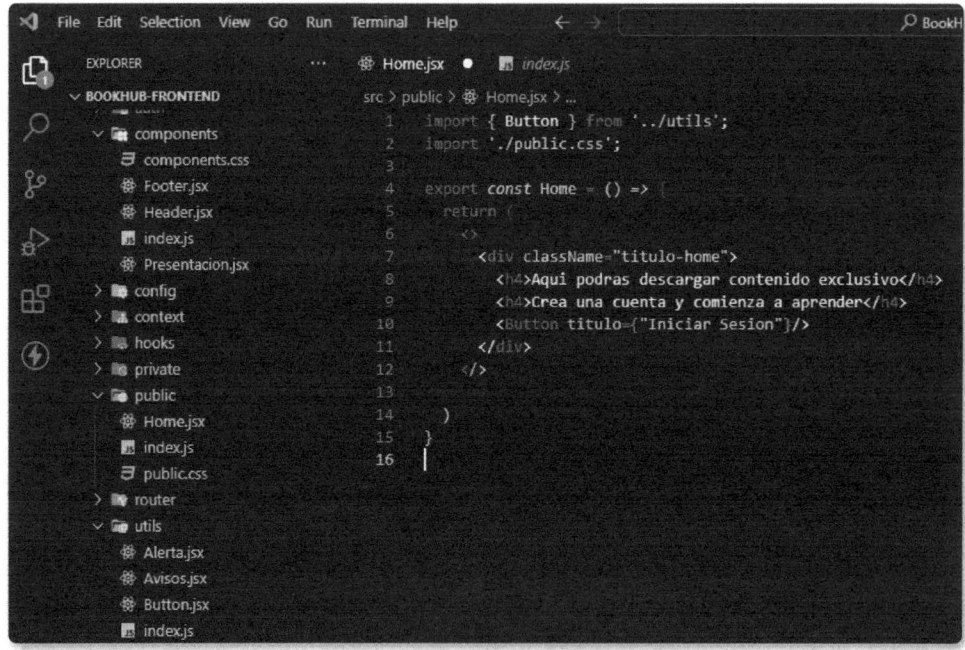

Figura 8.9.

Agrégale estilos al **Home** dentro de **public.css**.

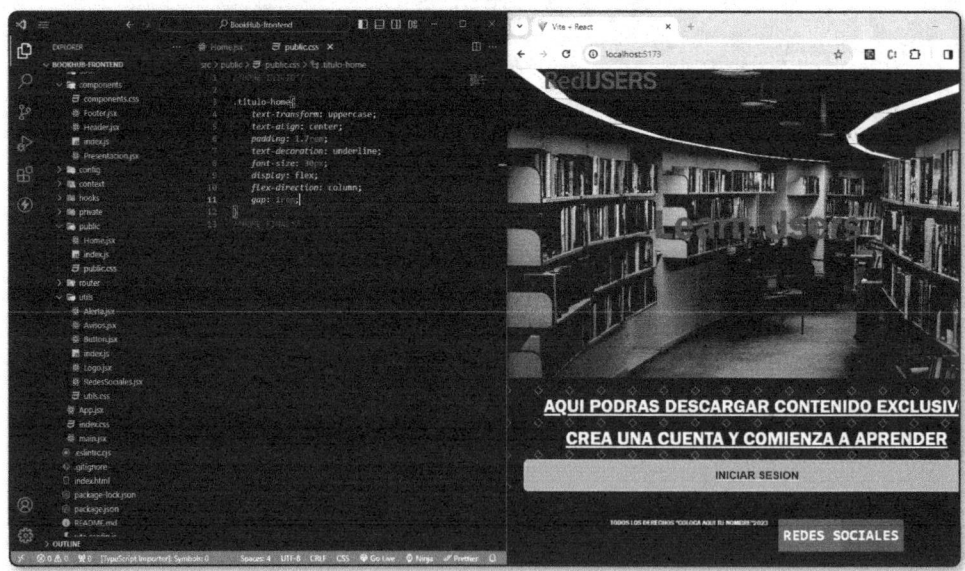

Figura 8.10.

Puedes añadir una especie de presentación para el usuario de la app. Ve a **Presentacion.jsx**, dentro de la carpeta **components**, y arma el componente:

```jsx
import './components.css';

export const Presentacion = () => {
  return (
      <div className="presentacion">
          <p>
              <span>COMPARTE MATERIAL</span>
              <span className='presentacion-sinopsis'>Puedes compartir tus li-
bros digitales y ayudar a la comunidad de lectores</span>
          </p>
          <p>
              <span>DESCARGALO SIN COSTO</span>
              <span className='presentacion-sinopsis'>Descarga material de otros
miembros de la comunidad</span>
          </p>
          <p>
              <span>LLEVA TU CONOCIMIENTO A OTRO NIVEL</span>
              <span className='presentacion-sinopsis'>Crece intelectualmente con
esta plataforma</span>
          </p>
      </div>
  )
}
```

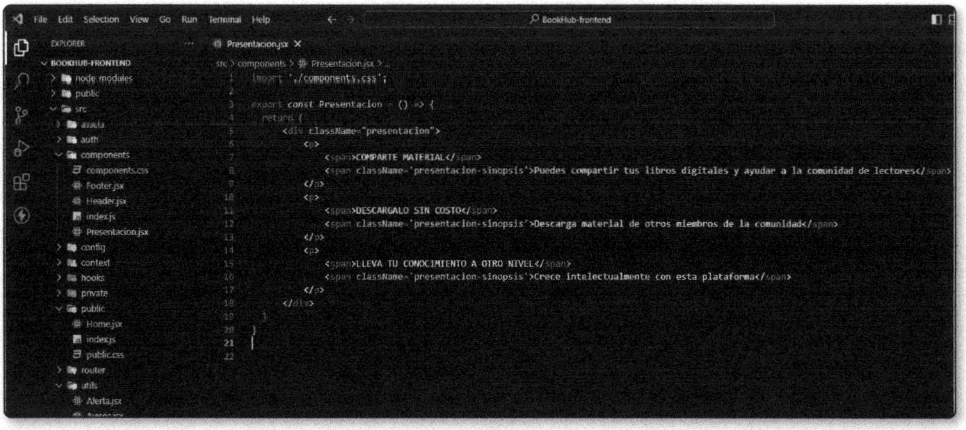

Figura 8.11.

Este componente posee una pequeña animación y, por lo tanto, su css también será complejo:

```css
/*Presentacion comienzo*/
.presentacion {
  width: 100%;
  height: 254px;
  border-radius: 4px;
  background: #212121;
  display: flex;
  gap: 5px;
  padding: .4em;
}

.presentacion p {
  height: 100%;
  flex: 1;
  overflow: hidden;
  cursor: pointer;
  border-radius: 2px;
  transition: all .5s;
  background: #212121;
  border: 1px solid white;
  display: flex;
  flex-direction: column;
  justify-content: center;
  align-items: center;
}

.presentacion p:hover {
  flex: 4;
}

.presentacion p span {
  min-width: 14em;
  padding: .5em;
  text-align: center;
  transform: rotate(-90deg);
  transition: all .5s;
  text-transform: uppercase;
  color: white;
  letter-spacing: .1em;
}

.presentacion p:hover span {
```

```css
    transform: rotate(0);
}


.presentacion-sinopsis {
  display: none;
}


.presentacion p:hover>.presentacion-sinopsis {
  display: flex;
  font-size: 10px;
}


/*Presentacion final*/
```

Figura 8.12.

Renderiza la presentación dentro del **Home** en un **div** para poder aplicarle algunos estilos más.

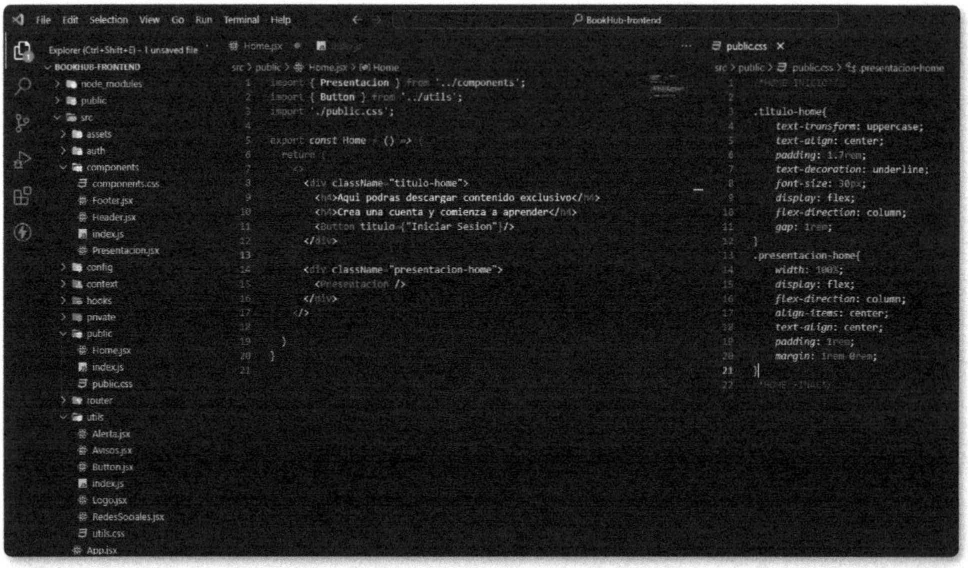

Figura 8.13.

8.5 LOGIN, REGISTRO, EDITAR USUARIO Y AGREGAR LIBRO

Llegó el momento de armar los formularios de login y registro. Ve a la carpeta **auth**, al archivo **auth.css**, y coloca el siguiente código de css que servirá para todos los formularios:

```css
/*COMIENZO LOGIN*/
.login-container{
    height: 75vh;
    display: grid;
    place-items: center;
}
.form {
    display: flex;
    flex-direction: column;
    gap: 10px;
    padding-left: 2em;
    padding-right: 2em;
    padding-bottom: 0.4em;
    background-color: #171717;
    border-radius: 20px;
    padding-bottom: 3rem;
```

```css
}

#heading {
    text-align: center;
    margin: 2em;
    color: rgb(0, 255, 200);
    font-size: 1.2em;
}

.field {
    display: flex;
    align-items: center;
    justify-content: center;
    gap: 0.5em;
    border-radius: 25px;
    padding: 0.6em;
    border: none;
    outline: none;
    color: white;
    background-color: #171717;
    box-shadow: inset 2px 5px 10px rgb(5, 5, 5);
}

.input-icon {
    height: 1.3em;
    width: 1.3em;
    fill: rgb(0, 255, 200);
}

.input-field {
    background: none;
    border: none;
    outline: none;
    width: 100%;
    color: rgb(0, 255, 200);
}

.form .btn {
    display: flex;
    justify-content: center;
    flex-direction: row;
    margin-top: 2.5em;
}

.button1 {
```

```css
    padding: 0.5em;
    padding-left: 1.1em;
    padding-right: 1.1em;
    border-radius: 5px;
    margin-right: 0.5em;
    border: none;
    outline: none;
    transition: .4s ease-in-out;
    background-image: linear-gradient(163deg, #00ff75 0%, #3700ff 100%);
    color: rgb(0, 0, 0);
}

.button1:hover {
    background-image: linear-gradient(163deg, #00642f 0%, #13034b 100%);
    color: rgb(0, 255, 200);
}

.button2 {
    padding: 0.5em;
    padding-left: 2.3em;
    padding-right: 2.3em;
    border-radius: 5px;
    border: none;
    outline: none;
    transition: .4s ease-in-out;
    background-image: linear-gradient(163deg, #00ff75 0%, #3700ff 100%);
    color: rgb(0, 0, 0);
}

.button2:hover {
    background-image: linear-gradient(163deg, #00642f 0%, #13034b 100%);
    color: rgb(0, 255, 200);
}


.card {
    background-image: linear-gradient(163deg, #00ff75 0%, #3700ff 100%);
    border-radius: 22px;
    transition: all .3s;
    max-width: 400px;
}

.card2 {
    border-radius: 0;
```

```
    transition: all .2s;
}


.card2:hover {
    transform: scale(0.98);
    border-radius: 20px;
}


.card:hover {
    box-shadow: 0px 0px 30px 1px rgba(0, 255, 117, 0.30);
}


/*TERMINO LOGIN*/
```

Figura 8.14.

Ahora, ve al componente **Login.jsx** y agrega el siguiente código:

```jsx
import { Button } from '../utils';
import './auth.css';

export const Login = () => {

  return (
    <>
      <div>
        <Button titulo={"volver al inicio"} />
      </div>
      <div className='login-container'>

        <div className="card">
          <div className="card2">
            <form className="form">
              <p id="heading">LOGEATE</p>
              <div className="field">
                <svg viewBox="0 0 16 16" fill="currentColor" height="16"
width="16" xmlns="http://www.w3.org/2000/svg" className="input-icon">
                  <path d="M13.106 7.222c0-2.967-2.249-5.032-5.032-5.032-
3.35 0-5.646 2.318-5.646 5.702 0 3.493 2.235 5.708 5.762 5.708.862 0 1.689-
.123 2.304-.335v-.862c-.43.199-1.354.328-2.29.328-2.926 0-4.813-1.88-4.813-
4.798 0-2.844 1.921-4.881 4.594-4.881 2.735 0 4.608 1.688 4.608 4.156 0
1.682-.554 2.769-1.416 2.769-.492 0-.772-.28-.772-.76V5.206H8.923v.834h-
.11c-.266-.595-.881-.964-1.6-.964-1.4 0-2.378 1.162-2.378 2.823 0 1.737.957
2.906 2.379 2.906.8 0 1.415-.39 1.709-1.087h.11c.081.67.703 1.148 1.503 1.148
1.572 0 2.57-1.415 2.57-3.643zm-7.177.704c0-1.197.54-1.907 1.456-1.907.93 0
1.524.738 1.524 1.907S8.308 9.84 7.371 9.84c-.895 0-1.442-.725-1.442-1.914z"></
path>
                </svg>
                <input type="email" className="input-field"
                  id="correo" placeholder="correo" />
              </div>
              <div className="field">
                <svg viewBox="0 0 16 16" fill="currentColor" height="16"
width="16" xmlns="http://www.w3.org/2000/svg" className="input-icon">
                  <path d="M8 1a2 2 0 0 1 2 2v4H6V3a2 2 0 0 1 2-2zm3 6V3a3 3 0 0
0-6 0v4a2 2 0 0 0-2 2v5a2 2 0 0 0 2 2h6a2 2 0 0 0 2-2V9a2 2 0 0 0-2-2z"></path>
                </svg>
                <input type="password" className="input-field"
placeholder="contraseña"
                  id="password" />
              </div>
```

```
                <div className="btn">
                    <button className="button1">      
Login      </button>
                    <button className="button2" >Registrate</button>
                </div>
            </form>
        </div>
      </div>
    </>


  )
}
```

Este es un formulario que pide correo y contraseña. En caso de que no lo hagas de esta forma, no olvides colocar la propiedad **id** a los **input**, ya que la necesitarás más adelante.

Observa además que de la línea 8 a la 10 hay un div con un componente **Button** dentro y una prop que dice **"volver al inicio"**. Este botón será utilizado para regresar al home.

Figura 8.15.

Si vas al navegador y al final de la URL colocas **/login**, verás esta pantalla. Recuerda que ese **/login** sale del atributo **path** en su ruta, precisamente, en el archivo **AppRoutes.jsx**.

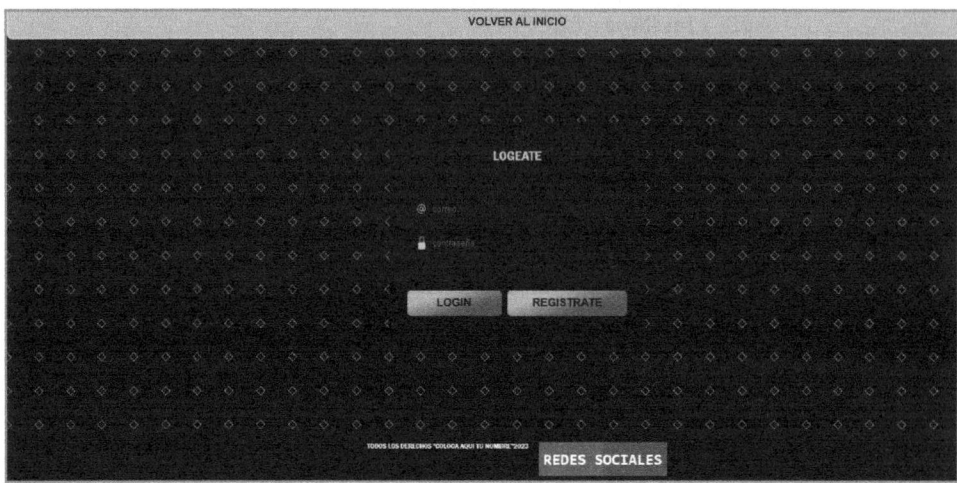

Figura 8.16.

Similar a lo anterior, el archivo **Registro.jsx** debe crearse empleando el mismo formulario, solo que esta vez deberás agregarle los campos solicitados por el backend que creaste en los capítulos anteriores. En caso de que no recuerdes cuáles son, puedes abrir **Postman**, luego la petición de **REGISTRAR USUARIO** en la colección de endpoints y ver los datos que requiere dicho registro. Adicionalmente, puedes colocar un campo para que repita la contraseña y así evitar errores de tipeo. Esta será una validación local netamente en el frontend. Tómate un momento y observa cada uno de los inputs y su comportamiento:

```
import './auth.css';
import { Button } from '../utils';


export const Registro = () => {
  return (
    <>
      <div>
        <Button titulo={"volver al inicio"} />
      </div>
      <div className='login-container'>
        <div className="card">
          <div className="card2">
            <form className="form">
              <p id="heading">REGISTRATE</p>
              <div className="field">
                <svg viewBox="0 0 16 16" fill="currentColor" height="16"
width="16" xmlns="http://www.w3.org/2000/svg" className="input-icon">
```

```
                    </svg>
                    <input type="text" className="input-field" id="nombre"
placeholder="nombre" />
                </div>
                <div className="field">
                    <svg viewBox="0 0 16 16" fill="currentColor" height="16"
width="16" xmlns="http://www.w3.org/2000/svg" className="input-icon">
                    </svg>
                    <input type="text" className="input-field" placeholder="apellido"
id="apellido"/>
                </div>
                <div className="field">
                    <svg viewBox="0 0 16 16" fill="currentColor" height="16"
width="16" xmlns="http://www.w3.org/2000/svg" className="input-icon">
                        <path d="M13.106 7.222c0-2.967-2.249-5.032-5.032-5.032-
3.35 0-5.646 2.318-5.646 5.702 0 3.493 2.235 5.708 5.762 5.708.862 0 1.689-
.123 2.304-.335v-.862c-.43.199-1.354.328-2.29.328-2.926 0-4.813-1.88-4.813-
4.798 0-2.844 1.921-4.881 4.594-4.881 2.735 0 4.608 1.688 4.608 4.156 0
1.682-.554 2.769-1.416 2.769-.492 0-.772-.28-.772-.76V5.206H8.923v.834h-
.11c-.266-.595-.881-.964-1.6-.964-1.4 0-2.378 1.162-2.378 2.823 0 1.737.957
2.906 2.379 2.906.8 0 1.415-.39 1.709-1.087h.11c.081.67.703 1.148 1.503 1.148
1.572 0 2.57-1.415 2.57-3.643zm-7.177.704c0-1.197.54-1.907 1.456-1.907.93 0
1.524.738 1.524 1.907S8.308 9.84 7.371 9.84c-.895 0-1.442-.725-1.442-1.914z"></
path>
                    </svg>
                    <input type="text" className="input-field" placeholder="correo"
autoComplete="off" id="correo"/>
                </div>
                <div className="field">
                    <svg viewBox="0 0 16 16" fill="currentColor" height="16"
width="16" xmlns="http://www.w3.org/2000/svg" className="input-icon">
                        <path d="M8 1a2 2 0 0 1 2 2v4H6V3a2 2 0 0 1 2-2zm3 6V3a3 3 0 0
0-6 0v4a2 2 0 0 0-2 2v5a2 2 0 0 0 2 2h6a2 2 0 0 0 2-2V9a2 2 0 0 0-2-2z"></path>
                    </svg>
                    <input type="password" className="input-field"
placeholder="contraseña" id="password" />
                </div>
                <div className="field">
                    <svg viewBox="0 0 16 16" fill="currentColor" height="16"
width="16" xmlns="http://www.w3.org/2000/svg" className="input-icon">
                        <path d="M8 1a2 2 0 0 1 2 2v4H6V3a2 2 0 0 1 2-2zm3 6V3a3 3 0 0
0-6 0v4a2 2 0 0 0-2 2v5a2 2 0 0 0 2 2h6a2 2 0 0 0 2-2V9a2 2 0 0 0-2-2z"></path>
                    </svg>
                    <input type="password" className="input-field"
placeholder="Repite la contraseña" />
```

```
            </div>
            <div className="field">
                <svg viewBox="0 0 16 16" fill="currentColor" height="16"
width="16" xmlns="http://www.w3.org/2000/svg" className="input-icon"></svg>
                <input type="password" className="input-field" placeholder="clave
de administrador si tienes" />
            </div>
            <div className="btn">
                <button className="button1" >      
;Registrate      </button>
                <button className="button2" >Logeate</button>
            </div>
          </form>
        </div>
      </div>
    </div>
  </>
  )
}
```

Figura 8.17.

Si vas al navegador y colocas **/registro** al final de la URL, verás el formulario creado.

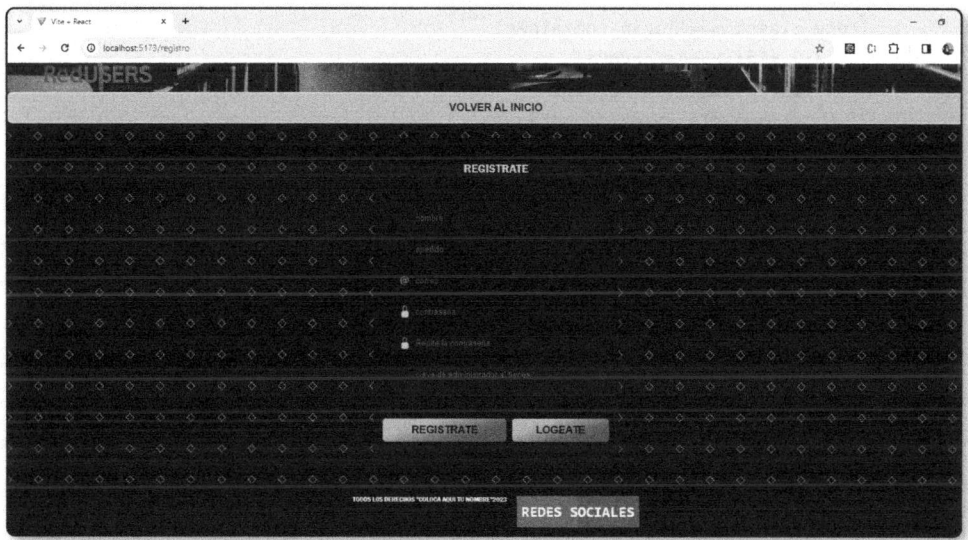

Figura 8.18.

Aún quedan dos formularios por generar. Ve al archivo **EditarUsuario.jsx** en la carpeta **private** y crea el formulario para editar el usuario. Presta atención a las importaciones y asegúrate de que cada elemento que utilices esté importado. Adicionalmente, en la línea 2 debes agregarle la importación a **auth.css** de la carpeta **auth** para que tome los estilos que poseen los demás formularios. Para visualizar la página, añade **/editusuario**:

```
import './private.css';
import '../auth/auth.css'
import { Button } from '../utils';

export const EditarUsuario = () => {

  return (
    <>
      <div className="botonesVarios">
        <div className='botonesVarios-boton'>
          <Button titulo={"agregar un libro"} />
        </div>
        <div className='botonesVarios-boton'>
          <Button titulo={"lista de libros"} />
        </div>
        <div className='botonesVarios-boton'>
          <Button titulo={"salir de la sesion"} />
        </div>
```

```
        </div>
    <div className='login-container'>
      <div className="card">
        <div className="card2">
          <form className="form">
            <p id="heading">EDITAR PERFIL</p>
            <div className="field">
              <svg viewBox="0 0 16 16" fill="currentColor" height="16"
width="16" xmlns="http://www.w3.org/2000/svg" className="input-icon">
              </svg>
              <input type="text" className="input-field" placeholder="nombre"
id="nombre"/>
            </div>
            <div className="field">
              <svg viewBox="0 0 16 16" fill="currentColor" height="16"
width="16" xmlns="http://www.w3.org/2000/svg" className="input-icon">
              </svg>
              <input type="text" className="input-field" placeholder="apellido"
id="apellido"/>
            </div>
            <div className="field">
              <svg viewBox="0 0 16 16" fill="currentColor" height="16"
width="16" xmlns="http://www.w3.org/2000/svg" className="input-icon">
                <path d="M13.106 7.222c0-2.967-2.249-5.032-5.482-5.032-
3.35 0-5.646 2.318-5.646 5.702 0 3.493 2.235 5.708 5.762 5.708.862 0 1.689-
.123 2.304-.335v-.862c-.43.199-1.354.328-2.29.328-2.926 0-4.813-1.88-4.813-
4.798 0-2.844 1.921-4.881 4.594-4.881 2.735 0 4.608 1.688 4.608 4.156 0
1.682-.554 2.769-1.416 2.769-.492 0-.772-.28-.772-.76V5.206H8.923v.834h-
.11c-.266-.595-.881-.964-1.6-.964-1.4 0-2.378 1.162-2.378 2.823 0 1.737.957
2.906 2.379 2.906.8 0 1.415-.39 1.709-1.087h.11c.081.67.703 1.148 1.503 1.148
1.572 0 2.57-1.415 2.57-3.643zm-7.177.704c0-1.197.54-1.907 1.456-1.907.93 0
1.524.738 1.524 1.907S8.308 9.84 7.371 9.84c-.895 0-1.442-.725-1.442-1.914z"></
path>
              </svg>
              <input type="email" className="input-field" disabled id="correo"
/>
            </div>
            <div className="field">
              <svg viewBox="0 0 16 16" fill="currentColor" height="16"
width="16" xmlns="http://www.w3.org/2000/svg" className="input-icon">
                <path d="M8 1a2 2 0 0 1 2 2v4H6V3a2 2 0 0 1 2-2zm3 6V3a3 3 0 0
0-6 0v4a2 2 0 0 0-2 2v5a2 2 0 0 0 2 2h6a2 2 0 0 0 2-2V9a2 2 0 0 0-2-2z"></path>
              </svg>
              <input type="password" className="input-field" placeholder="nueva
contraseña" id="password"/>
            </div>
```

```
            <div className="field">
                <svg viewBox="0 0 16 16" fill="currentColor" height="16"
width="16" xmlns="http://www.w3.org/2000/svg" className="input-icon">
                    <path d="M8 1a2 2 0 0 1 2 2v4H6V3a2 2 0 0 1 2-2zm3 6V3a3 3 0 0
0-6 0v4a2 2 0 0 0-2 2v5a2 2 0 0 0 2 2h6a2 2 0 0 0 2-2V9a2 2 0 0 0-2-2z"></path>
                </svg>
                <input type="password" className="input-field"
placeholder="repite la nueva contraseña"/>
            </div>
            <div className="field">
                <svg viewBox="0 0 16 16" fill="currentColor" height="16"
width="16" xmlns="http://www.w3.org/2000/svg" className="input-icon">
                </svg>
                <input type="password" className="input-field" placeholder="clave
de administrador si tienes"/>
            </div>
            <div className="btn">
                <button className="button2">Actualizar</button>
            </div>
        </form>
      </div>
     </div>
    </div>
   </>
  )
}
```

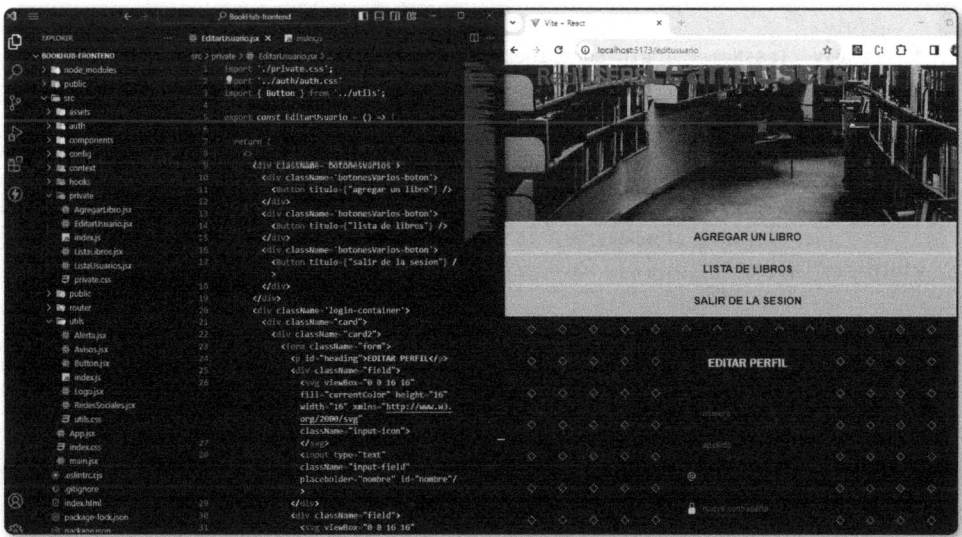

Figura 8.19.

El último formulario que deberás crear es para agregar libros. Ve al componente **AgregarLibro.jsx**, dentro de la carpeta **private**, y arma un formulario similar al anterior. Recuerda prestar atención a las importaciones y coloca tantos componentes **Button** como sean necesarios. Para ver el resultado, añade **/agregarlibro** al final de la URL:

```
import '../auth/auth.css';
import './private.css';
import { Button } from '../utils';

export const AgregarLibro = () => {

  return (
    <>
    <div className="botonesVarios">
      <div >
        <Button titulo={"volver al inicio"} />
      </div>
      <div className='botonesVarios-boton'>
        <Button titulo={"Lista de libros"} />
      </div>
      <div className='botonesVarios-boton'>
        <Button titulo={"actualizar usuario"} />
      </div>
      <div className='botonesVarios-boton'>
        <Button titulo={"salir de la sesion"} />
      </div>

    </div>
      <div className='login-container'>
        <div className="card">
          <div className="card2">
            <form className="form">
              <p id="heading">AGREGA UN LIBRO</p>
              <div className="field">
                <svg viewBox="0 0 16 16" fill="currentColor" height="16"
width="16" xmlns="http://www.w3.org/2000/svg" className="input-icon">
                </svg>
                <input type="text" className="input-field" id="titulo"
placeholder="titulo del libro"/>
              </div>
              <div className="field">
                <svg viewBox="0 0 16 16" fill="currentColor" height="16"
width="16" xmlns="http://www.w3.org/2000/svg" className="input-icon">
                </svg>
                <textarea type="text" className="input-field" id="sinopsis"
placeholder="Breve descripcion del libro"/>
```

```
            </div>
            <div className="field">
                <svg viewBox="0 0 16 16" fill="currentColor" height="16"
width="16" xmlns="http://www.w3.org/2000/svg" className="input-icon">
                </svg>
                <input type="text" className="input-field" id="urlDescarga"
placeholder="link de descarga"/>
            </div>
            <div className="field">
                <svg viewBox="0 0 16 16" fill="currentColor" height="16"
width="16" xmlns="http://www.w3.org/2000/svg" className="input-icon"></svg>
                <input type="text" className="input-field" id="urlFoto"
placeholder="Agrege link de una foto si quiere"/>
            </div>

            <div className="btn">
                <button className="button1" >      
;Agregar a la coleccion      </button>
            </div>
          </form>
        </div>
      </div>
    </div>
  </>
  )
}
```

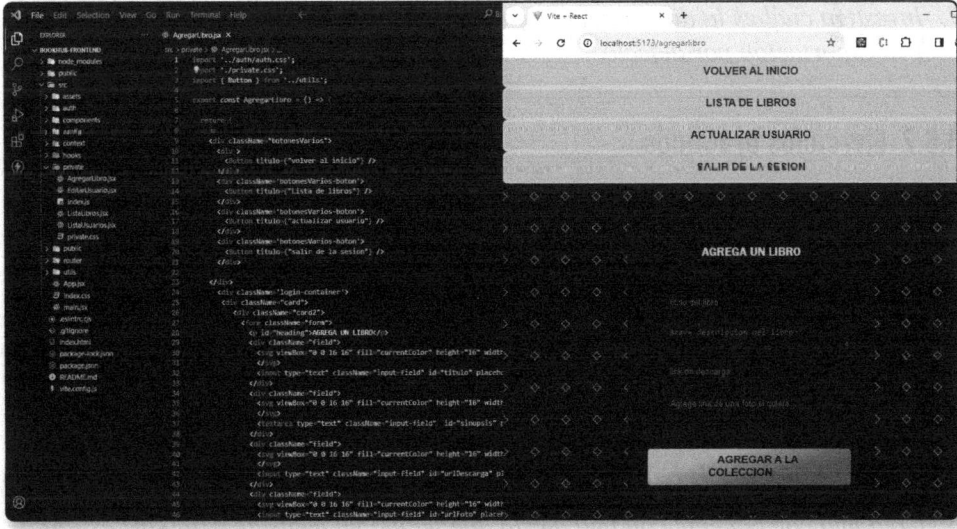

Figura 8.20.

Hasta aquí has visto gran parte de la creación visual del sitio. A lo largo del capítulo, lograste obtener una estructura muy eficiente y organizada de los componentes, por lo que, para realizar modificaciones futuras, sabes exactamente dónde dirigirte. En el siguiente capítulo comenzarás a trabajar sobre la lógica de cada una de las funcionalidades.

8.6 ACTIVIDADES

A continuación se presentan las preguntas y los ejercicios que deberías saber responder y resolver para considerar aprendido el capítulo.

8.6.1 Test de autoevaluación

1. *¿Qué acciones debes realizar para preparar el entorno de trabajo antes de escribir código de React en formato JSX?*

2. *¿Cómo se agregan estilos de CSS dentro de los componentes de React?*

3. *¿Cuáles son las ventajas del uso de Vite para proyectos de React?*

4. *¿Qué son los hooks? Menciona dos hooks nativos de React.*

5. *Investiga cómo se comunican los componentes a través de props.*

6. *¿Para qué sirven los archivos **index.js** en el modelo empleado en este proyecto?*

7. *Investiga cuál es la diferencia entre la exportación implementada en el proyecto y la exportación por defecto.*

8.6.2 Ejercicios prácticos

1. *Prepara el entorno de trabajo siguiendo las instrucciones proporcionadas en el texto y corre el proyecto en la terminal.*

2. *Crea un componente que retorne un texto y se renderize en el archivo principal de la app.*

3. *Crea un **index.js** que exporte los archivos de una carpeta específica.*

4. *Crea un sistema de rutas sencillo con las vistas posibles.*

5. *Utiliza el paquete de react-icons para colocar iconos en algún componente.*

6. *Crea una componente con una alerta que reciba un mensaje y aplique estilos de manera condicional.*

9

FUNCIONALIDADES

En la sección anterior lograste crear la mayoría de las pantallas públicas y privadas. Ahora deberás trabajar sobre algunos temas puntuales, como la lógica de las funcionalidades, las variables de entorno, las validaciones locales y las peticiones al backend. Este capítulo contendrá un mayor nivel de complejidad.

9.1 CREACIÓN DE AVISOS Y ALERTAS PERSONALIZABLES

Antes de comenzar a desarrollar la lógica, harás mensajes personalizados para los usuarios. Estos servirán para dar indicaciones y brindar ayuda visual en ciertas pantallas.

Ve al archivo **Avisos.jsx** dentro de la carpeta **utils** y arma el componente propiamente dicho junto a su respectivo css:

```
import './utils.css'
export const Avisos = ({mensaje}) => {
    return (
        <div className="info">
            <div className="info__icon">
                <svg xmlns="http://www.w3.org/2000/svg" width="24" view-
Box="0 0 24 24" height="24" fill="none"><path fill="#393a37" d="m12 1.5c-
5.79844 0-10.5 4.70156-10.5 10.5 0 5.7984 4.70156 10.5 10.5 10.5 5.7984
0 10.5-4.7016 10.5-10.5 0-5.79844-4.7016-10.5-10.5-10.5zm.75 15.5625c0
.1031-.0844.1875-.1875.1875h-1.125c-.1031 0-.1875-.0844-.1875-.1875v-6.375c0-
.1031.0844-.1875.1875-.1875h1.125c.1031 0 .1875.0844.1875.1875zm-.75-8.0625c-
.2944-.00601-.5747-.12718-.7808-.3375-.206-.21032-.3215-.49305-.3215-
.7875s.1155-.57718.3215-.7875c.2061-.2103
```

```
2.4864-.33149.7808 .3375.2944.00601.5747.12718.7808.3375.206.21032.3215.49305.32
15.7875s- .1155.57718-.3215.7875c-.2061.21032-.4864.33149-.7808.3375z"></path></
svg>
          </div>
          <div className="info__title">{mensaje}</div>
      </div>
    )
}
```

Figura 9.1.

Ahora dirígete a **Alerta.jsx** y crea el componente. Este recibirá una prop llamada **alerta** que será un objeto. Dicho objeto tendrá las propiedades mensaje y error. Su resultado variará dependiendo del valor que reciba del componente donde es llamada la alerta. Por ejemplo, si la prop es **{mensaje: "Hola" error: true}**, aplicará la clase de **botón-error**:

```
import './utils.css'
export const Alerta = ({alerta}) => {
    const {mensaje, error} = alerta;
  return (
    <div className={error ? "boton-error" : "boton-exito"}>{mensaje}</div>
  )
}
```

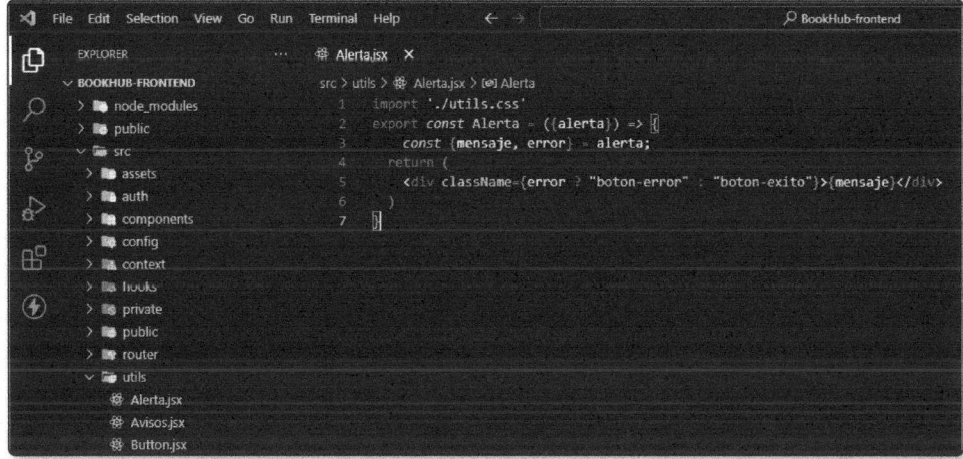

Figura 9.2.

En cuanto a su **css**, créalo como mejor te parezca. Aquí tienes un ejemplo donde **boton-error** es de color rojo y **boton-exito** es verde, para que tenga sentido.

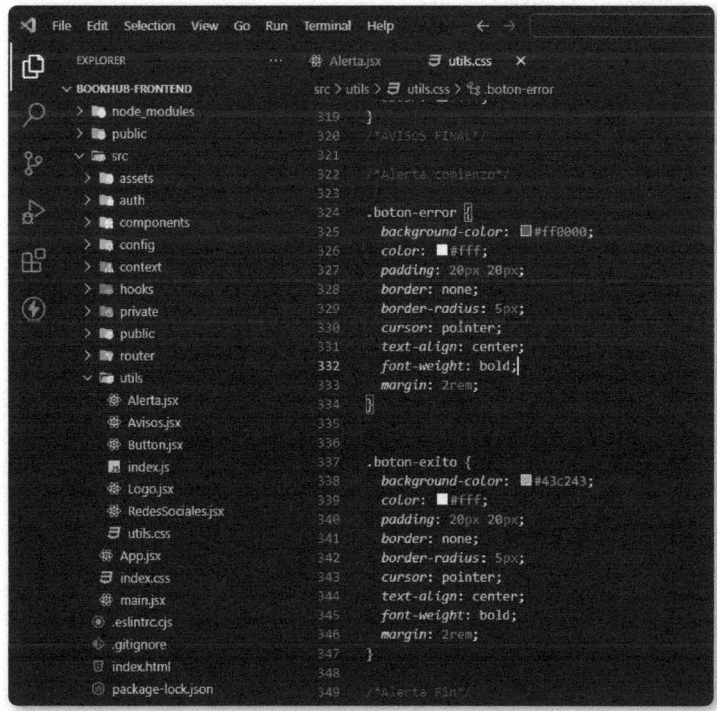

Figura 9.3.

9.2 CREACIÓN DEL CONTEXT PARA ESTADOS GLOBALES

Al igual que hiciste anteriormente con **BrowserRouter**, donde te ubicabas en un punto alto de la aplicación y envolvías el componente con la etiqueta correspondiente, ahora debes hacer lo mismo utilizando la etiqueta proporcionada por el **Context**. Esta etiqueta se llamará según la definas en el contexto global. La funcionalidad que estarás incorporando en **React** para manejar estados globales no depende de paquetes de terceros, a diferencia de algunas alternativas como **Redux** o **Zustand**, que requieren instalación adicional. Si ya estás familiarizado con alguna de estas bibliotecas y prefieres utilizarlas, no hay inconveniente. No obstante, si decides seguir esta guía y optar por el uso de **Context**, realiza los pasos que se indican a continuación.

Ve a la carpeta **context** y crea el archivo **AuthProvider.jsx**. Dentro coloca el código detallado más abajo. Esta es la estructura que se debe utilizar junto con algunos elementos que deberás incorporar a continuación:

```
import { createContext, useState } from "react";

const AuthContext = createContext();

const AuthProvider = ({ children }) => {

  return (
    <AuthContext.Provider>
      {children}
    </AuthContext.Provider>
  )
}
export {
  AuthProvider
}

export default AuthContext
```

```
File   Edit   Selection   View   Go   Run   Terminal   Help         ←  →

  EXPLORER                        ...    App.jsx         AuthProvider.jsx  ×

  ∨ BOOKHUB-FRONTEND                     src > context >   AuthProvider.jsx > [@] default
    > node_modules                    1      import { createContext, useState } from "react";
    > public                          2
    ∨ src                             3      const AuthContext = createContext();
      > assets                        4
      > auth                          5      const AuthProvider = ({ children }) => {
      > components                    6
      > config                        7
      ∨ context                       8        return (
          AuthProvider.jsx            9          <AuthContext.Provider>
      > hooks                        10            {children}
      > private                      11          </AuthContext.Provider>
      > public                       12        )
      > router                       13      }
      > utils                        14      export {
        App.jsx                      15        AuthProvider
        index.css                    16      }
        main.jsx                     17
        .eslintrc.cjs                18      export default AuthContext
        .gitignore
        index.html
        package-lock.json
        package.json
        README.md
        vite.config.js
```

Figura 9.4.

Luego harás un hook personalizado para administrar tus estados. Ve a la carpeta **hooks** y crea el archivo **useAuth.jsx** (por convención, se le coloca **use** delante del nombre). Como puedes llegar a tener varios, crea un **index.js** para exportarlo. Esto facilitará la importación de los estados más adelante.

```
  useAuth.jsx  ×                                      □ ...         index.js   ×

  src > hooks >   useAuth.jsx > ...                            src > hooks >   index.js
   1    import { useContext } from "react"                      1    export * from './useAuth';
   2    import AuthContext from "../context/AuthProvider"
   3
   4    export const useAuth = () => {
   5
   6      return useContext(AuthContext)
   7
   8    }
   9    |
```

Figura 9.5.

Ya dijimos que este contexto debe envolver la aplicación en un punto alto. Ve a **App.js** y envuelve el contenido en la etiqueta de **AuthProvider**. Asegúrate de importarlo correctamente. Con esto has finalizado la configuración del Context.

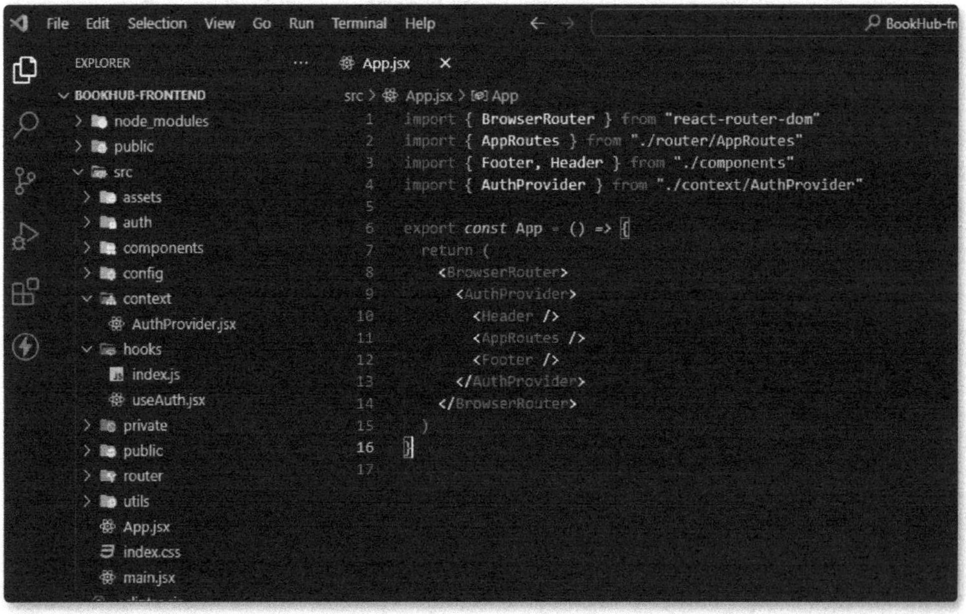

Figura 9.6.

9.3 CONFIGURACIÓN DE AXIOS Y VARIABLES DE ENTORNO

Es momento de conectar la app de **Node** realizada en los capítulos 1, 2 y 3, a esta app de **React**. Aquí debes tener en cuenta que necesitarás tener corriendo el backend todo el tiempo, ya sea en modo local o el de producción que se encuentra en **Render**. Es recomendable utilizarlo en modo local, ya que el de producción es un poco más lento. Si no has visto los capítulos anteriores y no tienes el backend, realiza los siguientes pasos; si ya lo tienes, ve directamente al Paso 3:

PASO 1

Dirígete en **este link** y descarga el repositorio.

PASO 2

Abre la carpeta con una terminal de Windows, PowerShell o Visual Studio Code, y ejecuta el comando **npm i**.

PASO 3

Una vez que hayas instalado las dependencias, hecha a correr el backend con el comando **npm start**. Ahora tendrás dos proyectos corriendo, uno en cada terminal, front y back.

Lo siguiente será crear las variables de entorno. Al igual que en el proyecto de Node, necesitas ciertas variables que no estarán incluidas en el despliegue de la app por razones de seguridad, pero que son necesarias. La primera es la URL del backend, en este caso, el **localhost** porque es en modo local. Si vas a hacerlo desde producción, coloca el link que generó **Render** cuando desplegaste el backend.

La segunda es una palabra secreta para poder registrarte o actualizar tu usuario a **ADMINISTRADOR**; puedes colocar lo que quieras.

Estas variables deben colocarse en un archivo llamado **.en**v y estar a la altura de la carpeta **src** y no dentro.

Adicionalmente, pon el nombre del archivo en el **.gitignore** para que sea ignorado y no se suba al repositorio cuando lo hagas.

Una vez que hayas realizado todos estos pasos, reinicia el servidor del frontend para que los cambios surtan efecto.

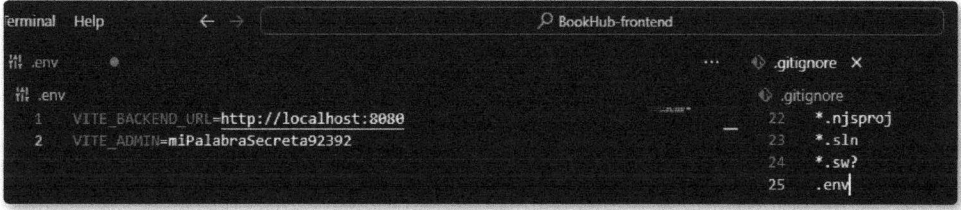

Figura 9.7.

Es momento de configurar Axios. Este paquete recuerda que lo has instalado en el comienzo del capítulo anterior y te será útil para hacer peticiones al servidor.

Ve a la carpeta **config** y crea el archivo **axios.jsx**. Genera una instancia de cliente personalizada llamada **clienteAxios** utilizando el método **create** de Axios. Esta instancia estará configurada con una URL base, que se compone de la variable de entorno **VITE_BACKEND_URL** y se le agrega

/api al final. La URL base se utilizará como prefijo para todas las solicitudes realizadas con esta instancia:

```
import axios from 'axios';

const clienteAxios = axios.create({
    baseURL: `${import.meta.env.VITE_BACKEND_URL}/api`
})

export default clienteAxios;
```

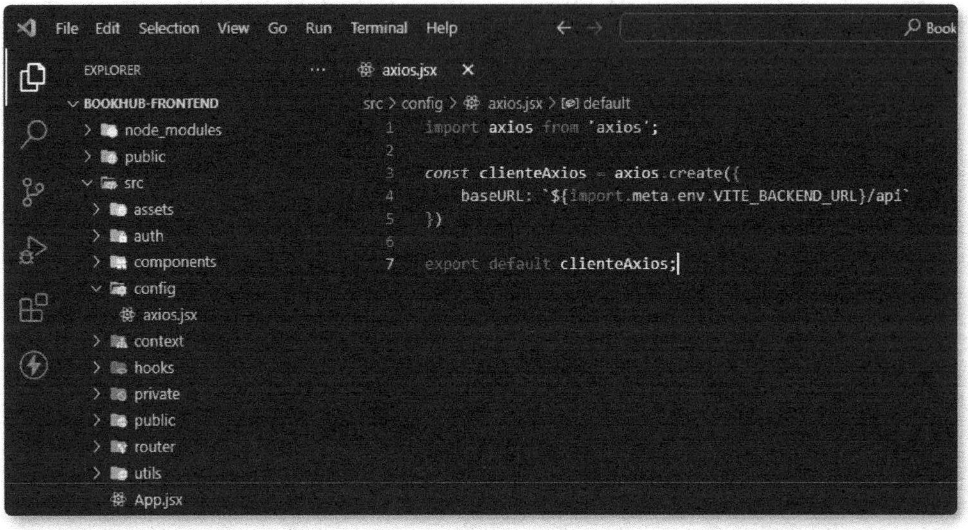

Figura 9.8.

9.4 HOOKS DE REACT USESTATE Y USEEFFECT

useState

Este hook permite que los componentes funcionales tengan y gestionen su propio estado interno. Al llamar a **useState**, se devuelve un array con dos elementos: el estado actual y una función para actualizarlo. Se utiliza para almacenar y modificar variables locales dentro de un componente funcional.

useEffect

Este hook se utiliza para realizar operaciones secundarias en componentes funcionales. Puede manejar efectos secundarios, como solicitudes HTTP, actualizaciones del DOM o suscripciones a eventos. Se ejecuta después de cada renderizado y se puede utilizar para limpiar recursos o efectuar tareas específicas cuando el componente se monta o desmonta.

Ambos hooks son esenciales para construir componentes funcionales complejos y dinámicos en React: **useState** gestiona el estado local del componente, mientras que **useEffect** se encarga de las operaciones secundarias y de sincronizar el componente con el ciclo de vida de React.

9.5 LOGIN Y REGISTRO

Es momento de conectar front y back a través de Axios. Ve al archivo **Registro.jsx** en la carpeta **auth**. Aquí harás uso de **useState** para administrar los estados de este componente. Existen muchas formas de administrar la información en un formulario, y esta es una muy práctica:

```
const [repetirPass, setRepetirPass] = useState("");
const [rol, setRol] = useState("");

const [formData, setFormData] = useState({
  nombre: '',
  apellido: '',
  correo: '',
  password: '',
  rol: "USER_ROLE"
});
// Función para manejar cambios en los campos del formulario
const handleInputChange = (e) => {
  const { id, value } = e.target;
  // Actualizar el estado con los nuevos valores      setFormData({
    ...formData,
    [id]: value,
  });
}
```

Primero asegúrate de importar **useState** de **"react"** (línea 3). En las líneas 8 y 9 se colocan dos estados que utilizarás para realizar validaciones a modo local.

De la línea 11 a la 17 es un estado que dentro contiene como valor inicial un objeto con las propiedades que se van a registrar en la base de datos. Si ves la línea 16, por defecto el rol será **USER_ROLE**. De la línea 19 a la 25 es el evento que se disparará cuando llames esa función, y lo que hará será modificar el estado de la línea 11 con los nuevos valores. Aquí entra en juego el id (línea 23). Estos id están colocados en sus respectivos inputs.

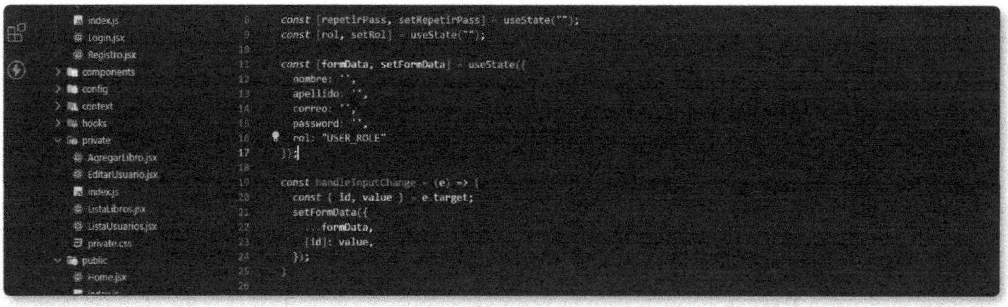

Figura 9.9.

Agrega la función que modificará el formulario en cada input mediante un evento **onChange**. En cuanto al **value** o valor del input, colócale el que corresponda (líneas 40, 45, 51 y 57); por ejemplo, en el nombre lucirá de la siguiente forma:

onChange={handleInputChange} value={formData.nombre}

Figura 9.10.

Si deseas ver cómo está funcionando esto, hazle un **console.log()** al **formData** (línea 27), ve a la página de registro, entra en la consola y comienza a escribir en los campos. Verás así que el objeto se va llenando con lo que escribes.

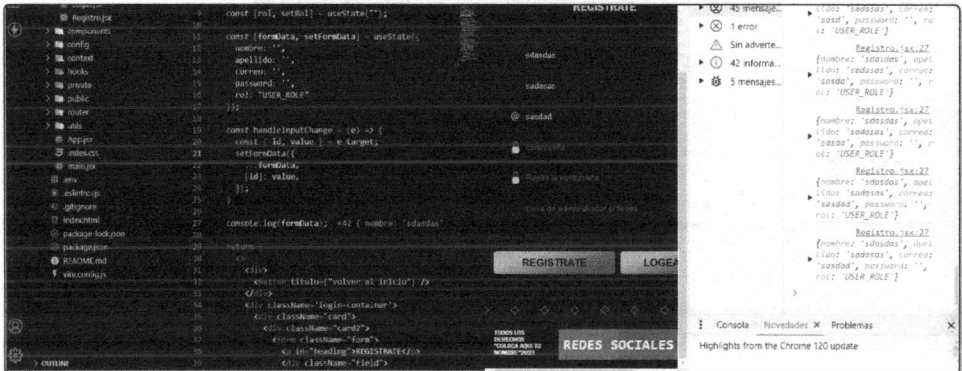

Figura 9.11.

Ahora debes crear la función para registrar el usuario. Ve al botón de registro, haz un evento **onClick** y pásale la función **registrarUsuario** (línea 72).

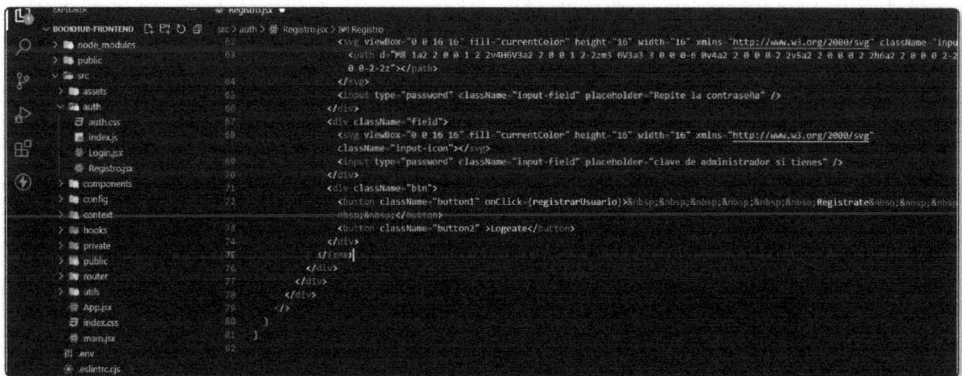

Figura 9.12.

Dirígete arriba y crea dicha función; debe ser asíncrona ya que hará una petición a la base de datos. También tiene que contener **e.preventDefault()** para que no recargue el navegador cuando se ejecute. Por el momento, solo hazle un **console. log("registrando")** y chequea en la consola que esté funcionando.

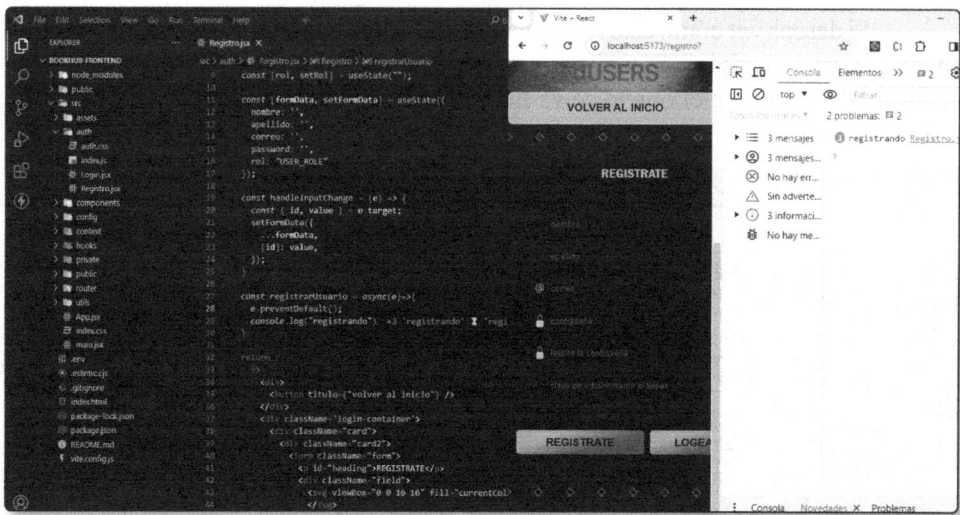

Figura 9.13.

Es momento de introducir las alertas para los diferentes mensajes que deberán aparecer en caso de errores o de que todo salga bien. Crea un estado para la **alerta** que tendrá como valor inicial un objeto vacío (línea 10), desestructura **mensaje** de la **alerta** (línea 32). Renderiza **Alerta.jsx** (no olvides importarlo) a modo condicional si es que la propiedad **mensaje** está presente (líneas 84 a la 86). Esto hará que el componente solo aparezca cuando haya una **alerta** que mostrar. En la imagen se ha achicado el código para visualizar todo correctamente:

Figura 9.14.

Ahora ve al campo **Repetir contraseña** y colócale un evento **onChange** que introduzca el valor de lo que se escribe en ese estado a través de la función **setRepetirPassword** (línea 70) del estado que está arriba. Debes hacer lo mismo con el campo clave de administrador, solo que se introducirá en el estado rol (línea 74).

Figura 9.15.

Es momento de las validaciones locales. Dirígete a la función **registrarUsuario** y coloca los bucles **if** que evaluarán errores locales. El primer **if** evalúa que no existan campos vacíos, pero si los hay, cambia el estado de la alerta y, por lo tanto, aparecerá el mensaje abajo.

El segundo verifica que las contraseñas sean estrictamente iguales.

El tercero verifica que si lo que escribió el usuario es estrictamente igual a la variable de entorno que tiene la palabra secreta de administrador, grabe ese usuario como **ADMIN_ROLE**. Esto le dará permisos especiales:

```
IF ([FORMDATA.NOMBRE, FORMDATA.APELLIDO, FORMDATA.CORREO, FORMDATA.PASSWORD].
INCLUDES("")) {
    SETALERTA({ MENSAJE: 'NO PUEDE HABER CAMPOS VACIOS', ERROR: TRUE });
    RETURN;
}
IF (FORMDATA.PASSWORD !== REPETIRPASS) {
    SETALERTA({ MENSAJE: 'LAS CONTRASEÑAS DEBEN SER IGUALES', ERROR: TRUE });
    RETURN;
}
IF (ROL === IMPORT.META.ENV.VITE_ADMIN) {
    FORMDATA.ROL = "ADMIN_ROLE"
}
```

```
File  Edit  Selection  View  Go  Run  Terminal  Help          ← →                          ⌕ BookHub-frontend

  EXPLORER                    ···   ⚛ Registro.jsx ✕
  ∨ BOOKHUB-FRONTEND                src > auth > ⚛ Registro.jsx > [∅] Registro > [∅] registrarUsuario
    > ▪ node_modules           16        password: '',
    > ▪ public                 17        rol: "USER_ROLE"
    ∨ ▪ src                    18    });
      > ▪ assets               19
      ∨ ▪ auth                 20    const handleInputChange = (e) => {
          ⊟ auth.css           21      const { id, value } = e.target;
          ▪ index.js           22      setFormData({
          ⚛ Login.jsx          23        ...formData,
          ⚛ Registro.jsx       24        [id]: value,
      > ▪ components           25      });
      > ▪ config               26    }
      > ▪ context              27
      > ▪ hooks                28    const registrarUsuario = async(e)=>{
      > ▪ private              29      e.preventDefault();
      > ▪ public               30      if ([formData.nombre, formData.apellido, formData.correo, formData.password].includes("")) {
      > ▪ router               31        setAlerta({ mensaje: 'No puede haber campos vacios', error: true });
      > ▪ utils                32        return;
          ⚛ App.jsx            33      }
          ⊟ index.css          34      if (formData.password !== repetirPass) {
          ⚛ main.jsx           35        setAlerta({ mensaje: 'Las contraseñas deben ser iguales', error: true });
          ▦ .env               36        return;
          ⊙ .eslintrc.cjs      37      }
          ◇ .gitignore         38      if (rol === import.meta.env.VITE_ADMIN) {
          ⊙ index.html         39        formData.rol = "ADMIN_ROLE"
          ⊙ package-lock.json  40      }
          ⊙ package.json       41
          ❶ README.md          42    const { mensaje } = alerta;
          ⚡ vite.config.js     43
                               44    return (
                               45      <>
                               46        <div>
                               47          <Boton titulo={"volver al inicio"} />
                               48        </div>
                               49        <div className='login-container'>
                               50          <div className="card">
                               51            <div className="card2">
                               52              <form className="form">
                               53                <p id="heading">REGISTRATE</p>
```

Figura 9.16.

En el navegador pulsa el botón **REGISTRATE** sin haber completado los campos, y verás que la alerta se hace visible.

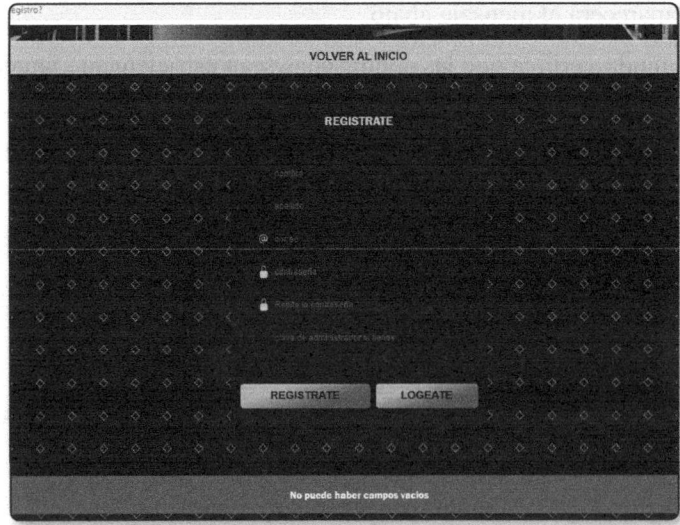

Figura 9.17.

Antes de comenzar a realizar peticiones al backend, hay algo más que debes hacer.

Piensa que una vez que te hayas registrado, no querrás que la pantalla quede congelada. Incluso, para moverte entre pantallas no deberías tener que cambiar la URL, sino que sería más lógico hacerlo desde los mismos botones.

Para atender a estos detalles, importa useNavigate del paquete de **react-router-dom** (línea 4) y guárdalo en una variable llamada **navigate** (línea 9).

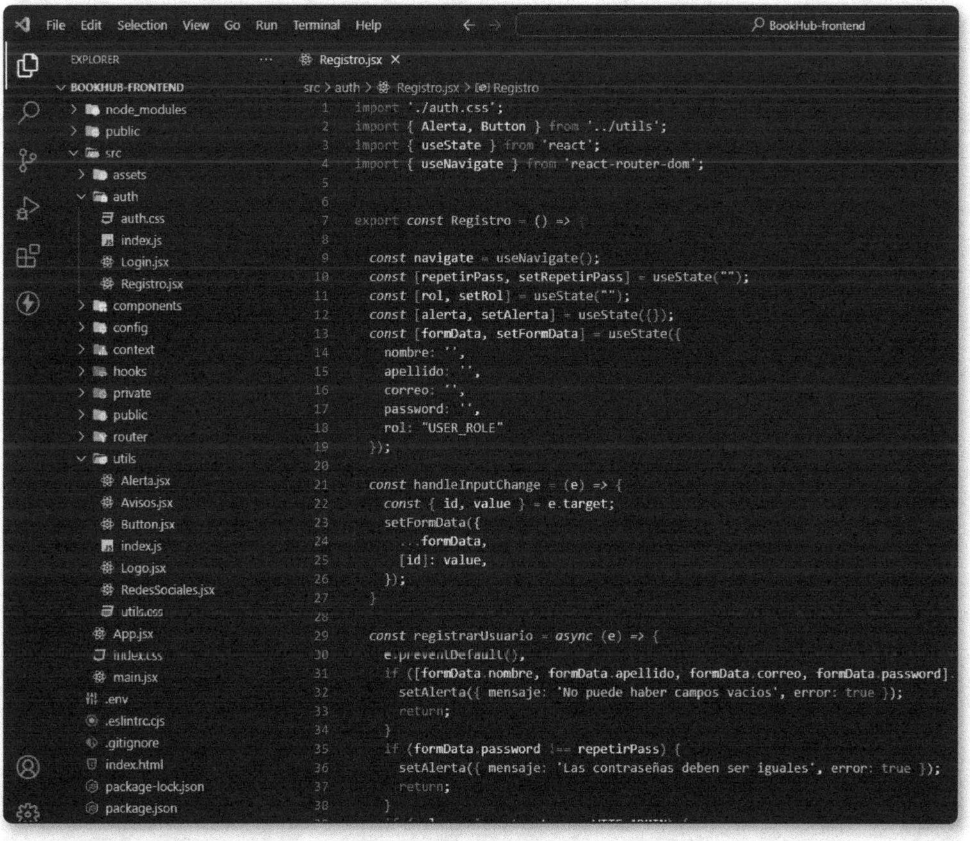

Figura 9.18.

Luego ve al componente **Button** que tiene el título **volver al inicio**, colócale un evento **onClick** al div que lo envuelve (línea 60) y pásale la función ()=> **navigate("../home");**. Verás que, luego de apretar ese botón, te lleva a la página de inicio.

Debajo está el botón que debe llevar al **Login**. Haz el mismo procedimiento, solo que esta vez debe dirigir a la dirección **../login** (línea 102). (**Figura 2.19.**).

Figura 9.19.

Continuando con la navegación de las rutas, ve a **Home.jsx** y realiza el procedimiento anterior en el **Button** iniciar sesión. Recuerda importar **useNavigate**, guardar esa función en una variable y luego llamarla en el botón. Haz lo mismo en **Login.jsx** con el componente **Button** que va al home y con el que va al **Registro.jsx**. Así tendrás todas las rutas enlazadas.

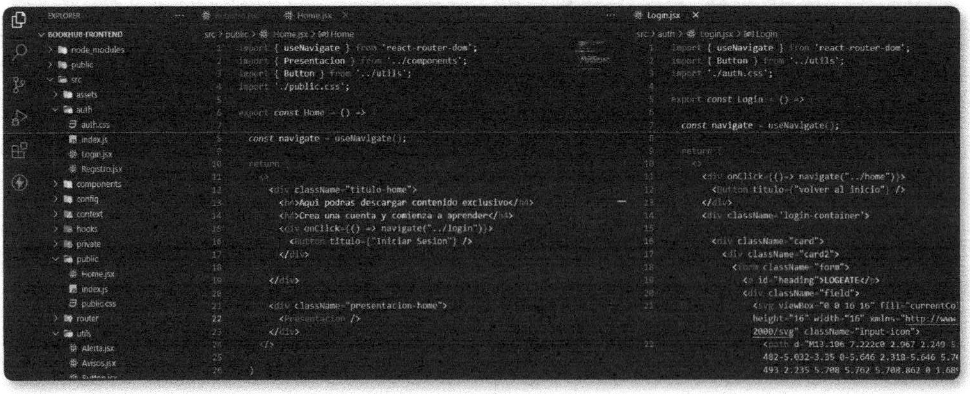

Figura 9.20.

Llegó el momento de hacer la petición al backend. Dirígete al componente **Registro.jsx**, ubícate en la función **registrarUsuario** y, luego de las validaciones locales, coloca un bloque **try-catch** para capturar el error en caso de que la petición falle. Recuerda que debes importar **clienteAxios**. Dentro del **try** utiliza **axios** para consumir el endpoint de **REGISTRAR USUARIO**. Si no recuerdas la URL, ayúdate con **Postman**:

```
try {
    const { data } = await clienteAxios.post(`/usuarios`, formData);
    console.log(data)
    setAlerta({ mensaje: "Usuario creado correctamente redireccionando...",
error: false })
    } catch (error) {
    console.log(error)
    return;
    }
    setTimeout(() => {
    navigate("../login")
    }, 3000);
```

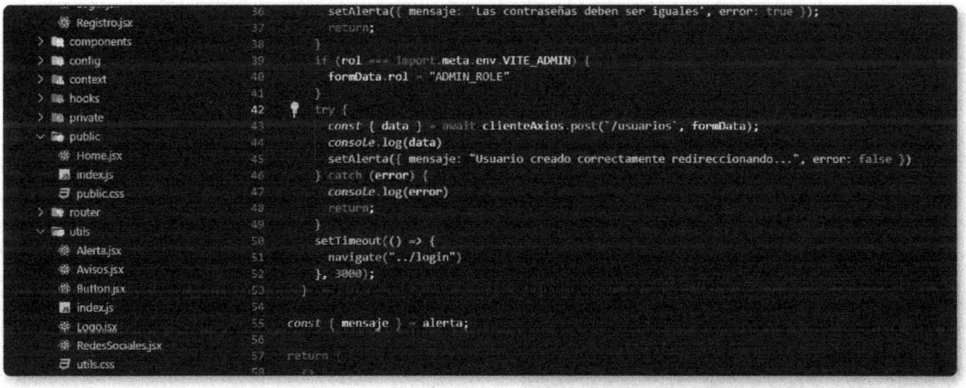

Figura 9.21.

Prueba que todo esté funcionando. Registra un usuario con clave de administrador para otorgarle permisos especiales. Si todo sale bien, esto dará un mensaje de alerta en verde y te direccionará hacia **Login.jsx** después de 3 segundos. Esto se debe a que en la parte final de la función **registrarUsuario** hay un **setTimeout**.

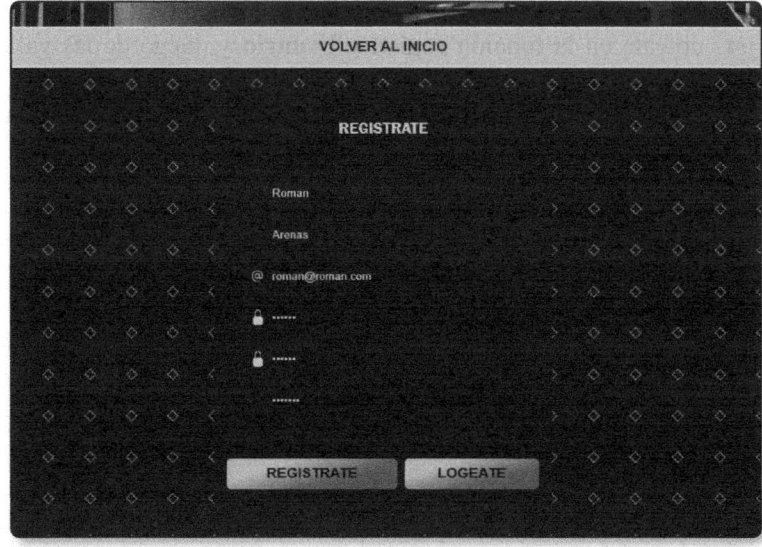

Figura 9.22.

Ahora deberás manejar los errores del backend para que se muestren de la misma forma que los locales. Ve a la página de registro y coloca otro usuario con el mismo correo que acabas de registrar, para que salte el error de **correo ya registrado**, que se contempla en el backend. En pantalla no verás nada, pero como tienes un **console.log** del error dentro del bloque **catch**, aparecerá en la consola del navegador. Ahí lo tienes, en la ruta **response=>data=>errors[0]=>msg**. Con esta información, ya puedes extraer el mensaje (**Figura 2.23.**).

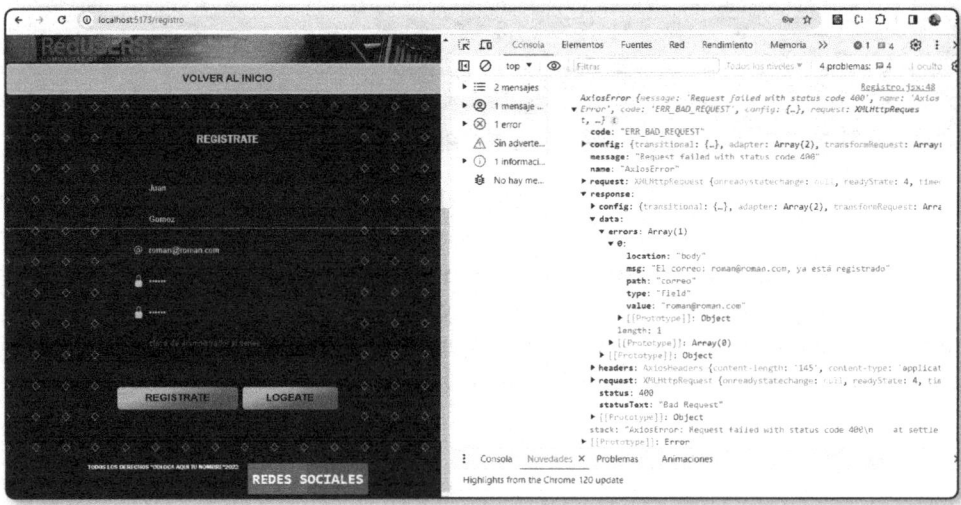

Figura 9.23.

En la parte del **catch**, setea el mensaje a la **alerta** como un error: true para que se muestre en color rojo (línea 49).

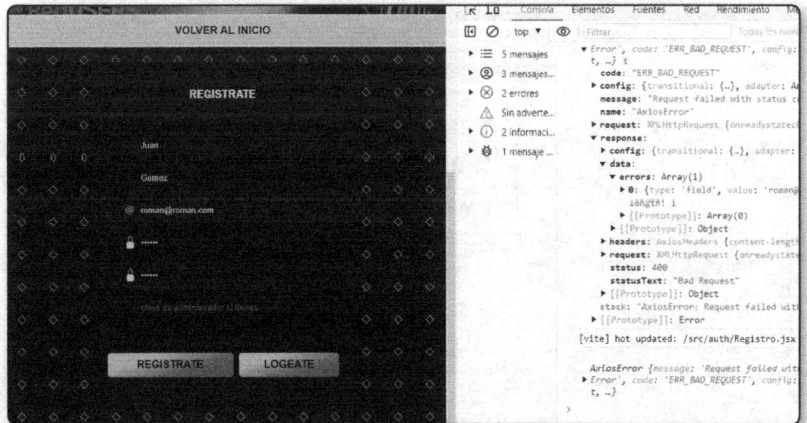

Figura 9.24.

Vuelve a ejecutar dicha acción y verás el error en el navegador (**Figura 2.25.**).

Figura 9.25.

Es momento de pasar al **Login.jsx**. Realiza las importaciones que sean necesarias; **clienteAxios, useState, Alerta**, etc. Luego, al igual que en el registro, haz un estado para las alertas, extrae el mensaje y condiciona el renderizado de dicha alerta a partir del mensaje (líneas 10, 18 y 53).

Figura 9.26.

Ahora crea una función llamada **logearUsuario** y colócasela a partir de un evento **onClick** al botón de login. Dicha función previene que se recargue la página con **preventDefault()**; por el momento, solo hazle un **console.log** que diga "logueando…".

Figura 9.27.

Al igual que en el registro, crea un estado para el formulario cuyo valor inicial sea un objeto con las propiedades **correo** y **password**, ya que solo esas dos son requeridas para el inicio de sesión.

Luego, a cada uno de los campos pásale la función que modifica ese formulario, y como value o valor, el **formdata.correo** al correo electrónico y el **formData.password** a la contraseña.

Recuerda que en los **inputs** debe estar presente el **id** que hace referencia al formulario (**Figura 2.28.**).

Figura 9.28.

Vuelve a la función **logearUsuario** y haz una comprobación local para campos vacíos como la anterior, y luego un **try-catch** capturando el error y seteándolo como mensaje a la alerta. En caso de que todo esté bien, debe direccionarte a **libros**.

```
⚡  ☰ Registro.jsx              24
    > ▣ components              25
    ∨ ▣ config                  26
        ⚙ axios.jsx             27   const logearUsuario = async (e) => {
    > ▣ context                 28     e.preventDefault();
    > ▣ hooks                   29     if ([formData.correo, formData.password].includes("")) {
    > ▣ private                 30       setAlerta({ mensaje: 'No puede haber campos vacios', error: true });
    > ▣ public                  31       return;
    > ▣ router                  32     }
    > ▣ utils                   33     try {
        ⚙ App.jsx               34       const { data } = await clienteAxios.post(`/auth/login`, formData);
        ⋥ index.css             35       console.log(data)
        ⚙ main.jsx              36       setAlerta({ mensaje: "Usuario autenticado correctamente", error: false })
    ⋮⋮ .env                     37       localStorage.setItem('token', data.token);
    ⬡ .eslintrc.cjs             38     }
    ◈ .gitignore                39     catch (error) {
    ⬡ index.html                40       console.log(error)
    ⬡ package-lock.json         41       setAlerta({ mensaje: error.response.data.msg, error: true })
    ⬡ package.json              42       return;
    ⬢ README.md                 43     }
    ⨍ vite.config.js            44
                                45     setTimeout(() => {
                                46       navigate("../libros")
                                47     }, 4000);
                                48
                                49
                                50
```

Figura 9.29.

Si te logueas con el usuario correctamente, verás en la consola el resultado. Recuerda que desde el backend viene el **usuario** y un **token**. En la línea 36 se está enviando este **token** al **localStorage** para utilizar en otra parte.

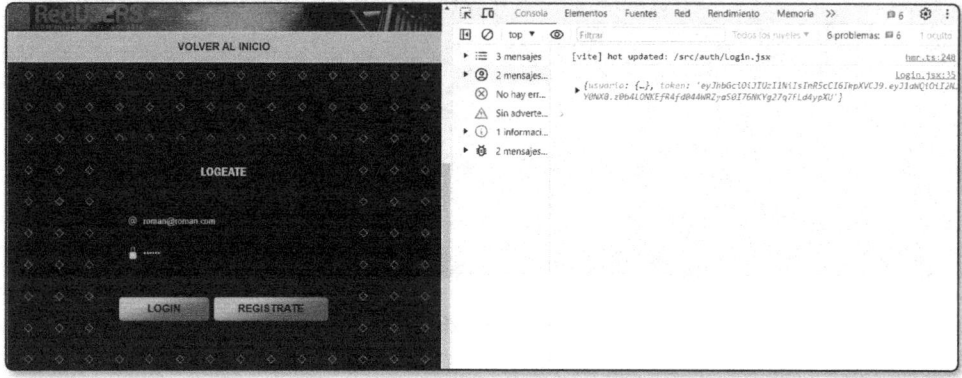

Figura 9.30.

Por ahora, esto es todo en el login. Ahora ve al archivo **AuthProvider.jsx** en la carpeta **context** e importa lo necesario para trabajar (**useState**, **useEsffect**, **clienteAxios**). Aquí se hará la autenticación del usuario, o sea, se leerá el **token** del **localStorage** y, si existiera, se mantendrá al usuario logueado y con los permisos que esto conlleva. El estado general o global es el **usuarioAuth** donde se encontrarán los datos del usuario con el fin de usarlo en cada uno de los componentes de la carpeta **private**.

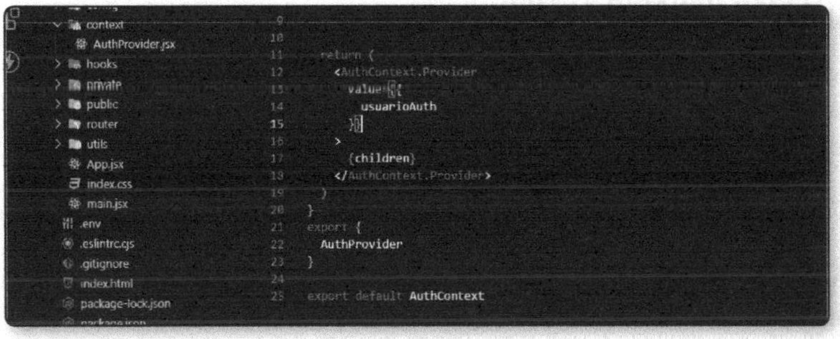

Figura 9.31.

En la próxima función observarás lo siguiente: de la línea 9 a la 30 se utiliza un **useEffect**. Dentro contiene una función que, primero, descarga el **token** del **localStorage** y lo guarda en una variable (línea 11) y, luego, el condicional (línea 12) verifica que exista ese **token**. Si no existe el código, se detiene ahí mismo con el **return**; en caso contrario, pasa al **try-catch**. Dentro de la opción positiva, o sea el **try**, proporciona el token dentro de los **headers** y consume la API **OBTENER PERFIL** pasándole la configuración como parámetro. Dicha respuesta, que es el usuario autenticado, se la setea a **usuarioAuth**. Finalmente, en el **console.log** (línea 32) puede verse el usuario que tiene la sesión activa en este momento.

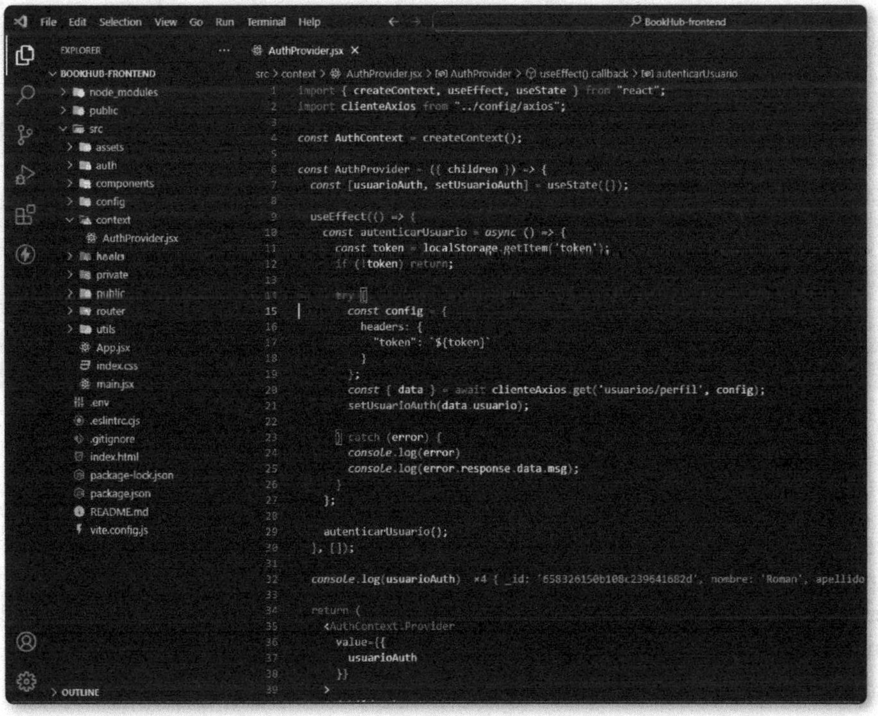

Figura 9.32.

9.6 ACTUALIZAR USUARIO ACTIVO

Es hora de darle al usuario la posibilidad de que actualice su perfil: cambie su nombre, apellido o el rol si es que tiene una clave de administrador.

Ve a la URL **/editusuario** para llegar a la página de **EditarUsuario.jsx**.

Allí realiza las importaciones necesarias y configura las alertas como hiciste en el login y el registro.

Figura 9.33.

Si observas bien, hay un botón para cerrar la sesión actual. A dicho botón agrégale un evento **onClick** *que dispare la función* **cerrarSesion**; lo que hará será limpiar el **localStorage** y, por lo tanto, ya no habrá **token** para leer. Acto seguido, debe redireccionar al home a través de **navigate** (recuerda importarlo si no lo hiciste y crear la variable) (**Figura 2.34.**).

Figura 9.34.

En cuanto a los demás botones, deben direccionar adonde corresponda. Ayúdate con el archivo **AppRoutes.jsx** si no recuerdas las rutas.

Si saliste de la sesión, vuelve a loguearte y entra otra vez a **editar usuario**. Ahora debes emplear el formulario, pero ten en cuenta que hay datos que no pueden modificarse, como el **correo** y otros que requieren algo extra, como el **rol**. Importa el **usuarioAuth** del estado general a través del hook **useAuth**. Recuerda que este contiene el usuario que está con la sesión activa.

Luego se extrae el **rol**, el **correo** y el **_id** del objeto **usuarioAuth** (línea 15). Esto se debe a que el correo no se podrá modificar, el rol por defecto será el que ya posee el usuario, como se dijo anteriormente, y el **_id** es requerido por el backend al final de la URL.

Otro estado que servirá para reemplazar el rol si se lo requiere es el de la línea 13. Ya veras cómo actúa sobre las validaciones.

También está el estado **repetirPassword** para la validación local de la contraseña (línea 12).

```
src > private > EditarUsuario.jsx > [○] EditarUsuario
1   import './private.css';
2   import '../auth/auth.css'
3   import { useNavigate } from 'react-router-dom';
4   import { useState } from 'react';
5   import { Alerta, Button } from '../utils';
6   import clienteAxios from '../config/axios';
7   import { useAuth } from '../hooks';
8   export const EditarUsuario = () => {
9
10     const navigate = useNavigate();
11     const [alerta, setAlerta] = useState({});
12     const [repetirPass, setRepetirPass] = useState("");
13     const [rolNuevo, setRolNuevo] = useState("");
14     const { usuarioAuth } = useAuth();
15     const { correo, _id, rol } = usuarioAuth;
16
17
18
19     const [formData, setFormData] = useState({
20       nombre: '',
21       apellido: '',
22       correo: correo,
23       password: '',
24       rol: rol
25     });
26     const handleInputChange = (e) => {
27       const { id, value } = e.target;
28       setFormData({
29         ...formData,
30         [id]: value,
31       });
32     }
33
34
35
36  >  const cerrarSeccion = () => {...
```

Figura 9.35.

Estos inputs funcionarán igual que los de login y registro, pero con una particularidad. El correo llevará la propiedad **disabled** dentro del input para que no pueda ser modificado por el usuario (línea 80). En cuanto al botón **actualizar**, colócale un evento **onClick** que dispare la función **actualizarUsuario**. Por el momento, esto te dará error en el navegador porque la función no está definida.

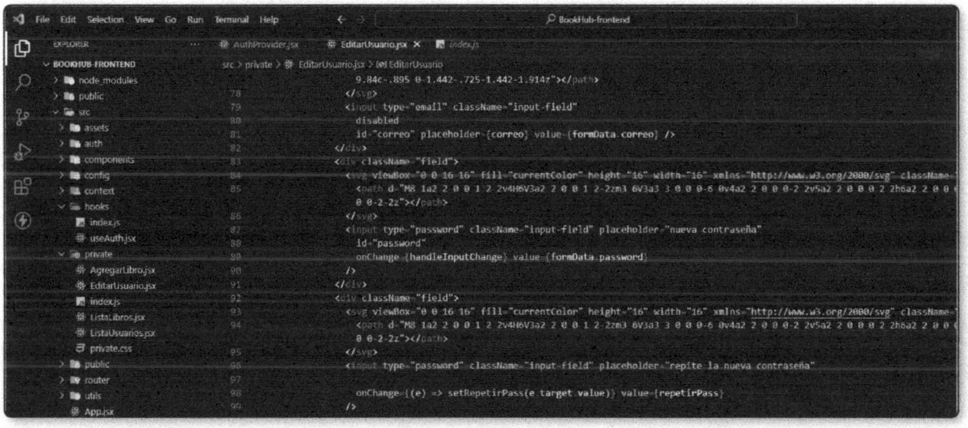

Figura 9.36.

Crea la función **actualizarUsuario**, que debe ser **asíncrona**, con sus respectivas validaciones, campos vacíos, rol y contraseñas iguales.

Figura 9.37.

Ahora debes enviar la petición a la API. Coloca un bloque **try-catch** como en los anteriores, solo que aquí debes enviar el **id** como variable al final del endpoint, y el formulario **formData** en el body de la petición.

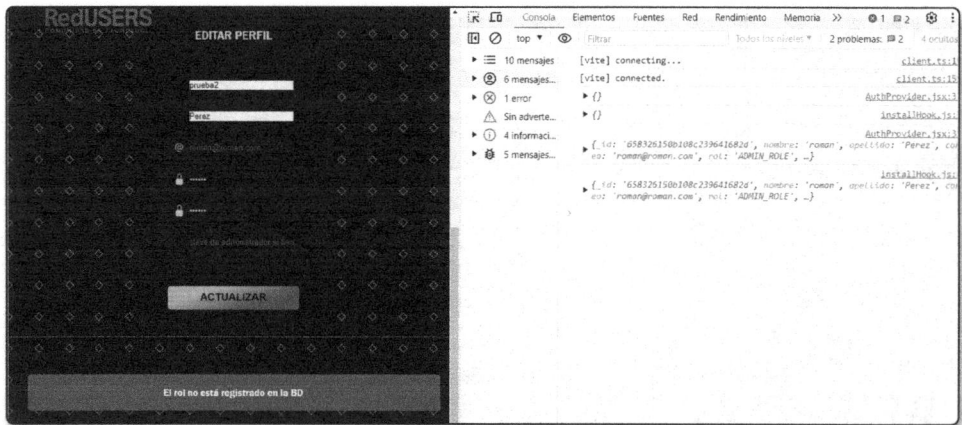

```
        ✓ ▣ auth                  29         ...formData,
             ⛬ auth.css           30         [id]: value,
             ▣ index.js           31       });
             ⬡ Login.jsx          32     }
             ⬡ Registro.jsx       34     const editarUsuario = async (e) => {
       > ▣ components              35       e.preventDefault();
       > ▣ config                 36       if ([formData.nombre, formData.apellido, formData.password].includes("")) {
       > ▣ context                37         setAlerta({ mensaje: 'No puede haber campos vacíos', error: true });
        ✓ ▣ hooks                 38         return;
             ▣ index.js           39       }
             ⬡ useAuth.jsx        40       if (formData.password !== repetirPass) {
        ✓ ▣ private               41         setAlerta({ mensaje: 'Las contraseñas deben ser iguales', error: true });
             ⬡ AgregarLibro.jsx   42         return;
             ⬡ EditarUsuario.jsx  43       }
             ▣ index.js           44       if (rolNuevo === import.meta.env.VITE_ADMIN) {
             ⬡ ListaLibros.jsx    45         formData.rol = "ADMIN_ROLE"
             ⬡ ListaUsuarios.jsx  47       try {
             ⛬ private.css        48         const { data } = await clienteAxios.put(`/usuarios/${_id}`, formData);
       > ▣ public                 49         console.log(data)
       > ▣ router                 50         setAlerta({ mensaje: "Usuario actualizado correctamente", error: false })
       > ▣ utils                  51       } catch (error) {
             ⬡ App.jsx            52         setAlerta({ mensaje: error.response.data.errors[0].msg, error: true })
             ⛬ index.css          53         return;
             ⬡ main.jsx           54       }
           ⚙ .env                 55     }
           ⚙ .eslintrc.cjs        58     const cerrarSeccion = () => {
           ⚙ .gitignore           60       localStorage.removeItem("token");
           ⬡ index.html           61       navigate('../')
           ⚙ package-lock.json    62     }
      > OUTLINE                   63     const { mensaje } = alerta
```

Figura 9.38.

Puede aparecer un error indicando que el usuario no está registrado en la base de datos, de la siguiente manera:

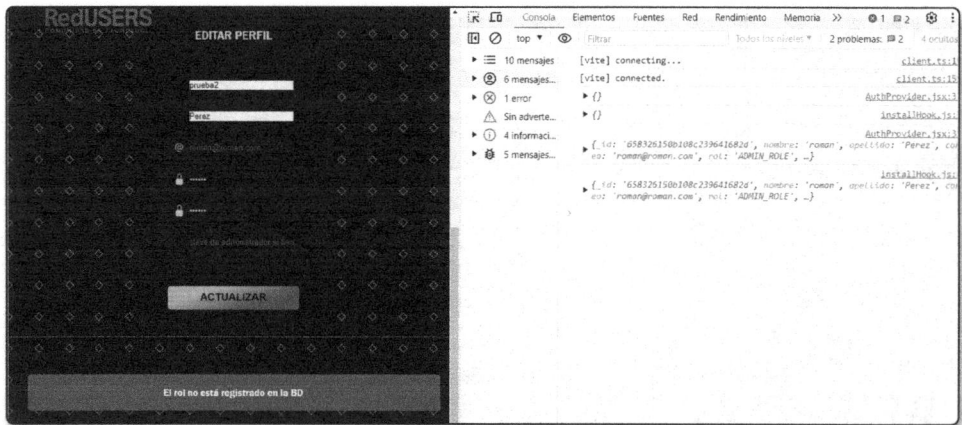

Figura 9.39.

Esto se debe a que los datos se están enviando mal. Lo hemos dejado a propósito de este modo para que puedas ver el correcto funcionamiento del **catch**.

Ahora, ve a la parte inferior del componente EditarUsuario.jsx y dentro del input que contiene el evento **onChange** cambia **setRol** por **setRolNuevo**, y el value por **rolNuevo**, ya que este estado si existe, no como el anterior (línea 128).

```
114        </div>
115        <div className="field">
116            <svg viewBox="0 0 16 16" fill="currentColor" height="16" width="16" xmlns="http://www.w3.org/2000/svg" cl
117                <path d="M8 1a2 2 0 0 1 2 2v4H6V3a2 2 0 0 1 2-2zm3 6V3a3 3 0 0 0-6 0v4a2 2 0 0 0-2 2v5a2 2 0 0 0 2 2h6a
                   0 0-2-2z"></path>
118            </svg>
119            <input type="password" className="input-field" placeholder="repite la nueva contraseña"
120
121                onChange={(e) => setRepetirPass(e.target.value)} value={repetirPass}
122            />
123        </div>
124        <div className="field">
125            <svg viewBox="0 0 16 16" fill="currentColor" height="16" width="16" xmlns="http://www.w3.org/2000/svg" cl
126            </svg>
127            <input type="password" className="input-field" placeholder="clave de administrador si tienes"
128                onChange={(e) => setRolNuevo(e.target.value)} value={rolNuevo}
129            />
130        </div>
131
132        <div className="btn">
133            <button className="button2" onClick={editarUsuario}>Actualizar</button>
134        </div>
135    </form>
136    </div>
137    </div>
138 </div>
139 {mensaje && <Alerta alerta={alerta} />}
140 </>
141 )
```

Figura 9.40.

El error persistirá a pesar de que el código está correctamente escrito. El problema aquí es el siguiente: debido a la naturaleza sincrónica de **useState**, el formulario no llega a tomar sus valores y, por lo tanto, deja los campos en **undefined** si no se le está pasando nada. Para solucionar este inconveniente, cambia la estructura del formulario por la siguiente:

```
const [formData, setFormData] = useState((prevFormData) => ({
  ...prevFormData,
  nombre: '',
  apellido: '',
  correo: correo,
  password: '',
  rol: rol,
}));
```

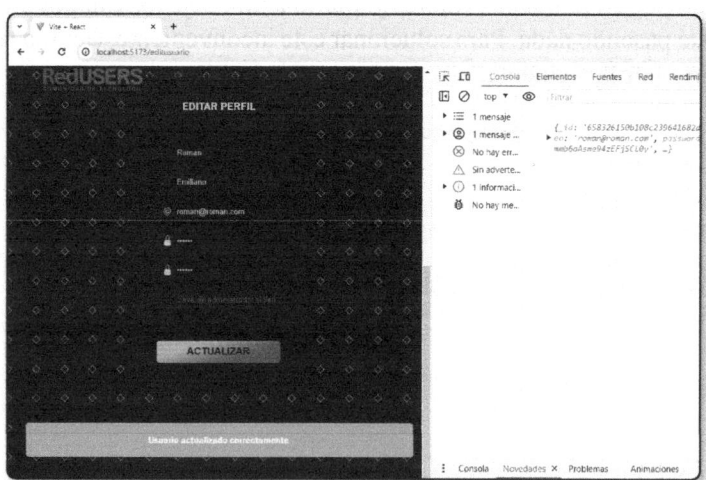

Figura 9.41.

Vuelve a actualizar el usuario dejando el campo de contraseña de administrador en blanco, y verás que esta vez no hay problemas al enviar el formulario. Si lo deseas, puedes agregar un **setTimeout** al final de la función **actualizarUsuario** para redirigir a otra página.

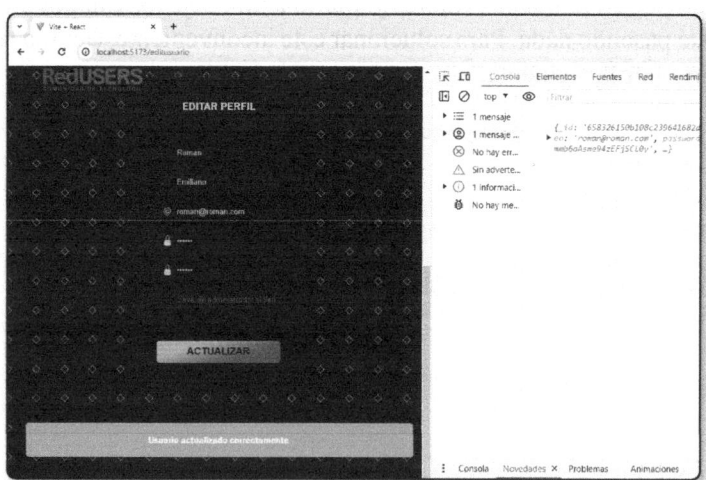

Figura 9.42.

9.7 AGREGAR Y LISTAR LIBROS

Las siguientes vistas son para usuarios autenticados también. En esta parte de la app serás capaz de ir agregando elementos y listarlos de una manera muy sencilla.

Ve a **AgregarLibro.jsx** en la carpeta **private** y empieza configurando la navegación. Recuerda que hay cuatro botones: tres de ellos van a otras rutas y uno cierra la sesión. También configura la alerta con su estado, la desestructuración del mensaje y el renderizado condicional al final del componente. Hazlo tal como lo hiciste en los componentes anteriores (**Figura 2.43.**).

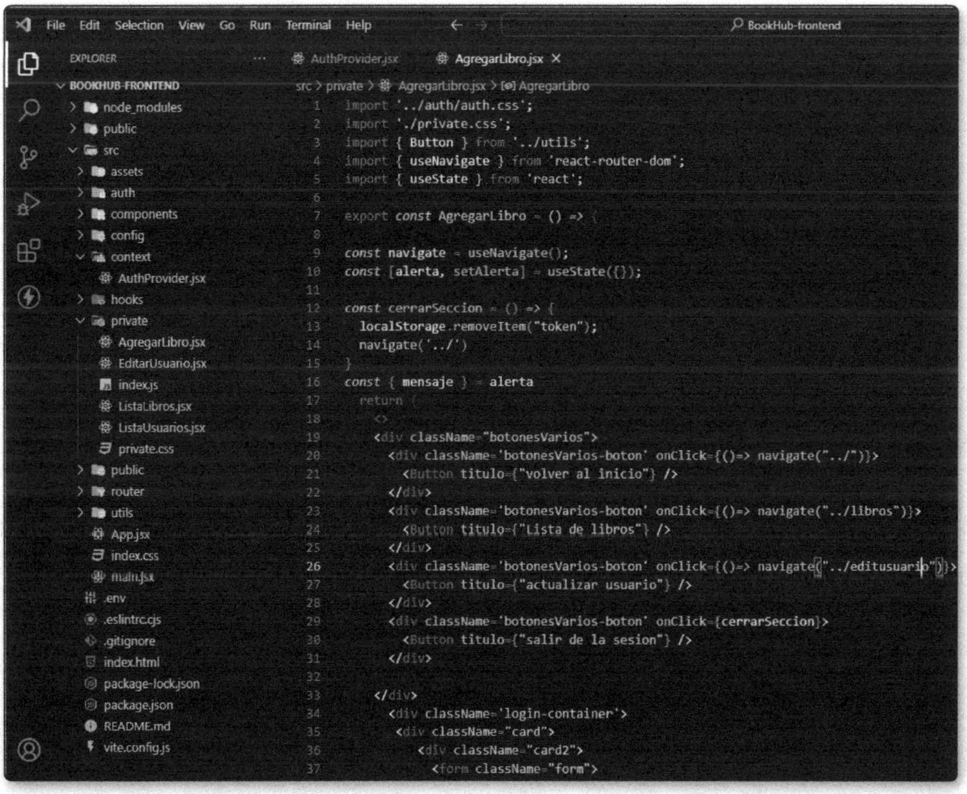

Figura 9.43.

Es el turno del formulario. Al igual que los anteriores, coloca las respectivas funciones.

Figura 9.44.

Por último, ve abajo del todo y agrega la función **agregarLibro** en el botón **Agregar a la coleccion**. Esta función, por supuesto, debe ser asíncrona, y solo tendrá una validación para que no haya campos vacíos.

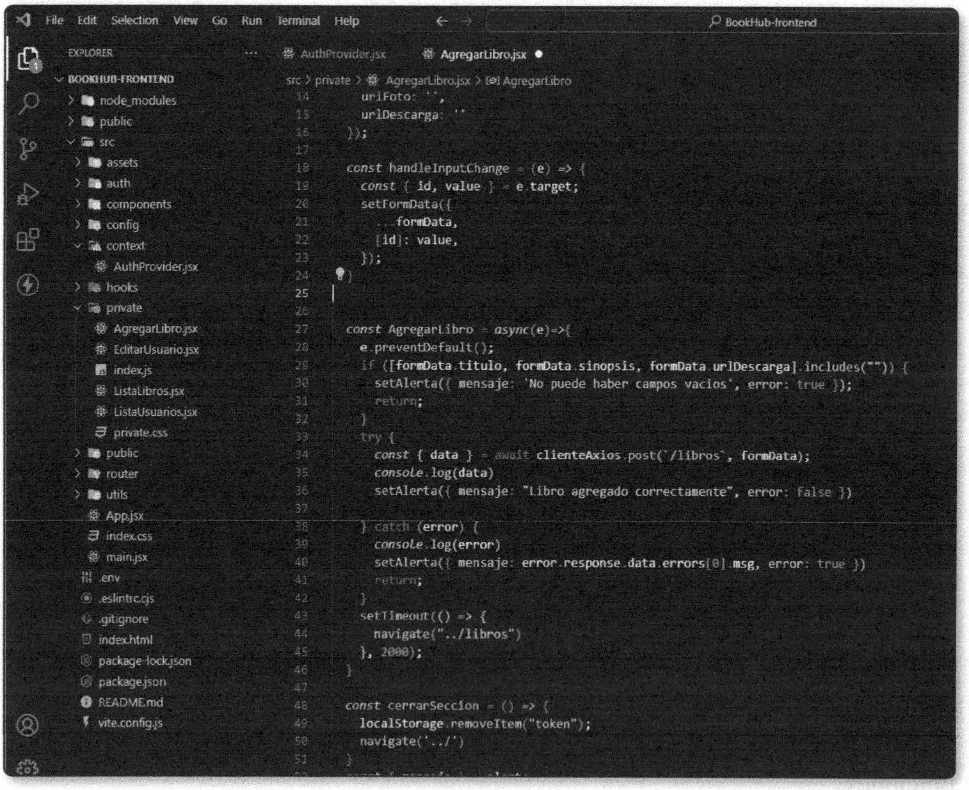

Figura 9.45.

Si vas al navegador y agregas un libro, saldrá correctamente.

Al final de la función **agregarLibro** hay un **setTimeout** que te direccionará a **/libros**. Este será el próximo componente que vas a crear.

Ve al componente **ListaLibros.jsx** y arma su estructura. Realiza las importaciones que se ven en la imagen y crea los botones con el componente **Button** para armar la navegación (**Figura 2.46.**).

Figura 9.46.

Lo siguiente será un **useEffect** para obtener todos los libros no bien se cargue la página (línea 17 a la 23). Esta será una petición del tipo **GET** a la URL correspondiente, para luego guardar el resultado en un estado (línea 12). Este va a ser un **array** con la cantidad de libros que hayas agregado.

Figura 9.47.

Lo siguiente será mapearlos, es decir, al arreglo libros aplicarle el método **map** para mostrarlos en pantalla:

```
<main className='cotenedor-libros'>
    {
      libros.map(el => (
        <div className="cursos" key={el._id}>
          <img src={el.urlFoto} alt="foto" />
          <p className="cursos-heading">
            {el.titulo}
          </p>
          <p>
            {el.sinopsis}
          </p>
          <button onClick={() => window.location.assign(`${el.urlDescar-
ga}`)}>
              DESCARGAR
          </button>

          {(rol === "ADMIN_ROLE") && <button className='botonBorrar' on-
Click={() => borrarLibro(el._id)}>BORRAR</button>}

        </div>
      ))
    }
</main>
```

Este código tiene la particularidad de que, en caso de que el usuario sea administrador, mostrará un botón para eliminar el libro. Dicho botón, al hacerle clic, disparará la función **borrarLibro**, que crearás a continuación.

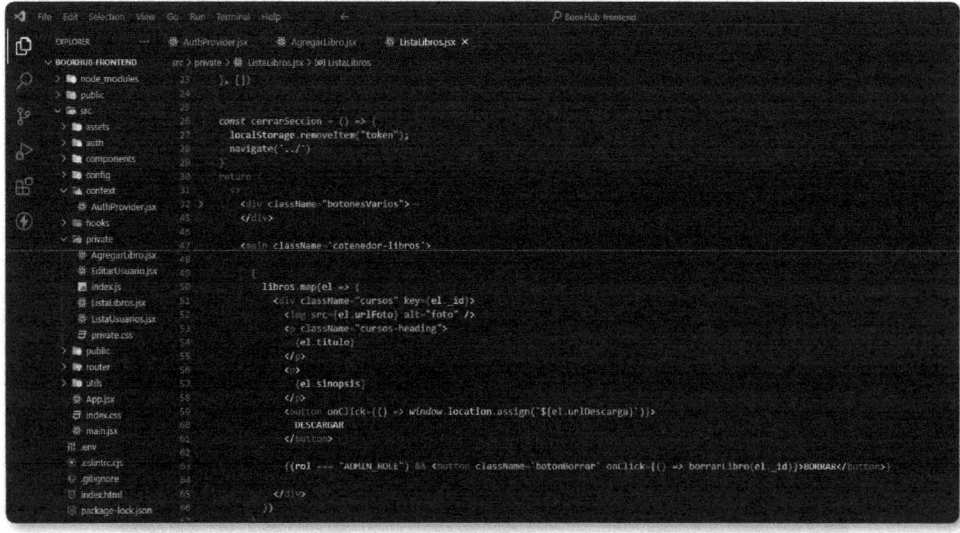

Figura 9.48.

Antes de continuar, ve a **private.css** y aplica los estilos para que no se vea tan feo:

```css
/*listaLibros comienzo*/
.cotenedor-libros {
  padding: 2rem;
  width: 100%;
  display: flex;
  flex-wrap: wrap;
  gap: 2rem;
}

.cursos {
  position: relative;
  width: 220px;
  height: 280px;
  background-color: #000;
  display: flex;
  flex-direction: column;
  justify-content: end;
  padding: 12px;
  gap: 12px;
  border-radius: 8px;
  cursor: pointer;
}

.descarga:hover {
  cursor: pointer;
  color: yellow;
}

.cursos::before {
  content: '';
  position: absolute;
  inset: 0;
  left: -5px;
  margin: auto;
  width: 200px;
  height: 264px;
  border-radius: 10px;
  background: linear-gradient(-45deg, #e81cff 0%, #40c9ff 100%);
  z-index: -10;
  pointer-events: none;
  transition: all 0.6s cubic-bezier(0.175, 0.885, 0.32, 1.275);
}

.cursos::after {
  content: "";
  z-index: -1;
  position: absolute;
  inset: 0;
  background: linear-gradient(-45deg, #fc00ff 0%, #00dbde 100%);
  transform: translate3d(0, 0, 0) scale(0.95);
```

```
  filter: blur(20px);
}

.cursos-heading {
  font-size: 20px;
  text-transform: capitalize;
  font-weight: 700;
}

.cursos p:not(.cursos-heading) {
  font-size: 14px;
}

.cursos p:last-child {
  color: #e81cff;
  font-weight: 600;
}

.cursos:hover::after {
  filter: blur(30px);
}

.cursos:hover::before {
  transform: rotate(-90deg) scaleX(1.34) scaleY(0.77);
}

.botonesVarios {
  display: flex;
  flex-direction: row;
  gap: 2rem;
  padding: 1.5rem;
  justify-content: center;
}

@media (max-width: 780px) {
  .botonesVarios {
    display: flex;
    flex-direction: column;
    justify-content: center;
    align-items: center;
  }

  .botonesVarios-boton {
    max-width: 250px;
    min-width: 250px;
  }
}

.botonBorrar {
  background-color: red;
  color: white;
  font-weight: bold;
}
```

```
.input-busqueda {
  width: 100%;
  text-align: center;
  margin: 2rem 0;
  display: flex;
  flex-direction: column;
  justify-content: center;
  align-items: center;
  gap: 1rem;
}

.input-busqueda button {
  width: 200px;
}

/*listaLibros final*/
```

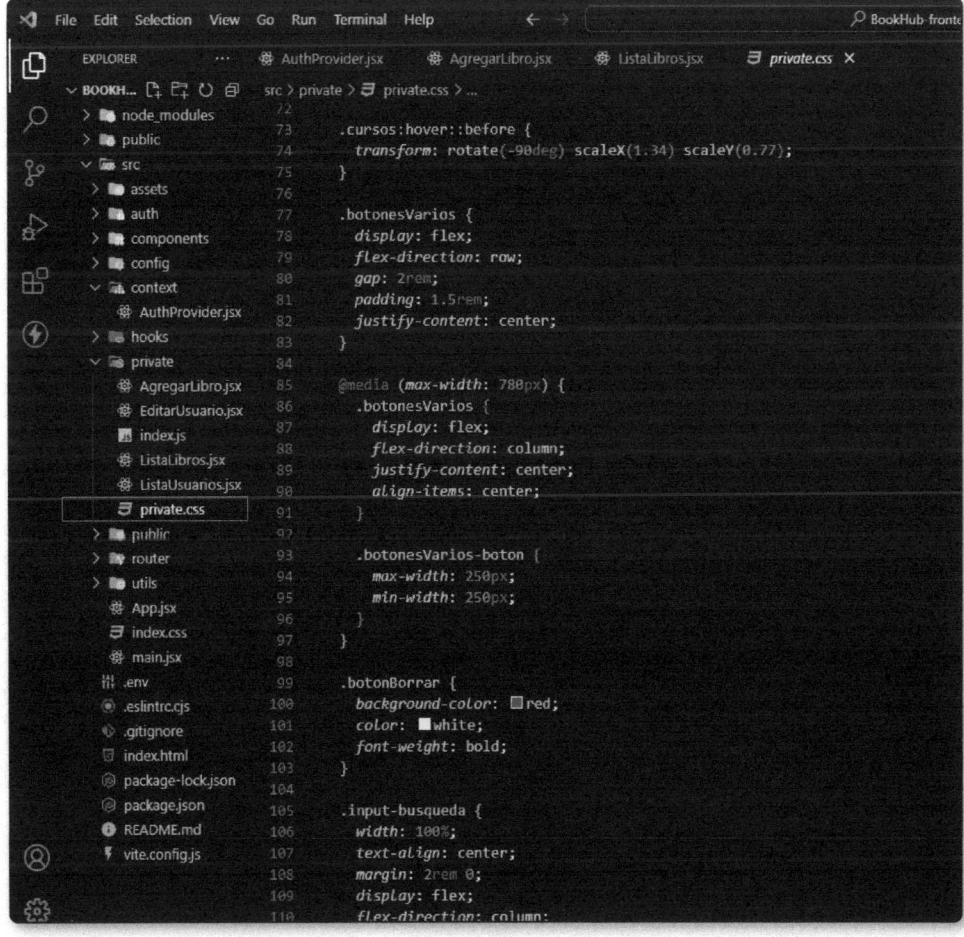

Figura 9.49.

Ahora crea la función para borrar los libros, que será una petición del tipo **DELETE**. Algo que estabas olvidando es configurar las alertas. Si no las tienes, hazlo como en los demás componentes:

```
const borrarLibro = async (id) => {
    const confirmar = confirm('Deseas eliminar este libro?')
    if (confirmar) {
      try {
        const { data } = await clienteAxios.delete(`/libros/${id}`);
        setAlerta({ mensaje: "Libro eliminado correctamente", error: false })
      } catch (error) {
        setAlerta({ mensaje: "Error al eliminar el libro", error: true })
      }
    }
  }
```

Figura 9.50.

Queda por realizar la búsqueda del material por nombre. Crea dos nuevos
useState para los libros filtrados por nombre (líneas 17 y 18). También desestructura
el nombre del usuario autenticado (línea 15).

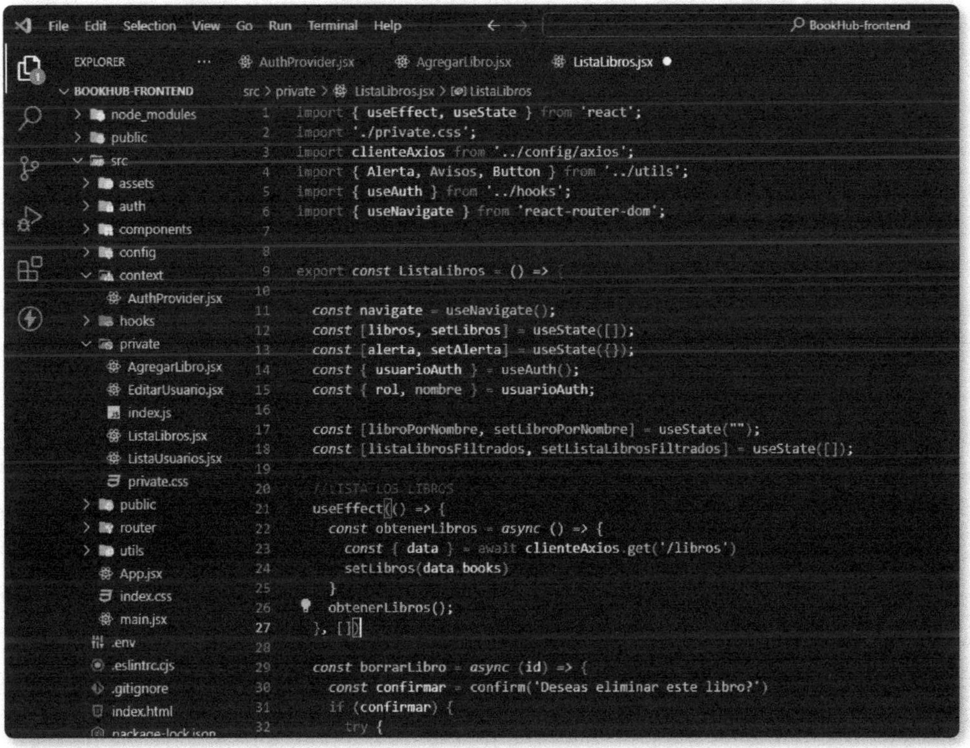

Figura 9.51.

Coloca el siguiente código debajo de los botones:

```
<div className='input-busqueda'>
        <input type="text" name="text" className="busqueda" placeholder="Buscar
libro" required="" value={libroPorNombre} onChange={e => setLibroPorNombre(e.
target.value)} />
        <button onClick={buscarLibroPorNombre}>buscar</button>
        <Avisos mensaje={`Hola ${nombre} aca podes ver todo el material didácti-
co`} />
    </div>
```

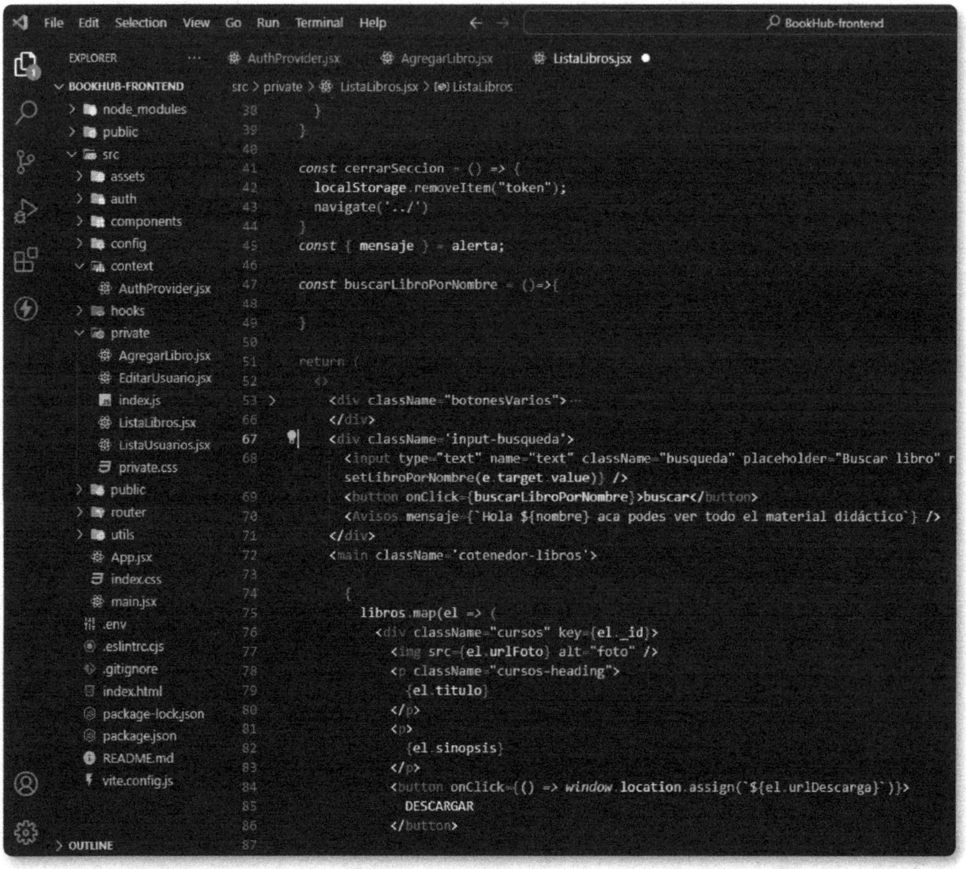

Figura 9.52.

Este es su css; introdúcelo en **private.css**:

```css
/*Busqueda inicio*/

.busqueda {
  max-width: 190px;
  height: 45px;
  width: 100%;
  font-size: 16px;
  border-radius: 5px;
  padding-left: 15px;
  border: 1px solid #ccc;
  border-bottom-width: 2px;
  transition: all 0.3s ease;
  position: relative;
}
```

```css
.busqueda:valid {
  border-color: #00ff2a;
  color: #071a0a;
  box-shadow: 2px 2px 8px 1px #00ff2a;
}

.busqueda:invalid {
  border-color: #ff0000;
  color: #ff0000;
  box-shadow: 2px 2px 8px 1px #ff0000;
}

/*Busqueda fin*/
```

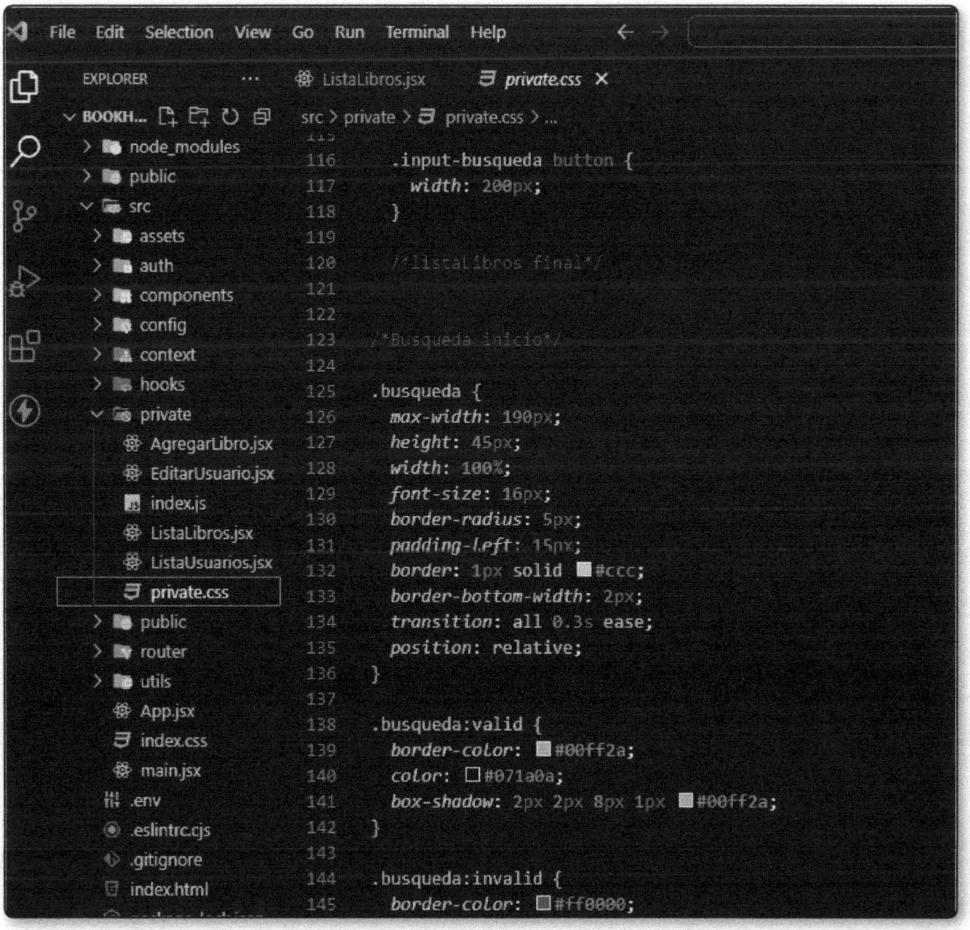

Figura 9.53.

Arma la función **buscarLibroPorNombre**:

```
const buscarLibroPorNombre = async (e) => {
  e.preventDefault();
  try {
    const { data } = await clienteAxios.get(`libros/search?keyword=${libroPorN
ombre}`);
    setListaLibrosFiltrados(data)
  } catch (error) {
    console.log(error)
  }
}
```

Esta es una petición del tipo **GET** donde se le envía lo que se escribe por teclado. Pueden ser dos letras o el nombre completo.

Figura 9.54.

Lo siguiente será mapear esa **listaLibrosFiltrados**. Esto lo harás justo debajo del botón de buscar (**Figura 2.55.**).

```
  private                76      <Avisos mensaje=("Hola ${nombre} aca podes ver todo el material didáctico") />
    AgregarLibro.jsx      77    ?  </div>
    EditarUsuario.jsx     78    |
    index.js              79      {listaLibrosFiltrados.length !== 0 && {
    ListaLibros.jsx       80
    ListaUsuanos.jsx      81        <Avisos mensaje=("El resultado es:") />
    private.css           82        <div className="cotenedor-libros">
  public                 83
  router                 84          {listaLibrosFiltrados.map(el => {
  utils                  85          <div className="cursos" key={el._id}>
    App.jsx              86            <img src={el.urlFoto} alt "foto" />
    index.css            87            <p className="cursos-heading">
    main.jsx             88              {el.titulo}
    .env                 89            </p>
    .eslintrc.cjs        90            <p>
    .gitignore           91              {el.sinopsis}
    index.html           92            </p>
    package-lock.json    93            <button onClick={() => window.location.href = `${el.urlDescarga}`}>
    package.json         94              DESCARGAR
    README.md            95            </button>
    vite.config.js       96            {(rol === "ADMIN_ROLE") && <button className="botonBorrar" onClick={() => borrarLibro(el._id)}>BORRAR</button>}
                         97          </div>
                         98
                         99          ))]
                        100        </div>
                        101      </
                        102    })
                        103
```

Figura 9.55.

Llegó el momento de la prueba. Ve al navegador, escribe una palabra y presiona **Buscar**.

Figura 9.56.

9.8 PÁGINAS DE USO PRIVADO

La siguiente será la última vista, y es de uso exclusivo para administradores. Recuerda que, si no eres ADMIN, desde la página de **ListaLibros.jsx** no verías el botón para ir a la ruta de **ListaUsuarios.jsx**.

Ve al componente **ListaUsuarios.jsx** y comienza por la estructura que ya sabes. Importa lo necesario para trabajar, configura la botonera junto con su navegación, el botón de cerrar sesión, crea la alerta y genera un estado para guardar los usuarios obtenidos:

```
import { useEffect, useState } from 'react';
import { useAuth } from '../hooks';
import clienteAxios from '../config/axios';
import './private.css';
import { Alerta, Avisos, Button } from '../utils';
import { useNavigate } from 'react-router-dom';

export const ListaUsuarios = () => {

  const navigate = useNavigate();
  const [listaUsuarios, setListaUsuarios] = useState([]);
  const [alerta, setAlerta] = useState({});

  const { usuarioAuth } = useAuth();
  const { rol } = usuarioAuth;


  const cerrarSeccion = () => {
    localStorage.removeItem("token");
    navigate('../')
  }
  const { mensaje } = alerta;

  return (
    <>
      <div className="botonesVarios">
        <div onClick={() => navigate('../agregarlibro')}
className='botonesVarios-boton'>
          <Button titulo={"agregar un libro"} />
        </div>
        <div onClick={() => navigate('../libros')} className='botonesVarios-
boton'>
          <Button titulo={"Volver a lista de libros"} />
```

```
        </div>
        <div onClick={() => navigate('../editusuario')}
className='botonesVarios-boton'>
            <Button titulo={"actualizar mi usuario"} />
        </div>
        <div onClick={cerrarSeccion} className='botonesVarios-boton'>
            <Button titulo={"salir de la sesion"} />
        </div>
    </div>
    {mensaje && <Alerta alerta={alerta} />}
  </>
  )
}
```

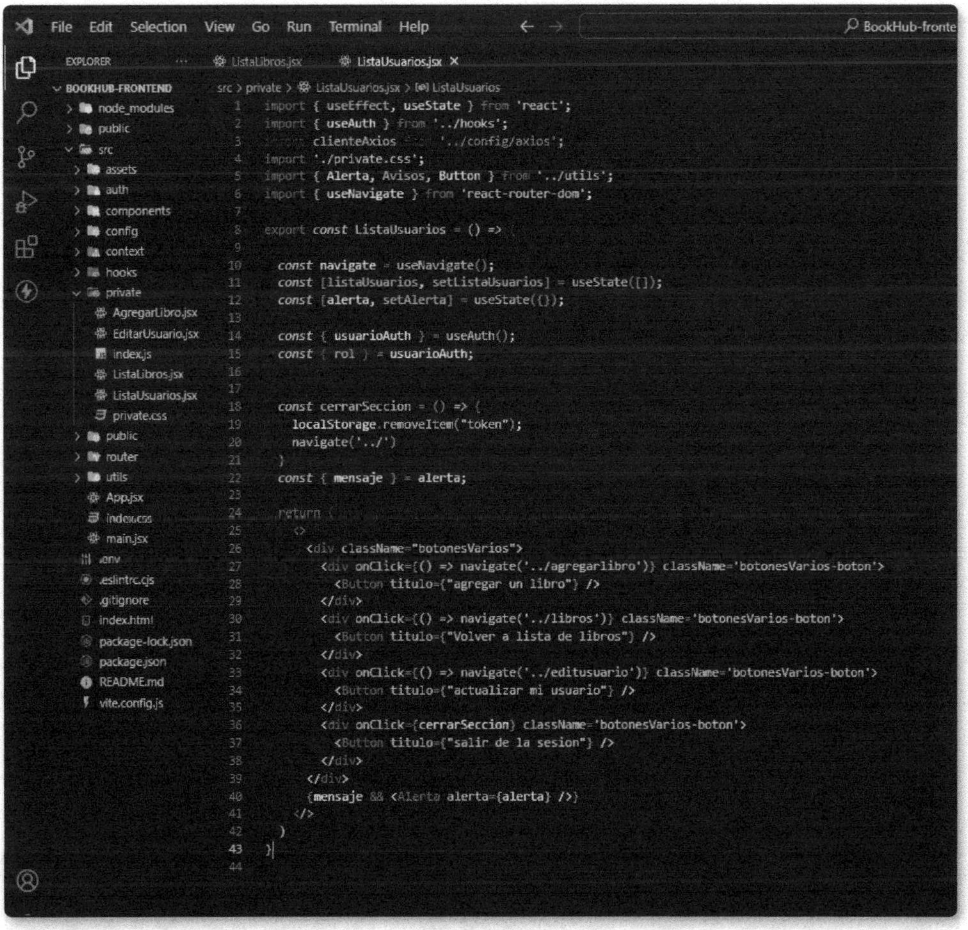

Figura 9.57.

Crea un **useEffect** para obtener todos los usuarios cuando se cargue la página y guardarlos en un estado:

```
useEffect(() => {
    const obtenerUsuarios = async () => {
      try {
        const { data } = await clienteAxios.get('/usuarios/search');
        setListaUsuarios(data.usuarios);
      } catch (error) {
        console.error('Error al obtener usuarios:', error);
      }
    };
    obtenerUsuarios();
  }, []);
```

Figura 9.58.

Ahora mapea los usuarios obtenidos debajo de los botones. Si observas bien, la función **map** se ejecuta dependiendo del rol que tenga el usuario, para asegurarte de que sea el administrador quien realice esta tarea. Otro punto importante es que, al crearse el botón de borrar, se le está pasando una función llamada **cambiarEstado** disparada por un clic, que tiene como argumento el ID del usuario. Esta será la encargada de banear al usuario si lo requiere:

```jsx
<main className='cotenedor-libros'>
    {rol === "ADMIN_ROLE" && listaUsuarios.map((el) => (
        <div className="cursos" key={el._id}>
            <p className="cursos-heading">
              {el.nombre} {el.apellido}
            </p>
            <p>
              {el.correo}
            </p>
            <button className='botonBorrar' onClick={() => cambiarEstado(el._
id)}>
                BORRAR
            </button>
        </div>
    ))}
    </main>
```

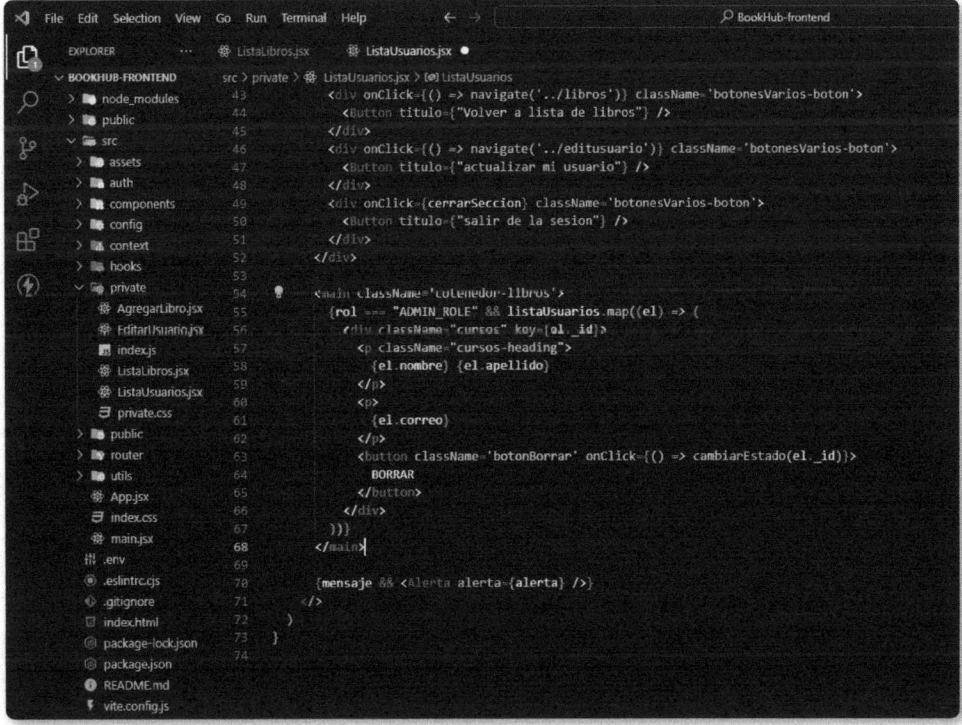

Figura 9.59.

La última funcionalidad por crear es la de cambiar el estado del usuario a false para provocar esa especie de "baneo". Arma la función **cambiarEstado** de la siguiente manera:

```
const cambiarEstado = async (id) => {
  const confirmar = confirm('Deseas eliminar este usuario?')
  const token = localStorage.getItem('token');
  if (confirmar) {
    try {
      const config = {
        headers: {
          "token": `${token}`
        }
      };
      const { data } = await clienteAxios.delete(`/usuarios/${id}`, config);
      setAlerta({ mensaje: 'Usuario eliminado correctamente', error: false });
    } catch (error) {
      setAlerta({ mensaje: error.response.data.msg, error: true })
    }
  }
  else {
    setAlerta({ mensaje: 'Error contacte al administrador', error: true })
  }
}
```

Aquí requieres el **token** porque el endpoint desde el backend lo está esperando, así que debes recopilarlo del **localStorage** y pasárselo en los **headers**.

Al enviarle el **id** del usuario por "eliminar", lograrás cambiarle el estado, y cuando actualices la página, ese usuario ya no estará. De igual manera, si este intenta ingresar al sistema, recibirá un mensaje de error que proviene netamente del backend y le impedirá el acceso (**Figura 2.60.**).

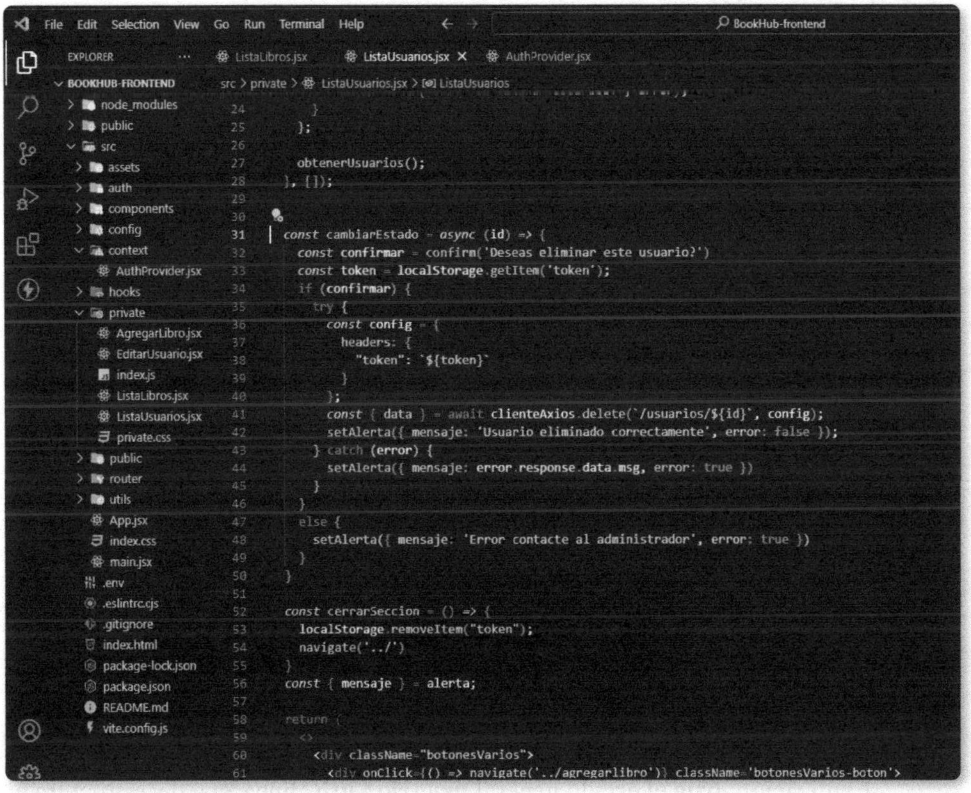

Figura 9.60.

Solo queda cerrar el círculo y llevar el estado global al archivo de **AppRoutes. jsx**. Dentro de la carpeta **router**, modifica el archivo de la siguiente manera:

```
import { Route, Routes, Navigate } from "react-router-dom";
import { Login, Registro } from "../auth";
import { Home } from "../public";
import { AgregarLibro, EditarUsuario, ListaLibros, ListaUsuarios } from "../pri-
vate";
import { useAuth } from "../hooks";

export const AppRoutes = () => {
    const { usuarioAuth } = useAuth();
    const { correo } = usuarioAuth;

    return (
        <Routes>
            {correo ? (
```

```
                    <>
            <Route path="/editusuario" element={<EditarUsuario />} />
            <Route path="/libros" element={<ListaLibros />} />
            <Route path="/agregarlibro" element={<AgregarLibro />} />
            <Route path="/listarusuarios" element={<ListaUsuarios />} />
        </>
    ) : (
        <>
            <Route path="/" element={<Home />} />
            <Route path="/*" element={<Home />} />
            <Route path="/login" element={<Login />} />
            <Route path="/registro" element={<Registro />} />
        </>
    )}

        {correo && <Route path="/" element={<Navigate to="/libros" replace
/>} />}
        {correo && <Route path="/login" element={<Navigate to="/libros" re-
place />} />}
        {correo && <Route path="/registro" element={<Navigate to="/libros"
replace />} />}
    </Routes>
    );
};
```

Explicación: baja el estado general **usuarioAuth** (línea 8) y desestructura el **correo** (línea 9), Luego hace un retorno condicional: si **correo** existe, podrá mostrar las rutas de la línea 14 a la 19; si no existe, muestra de la línea 21 a la 26. En caso de que el usuario esté autenticado y quiera volver a loguearse o entrar al registro, lo redirecciona a la lista de libros (líneas 29 a 31).

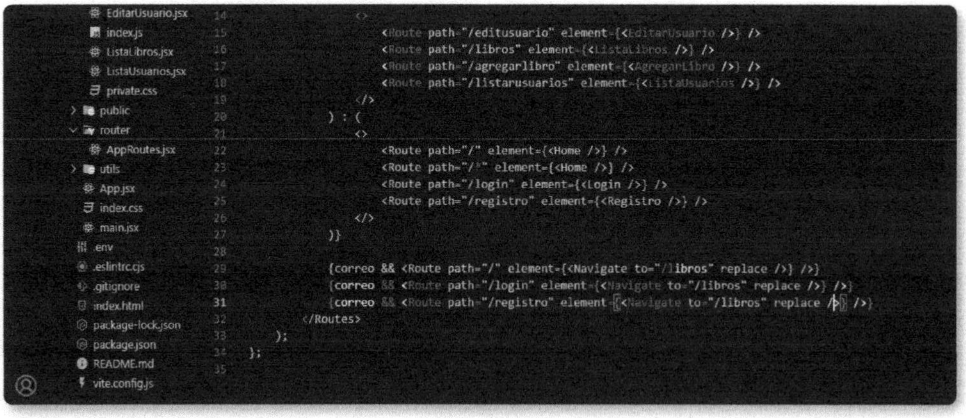

Figura 9.61.

Has llegado al final de este largo trabajo. Hasta aquí lograste crear una aplicación web full stack escalable, empleando muchas técnicas populares de desarrollo que te servirán de base para futuros proyectos similares.

9.9 ACTIVIDADES

A continuación se presentan las preguntas y los ejercicios que deberías saber responder y resolver para considerar aprendido el capítulo.

9.9.1 Test de autoevaluación

1. *¿Qué es Axios y para qué sirve?*

2. *¿Cuál es la diferencia entre* **context** *y* **Redux** *o* **Zustand** *por ejemplo?*

3. *¿Por qué* **Context** *es tan importante para comunicar información entre componentes?*

4. *¿Para qué sirve* **useNavigate** *y cómo hay que usarlo?*

5. *¿Cómo se accede a los errores provenientes del backend al hacer una solicitud?*

6. *¿Por qué es tan importante tener validaciones locales?*

9.9.2 Ejercicios prácticos

1. *Investiga cuál es la diferencia entre Axios, que proviene de un paquete externo, y la función nativa de JavaScript Fetch API.*

2. *Crea un componente que consuma el endpoint de obtener libros a través de una solicitud del tipo* **GET***.*

3. *Guarda el resultado en un estado local.*

4. *Utiliza el método* **map()** *para mostrar el resultado en el JSX del componente.*

5. *Crea un estado global y envíale el resultado de esa petición.*

6. *Visualiza ese estado desde otro componente.*

Parte 4

Trabaja con JavaScript en desarrollos web complejos que generen
elevados niveles de interacción con los usuarios

10

PRIMEROS PASOS

En este capítulo crearás una aplicación que te permitirá interactuar con una gran cantidad de datos, incluida información sobre cursos, perfiles de usuarios, transacciones simuladas y más.

10.1 PREPARA EL ENTORNO DE TRABAJO

En este capítulo aprenderás a diseñar y desarrollar una **REST API** desde cero. Una **API**, o Interfaz de Programación de Aplicaciones, que te permitirá que las distintas partes se comuniquen de manera segura entre sí y compartan información de manera eficiente.

Con los conocimientos adquiridos en este curso, podrás llevar a cabo una amplia gama de operaciones en los datos de tu aplicación, como la creación de nuevos cursos, la obtención de detalles de un usuario inscrito, la actualización de datos sobre un curso y mucho más.

Al finalizar, contarás con las habilidades necesarias para diseñar y desarrollar una API completa y adaptable, personalizada para las necesidades específicas de tu negocio de cursos en línea. Estarás capacitado para crear endpoints personalizados para cada acción que desees realizar en tus datos, como agregar un nuevo curso al catálogo, buscar información sobre estudiantes inscritos o actualizar los detalles de una transacción.

En esta ocasión, seguirás el patrón de diseño **MVC** (modelo vista controlador) utilizado anteriormente.

Antes de empezar a trabajar en el desarrollo de la app, se hará un repaso de las herramientas que necesitas para comenzar:

- ▶ IDE, *Integrated Development Environment*: donde crearás tu código ingresando a este link.
- ▶ Node: desde la siguiente URL (recomendable instalar la versión LTS ya que, al día de hoy es la más estable). Ingresa a este link.
- ▶ Crea una cuenta de MongoDB en la web oficial y un usuario nuevo ingresando a este link.
- ▶ Descarga e instala Postman desde la URL: ingresa a este link.

PASO 1

Para iniciar, crea una carpeta en un directorio de tu preferencia y abre una terminal desde esta, luego, ejecuta el comando **npm init**.

```
C:\Windows\System32\cmd.exe

Microsoft Windows [Versión 10.0.19045.4046]
(c) Microsoft Corporation. Todos los derechos reservados.

C:\Users\Oficina\Desktop\GenUse_Back>npm init
```

PASO 2

Verás el siguiente mensaje: **package name: ( )** donde escribirás el nombre de tu aplicación entre paréntesis. Presiona **ENTER** y aparecerá la versión actual de tu app. Pulsa nuevamente **ENTER**, coloca una descripción de tu proyecto y otros datos, como autor, etcétera.

```
C:\Windows\System32\cmd.exe                                          —    □

save it as a dependency in the package.json file.

Press ^C at any time to quit.
package name: (genuse_back)
version: (1.0.0)
description:
entry point: (index.js)
test command:
git repository:
keywords:
author:
license: (ISC)
About to write to C:\Users\Oficina\Desktop\GenUse_Back\package.json:

{
  "name": "genuse_back",
  "version": "1.0.0",
  "description": "",
  "main": "index.js",
  "scripts": {
    "test": "echo \"Error: no test specified\" && exit 1"
  },
  "author": "",
  "license": "ISC"
}

Is this OK? (yes) y

C:\Users\Oficina\Desktop\GenUse_Back>
```

PASO 3

Ahora ve al editor de código Visual Studio Code y, desde el comando **Archivo/Abrir carpeta** o **File/Open folder** (dependiendo del idioma), abre la carpeta de tu app. Seguidamente crea un archivo llamado **index.js** y en su interior coloca un **console.log("Probando").**

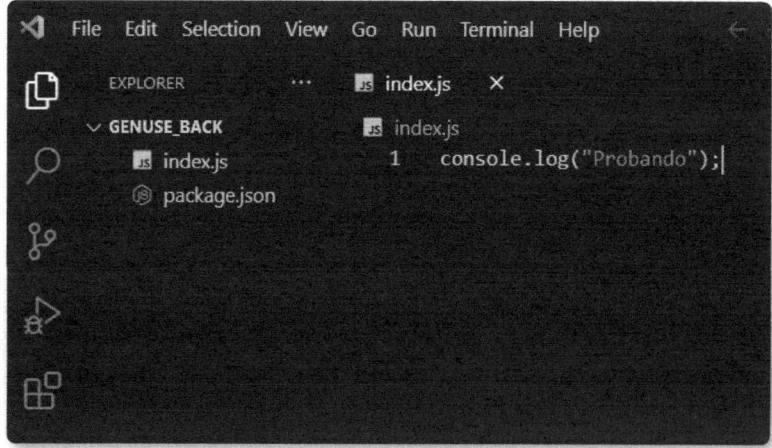

PASO 4

Conecta tu archivo **index.js** con la aplicación a través de un script. Para ello, ve a **package.json** y confecciona el script como se ve en la línea 8.

```
{
    "name": "genuse_back",
    "version": "1.0.0",
    "description": "",
    "main": "index.js",
    "scripts": {
        "test": "echo \"Error: no test specified\" && exit 1",
        "start": "nodemon index.js"
    },
    "author": "",
    "license": "ISC"
}
```

PASO 5

Desde el cmd posicionado en la carpeta de la app, ejecuta el comando **npm start** que corresponde al script que acabas de crear.

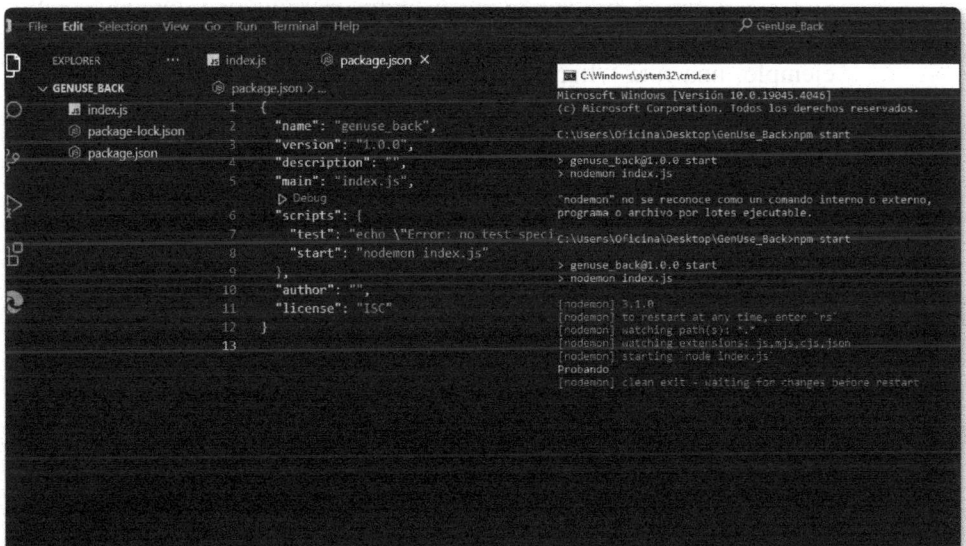

Ahora crea el árbol del proyecto tal cual se ve en la imagen. Utiliza el patrón de diseño **MVC** (modelo-vista-controlador), que es un enfoque arquitectónico comúnmente utilizado en el desarrollo de aplicaciones web y de software en general. Proporciona una estructura organizativa para el código, dividiendo la aplicación en tres componentes principales: Modelo, Vista y Controlador. Estos componentes interactúan entre sí para lograr una separación de preocupaciones y facilitar el mantenimiento y la escalabilidad del código, para que puedas a futuro hacer tus modificaciones de una forma más ordenada.

10.1.1 Crea las siguientes carpetas y archivos

▶ Carpeta **models**: esta carpeta contendrá los modelos de servidor y las diferentes entidades que interactúan con la aplicación. En el contexto de una aplicación web, un modelo representa los datos subyacentes y las reglas de negocio que gobiernan su acceso y manipulación. Por ejemplo, si estás construyendo una aplicación de gestión de libros, los modelos podrían incluir entidades como "Libro", "Autor", "Género", etcétera. Estos modelos definirán la estructura de datos y las operaciones que se pueden realizar con ellos, como la creación, lectura, actualización y eliminación (**CRUD**).

▸ Carpeta **routes**: en esta carpeta se definirán las rutas de la aplicación, es decir, las URL a las que los usuarios pueden acceder para interactuar con ella. Las rutas se asocian a controladores específicos y métodos dentro de esos controladores para manejar las solicitudes HTTP entrantes. Por ejemplo, una ruta "/libros" podría estar asociada a un controlador que maneja las solicitudes relacionadas con la gestión de libros, como mostrar una lista de libros, agregar uno nuevo, editar un libro existente, etcétera.

▸ Carpeta **controllers**: aquí se ubicarán los controladores de la aplicación. Estos son responsables de recibir las solicitudes del usuario a través de las rutas definidas y coordinar la lógica de la aplicación para manejar esas solicitudes. Los controladores interactúan con los modelos para acceder y manipular los datos necesarios que satisfarán las solicitudes del usuario, y luego devuelven una respuesta adecuada al cliente. Por ejemplo, un controlador de libros podría tener métodos para mostrar una lista de libros, agregar uno nuevo, editar un libro existente, eliminar otro, etcétera.

▸ Carpeta **middlewares**: los middlewares son funciones que se ejecutan antes o después de que se maneje una solicitud HTTP. Se utilizan para realizar tareas comunes a varias solicitudes, como la autenticación, la validación de datos, el registro de solicitudes, etcétera. Los middlewares pueden ejecutarse antes de que una solicitud llegue a un controlador (middleware de preprocesamiento) o después de que un controlador haya terminado de manejar la solicitud (middleware de posprocesamiento). Por ejemplo, podrías tener un middleware de autenticación que verifique si un usuario está autenticado antes de permitir el acceso a ciertas rutas de la aplicación.

▸ Carpeta **helpers**: esta carpeta contendrá funciones que asistirán en la manipulación de datos sensibles u otras tareas comunes que se repitan en la aplicación. Por ejemplo, puede incluir funciones para manipular tokens de autenticación, encriptar datos sensibles, formatear fechas, validar datos, etcétera. Estas funciones pueden ser utilizadas en diferentes partes de la aplicación para mantener un código limpio y modular.

▸ Carpeta **database**: aquí se aloja la función que se conecta directamente a la base de datos a través de la cadena de conexión, la cual crearás más adelante.

▶ Archivo **.env**: este es un archivo de configuración comúnmente utilizado en el desarrollo de aplicaciones para almacenar variables de entorno. Estas variables de entorno son pares clave-valor que se utilizan para configurar diversos aspectos de una aplicación, como credenciales de bases de datos, tokens de API, configuraciones de servidor, entre otras. Ejemplo: **PORT=8080**.

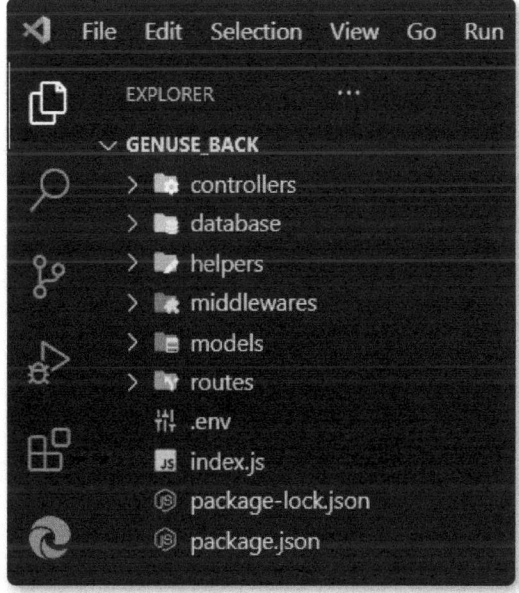

Figura 10.1. Siempre que realices cambios sobre el archivo .env debes reiniciar el servidor para que estos surtan efecto.

10.1.2 Base de datos en la nube

La **base de datos en la nube** almacena y gestiona los datos de la aplicación. Puede ser una base de datos **SQL** o **NoSQL** según las necesidades del proyecto. Está alojada en un servicio de nube, como **Amazon Web Services (AWS)**, **Microsoft Azure**, **Google Cloud Platform (GCP)** u otros proveedores de servicios en la nube.

El backend se comunica con la base de datos en la nube para leer, escribir y administrar datos. Esta parte del software la crearás junto con el backend, pero está sujeta a modificaciones si el proyecto lo requiere.

PASO 1

Dirígete a la página oficial de **MongoDB**, inicia sesión o regístrate si no tienes cuenta ingresando a **este link**.

Una vez dentro, completa las preguntas para tu proyecto. Elige la opción **Construir una nueva aplicación**, marca **Microservicios** o **API** y **Javascript** como lenguaje. Haz clic en **Finalizar**.

PASO 2

Presiona **CREATE**, arriba a la derecha para crear el clúster. Ahora elige la opción **Shared** que contiene la opción gratuita. Luego, escoge un **Cloud Provider** entre las opciones **AWS**, **Google Cloud** o **Azure**. El resto déjalo como está, ya que por defecto buscará el servidor más próximo a tu ubicación. Finalmente, pulsa **Create Cluster**. Ten en cuenta que esto puede tardar entre 3 y 15 minutos en crearse.

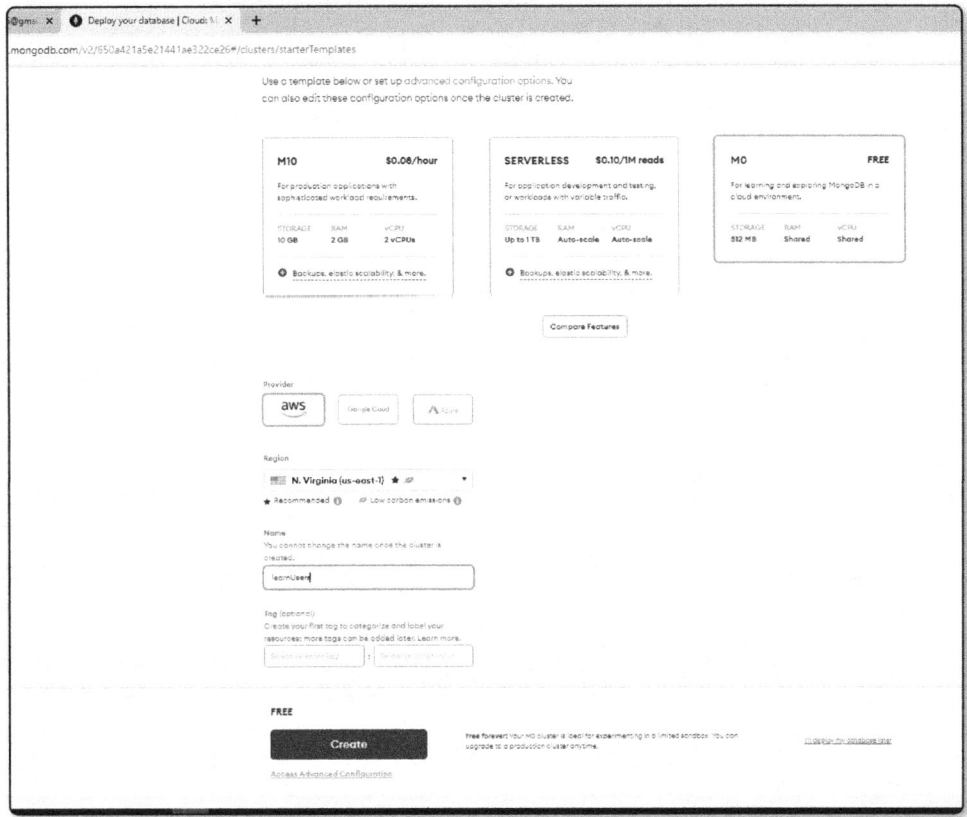

PASO 3

Una vez creado el clúster, ve a la opción **Quickstart**. Define un usuario y una contraseña.

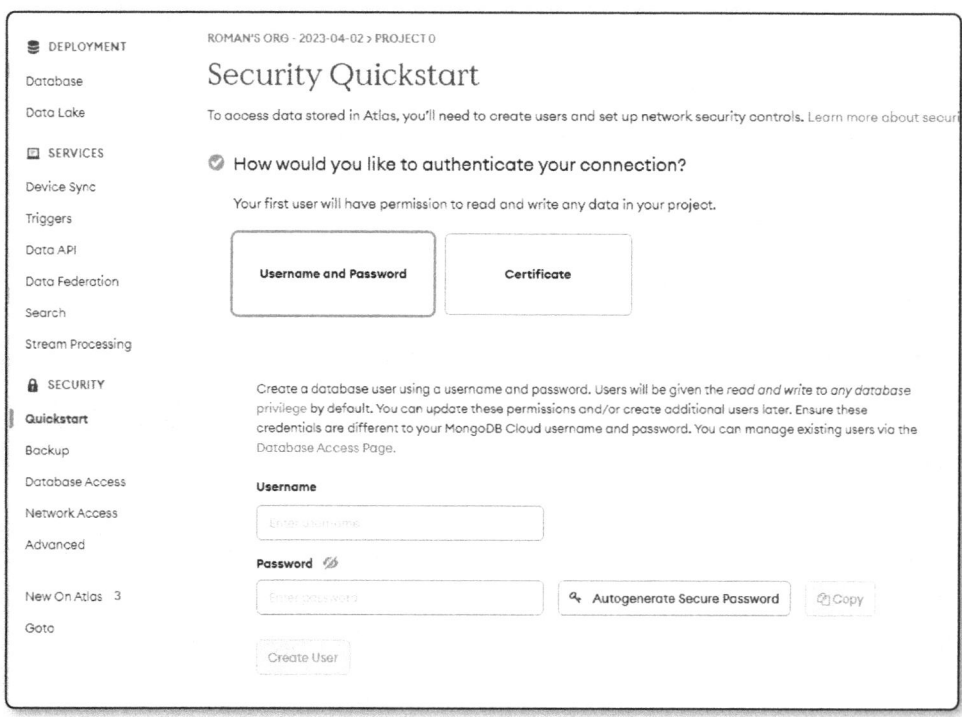

PASO 4

Ahora vuelve a la página de Mongo Atlas. Es importante que habilites qué tipo de conexiones entrantes permitirás en tu base de datos. Ve al apartado **Network Access**. Si solo pretendes que sean de una IP específica, coloca ese número. Ahora bien, si tu app recibirá conexiones desconocidas, puedes dejar todos los números 0 colocando **0.0.0.0/0** como se ve en la imagen.

PASO 5

Hecho esto, ve a la parte superior izquierda, **Overview**, y presiona **CONNECT** para elegir el tipo de conexión.

Esto desplegará una lista con las diferentes maneras de conectar la app. Se recomienda utilizar **Compass**, ya que su interfaz es superintuitiva y es una excelente opción si estás incursionando en esto de base de datos en la nube. Al seleccionar **Compass**, te pedirá que lo instales si no lo tienes.

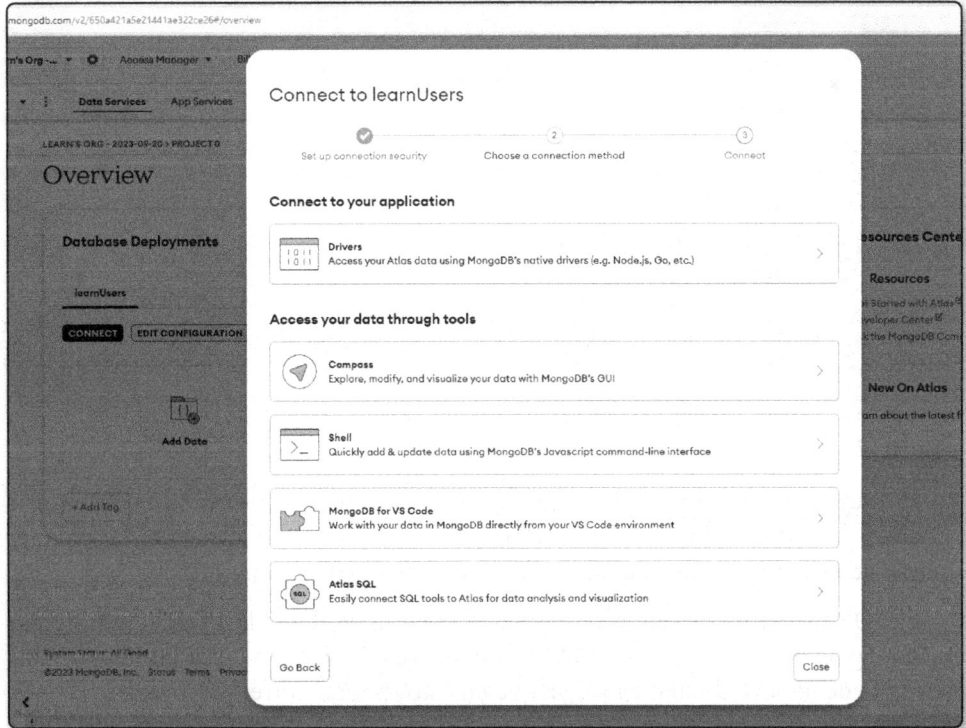

PASO 6

Si observas en el mismo modal, debajo verás una URL, cópiala.

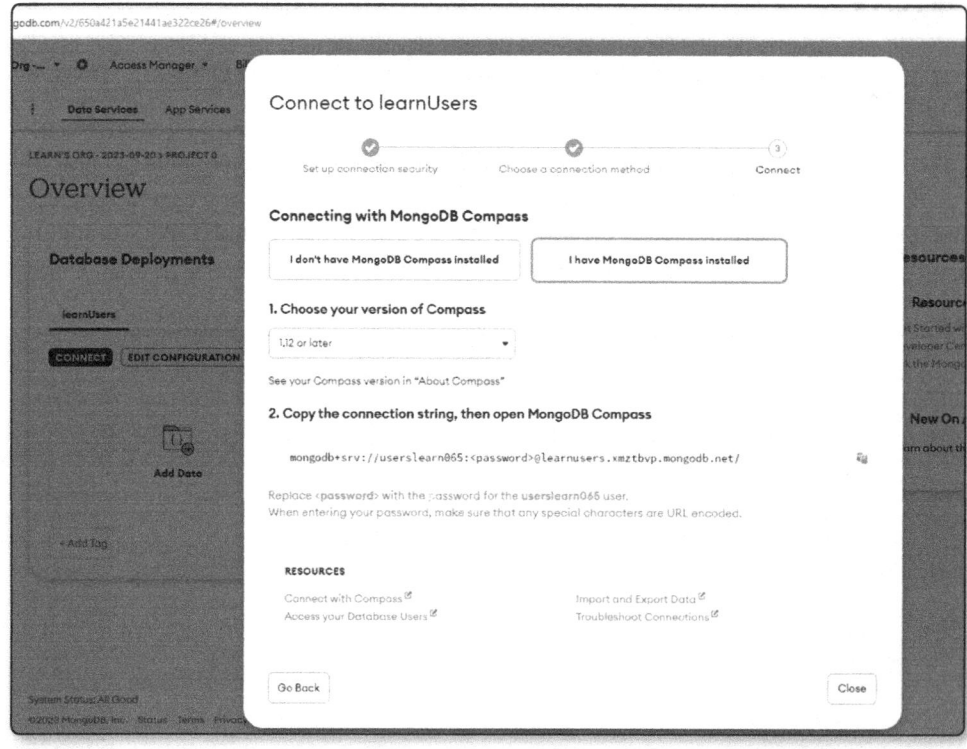

PASO7

Ahora ve al editor de código y pega, en el archivo **.env**, la URL en una variable de entorno llamada **MONGO_CONNECT**, reemplazando la palabra **<password>** por la contraseña que colocaste al crear el clúster.

Otra variable de entorno que vas a crear es la llamada **PORT** con alguno de los siguientes valores: 8080, 8000, 4000 o cualquier otro que prefieras. Solo asegúrate de no usar 3000 o 5173, ya que en estos podría correr el frontend.

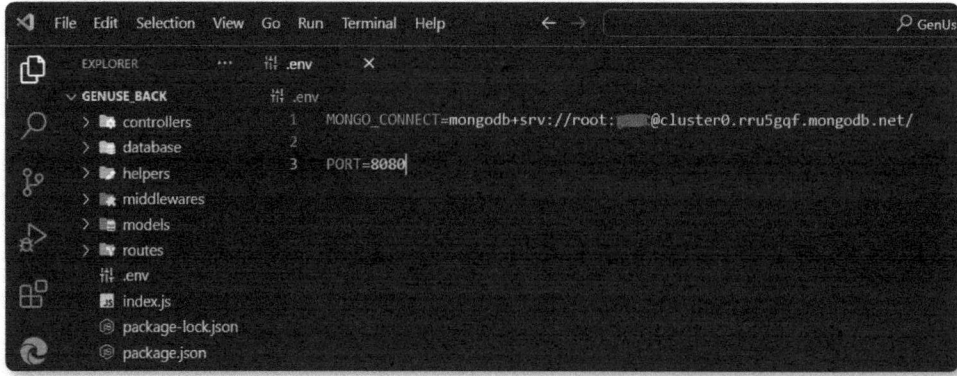

10.1.3 Instalación de dependencias

Ahora instalarás una scric de herramientas que te facilitarán el desarrollo del sistema, permitirán la conexión con variables de entorno gestionando, de manera más eficiente, rutas y controladores, entre otros.

Detén el servidor un momento con **CTRL+C** (Windows) o **Command+C** (Mac) e instala una por una las siguientes dependencias:

npm i express

Express: es un popular framework de **Node.js** diseñado para simplificar el desarrollo de aplicaciones web y API. Se destaca por su simplicidad y su capacidad para gestionar de manera eficiente las tareas comunes en el desarrollo web.

npm i cors

Cors: CORS o *Cross-Origin Resource Sharing* (intercambio de recursos de origen cruzado) es un mecanismo de seguridad implementado en los navegadores web que controla las solicitudes HTTP realizadas por un dominio (origen) hacia otro dominio diferente. Esto te será útil para controlar desde dónde permitirás que hagan las peticiones a tu backend y te permitirá además agregar una "lista negra" de usuarios que realizan peticiones.

npm i dotenv

Dotenv: es una biblioteca de Node.js que se utiliza para cargar variables de entorno desde un archivo llamado **.env**. Proporciona una forma sencilla y segura de gestionar configuraciones y secretos en una aplicación, sin necesidad de trabajarlos directamente en el código fuente. Con el archivo **.env**, podrás manejar datos sensibles que no querrás que tus usuarios vean.

npm i mongoose

Mongoose es una biblioteca de modelado de objetos para Node.js que proporciona una solución basada en esquemas para modelar datos de aplicación. Está diseñada para trabajar con MongoDB, un sistema de base de datos NoSQL orientado a documentos. Mongoose traduce los datos en la base de datos a objetos JavaScript para que puedan ser utilizados por la aplicación.

10.2 CREACIÓN DEL MODELO SERVIDOR

Ve a la carpeta **models** y crea el archivo **server.js**.

Este archivo contiene una clase llamada **Server** que se encarga de configurar y ejecutar un servidor **express** (**Figura .1.2.**).

```javascript
const express = require('express');
const cors = require('cors');


class Server {
    constructor() {
        this.app = express();
        //variables
        this.puerto = process.env.PORT


        //middlewares
        this.middlewares();

    }

    middlewares() {
        //cors
        this.app.use(cors());
        //Esto permite leer formato json
        this.app.use(express.json());
    }

    //Este metodo permite verificar si el servidor esta corriendo correctamente
    listen() {
        this.app.listen(this.puerto, () => {
            console.log(`Corriendo en el puerto`, this.puerto)
        })
    }
}
module.exports = Server;
```

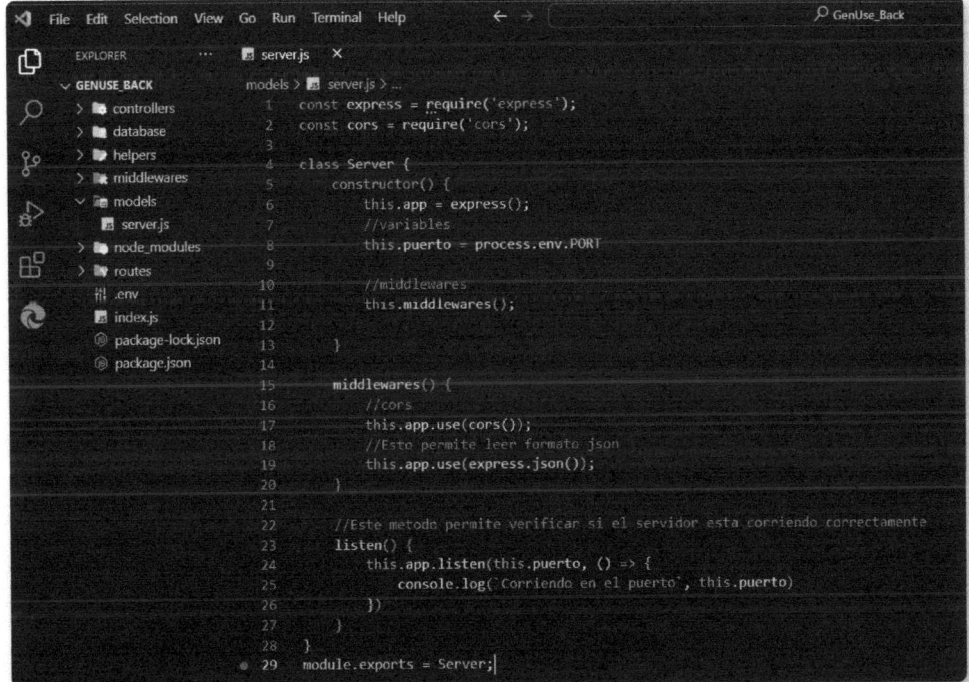

Figura 10.2. Se importan las bibliotecas necesarias: express y cors. Se define la clase Server, que será utilizada para crear una instancia de un servidor web.

En el constructor de la clase **Server**, se realiza lo siguiente.

Se crea una instancia de **express** llamada **this.app** que representa la aplicación web.

Se establece una variable **this.puerto** para almacenar el número de puerto en el que se ejecutará el servidor, proveniente de la variable de entorno **process.env. PORT**, que permite configurar el puerto de forma dinámica.

En el método **middlewares()**, se configuran los middleware que serán utilizados por la aplicación (una función que se ejecuta entre la recepción de una solicitud y el envío de una respuesta).

cors() se utiliza para habilitar el middleware CORS, permitiendo solicitudes desde diferentes orígenes (dominios).

express.json() se utiliza para habilitar el middleware que interpreta las solicitudes HTTP con contenido JSON, permitiendo el análisis de datos enviados en formato JSON.

El método **listen()** se encarga de iniciar el servidor en el puerto especificado (**this.PORT**) y muestra un mensaje en la consola cuando el servidor comienza a escuchar conexiones entrantes.

Ve al archivo **index.js** y coloca el siguiente código:

```
const Server = require(“./models/server”);
require(“dotenv”).config();

const server = new Server();

    server.listen();
```

Este archivo importa la clase **Server** desde el archivo **server.js**, carga las variables de entorno definidas en un archivo **.env** utilizando **dotenv**; crea una instancia de la **clase Server** y, finalmente, inicia el servidor invocando el método **listen()** de la instancia del servidor.

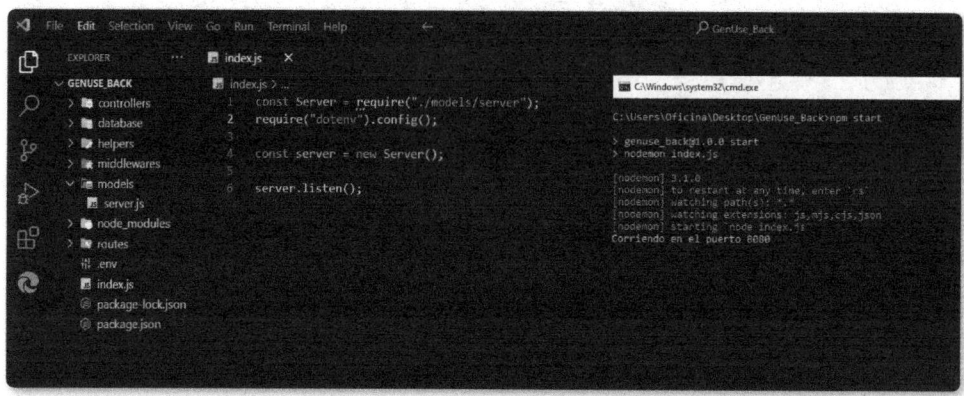

Figura 10.3. En resumen, este archivo es el punto de entrada de la aplicación, donde se configura y ejecuta el servidor definido en server.js.

10.3 CREACIÓN DE CONTROLADORES Y RUTAS DE USUARIOS

Los **controladores** son como las personas encargadas de realizar tareas específicas (obtener información de usuarios, agregar usuarios, etcétera), y las **rutas** son las instrucciones que se dan a los controladores adecuados sobre cómo dirigir las solicitudes relacionadas con usuarios.

Esto ayuda a mantener organizado el manejo de las solicitudes en una aplicación Node.js.

PASO 1

En la carpeta **controllers,** haz un archivo llamado **usuarios.controllers.js** y crea cuatro funciones para realizar las solicitudes **GET, POST, PUT** y **DELETE.** Luego, expórtalas todas juntas con un **module.exports**. Esto permitirá que otros módulos de tu aplicación accedan a estas funciones y las utilicen para manejar las solicitudes relacionadas con usuarios.

```
File  Edit  Selection  View  Go  Run  Terminal  Help              ←  →

EXPLORER                    ...    usuarios.controllers.js  ×

∨ GENUSE...                        controllers >  usuarios.controllers.js > ...
  ∨  controllers              1    const obtenerUsuarios = (req, res) => {
     usuarios.controll...     2        res.status(200).json({
  ∨  database                 3            msg:"Usuario Obtenido"
  ∨  helpers                  4        });
  ∨  middlewares              5    }
  ∨  models                   6
     server.js                7    const crearUsuario = (req, res) => {
  >  node_modules             8        res.status(200).json({
  ∨  routes                   9            msg:"Usuario Creado Satisfactoriamente"
     .env                    10        });
     index.js                11    }
     package-lock.json       12
     package.json            13    const editarUsuario = (req, res) => {
                             14        res.status(200).json({
                             15            msg:"Usuario Editado Correctamente"
                             16        });
                             17    }
                             18
                             19    const eliminarUsuario = (req, res) => {
                             20        res.status(200).json({
                             21            msg:"Usuario Eliminado"
                             22        });
                             23    }
                             24
                             25    module.exports = {
                             26        obtenerUsuarios,
                             27        crearUsuario,
                             28        editarUsuario,
                             29        eliminarUsuario
                             30    };
```

PASO 2

Después, ve a la carpeta **routes** y dentro crea un archivo llamado **usuarios. routes.js**, allí establece las rutas para las funciones anteriores.

Aquí deberás primero importar la función **Router()** de express y, luego, guardarla en una variable llamada **router**. Esta procesará las solicitudes y se exportará al final del archivo.

```
const {Router} = require('express');
const { obtenerUsuarios, crearUsuario, editarUsuario, eliminarUsuario

const router = Router();

router.get('/user', obtenerUsuarios);
router.post('/user', crearUsuario);
router.put('/user', editarUsuario);
router.delete('/user', eliminarUsuario);

module.exports = router;
```

```
const obtenerUsuarios = (req, res) => {
    res.status(200).json({
        msg:"Usuario Obtenido"
    });
}

const crearUsuario = (req, res) => {
    res.status(200).json({
        msg:"Usuario Creado Satisfactoriamente"
    });
}

const editarUsuario = (req, res) => {
    res.status(200).json({
        msg:"Usuario Editado Correctamente"
    });
}

const eliminarUsuario = (req, res) => {
    res.status(200).json({
        msg:"Usuario Eliminado"
    });
}

module.exports = {
    obtenerUsuarios,
    crearUsuario,
    editarUsuario,
    eliminarUsuario
}
```

PASO 3

Ahora que ya tienes las rutas y los controladores definidos para usuarios, deberás conectarlas al servidor. Para ello, dirígete al archivo **server.js** y crea el método **routes** (línea 25 a 27) y posteriormente llámalo dentro del constructor (línea 11).

```
const express = require('express');
const cors = require('cors');

class Server {
    constructor() {
        this.app = express();
        //variables
        this.puerto = process.env.PORT

        //rutas
        this.routes();

        //middlewares
        this.middlewares();
    }

    middlewares() {
        //cors
        this.app.use(cors());
        //Esto permite leer formato json
        this.app.use(express.json());
    }

    routes() {
        this.app.use("/", require("../routes/usuarios.routes"))
    }

    //Este metodo permite verificar si el servidor esta corriendo correctamente
    listen() {
        this.app.listen(this.puerto, () => {
            console.log(`Corriendo en el puerto`, this.puerto)
        })
    }
}

module.exports = Server;
```

PASO 4

Para testear tu trabajo, ve a la aplicación de Postman, crea una cuenta y, luego, una petición de tipo **GET** a la URL: localhost:8080/uscr. Dcspués, prcsiona **SEND** y verás el mensaje que está dentro del controlador que contiene la función usuariosGet. Haz lo mismo con las demás solicitudes **POST**, **PUT** y **DELETE**. Solo acuérdate de cambiar el tipo de solicitud al lado de la URL.

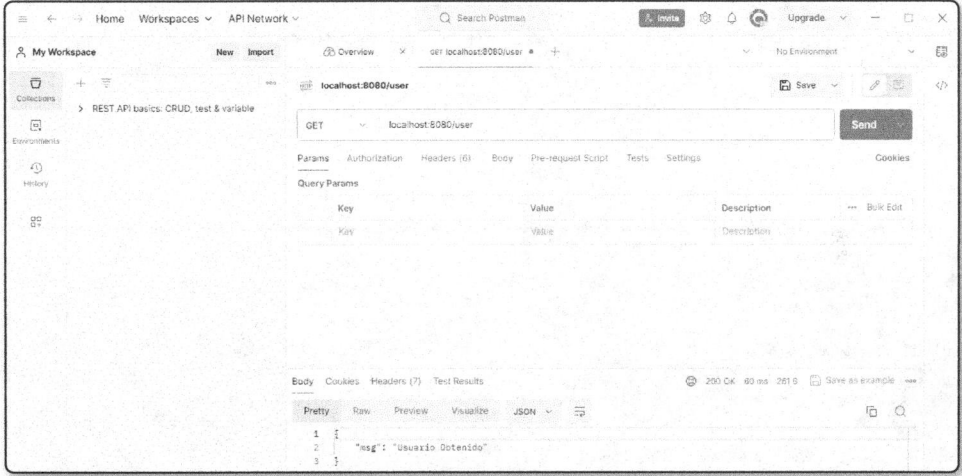

PASO 5

Ahora crea, en la carpeta **controllers**, un nuevo archivo llamado **cursos. controllers.js** y el CRUD correspondiente para realizar las solicitudes **GET**, **POST**, **PUT** y **DELETE**. Luego, ve a la carpeta **routes** y, dentro de ella, crea el archivo llamado **cursos.routes.js** y las rutas para las funciones anteriores tal como hiciste en **usuario.routes.js**.

PASO 6

Por último, tienes que conectar la ruta **cursos** al servidor. Para ello dirígete al archivo **server.js** y agrega la ruta correspondiente dentro del método **routes** (línea 27).

```
File   Edit   Selection   View   Go   Run   Terminal   Help        ←  →                          ⌕ GenUse_Back

  EXPLORER          ···     ■ server.js   ✕
  ∨ GENUSE... ⌂ ⌂ ↻ ⊟      models > ■ server.js > ...
    ∨ ▶ controllers            4   class Server {
        ■ cursos.controller.js  5       constructor() {
        ■ usuarios.controll...  6           this.app = express();
    ∨ ▶ database               7           //variables
    ∨ ▶ helpers                8           this.puerto = process.env.PORT
    ∨ ▶ middlewares            9
    ∨ ▶ models                10           //rutas
        ■ server.js           11           this.routes();
    > ▶ node_modules          12
    ∨ ▶ routes                13           //middlewares
        ⌐ cursos.routes.js    14           this.middlewares();
        ⌐ usuarios.routes.js  15
      .env                    16       }
      ■ index.js              17
      package-lock.json       18       middlewares() {
      package.json            19           //cors
                              20           this.app.use(cors());
                              21           //Esto permite leer formato json
                              22           this.app.use(express.json());
                              23       }
                              24
                              25       routes() {
                              26           this.app.use("/", require("../routes/usuarios.routes")),
                              27           this.app.use("/", require("../routes/cursos.routes"))
                              28       }
                              29
                              30       //Este metodo permite verificar si el servidor esta corriendo correctamente
                              31       listen() {
                              32           this.app.listen(this.puerto, () => {
                              33               console.log(`Corriendo en el puerto`, this.puerto)
                              34           })
                              35       }
                              36   }
                           ●  37   module.exports = Server;|
```

10.4 CONEXIÓN A LA BASE DE DATOS

Dentro de la carpeta **database**, crea un archivo llamado **database.js**. Este script contendrá el punto de acceso a la base de datos; dentro de él, coloca el siguiente código:

```
const mongoose = require("mongoose");
require("dotenv").config();
```

```
const urlConnect = process.env.MONGO_CONNECT

const dbConnection = async() => {
    try {
        await mongoose.connect(urlConnect, {
        })
        console.log("Base de Datos Online");

    } catch (error) {
        console.error("Error al conectar con la base de datos:" , error);
        throw new Error ("Error al conectar con la base de datos")
    }
}

module.exports = dbConnection;
```

El archivo **database.js** es responsable de establecer la conexión con la base de datos MongoDB utilizando Mongoose, exportando una función que realiza esta conexión para que pueda ser utilizada en otros lugares del proyecto, en este caso en el archivo **server.js**.

Ahora que la conexión esta lista, hay que llamarla desde el modelo del servidor. Para eso, ve al archivo **server.js** en la carpeta **models**; importa la función creada en el paso anterior (línea 3) y, debajo del constructor, crea la función que llamará a la función, valga la redundancia, que contiene la conexión. Esta debe ser asíncrona, ya que puede demorar en ejecutarse por razones externas al código en sí (línea 22 a 24). Luego llama a esa función dentro del constructor, preferentemente por encima de los middlewares y demás, ya que debe ser de las primeras en ejecutarse (línea 12).

Figura 10.4. Hecho esto, ve a la terminal y levanta el servidor si no lo has hecho con npm start. Si todo sale correctamente, deberás ver el mensaje de la imagen en la terminal.

Hasta aquí has logrado crear un **REST SERVER API** básico, que servirá de base para muchos proyectos. En el siguiente capítulo, le darás enfoque al proyecto, moldeándolo hacia el objetivo requerido.

10.5 ACTIVIDADES

A continuación se presentan las preguntas y los ejercicios que deberías saber responder y resolver para considerar aprendido el capítulo.

10.5.1 Test de autoevaluación

1. *¿Qué significa el acrónimo API?*

2. *Cuál es el propósito de una API en el desarrollo de aplicaciones?*

3. *¿Qué es MVC y cómo se aplica en el desarrollo de software?*

4. *¿Qué herramientas se necesitan para comenzar a desarrollar una REST API desde cero?*

5. *¿Cuál es el comando para iniciar un proyecto de Node.js?*

6. *¿Qué función tiene el archivo* **.env** *en una aplicación Node.js?*

7. *¿Cuál es la función de la carpeta* **models** *en el patrón de diseño MVC?*

8. *Qué es un middleware y para qué se utiliza en una aplicación Node.js?*

9. *¿Cuál es el propósito de utilizar el archivo* **package.json** *en un proyecto de Node. js?*

10. *¿Por qué es importante la integración de una base de datos en la nube en una aplicación web?*

10.5.2 Ejercicios prácticos

1. *Crea un proyecto de Node.js desde cero e inicializa un repositorio de Git para gestionar el control de versiones.*

2. *Configura las variables de entorno en un archivo* **.env** *para almacenar información sensible, como credenciales de base de datos.*

3. *Crea un modelo de datos en la carpeta* **models** *para representar una entidad específica de tu aplicación, como usuarios, productos o transacciones.*

4. *Define al menos dos rutas en la carpeta* **routes** *para manejar solicitudes HTTP relacionadas con la entidad creada en el paso anterior.*

5. *Implementa un middleware de autenticación en tu aplicación para proteger ciertas rutas y garantizar que solo los usuarios autorizados puedan acceder a ellas.*

11

LÓGICA DE NEGOCIO: USUARIOS

En el capítulo previo, se ha completado con éxito la implementación de un CRUD básico, estableciendo una sólida base para avanzar hacia la próxima etapa de desarrollo. Este nuevo capítulo representa un nivel de complejidad superior, ya que implica la creación de casos de uso propios, además de aquellos que se proporcionarán como punto de partida, con el objetivo de llevar el producto final a un estado completamente funcional.

11.1 MODELO DE USUARIOS

Este siguiente paso en el desarrollo de tu aplicación Node.js marca un hito en el proceso. Ahora, te adentrarás en un terreno más desafiante, donde la concepción y ejecución de tus propios casos de uso requiere un enfoque más sofisticado y una comprensión más profunda de los requerimientos del sistema.

En esta fase, te encontrarás ante la tarea de desarrollar los **controladores** que permitirán la interacción entre la lógica de negocio de tu aplicación y las solicitudes entrantes desde los clientes. Estos controladores no solo deben ser eficientes en términos de rendimiento, sino también flexibles y escalables para adaptarse a las futuras evoluciones del sistema.

Para alcanzar los objetivos en este capítulo, es crucial adoptar un enfoque metódico y riguroso. Identificar los casos de uso relevantes, diseñar una arquitectura de controladores robusta y asegurar su correcta implementación son aspectos clave para el éxito del proyecto.

La primera tarea será armar el esquema de usuarios con sus respectivas rutas y controladores. Recuerda que, desde el capítulo anterior, tienes un CRUD básico armado que corresponde a usuarios con su archivo de rutas y controladores. Ahora, debes crear un esquema que servirá como una especie de molde para la creación y edición de usuarios. Ve a la carpeta **models** y crea un archivo llamado **usuarios.js**.

Dentro, coloca el siguiente código:

```
const {model, Schema} = require('mongoose');

const UsuarioSchema = Schema({
    nombre: {
        type: String,
        required: [true, 'El nombre es obligatorio'],
    },
    apellido: {
        type: String,
        required: [true, 'El apellido es obligatorio']
    },
    correo: {
        type: String,
        required: [true, 'El email es obligatorio'],
        unique: true
    },
    password: {
        type: String,
        required: [true, 'La contraseña es obligatorio'],
    },
    rol: {
        type: String,
        required: true,
        enum: ['ADMIN_ROLE', 'USER_ROLE']
    },
    estado: {
        type: Boolean,
        default: true
    },
});

module.exports = model('Usuarios', UsuarioSchema);
```

▶ **const {model, Schema} = require('mongoose');**

es una línea que importa las funciones **model** y **Schema** de la biblioteca **Mongoose**. **model** y se utiliza para crear modelos de datos basados en un esquema, mientras que **Schema** se utiliza para definir la estructura de los datos.

▶ **const UsuarioSchema = Schema({ ... });** define un nuevo esquema llamado **UsuarioSchema**.

Este esquema describe la estructura de los datos para un usuario en la base de datos.

Cada campo del esquema representa una propiedad del usuario, como nombre, apellido, correo electrónico, contraseña, etcétera.

▼ **nombre**, **apellido**, **correo**, **password**, **rol**, **estado** son los campos del esquema, cada uno con sus tipos de datos y opciones adicionales.

Por ejemplo, **type: String** indica que el campo almacenará datos de tipo String, **required: true** especifica que el campo es obligatorio, **unique: true** garantiza que el valor del campo sea único en la colección, **enum: [...]** especifica una lista de valores permitidos para el campo, y **default: true** establece un valor predeterminado para el campo si no se proporciona ningún valor al crear un nuevo documento.

▼ **module.exports = model('Usuarios', UsuarioSchema);** exporta el modelo de datos creado utilizando la función **model** de Mongoose (**Figura 2.1.**).

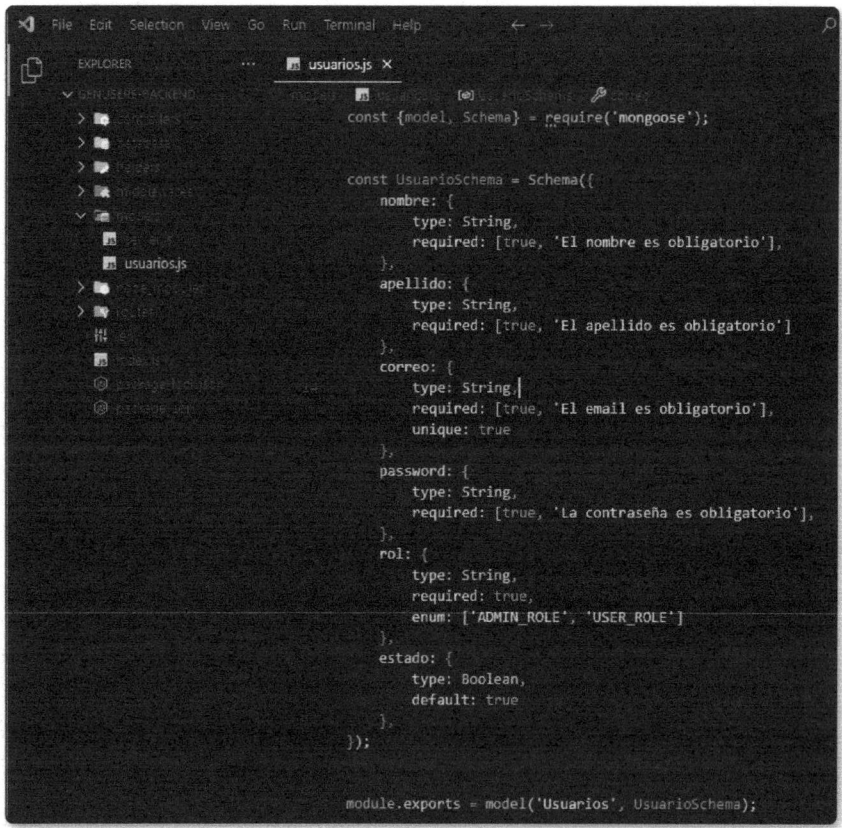

Figura 11.1. El primer argumento de model es el nombre de la colección en la base de datos (en este caso, Usuarios), y el segundo argumento es el esquema que define la estructura de los datos de la colección.

11.2 CREACIÓN DE USUARIOS

Ahora que tienes el molde de usuarios, debes implementar su uso. La primera ruta que crearás o, mejor dicho, implementarás será la de crear un usuario nuevo.

PASO 1

Ve al archivo **usuarios.routes.js** en la carpeta **routes** y observa que tienes una ruta del tipo post con una función llamada **crearUsuario** (línea 8).

PASO 2

Una vez que la hayas localizado, ve a la carpeta **controllers**, a la función **crearUsuarios** y coloca un **console.log(req.body)** (línea 8). Recuerda que **req** es lo que estás enviando en la petición.

PASO 3

Ahora ve a la aplicación de Postman, la que previamente debiste haber descargado, y haz la petición del tipo POST a localhost:8080 con las configuraciones que se observan en la imagen raw y formato JSON. En el body de la petición, colócale un json con los siguientes datos y persona en **SEND**:

```
{
    "correo": "test@prueba",
    "password": "123456"
}
```

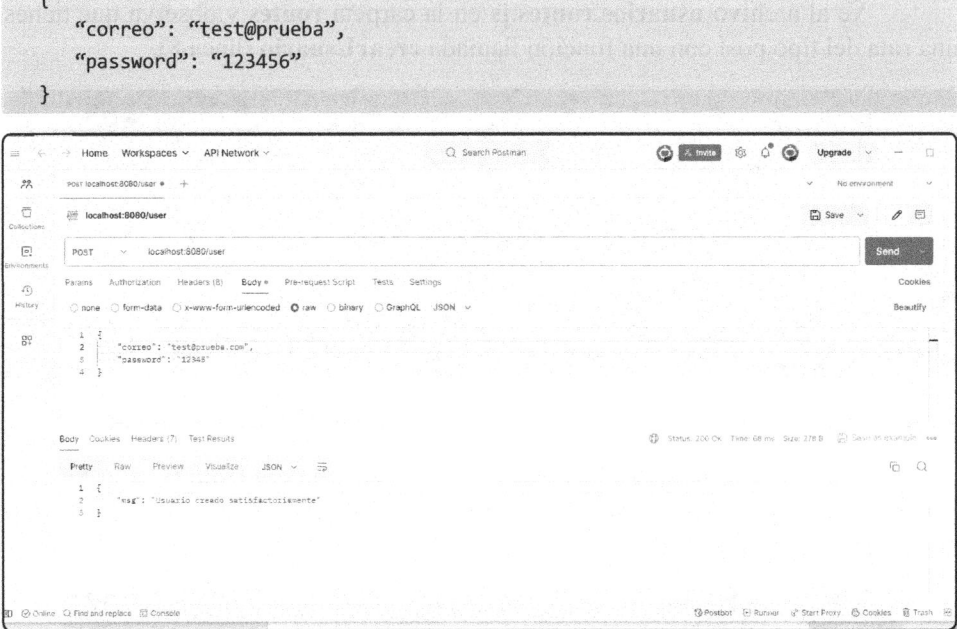

PASO 4

A simple vista, parece que no ha cambiado nada, pero, si observas la consola, verás un undefined, en realidad en esta parte debería aparecer lo que acabas de enviar en el body, pero intencionalmente se ha provocado este error para explicarte cómo solucionarlo:

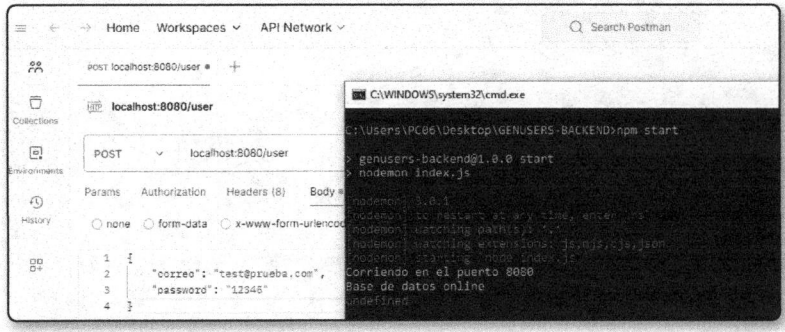

PASO 5

Para solucionar este pequeño inconveniente, ve al archivo **server.js** en la carpeta **models** y coloca los **middlewares()** arriba de las **routes()** dentro del constructor. La explicación es simple, el método que contiene los middlewares posee la línea **this. app(express.json())** encargada de leer los json que se envían y, por lo tanto, no puede ser llamado después de leer las rutas. Pasaría lo mismo si intentaras conectar la BD al final en los constructores, ya que ciertas cosas requieren prioridad de ejecución.

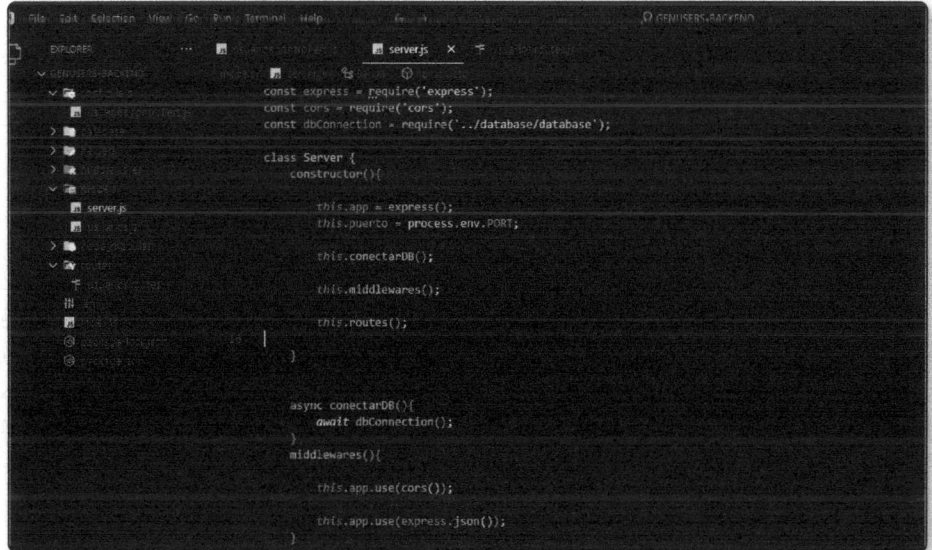

PASO 6

Vuelve a ejecutar la petición y, ahora sí, podrás ver el body.

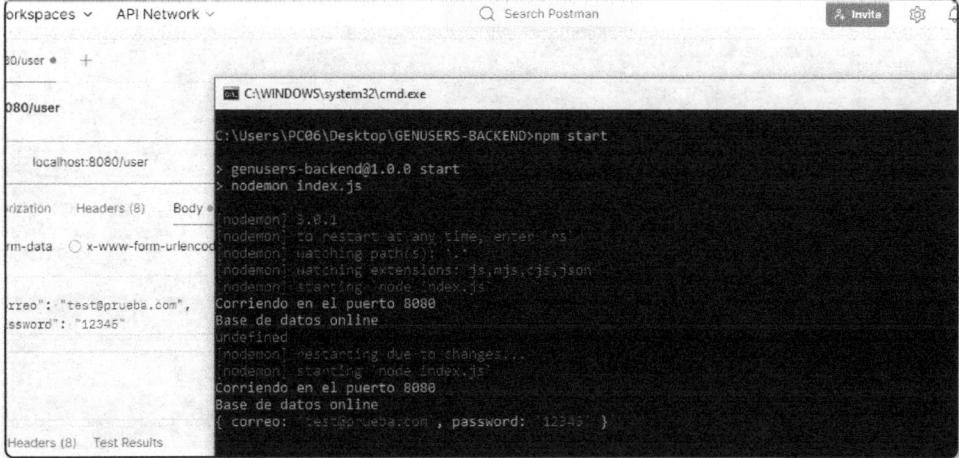

PASO 7

Es momento de la lógica. Dentro del archivo **usuarios.controllers.js**, debes importar el modelo de usuarios y, dentro de la función **crearUsuario**, coloca el siguiente código:

```javascript
const crearUsuario = async(req, res)=>{

    const { nombre, apellido, correo, password, rol } = req.body
    const usuario = new usuarios({ nombre, apellido, correo, password, rol })

    try {
        await usuario.save()
    } catch (error) {
        return res.status(404).json({ msg: "error al crear el usuario" })
    }
    res.status(202).json({
        msg: "Usuario creado correctamente",
        usuario
    })
}
```

La función extrae los datos del cuerpo de la solicitud, como nombre, apellido, correo electrónico, contraseña y rol, los cuales son requeridos en el modelo de usuarios, y crea un nuevo objeto de usuario utilizando estos datos. Luego, intenta guardar este usuario en la base de datos. Si la operación de guardado es exitosa, responde al cliente con un mensaje para indicar que el usuario se creó correctamente, junto con los detalles del usuario creado. Sin embargo, si ocurre algún error durante el proceso de guardado, te responde con un mensaje de error apropiado.

PASO 8

En resumen, esta función maneja la lógica para crear un nuevo usuario y proporciona una respuesta adecuada al cliente según el resultado de la operación.

PASO 9

Ahora ejecuta la operación desde Postman enviándole los datos faltantes. La respuesta será la que está contemplada en el caso positivo del try-catch.

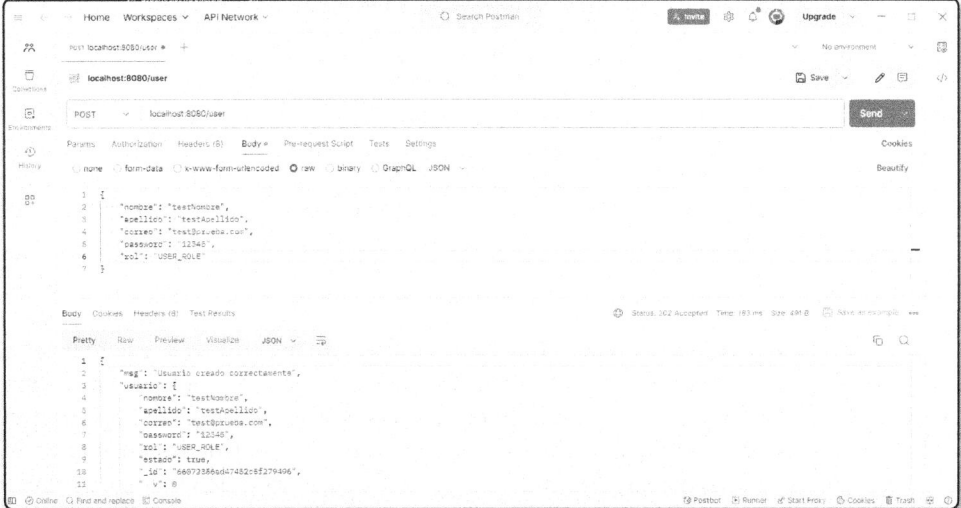

PASO 10

Revisa la base de datos en **Mongo Compas** y corrobora que el usuario se haya grabado correctamente.

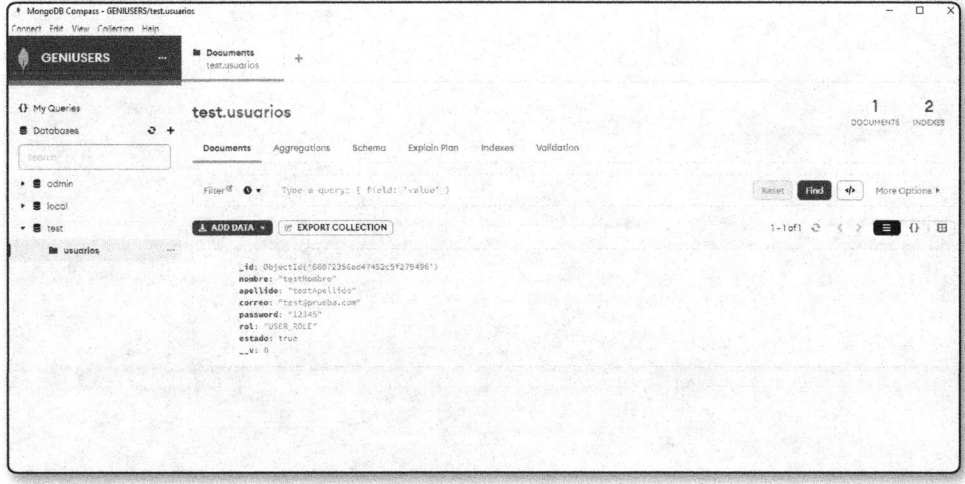

11.3 OBTENCIÓN DE USUARIOS

Recuerda que hay una ruta del tipo **GET** que obtiene los usuarios.

PASO 1

Ve a la función **obtenerUsuarios** y coloca el siguiente código:

```
const obtenerUsuarios = async (req, res) => {
    const listaUsuarios = await usuarios.find()
    try {
        res.status(202).json({
            msg: "Lista de usuarios obtenida correctamente",
            listaUsuarios
        })
    } catch (error) {
        res.status(404).json({ msg: "error al traer usuarios" })
    }
}
```

La función utiliza el método **find()** proporcionado por Mongoose para buscar todos los usuarios almacenados en la base de datos. Posteriormente, emplea una estructura de manejo de errores similar a la de la función anterior para asegurar que cualquier excepción durante la operación sea capturada y manejada adecuadamente. Si la operación de búsqueda es exitosa, responde al cliente con un código de estado HTTP 202 (Aceptado), acompañado de un mensaje que indica la correcta obtención de la lista de usuarios y la propia lista. En caso de algún error, responde con un código de estado HTTP 404 (No encontrado) y un mensaje de error correspondiente.

PASO 2

Realiza la petición del tipo **GET** en Postman a la URL anterior. Es recomendable que vayas guardando las URL para no tener que escribir todo nuevamente.

Esta petición retornará la lista completa de usuarios.

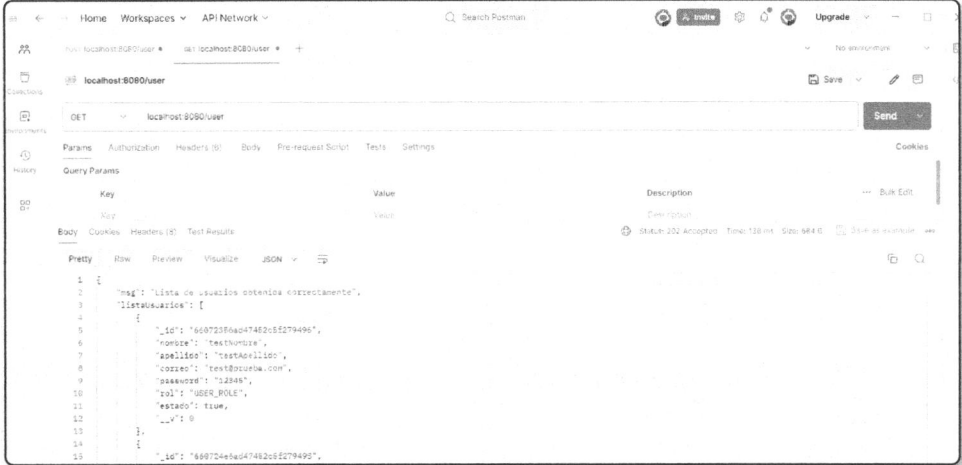

11.4 EDICIÓN DE USUARIOS

Debes contemplar que tus usuarios también pueden querer editar su perfil. Por lo tanto, hay que proveerlos de esa tarea.

PASO 1

Dirígete al archivo **usuarios.routes.js** y modifica la ruta que contiene la petición **PUT** enlazada con la función **editarUsuario**. Debes colocarle **/:id** al final. Esta modificación dará pie a que el usuario envíe obligatoriamente un IP en los **req. params** con el fin de identificar el usuario que se requiere modificar.

```
const { Router } = require('express');
const { obtenerUsuarios, crearUsuario, editarUsuario, eliminarUsuario } = require('../controllers/usuarios.controlle

const router = Router();

router.get('/user', obtenerUsuarios);
router.post('/user', crearUsuario);
router.put('/user/:id', editarUsuario);
router.delete('/user', eliminarUsuario);

module.exports = router;
```

PASO 2

Ahora ve a la función **editarUsuario** y coloca el siguiente código:

```javascript
const editarUsuario = async(req, res) => {
    const { id } = req.params;
    const { password, ...resto } = req.body;
    console.log(resto)

    try {
        const usuario = await usuarios.findById(id);
        // Verificar si se encontró y actualizó correctamente el usuario
        if (!usuario) {
            return res.status(404).json({ msg: "Usuario no encontrado" });
        }
        Object.assign(usuario, resto);
        const usuarioActualizado = await usuario.save();

        return res.status(200).json({ msg: "Usuario actualizado con éxito",
usuarioActualizado });
    } catch (error) {
        return res.status(500).json({ msg: "Error al actualizar el usuario" });
    }
}
```

En primer lugar, extrae el identificador único del usuario a través de los parámetros de la solicitud HTTP (ID). Luego, desestructura el body de la solicitud para obtener los datos por actualizar, excluyendo la contraseña con el fin de evitar su modificación directa. Posteriormente, busca al usuario en la base de datos según su ID y verifica si existe. Si el usuario no se encuentra, responde con un mensaje para indicar que no existe. En caso contrario, actualiza los datos del usuario con los nuevos valores proporcionados y guárdalos en la base de datos. Finalmente, responde al cliente con un mensaje de éxito y los datos actualizados del usuario o, en caso de error, notifica al cliente sobre la falla en la operación.

```
const crearUsuario = async (req, res) => {
    await usuario.save()
} catch (error) {
    return res.status(404).json({ msg: "error al crear el usuario" })

res.status(202).json({
    msg: "Usuario creado correctamente",
    usuario
})
}

const editarUsuario = async(req, res) => {
    const { id } = req.params;
    const { password, ...resto } = req.body;
    console.log(resto)

    try {
        const usuario = await usuarios.findById(id);

        if (!usuario) {
            return res.status(404).json({ msg: "Usuario no encontrado" });
        }
        Object.assign(usuario, resto);
        const usuarioActualizado = await usuario.save();

        return res.status(200).json({ msg: "Usuario actualizado con éxito", usuarioActualizado });
    } catch (error) {
        return res.status(500).json({ msg: "Error al actualizar el usuario" });
    }
}

const eliminarUsuario = (req, res) => {
    res.status(200).json({
        msg: "Usuario Eliminado"
    })
}
module.exports = {
```

PASO 3

Es hora de probar el endpoint generado. Ve a Postman, crea una petición del tipo **PUT** y colócale un json similar al del método **POST** dentro del body con las mismas configuraciones. En cuanto a la URL, colócale un número cualquiera al final y haz clic en **SEND**. Verás cómo ingresa el error creado en la función **editarUsuario**, ya que el ID no es válido a la hora de actualizar el usuario.

PASO 4

Es momento de realizar la petición correcta. Para esto, necesitas el ID válido. Ve a la base de datos en Mongo Compas, copia el ID del usuario que tengas creado y colócalo al final de la ULR en Postman. Cambia alguno de los datos, como por ejemplo el nombre, y haz clic en **enviar**. Verás cómo se cambió correctamente.

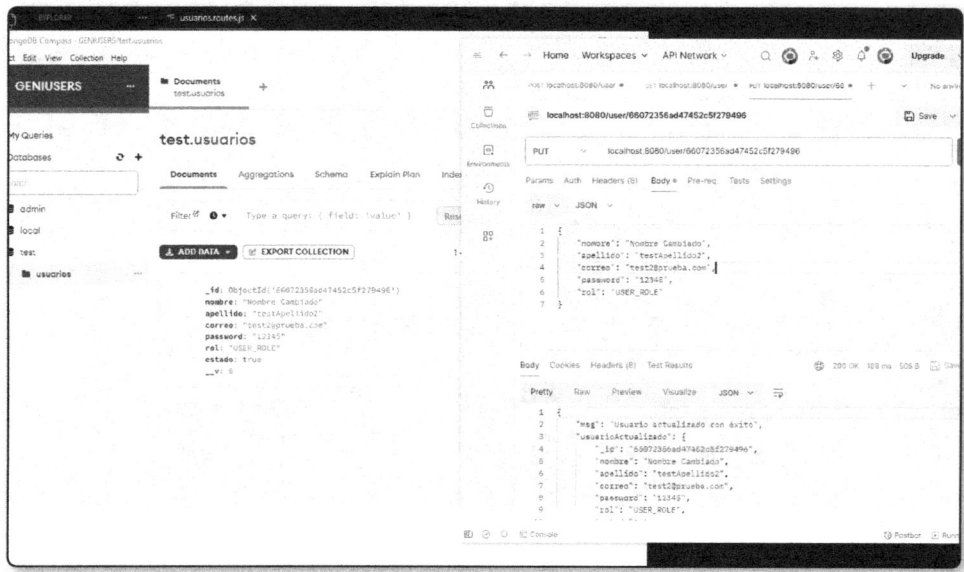

11.5 ELIMINACIÓN DE USUARIOS

Es momento de "eliminar" un usuario, dicho entre comillas ya que solo implementarás un sistema de baneo. Recuerda que tienes una propiedad llamada **estado** que por defecto se encuentra en **true**, y está definida de esa forma en el modelo de usuarios. Esta acción invertirá dicho estado para habilitar y deshabilitar al usuario.

PASO 1

Al igual que en el método de actualización de usuarios, debes pasarle un ID a la ruta. Modifica dicha ruta. Cámbiala de **DELETE** a **PATCH**, ya que solo actualizarás el estado, y colócale un parámetro para el ID (línea 10).

PASO 2

Ahora ve al controlador, específicamente a la función **eliminarUsuario**, y coloca el siguiente código:

```
const eliminarUsuario = async(req, res) => {
    const { id } = req.params;
    try {
        const usuario = await usuarios.findById(id);

        if (!usuario) {
            return res.status(404).json({
                msg: "Usuario no encontrado"
            });
        }
        const nuevoEstado = !usuario.estado;
        usuario.estado = nuevoEstado;
        await usuario.save();

        return res.status(200).json({
            msg: "Estado del usuario actualizado correctamente",
            usuario
        });
    } catch (error) {
        console.error(error);
        return res.status(500).json({
            msg: "Error al actualizar el estado del usuario"
        });
    }
}
```

Primero, extrae el ID del usuario de los parámetros de la URL de la solicitud. Luego, intenta encontrar al usuario en la base de datos utilizando el método **findById()** proporcionado por Mongoose. Si el usuario no se encuentra, responde al cliente con un código de estado HTTP 404 y un mensaje para indicar que el usuario no existe. En caso contrario, calcula el nuevo estado del usuario invirtiendo el estado actual y lo actualiza en la base de datos. Si la operación se completa correctamente, responde al cliente con un código de estado HTTP 200 y un mensaje para indicar que el estado del usuario se ha actualizado en forma correcta, junto con los datos del usuario actualizado. Sin embargo, si ocurre algún error durante el proceso, lo imprime en la consola, y responde al cliente con un código de estado HTTP 500 y un mensaje que indica que ha ocurrido un error interno del servidor al actualizar el estado del usuario.

```js
const editarUsuario = async(req, res) => {
        return res.status(500).json({ msg: "Error al actualizar el
    }
}

const eliminarUsuario = async(req, res) => {
    const { id } = req.params;
    try {
        const usuario = await usuarios.findById(id);

        if (!usuario) {
            return res.status(404).json({
                msg: "Usuario no encontrado"
            });
        }
        const nuevoEstado = !usuario.estado;
        usuario.estado = nuevoEstado;
        await usuario.save();

        return res.status(200).json({
            msg: "Estado del usuario actualizado correctamente",
            usuario
        });
    } catch (error) {
        console.error(error);
        return res.status(500).json({
            msg: "Error al actualizar el estado del usuario"
        });
    }
}
module.exports = {
    obtenerUsuarios,
    crearUsuario,
    editarUsuario,
    eliminarUsuario
}
```

PASO 3

Es momento de probar el endpoint. Ve a Postman y haz una petición del tipo **PATCH** a la misma URL que la anterior petición sin enviarle nada en el body. Pulsa **SEND** y observa cómo el estado del usuario cambió a **false**.

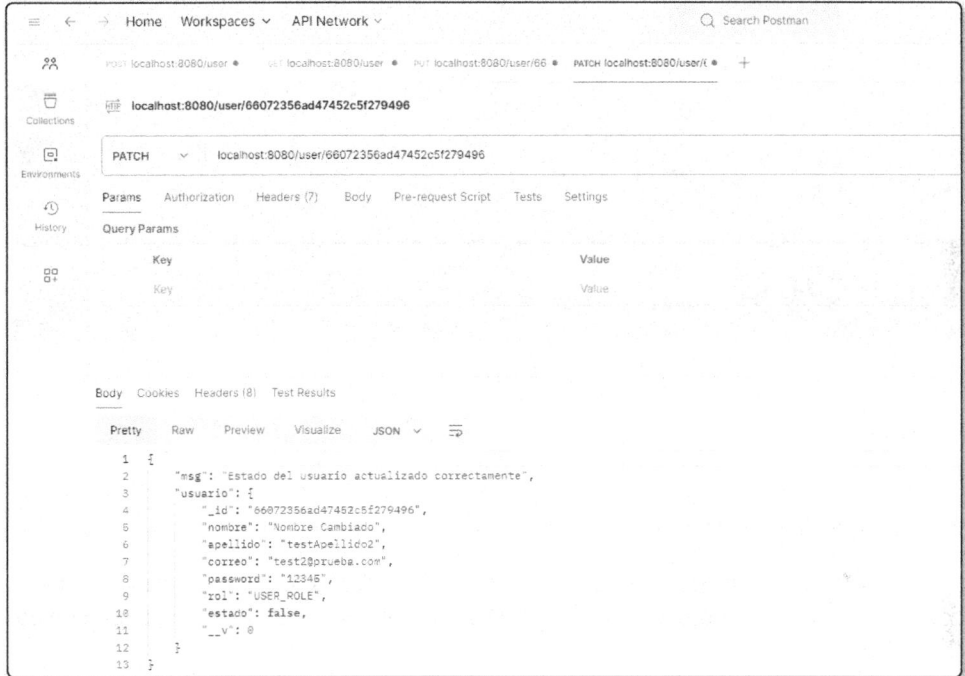

11.6 ENCRIPTACIÓN DE CONTRASEÑA

Es fundamental reconocer que, incluso en situaciones donde la gestión de la base de datos recae en individuos de confianza o si la administración es llevada a cabo por uno mismo, la seguridad de las contraseñas sigue siendo una prioridad indiscutible. Encriptar adecuadamente las contraseñas es una práctica esencial para salvaguardar la integridad de los datos y prevenir posibles vulnerabilidades. Esta medida no solo protege contra amenazas internas, sino que también fortalece la defensa contra posibles ataques externos. Por lo tanto, es imperativo implementar procedimientos robustos de encriptación de contraseñas, independientemente del contexto, como un estándar de seguridad y buenas prácticas en la gestión de bases de datos. Para ello, utilizarás el paquete **bcryptjs**.

PASO 1

Detén la terminal e instala el paquete con **npm i bcryptjs**. Luego vuelve a levantar el servidor.

PASO 2

Este paquete será utilizado en dos puntos clave de la aplicación: en el momento de crear y en el de actualizar el usuario.

Ve al archivo **usuarios.controllers.js** y, dentro de la función **crearUsuario**, coloca el siguiente código (líneas 22 y 23), asegúrate también de importar el paquete (línea 2):

```
const salt = bcryptjs.genSaltSync();
    usuario.password = bcryptjs.hashSync(password, salt);
```

PASO 3

Utiliza la biblioteca **bcryptjs** para encriptar la contraseña de un usuario antes de almacenarla en la base de datos. Primero, se genera un salt utilizando el método **genSaltSync()**, el cual proporciona una cadena aleatoria única utilizada en el proceso de encriptación. Luego, se utiliza este salt junto con la contraseña sin encriptar en el método **hashSync()** para generar un hash seguro de la contraseña. Este hash resultante, que es una representación encriptada de la contraseña del usuario, se guarda en la base de datos. Al emplear este proceso, se asegura que las contraseñas estén protegidas de manera efectiva contra ataques maliciosos, lo que contribuye significativamente a la seguridad general del sistema.

```javascript
const usuarios = require("../models/usuarios")
const bcryptjs = require('bcryptjs');

const obtenerUsuarios = async (req, res) => {
    const listaUsuarios = await usuarios.find()
    try {
        res.status(202).json({
            msg: "Lista de usuarios obtenida correctamente",
            listaUsuarios
        })
    } catch (error) {
        res.status(404).json({ msg: "error al traer usuarios" })
    }
}

const crearUsuario = async (req, res) => {

    const { nombre, apellido, correo, password, rol } = req.body
    const usuario = new usuarios({ nombre, apellido, correo, password, rol

    const salt = bcryptjs.genSaltSync();
    usuario.password = bcryptjs.hashSync(password, salt);

    try {
        await usuario.save()
    } catch (error) {
        return res.status(404).json({ msg: "error al crear el usuario" })
    }
    res.status(202).json({
        msg: "Usuario creado correctamente",
        usuario
    })
}

const editarUsuario = async(req, res) => {
    const { id } = req.params;
    const { password, ...resto } = req.body;
```

PASO 4

Ahora ve a Postman y crea un nuevo usuario. Verás cómo se guarda en la base de datos.

PASO 5

Solo queda hacer lo mismo al actualizar, para que, una vez que se actualice el usuario, la contraseña quede encriptada y no sea vulnerable.

En este caso, será dentro de un bucle **if**, ya que es posible que el usuario no quiera actualizar su contraseña y deje ese campo vacío actualizando, por ejemplo, solamente el apellido (línea 43 a la 47).

```js
const crearUsuario = async (req, res) => {
        await usuario.save()
    } catch (error) {
        return res.status(404).json({ msg: "error al crear el usuario" })
    }
    res.status(202).json({
        msg: "Usuario creado correctamente",
        usuario
    })
}


const editarUsuario = async(req, res) => {
    const { id } = req.params;
    const { password, ...resto } = req.body;

    try {

        if (password) {

            const salt = bcryptjs.genSaltSync();
            resto.password = bcryptjs.hashSync(password, salt);
        }

        const usuario = await usuarios.findById(id);

        if (!usuario) {
            return res.status(404).json({ msg: "Usuario no encontrado" });
        }
        Object.assign(usuario, resto);
        const usuarioActualizado = await usuario.save();

        return res.status(200).json({ msg: "Usuario actualizado con éxito", usuarioActualizado });
    } catch (error) {
        return res.status(500).json({ msg: "Error al actualizar el usuario" });
    }

}

const eliminarUsuario = async(req, res) => {
```

Hasta este punto, se ha completado la mayoría de los casos de uso relacionados con la gestión de usuarios tanto para usuarios regulares como para administradores. Sin embargo, aún queda pendiente el desarrollo de un sistema de autenticación robusto y eficiente, así como la implementación de un esquema para los cursos, junto con algunas validaciones adicionales. Estas próximas etapas son críticas para garantizar la seguridad, integridad y funcionalidad óptimas de la aplicación. Por lo tanto, se requerirá un enfoque profesional y meticuloso en la implementación de estas características para cumplir con los estándares de calidad y ofrecer una experiencia superior de usuario.

11.7 ACTIVIDADES

A continuación se presentan las preguntas y los ejercicios que deberías saber responder y resolver para considerar aprendido el capítulo.

11.7.1 Test de autoevaluación

1. *¿Qué representa el Modelo de Usuarios en el contexto del desarrollo de una aplicación Node.js?*

2. *¿Cuál es el propósito principal de los controladores en una aplicación Node.js?*

3. *¿Qué importancia tiene adoptar un enfoque metódico y riguroso en el desarrollo de controladores?*

4. *¿Qué función cumple el archivo **usuarios.js** dentro de la carpeta **models** en el proyecto?*

5. *¿Cuál es la utilidad de la función **model** de Mongoose en el código proporcionado?*

6. *¿Por qué es importante el uso del middleware **express.json()** en la configuración del servidor?*

7. *¿Qué información se obtiene a través de la **consola.log(req.body)** en el controlador de creación de usuarios?*

8. *¿Cuál es el propósito de la función **obtenerUsuarios** en el contexto del proyecto?*

9. *¿Qué método de Mongoose se utiliza para buscar todos los usuarios almacenados en la base de datos?*

10. *¿Cómo se manejan los errores durante la operación de búsqueda de usuarios en el controlador correspondiente?*

11.7.2 Ejercicios prácticos

1. *Modifica el esquema de usuarios para incluir un campo adicional, como la fecha de registro del usuario.*

2. *Implementa una ruta y un controlador para actualizar la información de un usuario existente en la base de datos.*

3. *Crea un middleware personalizado que verifique si el usuario que realiza la solicitud tiene permisos de administrador antes de permitir el acceso a ciertas rutas.*

4. *Diseña una ruta y un controlador para eliminar un usuario de la base de datos.*

5. *Explora cómo implementar la autenticación de usuarios utilizando JSON Web Tokens (JWT) y añade esta funcionalidad a tu aplicación Node.js.*

12

LÓGICA DE NEGOCIO AVANZADA

Hasta ahora, has logrado crear la mayor parte de casos de uso para usuarios, pero aún falta mucho trabajo. Todavía queda por hacer la autenticación del usuario, un esquema de cursos con sus respectivas rutas y, por qué no, un endpoint que permita al administrador buscar un usuario determinado.

12.1 BÚSQUEDA DE USUARIOS POR NOMBRE

Para realizar esta tarea, necesitas crear unos cuantos usuarios. Crea unos cinco o diez con algunos nombres y apellidos reales para poder filtrarlos luego. Ahora, recuerda que necesitas una ruta y un controlador.

PASO 1

Ve a **usuarios.routes.js** y crea la ruta (línea 11) e importa una función llamada **obtenerUsuarioPorNombre**, la cual harás a continuación:

router.get('/user/search', obtenerUsuarioPorNombre);

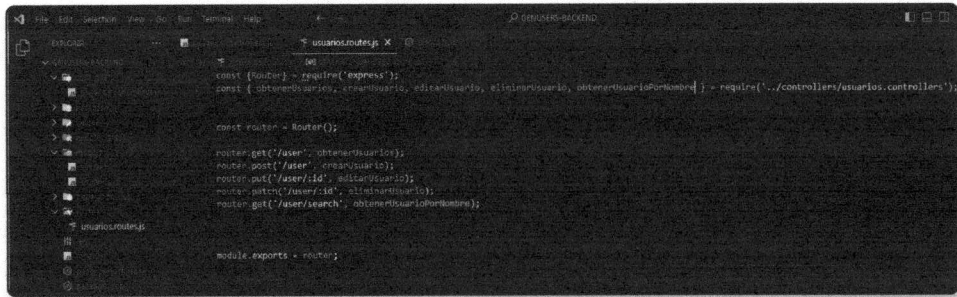

PASO 2

Ve al archivo **usuarios.controllers.js** y crea la función mencionada antes, de la siguiente manera, y no olvides exportarla al final:

```
const obtenerUsuarioPorNombre = async (req, res) => {
    const keyword = req.query.keyword;
    try {

        const results = await usuarios.find({ apellido: { $regex: keyword, $op-
tions: 'i' } });
        res.json({
            msg: "USUARIO/S OBTENIDOS CORRECTAMENTE",
            results
        })
    }
    catch (error) {
        console.error(error);
        res.status(500).json({ error: 'Error al obtener usuarios.' });
    }
}
```

En primer lugar, extrae la palabra clave de la consulta utilizando **req.query. keyword** (es lo que se escribirá por teclado). Luego, realiza una búsqueda en la base de datos utilizando el método **find()** de **Mongoose**, que busca coincidencias parciales del apellido con la palabra clave, ignorando mayúsculas y minúsculas.

Los resultados de la búsqueda se envían como respuesta al cliente en formato JSON junto con un mensaje para indicar que los usuarios se obtuvieron correctamente. Sin embargo, si ocurre algún error durante el proceso, se captura y se responde al cliente con un código de estado HTTP 500 y un mensaje que indica que hubo un error al obtener los usuarios.

Es importante que tengas en cuenta que este tipo de búsquedas se pueden realizar sobre cualquier campo, por lo que se ha elegido para este ejemplo el apellido.

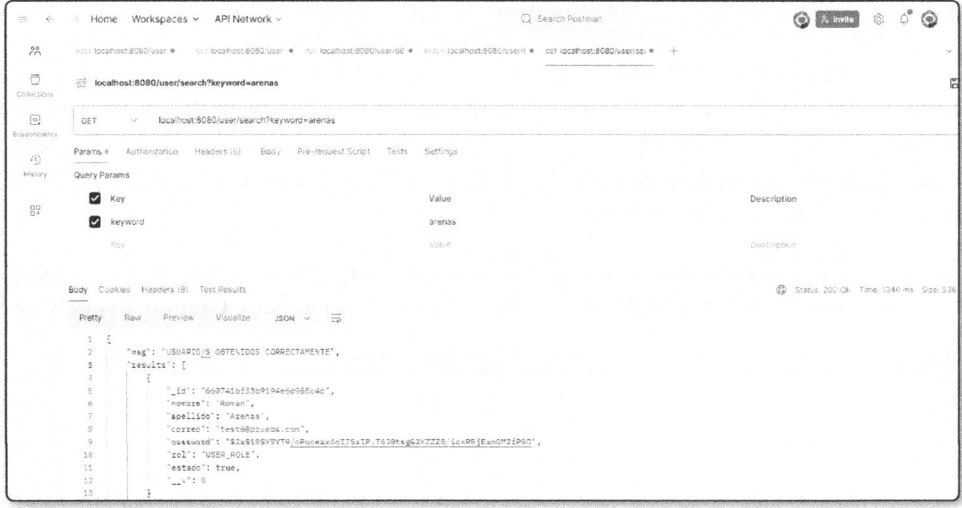

```js
const eliminarUsuario = async(req, res) => {
        return ...............................json({
            msg: "Estado del usuario actualizado correctamente",
            usuario
        });
    } catch (error) {
        console.error(error);
        return res.status(500).json({
            msg: "Error al actualizar el estado del usuario"
        });
    }
}

const obtenerUsuarioPorNombre = async (req, res) => {
    const keyword = req.query.keyword;
    try {

        const results = await usuarios.find({ apellido: { $regex: keyword, $options: 'i' }
        res.json({
            msg: "USUARIO/S OBTENIDOS CORRECTAMENTE",
            results
        })
    }
    catch (error) {
        console.error(error);
        res.status(500).json({ error: 'Error al obtener usuarios.' });
    }
}
```

PASO 3

Probar este endpoint desde **Postman** es un tanto diferente. Debes colocar la URL base seguida de un parámetro, como por ejemplo **localhost:8080/user/search?keyword=arenas**, donde **arenas** sería el apellido que se desea buscar.

12.2 AUTENTICACIÓN DE USUARIOS (GENERACIÓN DE TOKEN)

La **autenticación** es un proceso esencial para verificar la identidad de los usuarios que intentan acceder a recursos protegidos en una aplicación web. Usualmente, este proceso implica la verificación de credenciales, como nombres de usuario y contraseñas, almacenadas en una base de datos. Una vez que se han verificado las credenciales, se proporciona al usuario un token de acceso que actúa como una credencial digital para identificar al usuario en futuras solicitudes.

Para el manejo de las credenciales, utilizarás el paquete **jsonwebtoken**.

Una de las ventajas clave de utilizar tokens de acceso web (JSON Web Tokens, JWT) en la autenticación de usuarios en Node.js es su capacidad para mantener el estado de autenticación en el lado del cliente de manera segura y eficiente. Los **JWT** son tokens autónomos que contienen información codificada sobre el usuario y pueden ser verificados fácilmente por el servidor sin necesidad de mantener un estado de sesión en él Esto reduce la carga del servidor y mejora el rendimiento de la aplicación, ya que no es necesario consultar la base de datos en cada solicitud para verificar la sesión del usuario.

Además, los JWT son firmados digitalmente utilizando algoritmos de cifrado, lo que los hace seguros contra manipulaciones. Esto significa que la información almacenada en un JWT no puede ser alterada por usuarios malintencionados sin la clave de firma adecuada. Como resultado, los JWT son una forma segura y escalable de implementar la autenticación de usuarios en aplicaciones Node.js, proporcionando una experiencia de usuario fluida y segura.

PASO 1

Para comenzar a implementar este estupendo sistema, ve a la terminal, detenla un momento e instala el paquete con **npm i jsonwebtoken**.

PASO 2

Además, necesitarás una clave para firmar los token. Esto puede hacerse desde las variables de entorno, solo asegúrate de que sea una palabra difícil de adivinar. Ve al archivo **.env**, crea una variable llamada **SECRET** y colócale una palabra clave.

Una vez creada la variable de entorno, reinicia el servidor para que los cambios surtan efecto.

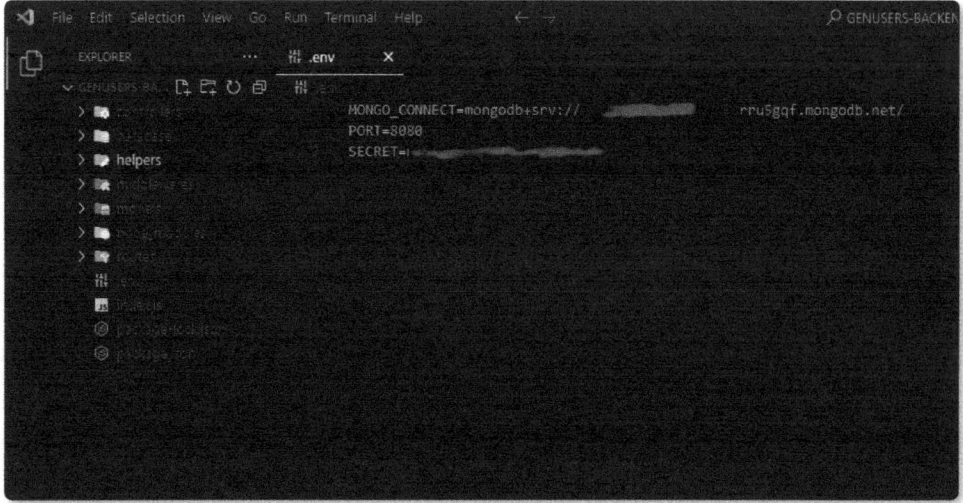

PASO 3

Cuando tengas el paquete instalado, dirígete a la carpeta **helpers** y crea un archivo **js** que contendrá el código que generará el token. En este caso, se ha colocado **generarJWT.js**.

Dentro del archivo ubica la siguiente función:

```
const jwt = require('jsonwebtoken')
require('dotenv').config();


const generarJWT = (uid = "")=>{

    return new Promise((resolve, reject) => {
        const payload = {uid};

        jwt.sign(payload, process.env.SECRET ,{
```

```
                expiresIn: "12h"
        }, (err, token)=>{
            if(err){
                console.log(err)
                reject('No se pudo generar el token')
            }
            else{
                resolve(token)
            }
        })
    })
}
module.exports = generarJWT;
```

La función toma un parámetro opcional **uid**, que representa el identificador único del usuario para el cual se está generando el token. Luego, crea un objeto payload que contiene el uid proporcionado como parte de la carga útil del token. A continuación, se utiliza el método **jwt.sign()** para firmar digitalmente el token, utilizando una clave secreta definida en el archivo **.env**. Este método toma tres argumentos: el **payload** por firmar, la clave secreta para la firma y las opciones adicionales, como el tiempo de expiración del token, el cual es de dos horas en este caso, y que podrás ajustar a tu criterio.

El token generado se devuelve como una promesa. Si la generación del token es exitosa, la promesa se resuelve con el token generado. En caso de que ocurra un error durante la generación, la promesa se rechaza con un mensaje que indique que no se pudo generar el token.

12.3 AUTENTICACIÓN DE USUARIOS (RUTA Y CONTROLADOR)

Si bien podrías manejar la autenticación dentro de las rutas y controladores de usuario, a fin de que el código sea más organizado y entendible, lo harás separado.

PASO 1

Ve a la carpeta **controllers** y crea un archivo nuevo llamado **auth.controllers.js**. Dentro, deberás crear dos funciones: una para autenticar el usuario y otra para obtener el perfil. Por ahora, solo crea las bases y expórtalas.

```
const autenticarUsuario = async(req, res) => {

    res.json({
        msg: "Autenticando usuario"
    })
}

const obtenerPerfil = (req, res)=>{
    res.json({
        msg: "OBTENIENDO PERFIL"
    })
}

module.exports = {autenticarUsuario, obtenerPerfil};
```

PASO 2

Ahora ve a la carpeta **routes** y crea las dos rutas correspondientes dentro de un nuevo archivo llamado **auth.routes.js**, habiendo hecho con anterioridad la importación de los paquetes necesarios.

```
const { Router } = require('express');
const {autenticarUsuario, obtenerPerfil} = require('../controllers/auth.cotrollers');

const router = Router();

router.post('/login', autenticarUsuario);
router.get('/perfil', obtenerPerfil);

module.exports = router;
```

PASO 3

Este archivo debe tener una ruta definida en el servidor. Ve a **server.js** dentro de la carpeta **models** y define la ruta correspondiente (línea 32).

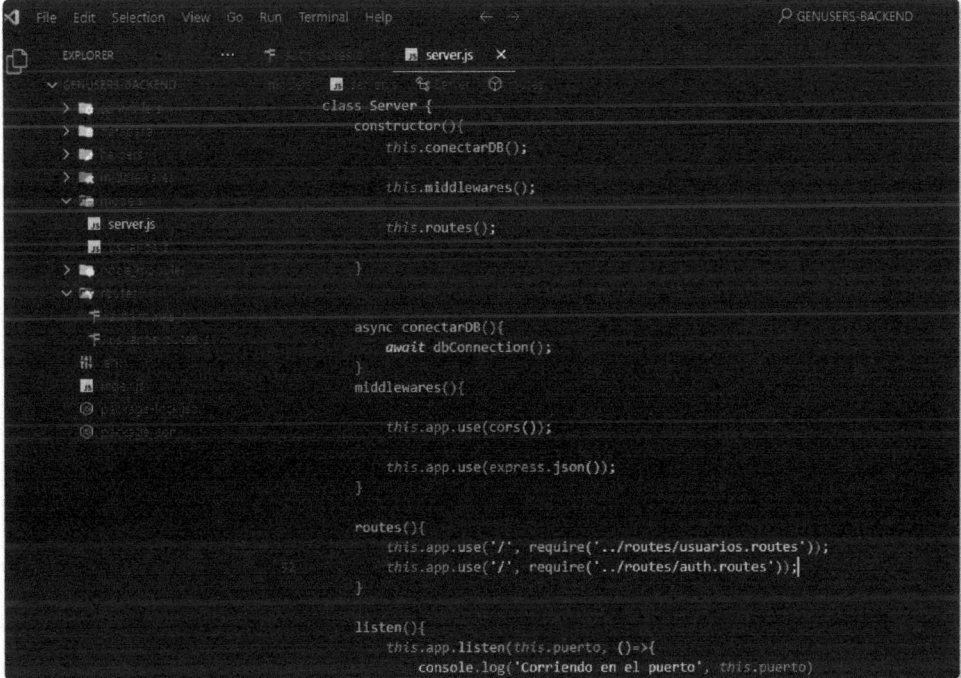

PASO 4

Ejecuta las pruebas para corroborar el buen funcionamiento de los endpoint.

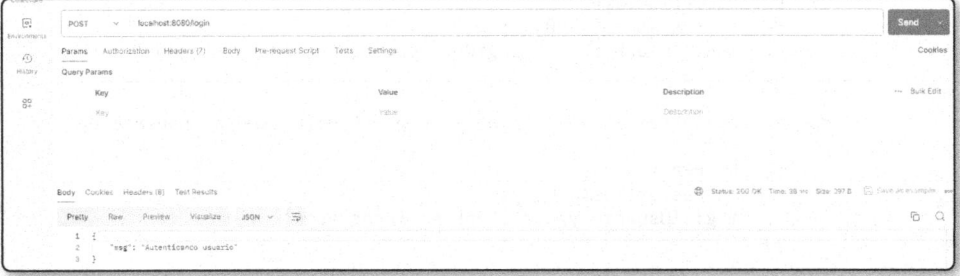

PASO 5

Dentro de **auth.controllers.js**, importa el modelo de **usuarios**, el paquete **bcryptjs** y la función **generarJWT** creada en los pasos anteriores.

PASO 6

Ahora, dentro de la función **autenticarUsuario**, coloca el siguiente código (líneas 6 a 38):

```
const autenticarUsuario = async(req, res) => {
const { correo, password } = req.body;
try {
    const usuario = await usuarios.findOne({correo})
    if(!usuario){
        return res.status(400).json({
            msg: 'Usuario y/o contraseña incorrecta'
        })
    }
    if(!usuario.estado){
        return res.status(408).json({
            msg: 'Usuario restringido. Contacte al administrador'
        })
    }
    const verificarPassword = bcryptjs.compareSync(password, usuario.pas-
sword);
    if(!verificarPassword){
        return res.status(400).json({
            msg: 'Usuario y/o contraseña incorrecta'
        })
    }
    const token = await generarJWT(usuario.id)
    res.status(200).json({
        usuario,
```

```
            token
        })
    } catch (error) {
        return res.status(500).json({
            msg: 'Ups algo salio mal.! :('
        })
    }
}
```

Este bloque de código se encarga de autenticar a un usuario en un sistema, utilizando su correo electrónico y su contraseña. Comienza extrayendo el correo electrónico y la contraseña de la solicitud HTTP. Luego, busca en la base de datos un usuario que coincida con el correo electrónico proporcionado. Si no se encuentra ningún usuario o el usuario está inactivo, se devuelve un mensaje de error correspondiente. Si se encuentra un usuario activo, se verifica la contraseña proporcionada con la contraseña almacenada en la base de datos utilizando el método **compareSync** ya que esta se encuentra encriptada. Si las contraseñas coinciden, se genera un token JWT para el usuario y se devuelve junto con sus datos en una respuesta de éxito. Este token va a ser el utilizado en el frontend para leer el usuario luego de ser almacenado en el **localStorage**. En caso de cualquier error durante el proceso, se devuelve un mensaje de error genérico

PASO 7

Es momento de probar el endpoint. Ve a **Postman** y haz una petición del tipo **POST** a la URL **localhost:8080/login** y envíale los datos de autenticación de un usuario existente en la base de datos. Esto te devolverá el usuario junto con el token.

PASO 8

Es momento de fabricar el endpoint que permitirá obtener el usuario a través del token de autenticación. Ve a **auth.controllers.js**, específicamente a la función **obtenerPerfil**, y colócale lo siguiente:

```
const obtenerPerfil = (req, res)=>{
    const { usuario } = req
    res.json({
        usuario
    })
}
```

```
const autenticarUsuario = async(req, res) => {
            msg: 'Usuario y/o contraseña incorrecta'
        })
    }
    if(!usuario.estado){
        return res.status(408).json({
            msg: 'Usuario restringido. Contacte al administrador'
        })
    }
    const verificarPassword = bcryptjs.compareSync(password, usuario
    if(!verificarPassword){
        return res.status(400).json({
            msg: 'Usuario y/o contraseña incorrecta'
        })
    }
    const token = await generarJWT(usuario.id)
    res.status(200).json({
        usuario,
        token
    })
    } catch (error) {
        return res.status(500).json({
            msg: 'Ups algo salio mal.! :('
        })
    }
}

const obtenerPerfil = (req, res)=>{
    const { usuario } = req
    res.json({
        usuario
    })
}

module.exports = {autenticarUsuario, obtenerPerfil};
```

PASO 9

Si haces la petición desde **Postman** a **localhost:8080/perfil**, verás que solo retorna un objeto vacío. Esto se debe a que no hay ninguna lectura del token proporcionado o mejor dicho este no está llegando a la petición por ninguna parte.

Aquí es donde entrarán en juego los middlewares. Ve a la carpeta **middlewares**, crea un archivo llamado **checkAuth.js** y coloca el siguiente código dentro:

```
const Usuario = require('../models/usuarios');
const jwt = require('jsonwebtoken');
require('dotenv').config();
```

```
const checkAuth = async (req, res, next) => {
    let token;
    if (req.headers) {
        try {
            token = req.headers.token;
            const decored = jwt.verify(token, process.env.SECRET)
            req.usuario = await Usuario.findById(decored.uid).select('-pas-
sword');
            return next();
        } catch (error) {
            const err = new Error('Token no valido.')
            return res.status(403).json({ msg: err.message });
        }
    }
    if (!token) {
        const error = new Error('Token invalido o inexistente.')
        res.status(403).json({ msg: error.message });
    }
    next();
};

module.exports = checkAuth
```

El middleware comienza intentando extraer el token del encabezado de la solicitud **req.headers.token**. Si se encuentra un token, se debe verificar su validez utilizando la función **jwt.verify()**, que utiliza la clave secreta definida en el archivo **.env**. Si el token es válido, se extrae el identificador único (uid) del usuario codificado en el token y se busca en la base de datos utilizando el modelo de **usuarios** para obtener la información del usuario correspondiente. La información se adjunta al objeto de solicitud **req.usuario** para que esté disponible en los controladores posteriores.

Si se produce algún error durante la verificación del token, se captura y se devuelve un mensaje de error para indicar que el token no es válido. Si no se encuentra ningún token en los encabezados de la solicitud, se devuelve un mensaje de error que indica que el token es inválido o inexistente.

Por último, si no se localiza ningún error y el token es válido, el middleware llama a la función **next()** para pasar la solicitud al siguiente middleware o controlador en la cadena de middleware.

```
const Usuario = require('../models/usuarios');
const jwt = require('jsonwebtoken');
require('dotenv').config();


const checkAuth = async (req, res, next) => {
    let token;
    if (req.headers) {
        try {
            token = req.headers.token;
            const decored = jwt.verify(token, process.env.SECRET)
            req.usuario = await Usuario.findById(decored.uid).select('-password');
            return next();
        } catch (error) {
            const err = new Error('Token no valido.')
            return res.status(403).json({ msg: err.message });
        }

    }
    if (!token) {
        const error = new Error('Token invalido o inexistente.')
        res.status(403).json({ msg: error.message });
    }
    next();
};

module.exports = checkAuth
```

PASO 10

Ahora ve a **auth.routes.js** y coloca el middleware dentro de la petición para obtener el perfil. No te olvides de importarlo.

```
const { Router } = require('express');
const {autenticarUsuario, obtenerPerfil} = require('../controllers/auth.cotrollers');
const checkAuth = require('../middlewares/checkAuth');

const router = Router();


router.post('/login', autenticarUsuario);
router.get('/perfil', checkAuth, obtenerPerfil);



module.exports = router;
```

PASO 11

Para probar este endpoint, dirígete a **Postman**, loguéate con un usuario existente, copia el token y envíaselo a la petición del perfil a través de los **Headers** como se muestra en la imagen. Si todo es correcto, te retornará el usuario autenticado.

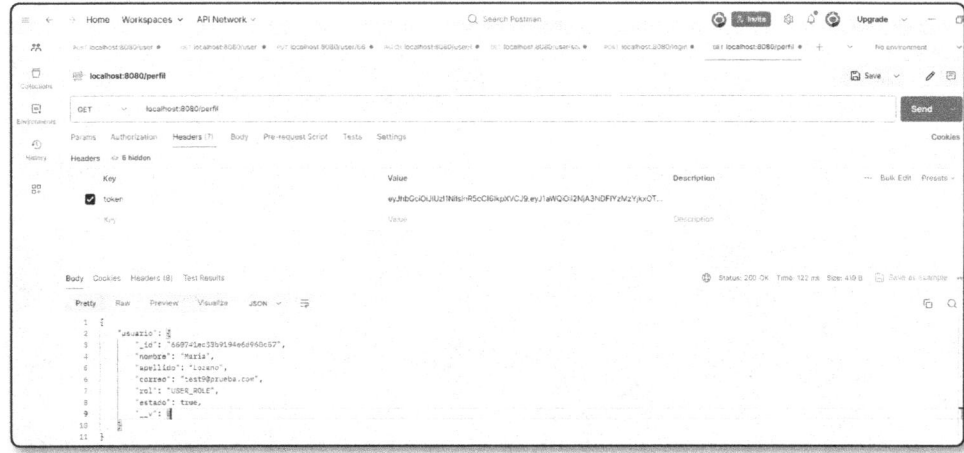

12.4 ESQUEMA DE CURSOS

Es momento de armar todo el sistema de cursos junto con sus respectivas rutas y controladores. Esto será muy similar a lo del capítulo anterior. Aquí puedes ajustar las rutas a tu conveniencia, pero, a modo didáctico, implementarás las más comunes y, luego, decidirás si necesitas alguna más.

PASO 1

Ve a la carpeta **routes** y crea un archivo llamado **cursos.routes.js**. Allí crea la estructura correspondiente a las rutas.

```
const { Router } = require('express');
const { obtenerCursos, crearCurso, editarCurso, borrarCurso, obtenerCursoPorNombre, obtenerCursoPorCategoria } =
controllers');

const router = Router();

router.get('/curso', obtenerCursos);
router.get('/curso/search', obtenerCursoPorNombre);
router.post('/curso', crearCurso);
router.put('/curso/:id', editarCurso);
router.delete('/curso/:id', borrarCurso);

module.exports = router;
```

PASO 2

Como puedes observar, hay varias funciones que están siendo llamadas, pero sin haberse definido, incluso aún no has creado el archivo **cursos.controllers.js**.

Ve a la carpeta **controllers** y crea dicho archivo junto con las funciones que se requieren. Por ahora, solo déjalas sin contenido.

```
const cursos = require('../models/cursos');

const obtenerCursos = async (req, res) => {}

const obtenerCursoPorNombre = async (req, res) => {}

const crearCurso = async (req, res) => {}

const editarCurso = async (req, res) => {}

const borrarCurso = async (req, res) => {}

module.exports = {
    obtenerCursos,
    crearCurso,
    editarCurso,
    borrarCurso,
    obtenerCursoPorNombre,
}
```

PASO 3

A continuación, enlaza las rutas al servidor. Ve al archivo **server.js** y crea una ruta para los cursos (línea 33).

```
class Server {
    constructor(){
        this.middlewares();

        this.routes();
    }


    async conectarDB(){
        await dbConnection();
    }
    middlewares(){

        this.app.use(cors());

        this.app.use(express.json());
    }

    routes(){
        this.app.use('/', require('../routes/usuarios.routes'));
        this.app.use('/', require('../routes/auth.routes'));
        this.app.use('/', require('../routes/cursos.routes'));
    }

    listen(){
        this.app.listen(this.puerto, ()=>{
            console.log('Corriendo en el puerto', this.puerto)
        })
    }
}
```

Es momento de crear el modelo de cursos que te permitirá tener la receta para su construcción.

PASO 1

Ve a la carpeta **models** y crea el modelo en un archivo llamado **cursos.js**. Dentro, puedes moldearlo a tu gusto requiriendo los datos que creas necesarios en tu aplicación.

```js
const {model, Schema} = require('mongoose');

const CursosSchema = Schema({
    titulo: {
        type: String,
        required: [true, 'El titulo es obligatorio'],
    },
    autor: {
        type: String,
        required: [true, 'El autor es obligatorio'],
    },
    sinopsis: {
        type: String,
        required: [true, 'La sinopsis del libre es obligatoria']
    },
    precio: {
        type: Number,
        required: [true, 'El precio es obligatorio']
    },
    urlFoto: {
        type: String,
        required: [true, 'La url de la fotografia es obligatoria']
    },
    urlCompra: {
        type: String,
        required: [true, 'El link de descarga es obligatorio']
    },
    categoria: {
        type: String,
        required: true,
        enum: ['TECNOLOGIA', 'COCINA', 'MECANICA', 'SALUD', 'PERIODISMO']
    }
});

module.exports = model('Cursos', CursosSchema);
```

PASO 2

Ahora que el esquema está en curso, ve al archivo **cursos.controllers.js** y modifica la función **crearCurso** de la siguiente manera:

```js
const crearCurso = async (req, res) => {
    const { titulo, sinopsis, precio, urlFoto, urlCompra, categoria, autor } =
req.body;
    const curso = new Cursos({ titulo, sinopsis, precio, urlFoto, urlCompra,
```

```
categoria, autor });
    try {
        await curso.save()
    } catch (error) {
        console.log(error)
        return res.status(404).json({
            msg: "Error al agregar curso"
        })
    }
    res.status(200).json({
        msg: "Curso agregado correctamente",
        curso
    })
}
```

Esto es similar a lo realizado en la creación de usuarios. El controlador espera recibir los datos del curso en el cuerpo de la solicitud HTTP, incluyendo el título, la sinopsis, el precio, la URL de la foto, la URL de compra, la categoría y el autor del curso. Luego, utiliza estos datos para crear una nueva instancia del modelo **Cursos**. Intenta guardar el curso creado en la base de datos utilizando el método **save()**. Si se produce algún error durante este proceso, el controlador captura el error y devuelve una respuesta de estado 404 con un mensaje que indica que ocurrió un error al agregar el curso. En caso de éxito, el controlador devuelve una respuesta de estado 200 con un mensaje para avisar que el curso se agregó correctamente, junto con los datos del curso agregado.

PASO 3

Para probar el endpoint, ve a **Postman**, crea una petición del tipo **POST** apuntando a la URL **localhost:8080/curso** y envíale en el body los datos que requiere el modelo.

Crea varios cursos para tener en la base de datos.

PASO 4

Si observas la base de datos, verás que se ha creado la nueva colección con los cursos agregados.

PASO 5

Ahora es momento del endpoint que obtiene los cursos. Ve a la función **obtenerCursos** y modifícala de la siguiente manera.

```
const obtenerCursos = async (req, res) => {

    const cursos = await Cursos.find()
    try {
        res.status(201).json({
            msg: "Lista obtenida con exito",
            cursos
        })
    } catch (error) {
        return res.status(500).json({
            msg: "Error al obtener los cursos"
        })
    }
}
```

Aquí se utiliza el método **find()** para obtener la colección completa de cursos.

PASO 6

En **Postman**, la petición es del tipo **GET** hacia la URL de curso.

PASO 7

Es el turno del endpoint que permitirá obtener el curso por título. Ve a la función **obtenerCursoPorNombre** y modifícala de la siguiente manera:

```javascript
const obtenerCursoPorNombre = async (req, res) => {
    const keyword = req.query.keyword;
    try {
        const cursos = await Cursos.find({ titulo: { $regex: keyword, $options:
'i' } });
        res.json({
            msg: "CURSOS OBTENIDOS CORRECTAMENTE",
            cursos
        })
    }
    catch (error) {
        console.error(error);
        res.status(500).json({ error: 'Error al obtener CURSOS.' });
    }
}
```

Esto es similar a lo realizado en los controladores de usuarios.

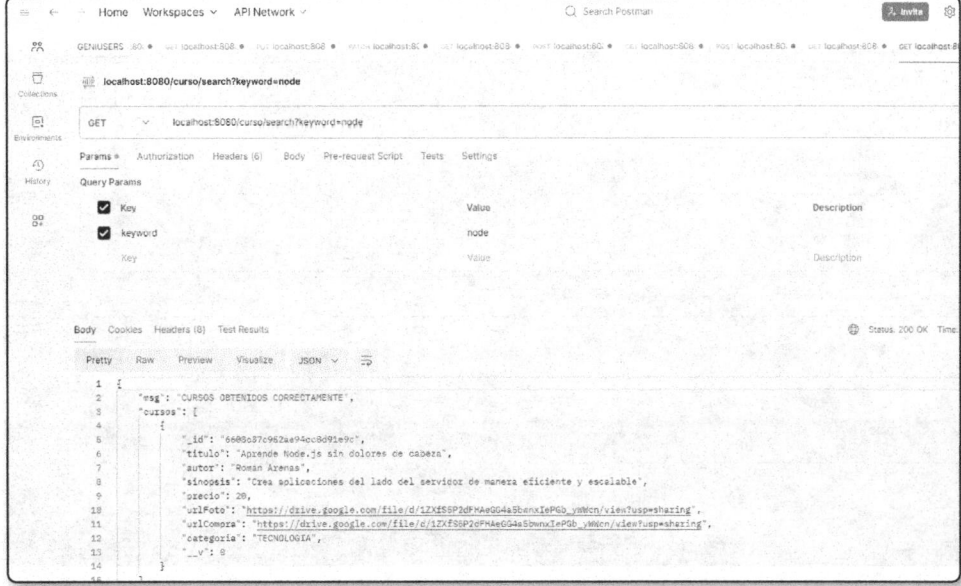

```js
const obtenerCursos = async (req, res) => {
        msg: "Error al obtener los cursos"
    })
}

const obtenerCursoPorNombre = async (req, res) => {
    const keyword = req.query.keyword;
    try {
        const cursos = await Cursos.find({ titulo: { $regex: keyword, $options: 'i' } }
        res.json({
            msg: "CURSOS OBTENIDOS CORRECTAMENTE",
            cursos
        })
    }
    catch (error) {
        console.error(error);
        res.status(500).json({ error: 'Error al obtener CURSOS.' });
    }
}

const editarCurso = async (req, res) => {}

const borrarCurso = async (req, res) => {}

module.exports = {
    obtenerCursos,
    crearCurso,
    editarCurso,
    borrarCurso,
    obtenerCursoPorNombre,
}
```

PASO 8

En **Postman**, deberás pasarle la palabra en el keyword y obtendrás el resultado deseado.

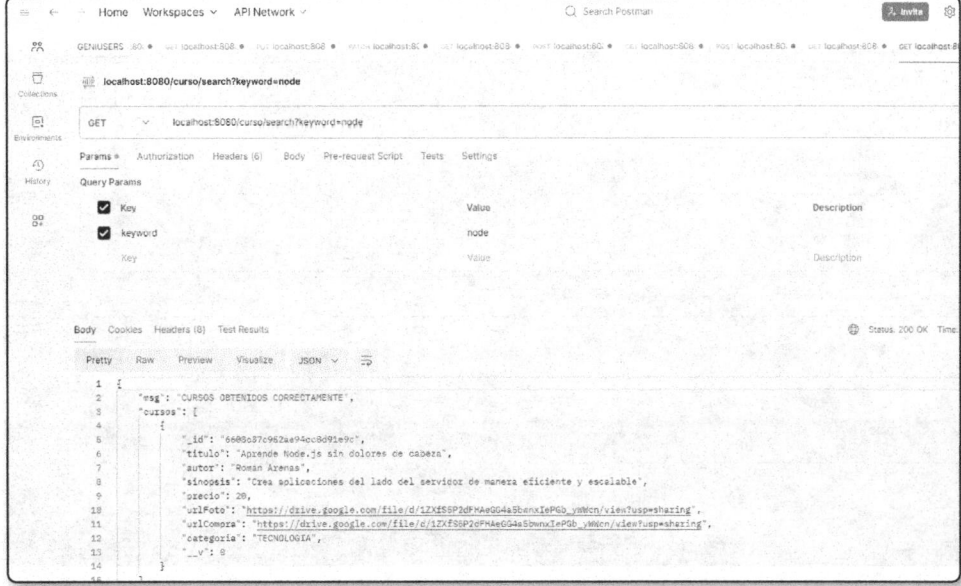

PASO 9

Es el turno de la edición. Ve a la función **editarCurso** y modifícala de la siguiente manera:

```javascript
const editarCurso = async (req, res) => {
    const { id } = req.params;
    const resto = req.body;
    try {
        const curso = await Cursos.findById(id);
        if (!curso) {
            return res.status(404).json({ msg: "Curso no encontrado" });
        }

        Object.assign(curso, resto);
        const cursoActualizado = await curso.save();
        return res.status(200).json(cursoActualizado);
    } catch (error) {
        return res.status(500).json({ msg: "Error al actualizar el curso" });
    }
}
```

Al recibir el ID del curso a través de los parámetros de la solicitud y los nuevos datos del curso en el cuerpo de la solicitud, primero busca el curso correspondiente en la base de datos utilizando el método **findById()** de Mongoose. Si el curso existe, actualiza sus datos con los proporcionados en el cuerpo de la solicitud utilizando **Object.assign()** y, luego, guarda los cambios con el método **save()**. En caso de éxito, devuelve una respuesta con el curso actualizado; de lo contrario, muestra un mensaje de error si no se encuentra el curso o se produce un error durante el proceso de actualización.

Este proceso cumple la misma función que la edición de usuarios, pero con una sintaxis diferente.

PASO 10

Para probar el endpoint, crea una petición **PUT** en **Postman**, pásale el ID correspondiente al curso y modifica lo que requieras.

PASO 11

Por último, la función **eliminarCurso**, que directamente destruirá el registro a diferencia del de **usuarios** que solo cambiaba el estado a **false** provocando una especie de "baneo", aquí no será necesario.

Ve a la función **borrarCurso** y modifícala de la siguiente manera:

```
const borrarCurso = async (req, res) => {
    const { id } = req.params;
    try {
        const curso = await Cursos.findByIdAndDelete(id);
        if (!curso) {
            return res.status(400).json({
                msg: "El curso no fue encontrado"
            });
        }
        return res.status(200).json({
            msg: "Curso eliminado correctamente",
            curso,
        });

    } catch (error) {
        res.json({
```

```
          msg: "Curso no encontrado. Intentelo mas tarde!"
       })
    }
}
```

El controlador extrae el ID del curso de los parámetros de la solicitud **req. params**, y luego utiliza el método **findByIdAndDelete()** de Mongoose para buscar y eliminar el curso correspondiente en la base de datos.

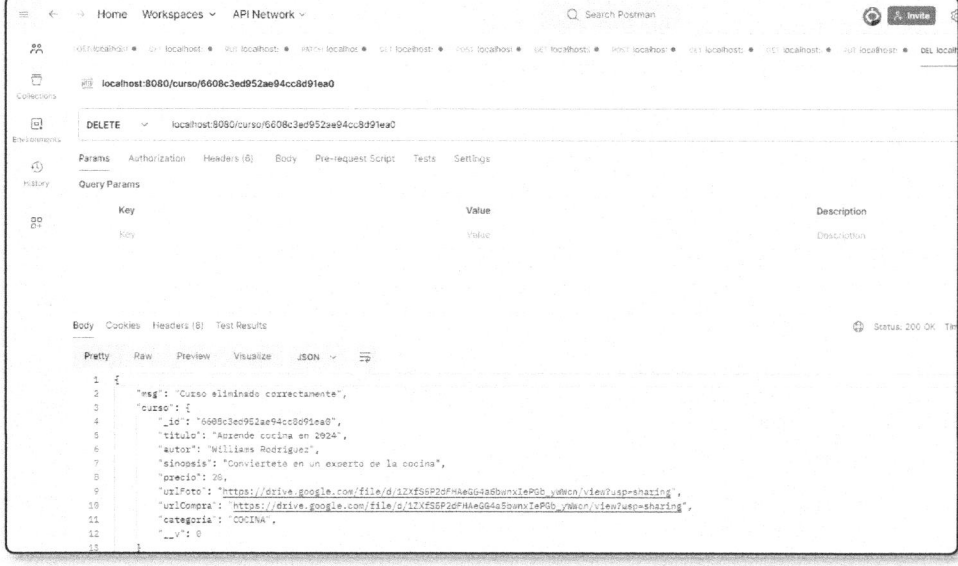

```
const borrarCurso = async (req, res) => {
    const { id } = req.params;
    try {
        const curso = await Cursos.findByIdAndDelete(id);
        if (!curso) {
            return res.status(400).json({
                msg: "El curso no fue encontrado"
            });
        }
        return res.status(200).json({
            msg: "Curso eliminado correctamente",
            curso,
        });

    } catch (error) {
        res.json({
            msg: "Curso no encontrado. Intentelo mas tarde!"
        })
    }
}

module.exports = {
```

PASO 12

Ahora, haz la prueba en **Postman**. Crea una petición del tipo **DELETE** y pásale el ID de un curso válido.

12.5 ACTIVIDADES

A continuación se presentan las preguntas y los ejercicios que deberías saber responder y resolver para considerar aprendido el capítulo.

12.5.1 Test de autoevaluación

1. *¿Cuál es el propósito de la búsqueda de usuarios por nombre en una aplicación Node.js?*

2. *¿Qué método de Mongoose se utiliza para buscar usuarios por un campo específico en la base de datos?*

3. *¿Cuál es la diferencia entre los parámetros* **req.body** *y* **req.query** *en Express?*

4. *¿Por qué es importante capturar y manejar los errores durante la búsqueda de usuarios en una aplicación Node.js?*

5. *¿Qué ventajas ofrecen los tokens de acceso web (JWT) en la autenticación de usuarios en comparación con otros métodos tradicionales de autenticación?*

6. *¿Cuál es el propósito de la variable de entorno* **SECRET** *en la generación de tokens JWT?*

7. *¿Cómo se manejan los errores durante la generación de un token JWT en Node.js?*

8. *¿Cuál es la duración predeterminada de un token JWT generado en el ejemplo proporcionado?*

9. *¿Por qué se recomienda reiniciar el servidor después de configurar una variable de entorno en Node.js?*

10. *¿Cuál es el papel de la función* **jwt.sign()** *en la generación de tokens JWT en Node.js?*

12.5.2 Ejercicios Prácticos

1. *Modifica la función* **obtenerUsuarioPorNombre** *para que busque usuarios por su nombre en lugar de su apellido.*

2. *Implementa una nueva función en el controlador de usuarios para actualizar la información de un usuario existente en la base de datos.*

390 JAVASCRIPT. CURSO PRÁCTICO

3. *Crea una ruta y un controlador adicionales para permitir la eliminación de usuarios de la base de datos.*

4. *Extiende la función* **generarJWT** *para incluir más información en el token, como el nombre de usuario y su rol.*

5. *Implementa un middleware en Express para validar la autenticidad de los tokens JWT en las solicitudes entrantes antes de permitir el acceso a recursos protegidos.*

Parte 5

Integra funciones avanzadas a tu aplicación web desarrollada
con JavaScript

13

INTERFACES DE USUARIO

Las interfaces actúan como puntos de contacto que permiten a los usuarios interactuar con el sistema y acceder a sus funcionalidades de manera intuitiva y eficiente. Al diseñar estas interfaces, es fundamental considerar la experiencia del usuario, asegurando una navegación fluida y una presentación visual atractiva. Un enfoque profesional en el desarrollo de interfaces garantiza una experiencia de usuario satisfactoria, ya que promueve la usabilidad y la adopción de la aplicación web.

13.1 PROYECTO EN REACT Y ESTILOS EN BOOTSTRAP

Para comenzar a trabajar en las interfaces de usuario, necesitas crear la aplicación del lado del cliente.

PASO 1

Crea una carpeta en el escritorio con el nombre que quieras y abre una terminal ahí dentro. Coloca el comando **npm create vite@latest.** (no olvides el punto al final para que la instalación se haga sobre ese mismo directorio) para comenzar a configurarlo. Luego haz clic en la tecla **ENTER**.

```
C:\Windows\System32\cmd.exe

Microsoft Windows [Versión 10.0.19045.4170]
(c) Microsoft Corporation. Todos los derechos reservados.

C:\Users\PC06\Desktop\GENUSERS-FRONTEND>npm create vite@latest .
```

PASO 2

Elige las opciones **React** y **JavaScript**. Luego ejecuta **npm i** para instalar las dependencias.

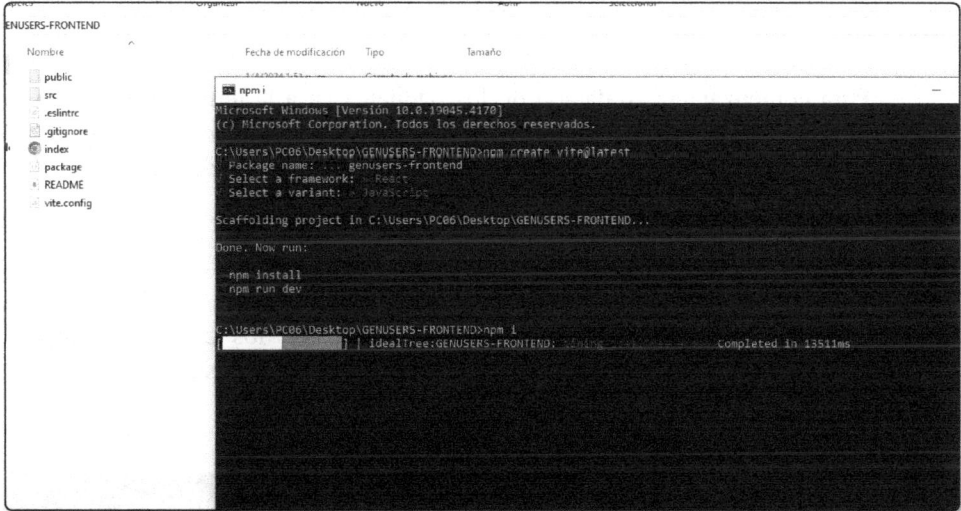

Ahora instalarás las dependencias que ocuparás para el proyecto. Estas son:

- ▶ **Axios**: Axios es una biblioteca JavaScript ampliamente utilizada para realizar solicitudes HTTP desde el navegador o desde **Node.js**. Ofrece una interfaz simple y fácil de usar para realizar solicitudes HTTP, lo que la hace ideal para interactuar con las API y los servicios web.

- ▶ **React Router DOM**: es una biblioteca esencial para el desarrollo de aplicaciones web con React, ya que proporciona un enrutador declarativo y flexible que facilita la definición y gestión de múltiples rutas dentro de la aplicación. Con React Router DOM, los desarrolladores pueden crear fácilmente interfaces de usuario dinámicas y navegables, utilizando componentes como **<Link>** y **<Route>** para establecer vínculos entre diferentes vistas y manejar la navegación del usuario de manera eficiente. Además, React Router DOM ofrece características avanzadas, como enrutamiento anidado, parámetros de ruta dinámicos y redireccionamientos, lo que permite construir aplicaciones web completas y dinámicas con React de manera intuitiva y eficaz.

- ▶ **Bootstrap**: es un framework de código abierto desarrollado por **Twitter**, que proporciona una colección de herramientas y componentes frontend para la creación rápida y sencilla de interfaces de usuario responsivas y estilizadas. Ofrece una amplia variedad de componentes predefinidos, como botones, barras de navegación, formularios y tarjetas, así como un sistema de rejilla flexible que facilita el diseño y la organización del contenido en diferentes dispositivos y tamaños de pantalla.

PASO 3

Para comenzar la instalación de los paquetes ve a la terminal y ejecuta el comando **npm install react-bootstrap bootstrap** para instalar Bootstrap en tu proyecto. Es recomendable visitar la web oficial para ir familiarizándote con esta librería de **CSS**.

PASO 4

Luego instala Axios y React Router DOM con los comandos **npm i axios** y **npm i react-router-dom**. Una vez que los tres estén instalados, verás las dependencias en el archivo **package.json**.

PASO 5

Levanta el proyecto con el comando **npm run dev**, te proporcionará la URL para visualizarlo en el navegador. En este caso es la **http://localhost:5173/.**

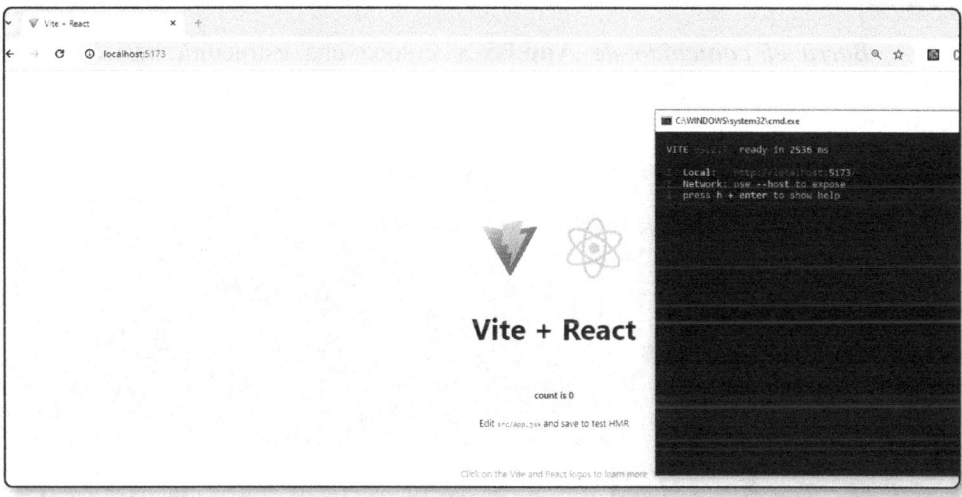

PASO 6

Vuelve a **Visual Studio Code**. Borra el archivo **app.css**, borra el contenido de **index.css** y reemplázalo con el siguiente código que corregirá algunos inconvenientes de visualización en ciertos navegadores:

```
*{
  margin: 0;
  padding: 0;
  box-sizing: border-box;
}
```

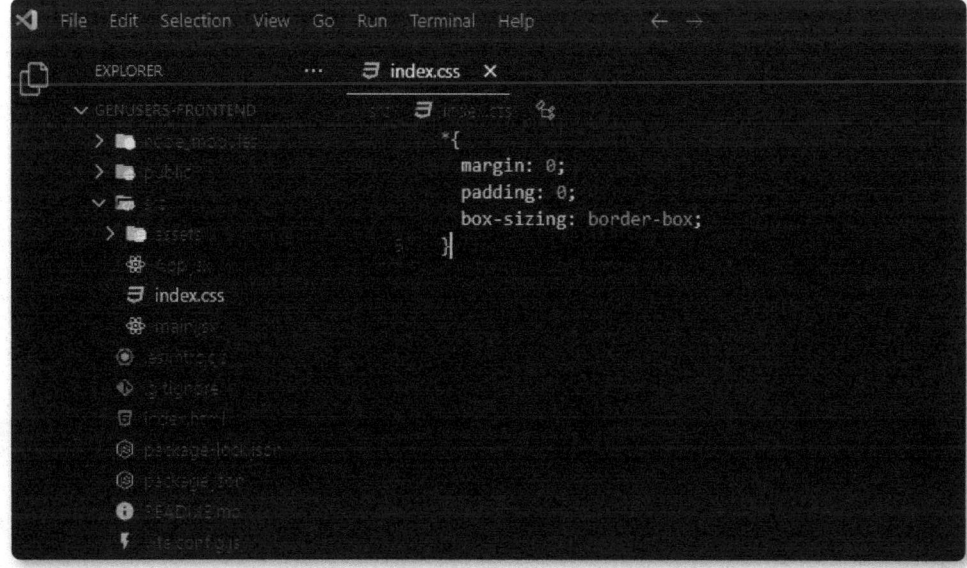

PASO 7

Borra el contenido de **App.jsx** y coloca una estructura básica de un componente. En **main.jsx** importa **App** entre llaves porque es una exportación nombrada.

13.2 ESTRUCTURA DEL PROYECTO

En esta ocasión, utilizarás una estructura un tanto diferente a la de los proyectos anteriores. Dentro de **src** crea las carpetas **servicios**, **context**, **administrador** y **usuario**.

Figura 13.1. Dentro de servicios, crea tres archivos que coincidirán con
el número de controladores que posees en el servidor.

El archivo **auth.services.js** tendrá la siguiente estructura ya que, en los controladores, tienes los endpoint de autenticación y de obtener perfil.

Estas funciones podrán ser llamadas desde cualquier parte de la app.

```js
import axios from 'axios';

const baseURL = 'http://localhost:8080';

const autenticateService = {
    loginAuth: async (formulario) => {
        const response = await axios.post(`${baseURL}/login`,  formulario );
        return response;
    },
    obtenerPerfil: async (token) => {
        const response = await axios.get(`${baseURL}/perfil`, token);
        return response;
    },
};

export default autenticateService;
```

El servicio para cursos tendrá la siguiente estructura:

```js
import axios from 'axios';
const baseURL = 'http://localhost:8080';
```

```javascript
const cursosService = {
  registrarCurso: async (curso) => {
    const response = await axios.post(`${baseURL}/curso`, curso)
    return response;
  },
  editarUsuario: async (id) => {
    const response = await axios.put(`${baseURL}/curso/${id}`)
    return response;
  },
  listarCursos: async () => {
    const response = await axios.get(`${baseURL}/curso`)
    return response;
  },
  eliminarCurso: async (id) => {
    const response = await axios.patch(`${baseURL}/curso/:id`)
    return response;
  },
  cusrsoPorNombre: async(nombre) =>{
      const response = await axios.get(`${baseURL}/curso/
search?keyword=${nombre}`)
      return response;
    },
};

export default cursosService;
```

Por último, el de **usuarios** tendrá la siguiente estructura:

```
import axios from 'axios';

const baseURL = 'http://localhost:8080';

const usuariosService = {
    registrarUsuario: async (usuario) => {
        const response = await axios.post(`${baseURL}/user`,usuario)
        return response;
    },
    editarUsuario: async(id) =>{
        const response = await axios.put(`${baseURL}/user/${id}`)
        return response;
    },
    listarUsuarios: async() =>{
        const response = await axios.get(`${baseURL}/user`)
        return response;
    },
    banearUsuarios: async(id) =>{
        const response = await axios.patch(`${baseURL}/user/${id}`)
        return response;
    },
    usuarioPorNombre: async(nombre) =>{
        const response = await axios.get(`${baseURL}/user/
search?keyword=${nombre}`)
        return response;
    },

};

export default usuariosService;
```

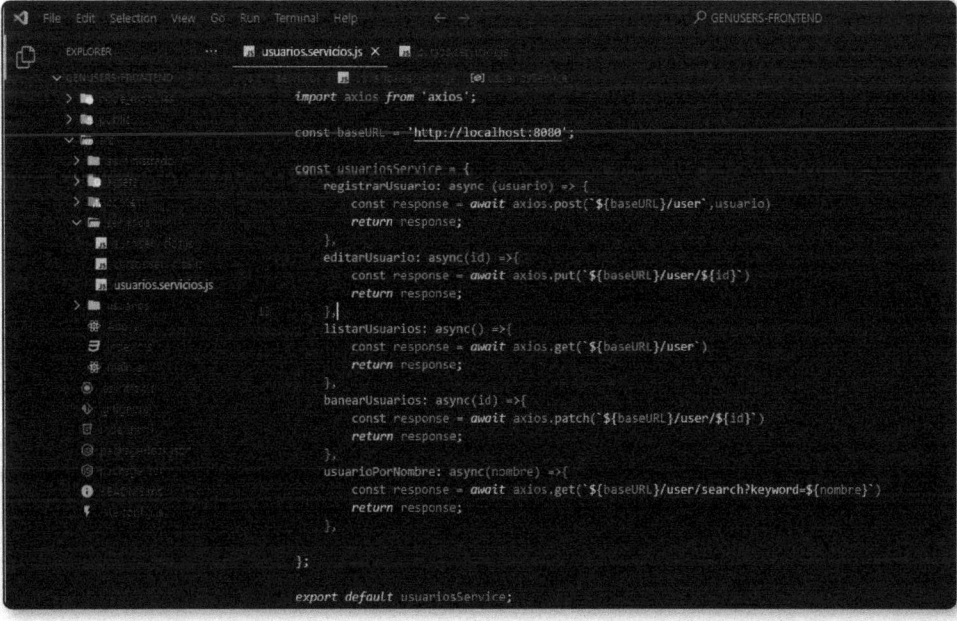

13.2.1 Sistema de rutas

PASO 1

Crea una carpeta llamada **routes** y dentro un archivo llamado **AppRoutes. jsx**. Renderiza ese mismo en **App.jsx**.

PASO 2

Luego envuelve a **main.jsx** en una etiqueta **<BrowserRouter>**. Con esta configuración ya se pueden hacer las rutas correspondientes.

13.2.2 Autenticación y registro

PASO 1

Crea una carpeta llamada **auth** y dentro crea los componentes **login.jsx** y **registro.jsx**. También puedes crear un archivo llamado **index.js** para exportar el contenido de ambos.

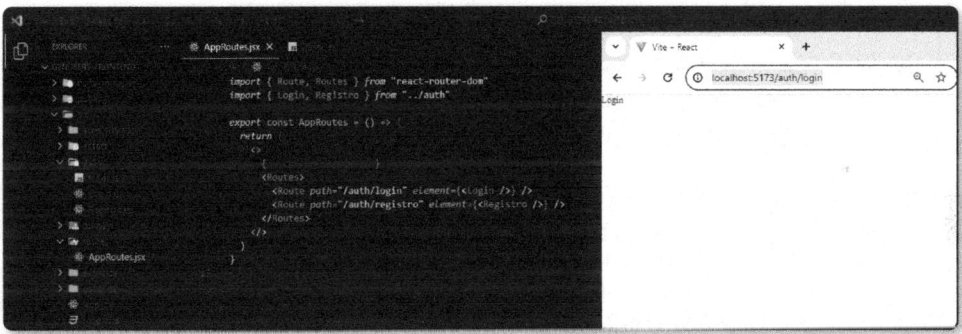

PASO 2

Estos componentes pueden tener sus rutas, las cuales serán públicas ya que se pueden acceder sin necesidad de estar autenticados.

Ve a **AppRoutes.jsx** y crea las respectivas rutas.

PASO 3

Antes de comenzar a construir los formularios, verás que los estilos aún no están surgiendo efecto. Ve a la web oficial de React Bootstrap y coloca el código de la imagen en tu archivo **index.html** y, ya que estás allí, también puedes cambiarle el título a la app:

https://react-bootstrap.netlify.app/docs/getting-started/introduction.

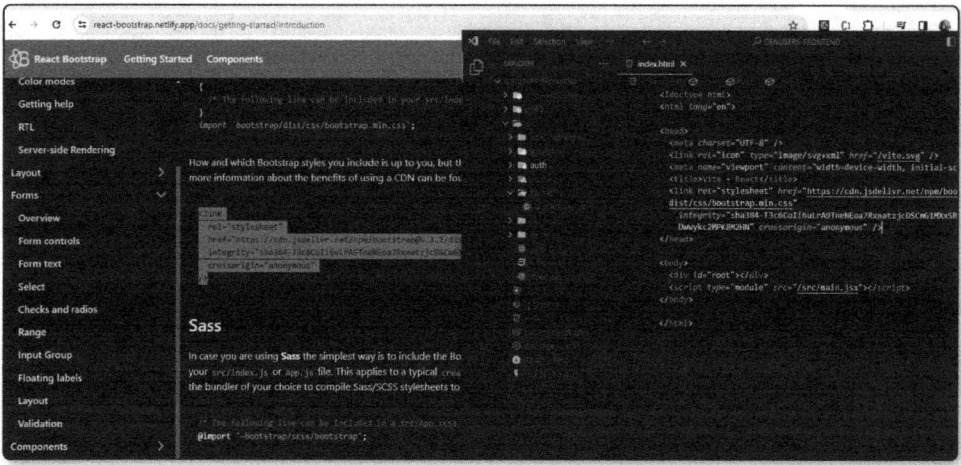

PASO 4

Ve al componente **Login.jsx** y estructura el formulario correspondiente. Aquí puedes hacerlo a tu gusto.

```jsx
import Button from 'react-bootstrap/Button';
import Form from 'react-bootstrap/Form';
import { Link } from 'react-router-dom';

export const Login = () => {
  return (
    <Form className='container flex'>
      <Form.Group className="mb-3" controlId="formBasicEmail">
        <Form.Label>Correo</Form.Label>
        <Form.Control type="email" placeholder="Enter email" />

      </Form.Group>

      <Form.Group className="mb-3" controlId="formBasicPassword">
        <Form.Label>Contraseña</Form.Label>
        <Form.Control type="password" placeholder="Password" />
      </Form.Group>
      <div className='d-flex gap-4'>
        <Button variant="primary" type="submit">
          Ingresar
        </Button>
        <Form.Text className="text-muted d-flex gap-2">
          No tienes cuenta? <p><Link to="../auth/registro">Registrate</Link></
```

```
p>.
        </Form.Text>
      </div>
    </Form>
  );
}
```

```
 File  Edit  Selection  View  Go  Run  Terminal  Help          ← →                          GENUSERS-FRONTEND

  EXPLORER                    ···    Login.jsx  X
  GENUSERS-FR...
                                      import Button from 'react-bootstrap/Button';
                                      import Form from 'react-bootstrap/Form';
                                      import { Link } from 'react-router-dom';

                                      export const Login = () => {
                                        return (
                                          <Form className='container flex'>
                                            <Form.Group className="mb-3" controlId="formBasicEmail">
         Login.jsx                         <Form.Label>Correo</Form.Label>
                                              <Form.Control type="email" placeholder="Enter email" />

                                            </Form.Group>

                                            <Form.Group className="mb-3" controlId="formBasicPassword">
                                              <Form.Label>Contraseña</Form.Label>
                                              <Form.Control type="password" placeholder="Password" />
                                            </Form.Group>
                                            <div className='d-flex gap-4'>
                                              <Button variant="primary" type="submit">
                                                Ingresar
                                              </Button>
                                              <Form.Text className="text-muted d-flex gap-2">
                                                No tienes cuenta? <p><Link to="../auth/registro">Registrate</Link></p>.
                                              </Form.Text>
                                            </div>
                                          </Form>
                                        );
                                      }
```

PASO 5

Ahora agrega la lógica para el envío de datos a la API. La propiedad **controlid** puedes quitarla ya que, al hacer cambios en los campos, los datos se están enlazando mediante la propiedad **id** de cada input. En cuanto a la función que se ejecuta al hacer submit, por ahora solo imprime un **console.log** al formulario. Es importante que chequees bien las importaciones. Hay cosas que requieren ser importadas como, por ejemplo, **Link**.

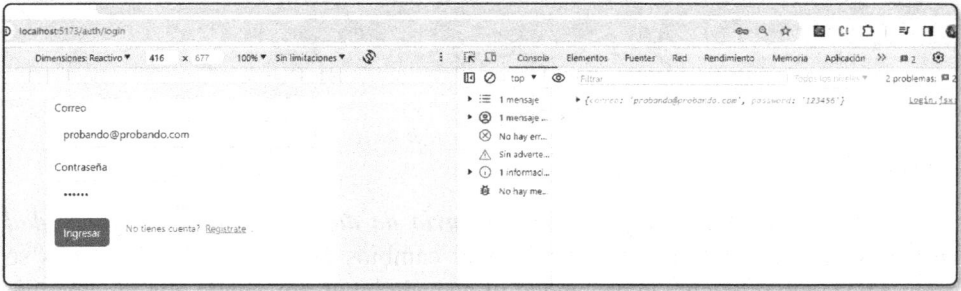

PASO 6

Como puedes observar, todo funciona correctamente.

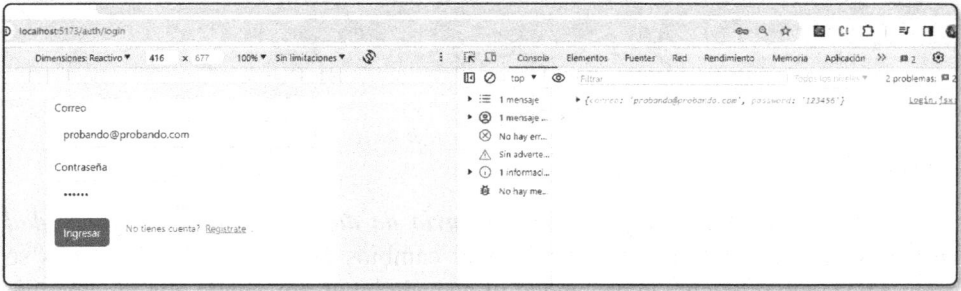

PASO 7

En este punto deberás levantar tu backend. No es necesario que abras todo, solo la terminal en el directorio de tu servidor y ejecuta **npm start**. Déjalo corriendo todo el tiempo. Ahora ve al código del **Login** y llama al servicio de autenticación dentro de un bloque **try-catch**.

PASO 8

Intenta ingresar con un usuario y contraseña inexistente y verás en la consola el mensaje proveniente del backend: usuario y/o contraseña incorrectos. Sería bueno que este tipo de mensajes se muestre directamente en la interfaz, ya que nadie estará mirando la consola en el navegador una vez que el trabajo esté en producción.

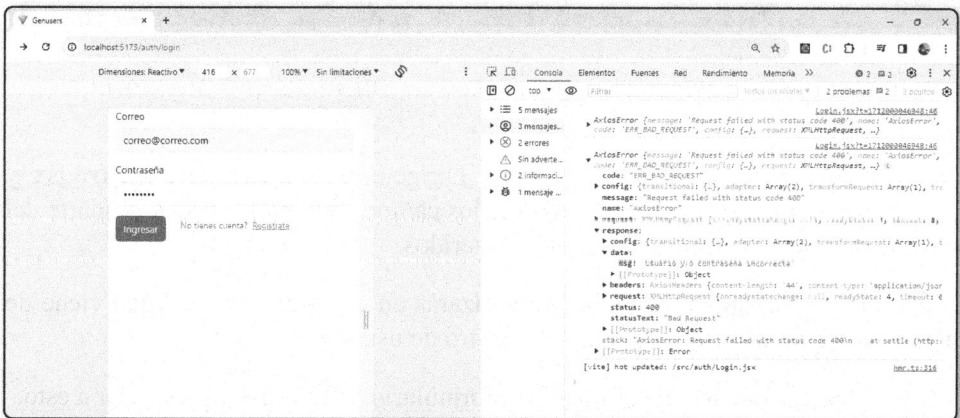

PASO 9

Para lograr esto, coloca un estado donde se guardará la alerta (línea 15). Luego, una validación para comprobar que los campos no viajen vacíos, seguido de un return para que no siga la ejecución una vez que entre en el bloque (línea 27 a la 30). A continuación, dentro del bloque **try-catch**, en el caso negativo se envía un mensaje con lo que viene en el backend (línea 37 a la 40).

PASO 10

Es hora del armado del registro. Dirígete al componente **Registro.jsx** y coloca un formulario similar agregándole los campos faltantes. Puedes ayudarte del modelo de usuarios para ver los datos requeridos.

Recuerda que el servicio que utilizarás en esta interfaz es el que viene de **usuarios.services** correspondiente al registro de usuarios.

Una vez que hayas reformado el formulario, te quedará algo similar a esto:

```
import { useState } from 'react';
import Button from 'react-bootstrap/Button';
import Form from 'react-bootstrap/Form';
import { Link, useNavigate } from 'react-router-dom';
import usuariosService from '../servicios/usuarios.servicios';

export const Registro = () => {
  const navigate = useNavigate();
  const [formData, setFormData] = useState({
    nombre: '',
```

```
    apellido: '',
    correo: '',
    password: '',
    rol: "USER_ROLE"
  });

  const [alerta, setAlerta] = useState("");

  const handleInputChange = (e) => {
    const { id, value } = e.target;
    setFormData({
      ...formData,
      [id]: value,
    });
  }

  const enviarDatos = async (e) => {
    e.preventDefault();
    if (formData.correo == "" || formData.password == "" || formData.nombre ==
"" || formData.apellido == "") {
      setAlerta("Los campos no pueden estar vacios");
      return
    }
    try {
      const resp = await usuariosService.registrarUsuario(formData);
      console.log(resp)
      setTimeout(() => {
        navigate('/auth/login')
      }, 2000);
    } catch (error) {
      console.log(error)
      setAlerta(error.response.data.msg);
    }
  }

  return (
    <Form className='container flex' onSubmit={enviarDatos}>
    <Form.Group className="mb-3">
        <Form.Label>Nombre</Form.Label>
        <Form.Control type="text" placeholder="Enter name" id="nombre"
value={formData.nombre} onChange={handleInputChange} />
      </Form.Group>
      <Form.Group className="mb-3">
        <Form.Label>Apellido</Form.Label>
        <Form.Control type="text" placeholder="Enter lastname" id="apellido"
value={formData.apellido} onChange={handleInputChange} />
      </Form.Group>
      <Form.Group className="mb-3">
        <Form.Label>Correo</Form.Label>
        <Form.Control type="email" placeholder="Enter email" id="correo"
value={formData.correo} onChange={handleInputChange} />
      </Form.Group>
      <Form.Group className="mb-3">
        <Form.Label>Contraseña</Form.Label>
```

```
      <Form.Control type="password" placeholder="Password" id="password"
  value={formData.password} onChange={handleInputChange} />
      </Form.Group>
      <div className='d-flex gap-4'>
        <Button variant="primary" type="submit">
          Registrarse
        </Button>
        <Form.Text className="text-muted d-flex gap-2">
         Ya tienes cuenta? <p><Link to="../auth/login">Ingresa</Link></p>.
        </Form.Text>
      </div>
      {alerta !== "" &&
        <div className='alert alert-danger mt-4 text-center' role='alert'>
          {alerta}
        </div>
      }
    </Form>
  );
}
```

PASO 11

Ahora bien, si envías mal los datos o los campos están vacíos, dará una alerta en rojo a modo de advertencia, pero, si envías todo correctamente, redirigirá al login con el **useNavigate()**. Antes de hacerlo, sería bueno mostrar una alerta en color verde. Crea un estado para eso (línea 18), setéale la respuesta positiva (línea 37) e imprímela en la interfaz (línea 73 a la 77)

```
const resp = await usuariosService.registrarUsuario(FormData);
setSuccess(resp.data.msg);
setTimeout(() => {
    navigate('/auth/login')
}, 2000);
} catch (error) {
    console.log(error) AxiosError { message: 'Request failed with status code 404', name: 'AxiosError', code: 'ERR_BAD_REQUEST', config: { tr
    setAlerta(error.response.data.msg);
}

return (
    <Form className='container flex' onSubmit={enviarDatos}>
        <Form.Group className="mb-3">
        </Form.Group>
        <Form.Group className="mb-3">
        </Form.Group>
        <Form.Group className="mb-3">
        </Form.Group>
        <Form.Group className="mb-3">
        </Form.Group>
        <div className='d-flex gap-4'>
        </div>
        {success !== "" &&
            <div className='alert alert-success mt-4 text-center' role='alert'>
                {success}
            </div>
        }
        {alerta !== "" &&
```

PASO 12

En el navegador se verá de la siguiente manera:

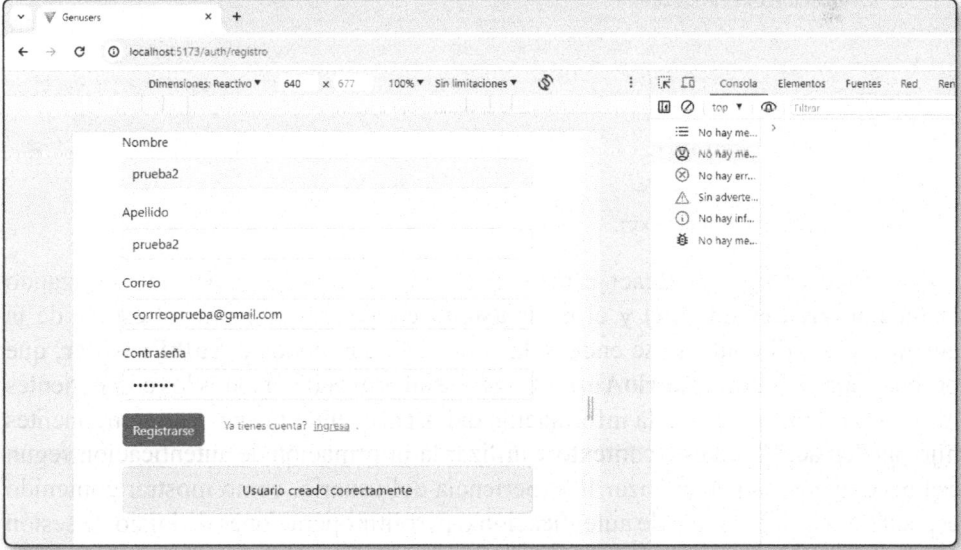

13.3 CONTEXTO GLOBAL Y SESIÓN DE USUARIO

En este punto hay que hacer que el usuario mantenga su sesión iniciada con el fin de poder acceder a funcionalidades que son propias de un usuario autenticado, como la compra de productos, edición de perfil, etcétera.

PASO 1

Dentro de la carpeta **context**, crea un archivo llamado **AuthProvider.jsx**. Dentro configura el estado global de la siguiente manera:

```
import { createContext, useState } from "react";

const AuthContext = createContext();

const AuthProvider = ({ children }) => {
  const [usuarioAuth, setUsuarioAuth] = useState({});

  return (
    <AuthContext.Provider
      value={{
        usuarioAuth,
      }}
    >
      {children}
    </AuthContext.Provider>
  )
}
export {
  AuthProvider
}

export default AuthContext;
```

Este código en React establece un contexto de autenticación utilizando la función **createContext()** y el hook **useState()** para administrar el estado de la autenticación. El contexto se encapsula dentro del componente **AuthProvider**, que proporciona el estado **usuarioAuth** a través de un proveedor a todos los componentes hijo. Este estado almacena la información del usuario autenticado. Los componentes hijo pueden acceder a este contexto y utilizar la información de autenticación según sea necesario para personalizar la experiencia del usuario, como mostrar contenido específico según el estado de autenticación o permitir operaciones de inicio de sesión y cierre de sesión.

PASO 2

Debido a que son los componentes hijo son los que tienen que hacer interacción con este estado global, hay que colocarlos en un punto alto de la aplicación. Ve al componente **app.jsx** y envuelve todo en el contexto de la siguiente manera:

```jsx
import { AuthProvider } from "./context/AuthProvider"
import { AppRoutes } from "./routes/AppRoutes"

export const App = () => {
  return (
    <AuthProvider>
        <AppRoutes/>
    </AuthProvider>
  )
}
```

PASO 3

En este punto debes enviar el usuario autenticado al contexto global. Ve al **Login.jsx** y observa la línea 33. Aquí se está enviando el **token** al Local Storage.

```
const enviarDatos = async (e) => {
  e.preventDefault();
  if (formData.correo == "" || formData.password == "") {
    setAlerta("Los campos no pueden estar vacios");
    return
  }
  try {
    const resp = await autenticateService.loginAuth(formData);
    localStorage.setItem('token', resp.data.token);
    setTimeout(() => {
      navigate('/')
    }, 2000);
  } catch (error) {
    console.log(error)
    setAlerta(error.response.data.msg);
  }
}

return (
  <Form className='container flex' onSubmit={enviarDatos}>
    <Form.Group className="mb-3">
      <Form.Label>Correo</Form.Label>
      <Form.Control type="email" placeholder="Enter email" id="correo" value={formData.co
```

PASO 4

Loguéate con un usuario existente y observa el **LocalStorage**, debes ir a aplicación en el navegador y verás el **token** mencionado. Solo queda leer el perfil con ese dato.

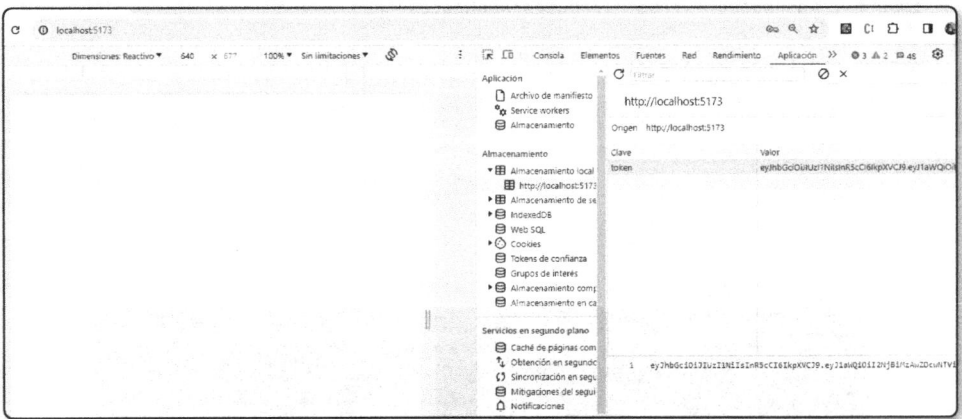

PASO 5

Para leer el perfil, ve al archivo **AuthProvider.jsx** y agrega la siguiente función donde el servicio utilizado será el de obtener perfil.

El componente modificado te quedará de la siguiente manera:

```
import { createContext, useEffect, useState } from "react";
import autenticateService from "../servicios/auth.servicios";

const AuthContext = createContext();

const AuthProvider = ({ children }) => {
  const [usuarioAuth, setUsuarioAuth] = useState({});

  useEffect(() => {
    const autenticarUsuario = async () => {
      const token = localStorage.getItem('token');
      if (!token) return;

      try {
        const config = {
          headers: {
            "token": `${token}`
          }
        };
        const { data } = await autenticateService.obtenerPerfil(config);
        console.log(data)
        setUsuarioAuth(data.usuario);

      } catch (error) {
        console.log(error)
        console.log(error.response.data.msg);
      }
    };

    autenticarUsuario();    }, []);

  return (
    <AuthContext.Provider
      value={{
        usuarioAuth,
      }}
    >
      {children}
    </AuthContext.Provider>
  )
}
export {
  AuthProvider
```

```
}

export default AuthContext
```

PASO 6

Ya que te encuentras ahí, puedes crear la función que cerrará la sesión, que es una función que envíe al **usuarioAuth** un objeto vacío (línea 33 a la 35). Acuérdate de enviarla al estado general para poder utilizarla desde otro lugar (línea 42).

Hasta este punto, has completado la inicialización de un proyecto frontend junto con algunas de las funcionalidades más relevantes que formarán parte de la plataforma. Aunque queda mucho trabajo por delante, este paso marca un hito en el progreso. Es importante destacar que la elección de los estilos es altamente subjetiva, por lo que tienes la libertad de utilizar aquellos que prefieras, ya sea Bootstrap, Tailwind, Bulma, o incluso CSS convencional. Siéntete en total libertad para dejar volar tu imaginación y dar forma a la plataforma según tu visión y tus necesidades específicas.

13.4 ACTIVIDADES

A continuación se presentan las preguntas y los ejercicios que deberías saber responder y resolver para considerar aprendido el capítulo.

13.4.1 Test de autoevaluación

1. *¿Cuál es la importancia de las interfaces de usuario en el desarrollo de aplicaciones web?*

2. *¿Qué aspectos se deben considerar al diseñar interfaces de usuario?*

3. *¿Qué es React y cuál es su papel en el desarrollo de interfaces de usuario?*

4. *¿Qué es Bootstrap y cómo se utiliza en el desarrollo de interfaces de usuario?*

5. *¿Por qué es importante la estructura del proyecto al desarrollar interfaces de usuario?*

6. *¿Qué son los servicios en el contexto de una aplicación web y cuál es su función?*

7. *¿Cuál es el propósito del enrutador en una aplicación web desarrollada con React?*

8. *¿Qué es Axios y cuál es su función en el desarrollo de aplicaciones web?*

9. *¿Por qué es necesario considerar la usabilidad y la experiencia del usuario al diseñar interfaces?*

10. *¿Cómo se puede mejorar la visualización de una aplicación web utilizando estilos y CSS?*

13.4.2 Ejercicios prácticos

1. *Crea una aplicación web utilizando React y Bootstrap, que incluya al menos dos interfaces de usuario distintas.*

2. *Implementa un formulario de registro de usuarios utilizando React y Bootstrap, con campos para nombre, apellido, correo electrónico y contraseña.*

3. *Desarrolla una funcionalidad de búsqueda de cursos por nombre utilizando React Router DOM y Axios para realizar la solicitud HTTP.*

4. *Crea un componente de navegación que incluya enlaces a las diferentes secciones de tu aplicación web.*

5. *Utiliza el servicio de autenticación proporcionado para implementar un sistema de inicio de sesión en tu aplicación web.*

14

CASOS DE USO

En este capítulo continuarás el desarrollo de las interfaces de usuario que conectarán al cliente con el servidor de tu aplicación web. Verás algunos componentes que se mostrarán en todas las pantallas e, incluso, harás un renderizado condicional de acuerdo al tipo de usuario que está utilizando la app.

14.1 BARRA DE NAVEGACIÓN

La barra de navegación, comúnmente conocida como **navbar**, es un elemento fundamental presente en la parte superior de la aplicación. Su finalidad es proporcionar una interfaz intuitiva para la navegación, sirviendo como un tablero de control desde el cual los usuarios pueden acceder a diferentes puntos y secciones de la aplicación con facilidad. Además de ser una guía de navegación, la navbar también puede incluir elementos interactivos y funciones adicionales para mejorar la experiencia del usuario. Su diseño y funcionalidad juegan un papel crucial en la usabilidad y la accesibilidad de la aplicación, por lo que su implementación debe ser cuidadosamente considerada y diseñada para garantizar una experiencia de usuario fluida y satisfactoria.

PASO 1

Crea una carpeta llamada **Componentes** dentro de **src** y un archivo llamado **Navegacion.jsx** dentro. Luego, en forma opcional, puedes crear un **index.js** para exportar la navegación. Dentro de **Navegacion.jsx**, crea un componente básico.

PASO 2

Este componente debe mostrarse en todas las pantallas y, por lo tanto, se incluirá en un punto alto de la app. Renderízalo en **App.jsx**.

PASO 3

La barra contendrá un icono de un carrito para acceder al carrito de compras. Ve a la terminal e instala el paquete de **react-icons** con el comando **npm i react-icons** y, luego, vuelve a levantar el proyecto.

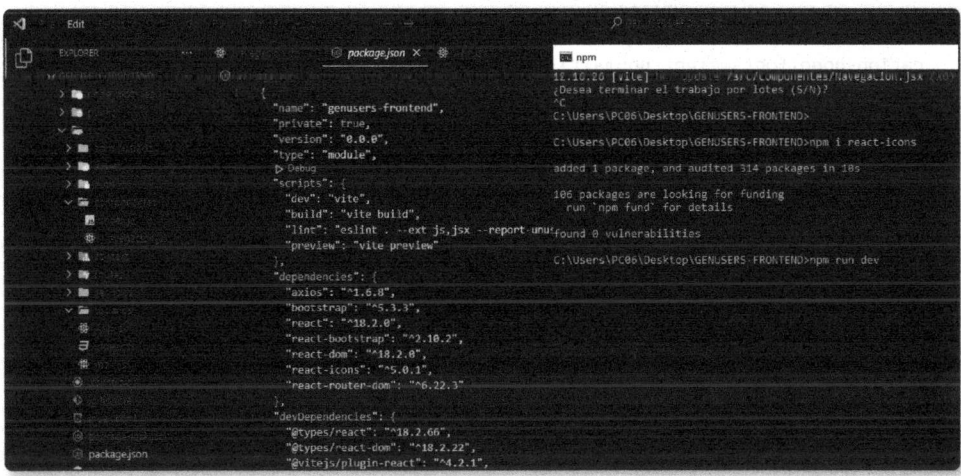

PASO 4

Arma la barra de navegación con el icono del carrito, puedes dirigirte a la página de react-icons ingresando a **este link** y elegir el que más te guste.

PASO 5

Una vez armada, procura que te quede parecida a este código, aunque recuerda que todo es subjetivo en este punto.

```
import Container from 'react-bootstrap/Container';
import Nav from 'react-bootstrap/Nav';
import Navbar from 'react-bootstrap/Navbar';
import { FaCartArrowDown } from "react-icons/fa";
import { Link } from 'react-router-dom';


export const Navegacion = () => {
    return (
        <Navbar bg="primary" data-bs-theme="dark">
            <Container>
                <Navbar.Brand href="#"><h1 className='font-weight-bold
'>GEN<span className='text-danger'>USERS</span></h1></Navbar.Brand>
                <Nav className='d-flex gap-4'>
                    <Nav.Link>
                        <Link to="/" className="text-white text-decoration-none
font-weight-normal">Home</Link>
                    </Nav.Link>
```

```
            <Nav.Link >
                <Link to="/auth/login" className="text-white text-deco-
ration-none font-weight-normal">Iniciar Sesion</Link>
            </Nav.Link>
        </Nav>
        <Nav.Link >
            <FaCartArrowDown className='display-6 cursor-pointer' />
        </Nav.Link>
    </Container>
</Navbar>
    )
}
```

PASO 6

Ahora, observa que hay un botón para iniciar sesión que lleva al login de la app. Es momento de utilizar por primera vez el **estado global** para el renderizado condicional. Baja el estado en la barra de navegación con el siguiente código:

```
const { usuarioAuth } = useContext(AuthContext);
```

No olvides que requieres la importación del **context** y del **AuthContext**. Esto imprimirá un arreglo vacío si es que no estás autenticado.

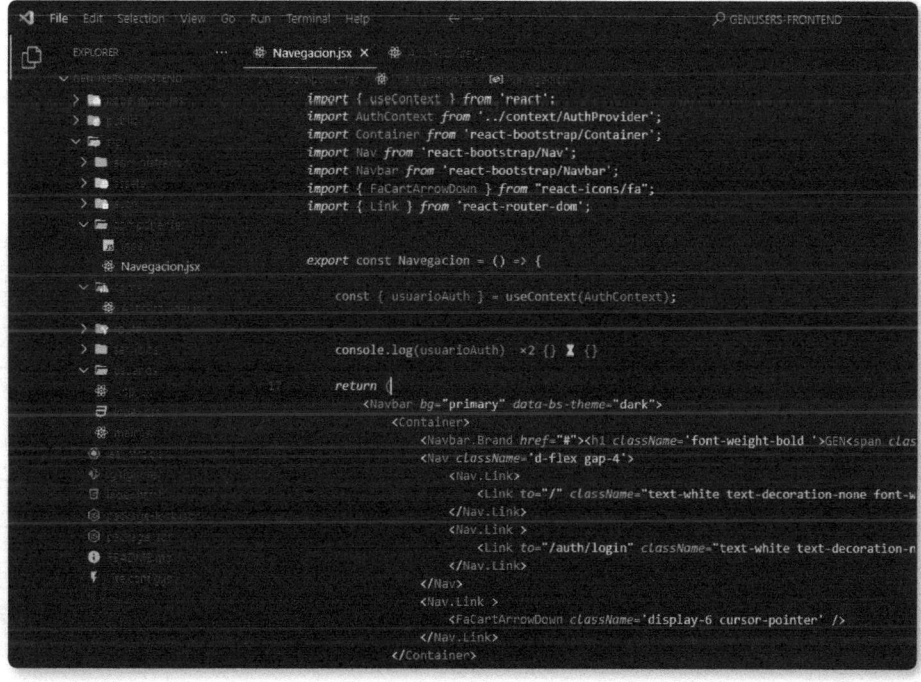

PASO 7

Si experimentas el error de la siguiente captura por consola, prueba lo siguiente: en los elementos **Nav.Link** que envuelven la etiqueta **Link** dentro de **Navegacion.js**, se está haciendo una anidación de enlaces. Para solucionarlo, borra las etiquetas que envuelven los **Link** (líneas 22, 24, 25 y 27).

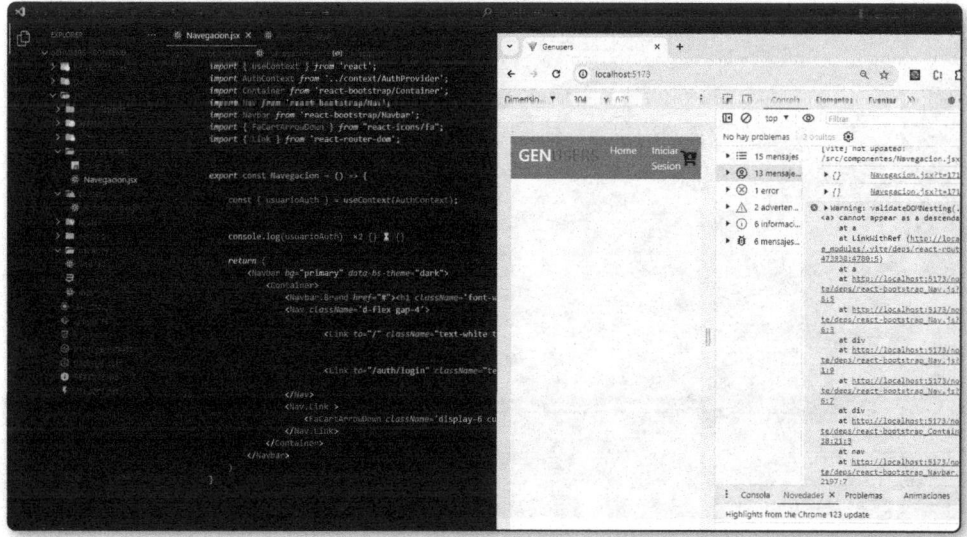

PASO 8

Ahora será más fácil trabajar con el renderizado condicional. Inicia sesión con un usuario existente y coloca un bucle (líneas 23 a la 29). Si el **usuario.nombre** está presente, renderiza un componente **Link** que tenga la función **cerrarSession**, la cual también deberás bajar del estado global. En caso contrario, renderiza el componente **Link** que permite ir al **Login** de la app.

PASO 9

Llegó el momento del armado del componente **Home** que tendrá la vista principal. Crea este componente en una carpeta llamada **vista**.

Antes que nada, elabora su respectiva ruta en el **AppRoutes**. También puede ser la ruta "comodín" en caso de que alguien escriba cualquier cosa en el path.

14.2 PÁGINA DE BIENVENIDA

Es momento de trabajar sobre el **Home**. Recuerda que tienes un servicio para acceder a todos los cursos disponibles. Esto debes hacerlo en un **useEffect** para que cargue no bien se abra el navegador y enviarlo a un estado con un **useState** para su posterior ingreso a la interfaz de la app.

PASO 1

Una vez que envíes el arreglo de cursos al estado **cursos**, si le haces un **console.log()** debajo del **useEffect**, podrás ver la lista completa en la consola del navegador.

```
import { useState } from "react"
import { useEffect } from "react"
import cursosService from "../servicios/cursos.servicios";

export const Home = () => {

    const [cursos, setCursos] = useState([]);

    useEffect(() => {
        const obtenerCursos = async()=>{
            const resp = await cursosService.listarCursos();
            setCursos(resp.data.cursos)
        }
        obtenerCursos();
    }, []);

    console.log(cursos)

    return (
        <div>Home</div>
    )
}
```

```jsx
import { useState } from "react"
import { useEffect } from "react"
import cursosService from "../servicios/cursos.servicios";

export const Home = () => {

    const [cursos, setCursos] = useState([]);

    useEffect(() => {
        const obtenerCursos = async()=>{
            const resp = await cursosService.listarCursos();
            setCursos(resp.data.cursos)
        }
        obtenerCursos();
    }, []);

    console.log(cursos)  ×4 [ { _id: '6608c37c952ae94cc8d91e9c', titulo: 'Aprende Node.js sin dolores

    return (
        <div>Home</div>
    )
}
```

PASO 2

Ahora que tienes los datos en tu poder, es hora de mostrarlos a los usuarios. Lo que tienes que hacer es utilizar un **map** sobre el arreglo de cursos que te permitirá mapear los elementos en la interfaz. En este caso, se usaron los componentes de Bootstrap para acelerar el proceso, pero puedes usar los que prefieras.

```jsx
export const Home = () => {
    useEffect(() => {
        const obtenerCursos = async () => {
            setCursos(resp.data.cursos)
        }
        obtenerCursos();
    }, []);

    console.log(cursos)  ×10 Array(8) [ { _id: '6608c37c952ae94cc8d91e9c', titulo: 'Aprende Node.js sin dolores de cabeza', 

    return (
        <Container className="mt-4 d-flex flex-wrap gap-4">

            {
                cursos.map(curso => {
                    <Card style={{ width: '18rem' }} key={curso._id}>
                        <Card.Img variant="top" src={curso.url} />
                        <Card.Body>
                            <Card.Title>{curso.titulo}</Card.Title>
                            <Card.Text>
                                {curso.sinopsis}
                            </Card.Text>
                        </Card.Body>
                        <ListGroup className="list-group-flush">
                            <ListGroup.Item>by {curso.autor}</ListGroup.Item>
                            <ListGroup.Item>USD {curso.precio}</ListGroup.Item>
                        </ListGroup>
                        <Card.Body>
                            <Card.Link href={curso.urlCompra}>Comprar</Card.Link>
                        </Card.Body>
                    </Card>
                })
            }
        </Container>
```

PASO 3

En la vista del navegador comienza a tomar sentido.

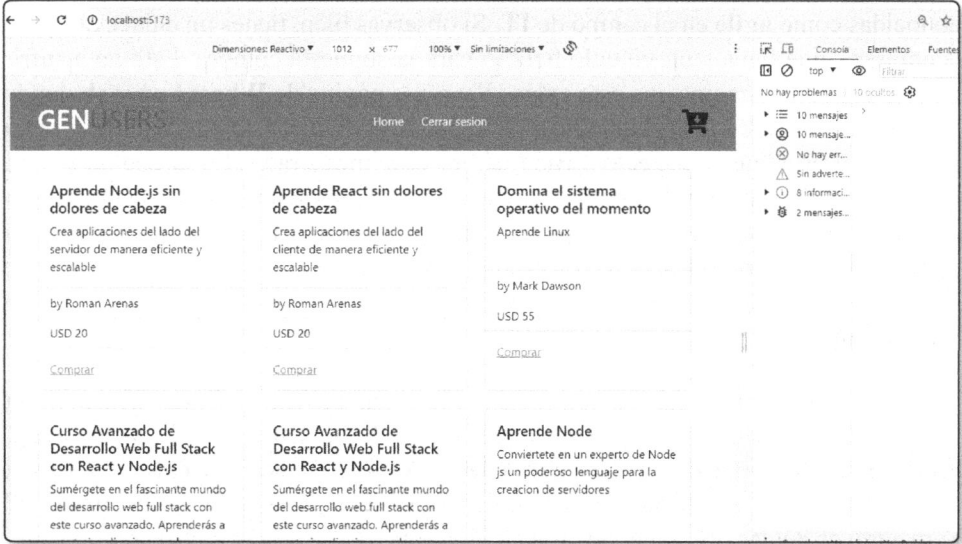

PASO 4

Si observas bien, las imágenes no se están viendo debido a que las URL son ficticias. Si prefieres, puedes agregar URL reales o insertar imágenes estáticas en tu sitio. Para este ejemplo se usará una imagen estática que se repetirá en cada una de las iteraciones.

```
                              setCursos(resp.data.cursos)
                          }
                          obtenerCursos();
                      }, []);

                      return (
                          <Container className="mt-4 d-flex flex-wrap gap-4">

                              {
                                  cursos.map(curso => (
                                      <Card style={{ width: '18rem' }} key={curso._id}>
                                          <Card.Img variant="top" src={image} />
                                          <Card.Body>
                                              <Card.Title>{curso.titulo}</Card.Title>
                                              <Card.Text>
                                                  {curso.sinopsis}
                                              </Card.Text>
                                          </Card.Body>
                                          <ListGroup className="list-group-flush">
                                              <ListGroup.Item>by {curso.autor}</ListGroup.Item>
                                              <ListGroup.Item>USD {curso.precio}</ListGroup.Item>
                                          </ListGroup>
```

14.3 CARRITO DE COMPRAS

Durante el desarrollo, algunas cosas se pueden modificar, por eso hay que ser flexible y adaptarse bien a los cambios. Este tipo de metodología son las conocidas como **agile** en el campo de **IT**. Si observas bien, tienes un enlace que dice "comprar", que lleva a un vínculo ficticio para la supuesta compra. Esto va a sufrir ciertos cambios. Imagina que este enlace lleva a la página de **WhatsApp web** donde hace que el vendedor tenga contacto directo con el cliente, y esto puede parecer poco profesional en algunos aspectos. Bien, ahora el administrador de la página quiere que todo se maneje a través de ella. Para esto, una de las soluciones sería montar un carrito de compras y enviar los productos allí para luego ser procesados por alguna pasarela de pago como hacen los e-commerce modernos.

PASO 1

Modifica el enlace de comprar, en su lugar coloca un botón que permita agregar el producto al carrito (líneas 39 a 41). Si lo haces en **react-boostrap**, asegúrate de importar el componente **Button**. Aquí el evento **onClick** ejecutará la lógica para enviar el producto al carrito. ¿Como será el traspaso de información? Será a través del **localStorage**. Se enviará el producto y se leerá en otro componente.

```
                                    {
  Home.jsx                           cursos.map(curso => {
                                        <Card style={{ width: '18rem' }} key={curso._id}>
                                          <Card.Img variant="top" src={image} />
                                          <Card.Body>
                                            <Card.Title>{curso.titulo}</Card.Title>
                                            <Card.Text>
                                              {curso.sinopsis}
                                            </Card.Text>
                                          </Card.Body>
                                          <ListGroup className="list-group-flush">
                                            <ListGroup.Item>by {curso.autor}</ListGroup.Item>
                                            <ListGroup.Item>USD {curso.precio}</ListGroup.Item>
                                          </ListGroup>
                                          <Button variant="primary" onClick={()=> agregarCarrito}>
                                            Agregar al carrito
                                          </Button>
                                        </Card>
                                      ))
                                    }
                                  </Container>
                                )
```

PASO 2

En cuanto al navegador, se verá de la siguiente manera.

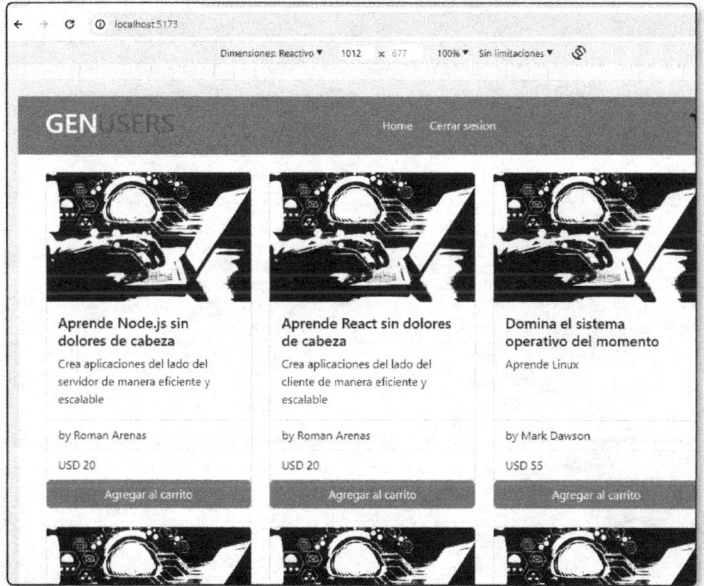

PASO 3

Es momento de la lógica que enviará el producto al **LocalStorage** para su posterior lectura en el carrito de compras. Aquí deberás modificar la función para enviar el producto seleccionado, pero antes debes leer el carrito anterior y agregar el nuevo producto. Para lograr esto te tienes que ayudar con un estado y un **useEffect** para que cargue los datos al inicio.

```
const [carrito, setCarrito] = useState([]);

useEffect(() => {
    const storedCart = localStorage.getItem('carrito');
    if (storedCart) {
        setCarrito(JSON.parse(storedCart));
    }
}, []);

const agregarCarrito = (curso)=>{
    const nuevoCarrito = [...carrito];
    nuevoCarrito.push(curso);
    setCarrito(nuevoCarrito);
    localStorage.setItem('carrito', JSON.
stringify(nuevoCarrito));
}
```

```jsx
const {carrito, setCarrito] = useState([]);

useEffect(() => {
    const storedCart = localStorage.getItem('carrito');
    if (storedCart) {
        setCarrito(JSON.parse(storedCart));
    }
}, []);

const agregarCarrito = (curso)=>{
    const nuevoCarrito = [...carrito];
    nuevoCarrito.push(curso);
    setCarrito(nuevoCarrito);
    localStorage.setItem('carrito', JSON.stringify(nuevoCarrito));
}

console.log(carrito)  ×14 [ { _id: '660cabbb5e72c79fe9160648', titulo: 'Domin
return (
    <Container className="mt-4 d-flex flex-wrap gap-4">
        {
        cursos.map(curso => (
            <Card style={{ width: '18rem' }} key={curso._id}>
                <Card.Img variant="top" src={image} />
                <Card.Body>
                    <Card.Title>{curso.titulo}</Card.Title>
                    <Card.Text>
                        {curso.sinopsis}
                    </Card.Text>
                </Card.Body>
                <ListGroup className="list-group-flush">
```

PASO 4

Si observas el **LocalStorage** podrás ver cómo, luego de hacer clic en el botón, los productos se van juntando en un arreglo.

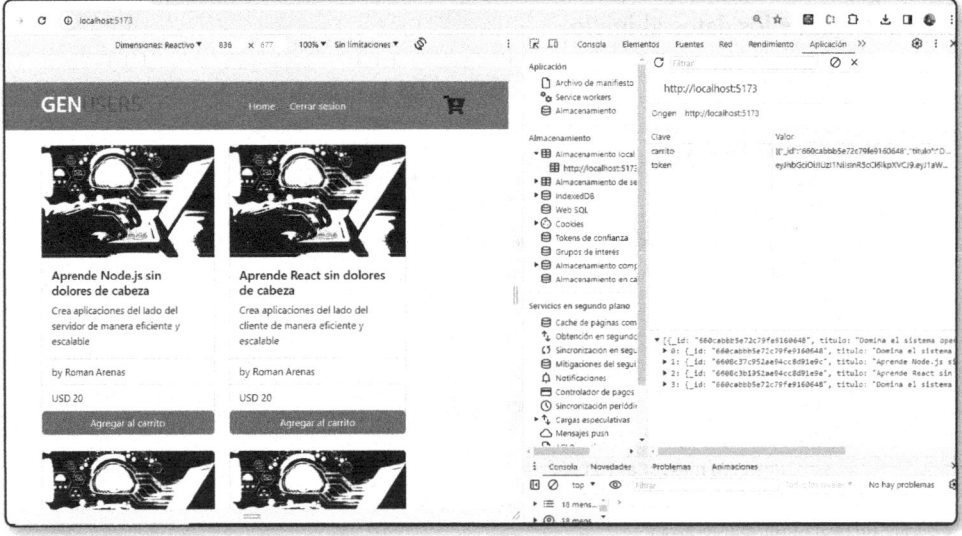

PASO 5

Ahora debes confeccionar el carrito de compras. Crea un componente de nombre **Carrito.jsx** en las vistas. Coloca su respectiva ruta, que también será pública ya que se puede acceder sin haber iniciado sesión. Dejará de serlo en el momento en que el cliente quiera efectuar la compra.

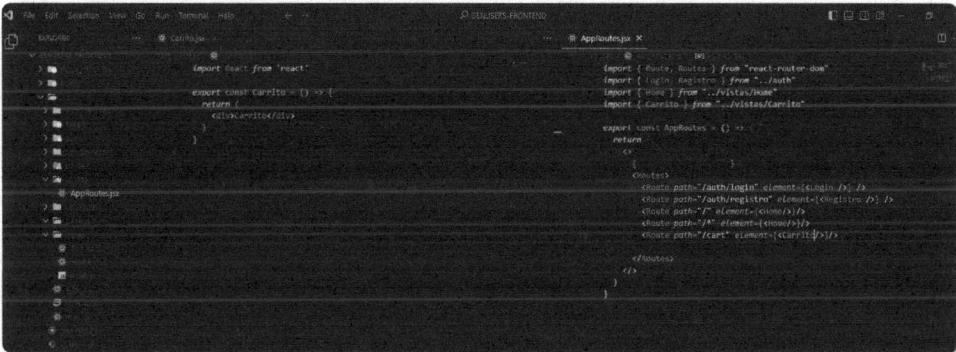

PASO 6

Recuerda que, en la barra de navegación, tienes un icono de acceso al carrito. Ve al componente **Navegacion.jsx** y utiliza el **useNavigate** de **react-router-dom** guardando el método en una variable (línea 12) y, luego, haciendo uso de este al hacer clic sobre el icono (línea 31). Esto te llevará directo a la ruta objetivo.

PASO 7

Ve a **carrito.jsx** y lee lo que viene del **localStorage**. Por ahora déjalo similar a esto, aunque aún hay cosas por solucionar. Por ejemplo, al agregar productos duplicados, estos se listan uno debajo del otro, y eso no está bien estéticamente. Lo solucionarás a continuación.

```jsx
import { useEffect, useState } from "react";
import { Button, Stack } from "react-bootstrap";


export const Carrito = () => {
    const [carrito, setCarrito] = useState([]);

    useEffect(() => {
        const storedCart = localStorage.getItem('carrito');
        if (storedCart) {
            setCarrito(JSON.parse(storedCart));
        }
    }, []);
    console.log(carrito)
    return (
        <div className="container">
            <h2 className="my-4">Carrito de compras</h2>
            <Stack gap={carrito.length}>
                {carrito.map(curso => (
                    <div className="p-2 bg-primary text-white" key={curso._id} >
                        <p>{curso.titulo} </p>
                        <p>{curso.precio} USD</p>
                    </div>
                ))}
            </Stack>
            <div className="mt-4">
              <Button variant="danger" >Vaciar Carrito</Button>{' '}
            <Button variant="success">Comprar</Button>
            </div>

        </div>
    );
};
```

PASO 8

Para solucionar esto, ve al componente **Home.jsx** y modifica la función **agregarCarrito** de la siguiente manera:

```
const agregarCarrito = (curso)=>{
    const cursoExistente = carrito.find(item => item._id === curso._id);
    if (cursoExistente) {
        const nuevoCarrito = carrito.map(item -> {
            if (item._id === curso._id) {
                return { ...item, cantidad: item.cantidad + 1 };
            }
            return item;
        });
        setCarrito(nuevoCarrito);
        localStorage.setItem('carrito', JSON.stringify(nuevoCarrito));
    } else {
        const nuevoCarrito = [...carrito, { ...curso, cantidad: 1 }];
        setCarrito(nuevoCarrito);
        localStorage.setItem('carrito', JSON.stringify(nuevoCarrito));
    }
}
```

Este código primero verifica si el curso que se intenta agregar ya está presente en el carrito, utilizando su identificador único **_id**. Si el curso existe en el carrito, se actualiza la cantidad de ese curso incrementándola en uno. En caso contrario, si el curso no está en el carrito, se agrega con una cantidad inicial de uno. Esta función también se encarga de actualizar el estado del carrito en la aplicación y de guardar la información actualizada del carrito en el **localStorage** para persistencia entre sesiones.

```
const agregarCarrito = (curso)=>{
  const cursoExistente = carrito.find(item => item._id === curso._id);
  if (cursoExistente) {
    const nuevoCarrito = carrito.map(item => {
      if (item._id === curso._id) {
        return { ...item, cantidad: item.cantidad + 1 };
      }
      return item;
    });
    setCarrito(nuevoCarrito);
    localStorage.setItem('carrito', JSON.stringify(nuevoCarrito));
  } else {
    const nuevoCarrito = [...carrito, { ...curso, cantidad: 1 }];
    setCarrito(nuevoCarrito);
    localStorage.setItem('carrito', JSON.stringify(nuevoCarrito));
  }
}
```

PASO 9

Ahora, hay que implementar la nueva información en el carrito. Ve a **Carrito.jsx** y agrega la propiedad **cantidad**.

```
import { useEffect, useState } from "react";
import { Button, Stack } from "react-bootstrap";

export const Carrito = () => {
  const [carrito, setCarrito] = useState([]);

  useEffect(() => {
    const storedCart = localStorage.getItem('carrito');
    if (storedCart) {
      setCarrito(JSON.parse(storedCart));
    }
  }, []);
  console.log(carrito)  ×4 [ { _id: '6600c37c952ae94cc8d91e9c', titulo: 'Aprende Node.js sin dolores de cabeza'
  return (
    <div className="container">
      <h2 className="my-4">Carrito de compras</h2>
      <Stack gap={carrito.length}>
        {carrito.map(curso => (
          <div className="p-2 bg-primary text-white" key={curso._id} >
            <p>{curso.titulo} </p>
            <p>{curso.precio} USD</p>
            <p>cantidad: {curso.cantidad}</p>
          </div>
        ))}
      </Stack>
      <div className="mt-4">
```

PASO 10

Lo siguiente será mostrar el total a pagar por parte del usuario. Para esto, implementarás un **reduce** para calcular el total multiplicando el precio por la cantidad (línea 15) y, luego, mostrar el resultado (línea 30).

```
    if (storedCart) {
        setCarrito(JSON.parse(storedCart));
    }
}, []);

const totalAPagar = carrito.reduce((total, curso) => total + curso.precio * curso.cantidad, 0);

return (
    <div className="container">
        <h2 className="my-4">Carrito de compras</h2>
        <Stack gap={carrito.length}>
            {carrito.map(curso => (
                <div className="p-2 bg-primary text-white" key={curso._id} >
                    <p>{curso.titulo} </p>
                    <p>{curso.precio} USD</p>
                    <p>cantidad: {curso.cantidad}</p>
                </div>
            ))}
        </Stack>

        <h2 className="my-4">Total a pagar: {totalAPagar} USD</h2>

        <div className="mt-4">
            <Button variant="danger" >Vaciar Carrito</Button>{' '}
            <Button variant="success">Comprar</Button>
        </div>
    </div>
```

PASO 11

En cuanto al navegador, verás que funciona correctamente sin esos viejos errores de **ids** repetidos.

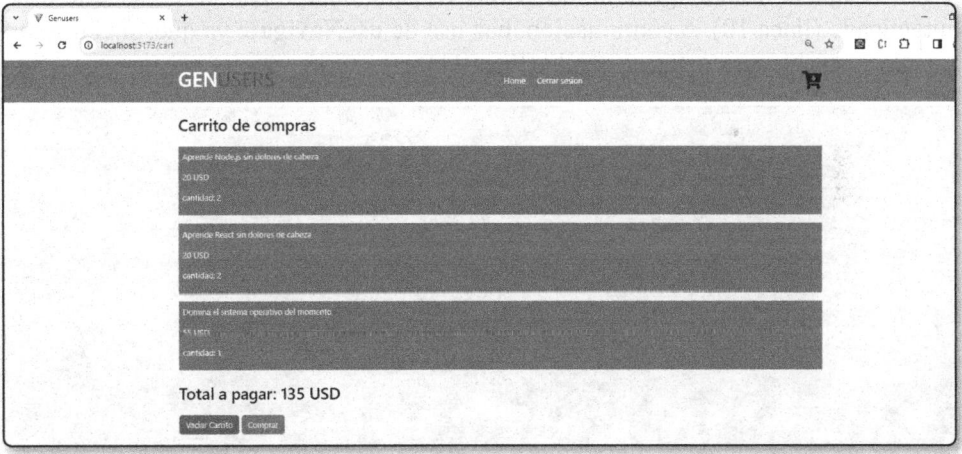

PASO 12

Por último, para completar este carrito debes hacer las funcionalidades de los botones **Vaciar carrito** y **Comprar**.

Para vaciar el carrito, debes agregarle un evento al botón que, al hacer clic, ejecute cierta función (línea 35).

En cuanto a la función, solamente limpiará el **localStorage** con el método **localStorage.clear()** (líneas 17 a 19).

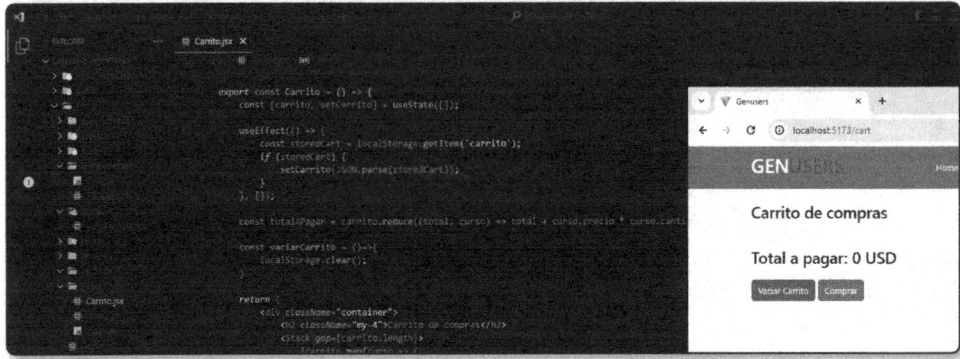

PASO 13

En cuanto a la compra de los productos, este sería el momento de enganchar la app a la pasarela de pagos. Dejarás todo listo para que se pueda hacer a futuro empleando las validaciones necesarias, ya que esto requerirá que el usuario esté autenticado.

Baja el estado general del **context** para comprobar si el usuario está autenticado (línea 10). A continuación, haz uso de **useNavigate** ya que, si el usuario no inició sesión, será redireccionado (línea 11).

```
import { useContext, useEffect, useState } from "react";
import AuthContext from '../context/AuthProvider';
import { Button, Stack } from "react-bootstrap";
import { useNavigate } from "react-router-dom";


export const Carrito = () => {
    const [carrito, setCarrito] = useState([]);

    const { usuarioAuth } = useContext(AuthContext);
    const navigate = useNavigate();

    useEffect(() => {
        const storedCart = localStorage.getItem('carrito');
        if (storedCart) {
            setCarrito(JSON.parse(storedCart));
        }
    }, []);

    const totalAPagar = carrito.reduce((total, curso) => total + curso.precio * curso.cantidad, 0);
```

PASO 14

Agrégale un evento al botón **Comprar** (línea 52) para que ejecute la función **comprarProductos**. Esta comprobará si hay un usuario existente y, en caso de que no lo haya, redireccionará a este al login de la app para que inicie sesión con sus credenciales.

```
<h2 className="my-4">Carrito de compras</h2>
<Stack gap={carrito.length}>
    {carrito.map(curso => (
        <div className="p-2 bg-primary text-white" key={curso._id} >
            <p>{curso.titulo} </p>
            <p>{curso.precio} USD</p>
            <p>cantidad: {curso.cantidad}</p>
        </div>
    ))}
</Stack>
<h2 className="my-4">Total a pagar: {totalAPagar} USD</h2>
<div className="mt-4">
    <Button variant="danger" onClick={vaciarCarrito}>Vaciar Carrito</Button>{' '}
    <Button variant="success" onClick={comprarProductos}>Comprar</Button>
</div>
</div>
```

Has logrado finalizar los casos de uso de un usuario promedio. Hasta aquí pudiste utilizar gran parte de los servicios creados a raíz de los endpoint suministrados por el backend. Aún queda por hacer toda la sección que le corresponde al administrador.

14.4 ACTIVIDADES

A continuación se presentan las preguntas y los ejercicios que deberías saber responder y resolver para considerar aprendido el capítulo.

14.4.1 Test de autoevaluación

1. *¿Cuál es la función principal de la barra de navegación en una aplicación web?*

2. *¿Por qué es importante incluir la barra de navegación en un punto alto de la aplicación?*

3. *¿Qué elementos puede contener una barra de navegación además de los enlaces de navegación?*

4. *¿Qué papel juega el renderizado condicional en el desarrollo de interfaces de usuario?*

5. *¿Cómo se utiliza el paquete **react-icons** en React para incluir iconos en la interfaz de usuario?*

6. *¿Cuál es el propósito del estado global en React y cuándo se utiliza?*

7. *¿Qué es el **LocalStorage** y cómo se utiliza en una aplicación web?*

8. *¿Por qué es importante considerar la usabilidad y la accesibilidad al diseñar la barra de navegación de una aplicación web?*

9. *¿Cuál es la diferencia entre un enlace de navegación y un botón de acción en una barra de navegación?*

10. *¿Cómo se realiza la navegación a través de diferentes vistas en una aplicación web desarrollada con React?*

14.4.2 Ejercicios prácticos

1. *Crea un componente de barra de navegación utilizando React y Bootstrap que incluya enlaces de navegación y un icono.*

2. *Implementa un renderizado condicional en la barra de navegación para mostrar diferentes elementos según el estado de autenticación del usuario.*

3. *Desarrolla un botón en la barra de navegación que permita agregar productos al carrito de compras utilizando el* **LocalStorage** *para almacenar la información.*

4. *Crea un componente de vista llamado "Home" que muestre una lista de cursos disponibles obtenidos de un servicio externo.*

5. *Diseña un componente de carrito de compras que muestre los productos agregados por el usuario y permita su eliminación o modificación.*

15

ADMINISTRACIÓN

En este capítulo, avanzarás en el desarrollo de las interfaces de administrador, proporcionando al propietario del sitio las herramientas necesarias para gestionarlo de manera eficiente y efectiva. En esta fase, te centrarás en la implementación de funcionalidades que permitan al administrador regular y supervisar diversos aspectos del sitio, con el objetivo de optimizar su rendimiento y garantizar una experiencia óptima para los usuarios. Este enfoque hacia la administración proactiva del sitio asegurará que el propietario tenga un control completo sobre su plataforma, lo que facilitará la toma de decisiones informadas y estratégicas. Con estas interfaces de administrador robustas y profesionales, se busca proporcionar una solución integral que satisfaga las necesidades de gestión del propietario y contribuya al éxito continuo del sitio web.

15.1 USUARIO ADMINISTRADOR

Por lo general, el desarrollador le otorga a su cliente un e-mail, usuario y acceso a la base de datos para que este la administre a su antojo, se trata del **usuario administrador**. En este caso, harás algo similar.

PASO 1

Crea un usuario común y corriente, preferentemente haz una referencia que indique que será administrador. Luego, desde el frontend, crea un usuario con el correo **admin@admin.com**.

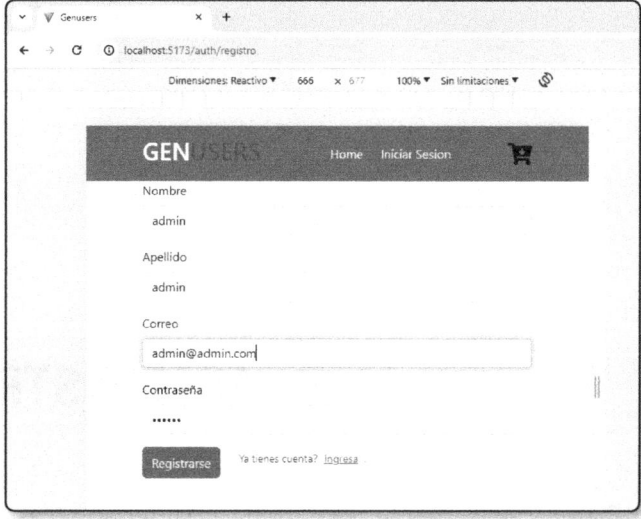

PASO 2

Ahora necesitarás abrir **Mongo Compas**, allí busca el usuario y colócalo en el rol de administrador: **ADMIN_ROLE**. Este será el usuario que se le otorgará al dueño del sitio.

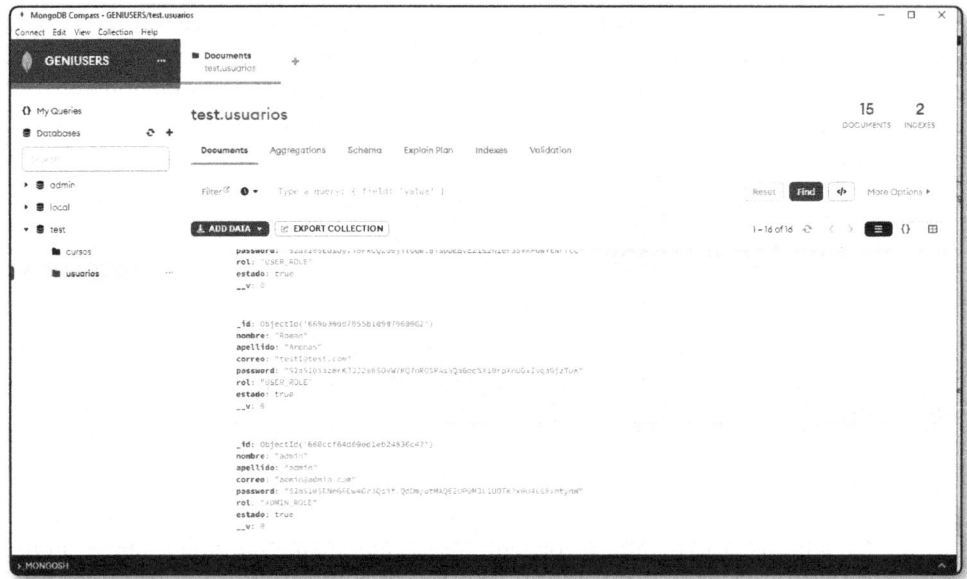

PASO 3

Crea el componente **Admin.jsx** y baja el estado general en el archivo **AppRoutes.jsx**. Debes iniciar sesión con tu cuenta de administrador.

PASO 4

A continuación, crea la ruta del administrador, pero restringe su acceso de acuerdo al rol. Si observas el navegador, verás que –incluso en la ruta de administrador– se está mostrando el Home.

PASO 5

Este error se ha cometido en forma intencional para que comprendas la importancia del correcto agrupamiento de las rutas. Ve a **AppRoutes.jsx** y agrupa las rutas como se indica en la imagen. Adicionalmente se ha utilizado el **Navigate** de **react-router-dom** para evitar direccionamientos inexistentes.

PASO 6

Ahora que todo está como debe ser, intenta ingresar al panel de administrador y notarás que algunas veces no te permite hacerlo. Esto se debe a que, en el momento de renderizarse el rol, está como **undefined** y, un instante después, cambia a **ADMIN_ROLE**. Para solucionar este pequeño percance, hay que condicionar el renderizado. Si el rol es **undefined**, que muestre una pantalla de carga. Otro problema lo genera la ruta /* ya que, al ejecutarse, el sistema siempre va a caer en ella. Para evitar todo esto, reforma el componente de rutas de la siguiente forma.

```jsx
import { useState, useEffect, useContext } from "react";
import { Navigate, Route, Routes } from "react-router-dom";
import { Login, Registro } from "../auth";
import { Home } from "../vistas/Home";
import { Carrito } from "../vistas/Carrito";
import AuthContext from "../context/AuthProvider";
import { Admin } from "../administrador/Admin";

export const AppRoutes = () => {
  const { usuarioAuth, cerrarSesion } = useContext(AuthContext);
  const [authCargada, setAuthCargada] = useState(false);

  useEffect(() => {
    if (usuarioAuth) {
      setAuthCargada(true);
    }
  }, [usuarioAuth]);

  if (!authCargada) {
    return <div>Cargando...</div>;
  }

  const rol = usuarioAuth ? usuarioAuth.rol : null;

  return (
    <Routes>
      {/* RUTAS PRIVADAS */}
      {rol === 'ADMIN_ROLE' && <Route path="/admin" element={<Admin />} />}
```

```
    {/* RUTAS PÚBLICAS */}
    <Route path="/auth/login" element={<Login />} />
    <Route path="/auth/registro" element={<Registro />} />
    <Route path="/" element={<Home />} />
    <Route path="/cart" element={<Carrito />} />

  </Routes>
 );
}
```

Este código utiliza el contexto de autenticación para determinar si los datos de autenticación del usuario están completamente cargados. Una vez que los datos se encuentran disponibles, extrae el rol del usuario autenticado y utiliza esta información para mostrar las rutas adecuadas. Las rutas privadas, como la sección de administrador, se muestran solo si el usuario tiene el rol de administrador. Mientras tanto, las rutas públicas, como las de autenticación y la página de inicio, siempre están disponibles. Este enfoque asegura que la navegación en la aplicación esté controlada por el estado de autenticación del usuario, lo que garantiza una experiencia de usuario coherente y segura.

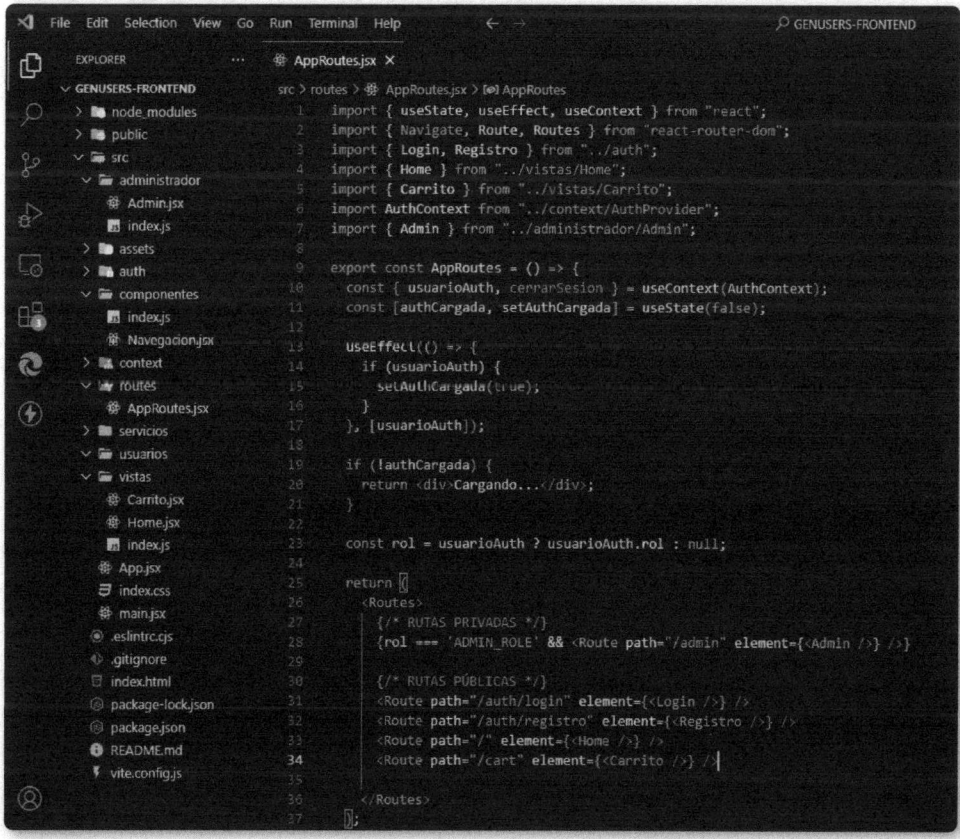

15.2 ADMINISTRACIÓN DE USUARIOS

Es hora de listar los usuarios para poder banearlos si es necesario.

PASO 1

Crea un componente **ListaUsuarios** en la carpeta **Usuarios** con su respectivo **index.js** Luego, renderízalo en el panel de administrador.

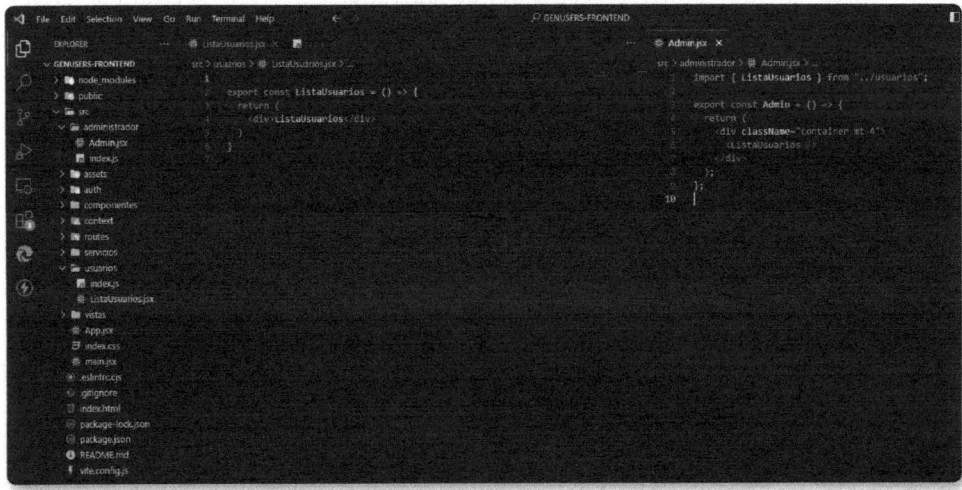

PASO 2

Ahora debes hacer uso de un **useEffect** con el servicio que obtiene los usuarios para poder hacer el consumo de la API y obtener los datos de esta.

PASO 3

Si chequeas la consola del navegador, verás ahí los datos.

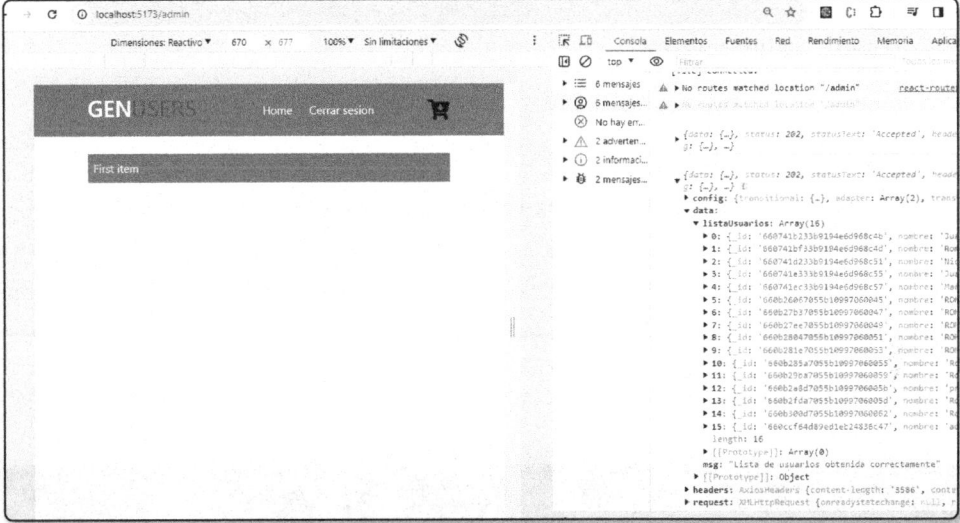

PASO 4

Vuelve a **Visual Studio Code** y observa que tienes un estado para guardar la respuesta y hacer el posterior mapeo de la información (línea 6).

Dentro de la respuesta a la petición de la API, setea la lista de usuarios. Adicionalmente, puedes manejar este código dentro de un bloque **try-catch** para evitar que la aplicación se detenga ante un error. Setéale el resultado al estado y plásmalo en la interfaz de la siguiente manera:

```
import { useEffect, useState } from "react";
import { Stack } from "react-bootstrap";
import usuariosService from "../servicios/usuarios.servicios";

export const ListaUsuarios = () => {
  const [usuarios, setListaUsuarios] = useState([]);

  useEffect(() => {
    const obtenerUsuarios = async () => {
      try {
        const resp = await usuariosService.listarUsuarios();
        setListaUsuarios(resp.data.listaUsuarios);
      } catch (error) {
        console.log(error);
```

```
    }
  };
  obtenerUsuarios();
}, []);

console.log(usuarios);
return (
  <Stack gap={usuarios.length}>
  {
      usuarios.map(usuario => (
          <div className="p-2 bg-primary text-white">{usuario.nombre}</div>
      ))
  }

  </Stack>
  );
};
```

PASO 5

Si bien en la interfaz de usuario por ahora solo ves los nombres, también está el usuario de administrador y quizá justamente ese no querrás que se muestre. Puedes aplicar un **filter** antes de setear los usuarios al estado (líneas 13 y 14).

PASO 6

Ahora el resto de las propiedades, aquí puedes agregar las que faltan e incluso implementar un botón a modo condicional donde, si está baneado, aparezca un botón en rojo con la leyenda **Restringido** y, en caso de que su estado se encuentre activo, aparezca **Habilitado**.

El recorrido del arreglo debería quedarte de la siguiente manera:

```
{usuarios.map((usuario) => (
      <div
      className="p-2 bg-primary text-white m-2 d-flex flex-row justify-con-
tent-between"
      key={usuario._id}
    >
      <div>
        <p>
          {usuario.nombre} {usuario.apellido}
        </p>
        <p>{usuario.correo}</p>
      </div>
      {usuario.estado ? (
        <Button variant="success">Habilitado</Button>
      ) : (
        <Button variant="danger">Restringido</Button>
      )}
    </div>
  ))}
```

PASO 7

Si observas el navegador, los elementos se están mostrando correctamente. En tanto, en el mapeo de la información, agrégale el servicio que actualizará el estado del usuario con su respectiva función y en un bloque **try-catch** (líneas 24 a la 30), y el evento a los botones (líneas 46 y 48).

PASO 8

Ahora tienes un problema. Si intentas restringir un usuario o habilitarlo en caso de que hayas restringido alguno manualmente, te saldrá el siguiente error por consola:

```
Access to XMLHttpRequest at 'http://localhost:8080/
user/660741bf33b9194e6d968c4d' from origin 'http://localhost:5173' has been
blocked by CORS policy: Method PATCH is not allowed by Access-Control-Allow-
Methods in preflight response.
```

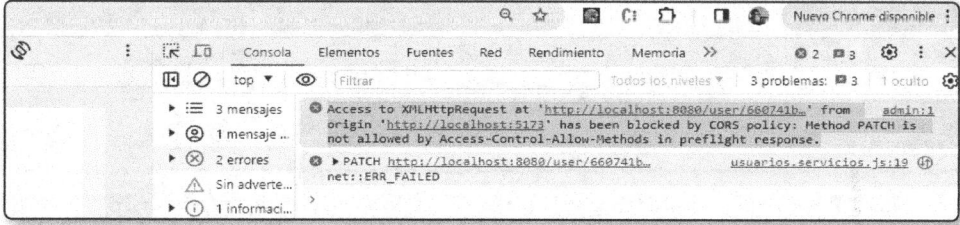

PASO 9

Esto se debe a que se está bloqueando la conexión entre un puerto y el otro. En este punto, tienes dos opciones: habilitar los **CORS** desde el servidor o cambiar el tipo de petición, pero para eso debes cambiar la ruta y evitar problemas con el endpoint que actualiza los datos de usuarios y que es de tipo **PUT**. Ve al **backend** y cambia la URL del archivo **usuarios.routes.js** en la carpeta **Routes** (línea 10), nota que también se ha cambiado la ruta para que no choque con la de arriba.

```
File  Edit  Selection  View  Go  Run  Terminal  Help                          ←  →                    GENUSERS-BACKEND

EXPLORER                      ...    index.js        server.js       usuarios.routes.js ●
∨ GENUSERS-BACKEND                   routes >  usuarios.routes.js > ...
  >  controllers                  1    const {Router} = require('express');
  >  database                     2    const { obtenerUsuarios, crearUsuario, editarUsuario, eliminarUsuario, obtenerUsuarioPorNombre
  >  helpers                      3
  >  middlewares                  4
  ∨  models                       5    const router = Router();
     cursos.js                    6
     server.js                    7    router.get('/user', obtenerUsuarios);
     usuarios.js                  8    router.post('/user', crearUsuario);
  >  node_modules                 9    router.put('/user/:id', editarUsuario);
  ∨  routes                      10    router.put('/user/ban/:id', eliminarUsuario);
     auth.routes.js              11    router.get('/user/search', obtenerUsuarioPorNombre);
     cursos.routes.js            12
     usuarios.routes.js          13
     .env                        14
     index.js                    15    module.exports = router;
```

PASO 10

Ahora, en los servicios de usuarios en el frontend, cambia la petición de **patch** a **put** y agrégale el path **/ban** en el archivo **usuarios.services.js** para que coincida con la URL del backend (línea 19).

```js
import axios from 'axios';

const baseURL = 'http://localhost:8080';

const usuariosService = {
    registrarUsuario: async (usuario) => {
        const response = await axios.post(`${baseURL}/user`,usuario)
        return response;
    },
    editarUsuario: async(id) =>{
        const response = await axios.put(`${baseURL}/user/${id}`)
        return response;
    },
    listarUsuarios: async() =>{
        const response = await axios.get(`${baseURL}/user`)
        return response;
    },
    banearUsuarios: async(id) =>{
        const response = await axios.put(`${baseURL}/user/ban/${id}`)
        return response;
    },
    usuarioPorNombre: async(nombre) =>{
        const response = await axios.get(`${baseURL}/user/search?keyword=${nombre}`)
        return response;
    },
};

export default usuariosService;
```

PASO 11

Verás que, si ejecutas la funcionalidad desde el navegador, funciona correctamente.

15.3 ADMINISTRACIÓN DE CURSOS

Es el momento de administrar los cursos. Crea una carpeta llamada cursos en **src** y dentro un archivo llamado **ListaCursos.jsx** con su respectivo **index.js**.

PASO 1

Renderiza el componente en **Admin.jsx**. Puedes comentar **ListaUsuarios** por el momento para que no te confundas.

PASO 2

Dentro del archivo **ListaCursos.jsx**, elabora el siguiente código:

```jsx
import { useEffect, useState } from "react";
import cursosService from "../servicios/cursos.servicios";

export const ListaCursos = () => {

const [cursos, setListaCursos] = useState([]);

useEffect(() => {
  const obtenerCursos = async () => {
    try {
      const resp = await cursosService.listarCursos();
      setListaCursos(resp.data.cursos)

    } catch (error) {
      console.log(error);
    }
  };
  obtenerCursos();
}, []);
console.log(cursos)

  return (
    <div>ListaCursos</div>
  )
}
```

Este componente se encarga de obtener y mostrar una lista de cursos. Utiliza el hook **useEffect** para realizar una solicitud asíncrona al servicio de cursos y almacena los datos obtenidos en el estado local **cursos** utilizando el hook **useState**. Una vez que los datos se han recuperado con éxito, se renderiza el componente con el texto **ListaCursos**. Además, se imprime el estado actual de los cursos en la consola mediante **console.log (cursos)** para verificar la obtención correcta de los datos

```
v  administrador
      Admin.jsx              5
      index.js               6    const [cursos, setListaCursos] = useState([]);
                             7
>  assets                    8    useEffect(() => {
>  auth                      9      const obtenerCursos = async () => {
>  componentes              10        try {
>  context                  11          const resp = await cursosService.listarCursos();
v  cursos                   12          setListaCursos(resp.data.cursos)
      index.js              13
      ListaCursos.jsx       14        } catch (error) {
>  routes                   15          console.log(error);
v  servicios                16        }
      auth.servicios.js     17      };
      cursos.servicios.js   18      obtenerCursos();
      usuarios.servicios.js 19    }, []);
v  usuarios                 20    console.log(cursos)  x4 Array(8) [ { _id: '6608c37c952ae94c
      index.js              21
                            22    return (
                            23      <div>ListaCursos</div>
```

PASO 3

Ahora tienes que plasmar esos datos obtenidos en la interfaz de usuario. Aquí, al igual que como en la lista de usuarios, utilizarás un map para recorrer el arreglo y la posterior inserción de los datos en la parte visual, por lo tanto, el retorno del componente sería similar a lo siguiente:

```
return (
  <div>
    <h2>Lista de cursos</h2>
    <Stack gap={cursos.length}>
      {cursos.map((curso) => (
        <div
          className="p-2 bg-primary text-white m-2 d-flex flex-row justify-con-
tent-between"
          key={curso._id}
        >
          <div>
            <p>{curso.titulo}</p>
            <p>Autor: {curso.autor}</p>
          </div>
```

```
        </div>
      ))}
    </Stack>
  </div>
);
};
```

PASO 4

Quedarían pendientes algunas funcionalidades que puede realizar el administrador con los cursos, como editarlos, eliminarlos y agregar otros nuevos. El botón de **Agregar** se ubicaría en la parte superior y tendría que renderizar un componente similar al de **Registrar usuarios**. También allí crea los botones **editar** y **eliminar cursos** en la iteración. Con los tres botones agregados debería quedarte como en la imagen.

PASO 5

Si chequeas el navegador, debería verse de la siguiente manera:

PASO 6

A continuación, crearás la funcionalidad de editar un curso.

Genera un archivo nuevo llamado **EditarCurso.jsx** y expórtalo en el **index. js**.

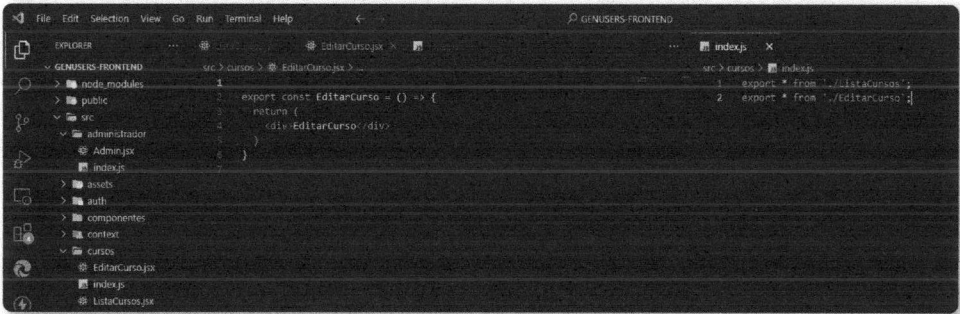

PASO 7

Ahora que tienes el componente, debes crear un estado para mostrarlo en caso de que se requiera. Genera un estado en el archivo **ListaCursos.jsx** para mostrar y esconder el componente. También crea otro para el curso seleccionado en la edición.

```
import { useEffect, useState } from "react";
import cursosService from "../servicios/cursos.servicios";
import { Button, Stack } from "react-bootstrap";

export const ListaCursos = () => {
  const [cursos, setListaCursos] = useState([[]]);
  const [mostrarEdicion, setMostrarEdicion] = useState(false);
  const [cursoSeleccionado, setCursoSeleccionado] = useState({});

  useEffect(() => {
    const obtenerCursos = async () => {
      try {
        const resp = await cursosService.listarCursos();
        setListaCursos(resp.data.cursos);
      } catch (error) {
        console.log(error);
      }
    };
    obtenerCursos();
  }, []);

  const editarCurso = (curso)=>{
    setMostrarEdicion(true);
```

PASO 8

Sobre esta base, se mostrará el componente (líneas 35 a 37). Como este debe recibir un prop, para trabajarlo debes enviarle el curso seleccionado mediante los props. Es importante que recuerdes realizar las importaciones correspondientes.

PASO 9

Antes de continuar, harás un cambio en el servicio. Ve al archivo **cursos. services.js** y cambia la función **editarCusos** (lineas 9 a 12) pasándole el curso editado. Aquí también puedes observar un pequeño error que traerá problemas más adelante. En la línea 18, la petición es de tipo **patch** para eliminar el curso y debe ser de tipo **delete**. También está mal enviado el **id** como parámetro. Haz estos cambios para que no genere problemas más adelante.

PASO 10

En cuanto a la estructura del componente que edita el curso y siguiendo la estructura del registro de usuarios, organízala de la siguiente manera:

```
import { useState } from "react";
import Button from "react-bootstrap/Button";
import Form from "react-bootstrap/Form";
import cursosService from "../servicios/cursos.servicios";

export const EditarCurso = ({ curso }) => {

  const { titulo, autor, sinopsis, precio, urlFoto, _id } = curso;

  const [formData, setFormData] = useState({
    titulo,
    autor,
    sinopsis,
    precio,
    urlFoto,
  });
```

```javascript
const [alerta, setAlerta] = useState("");
const [success, setSuccess] = useState("");

const handleInputChange = (e) => {
  const { id, value } = e.target;
  setFormData({
    ...formData,
    [id]: value,
  });
};

const editarCurso = async (id) => {
  if (
    formData.titulo == "" ||
    formData.autor == "" ||
    formData.precio == "" ||
    formData.sinopsis == "" ||
    formData.urlFoto == ""
  ) {
    setAlerta("Los campos no pueden estar vacios");
    return;
  }
  try {
    const resp = await cursosService.editarCurso(id, formData);
    setSuccess("Curso actualizado");

  } catch (error) {
    console.log(error);
    setAlerta(error.response.data.msg);
  }
};

return (
<div>
<Form className="container mt-4">
    <Form.Group className="mb-3">
      <Form.Label>Titulo</Form.Label>
      <Form.Control
        type="text"
        placeholder="Enter title"
        id="titulo"
        value={formData.titulo}
        onChange={handleInputChange}
      />
    </Form.Group>
    <Form.Group className="mb-3">
      <Form.Label>Autor</Form.Label>
      <Form.Control
```

```
        type="text"
        placeholder="Enter autor"
        id="autor"
        value={formData.autor}
        onChange={handleInputChange}
    />
</Form.Group>
<Form.Group className="mb-3">
    <Form.Label>Precio</Form.Label>
    <Form.Control
        type="text"
        placeholder="Enter autor"
        id="precio"
        value={formData.precio}
        onChange={handleInputChange}
    />
</Form.Group>
<Form.Group className="mb-3">
    <Form.Label>sinopsis</Form.Label>
    <Form.Control
        type="text"
        placeholder="Enter sinopsis"
        id="sinopsis"
        value={formData.sinopsis}
        onChange={handleInputChange}
    />
</Form.Group>
<Form.Group className="mb-3">
    <Form.Label>sinopsis</Form.Label>
    <Form.Control
        type="text"
        placeholder="Enter sinopsis"
        id="sinopsis"
        value={formData.sinopsis}
        onChange={handleInputChange}
    />
</Form.Group>
<Form.Group className="mb-3">
    <Form.Label>url de la foto</Form.Label>
    <Form.Control
        type="text"
        placeholder="Enter photo url"
        id="urlFoto"
        value={formData.urlFoto}
        onChange={handleInputChange}
    />
</Form.Group>
```

```
      </Form>
      <div className="d-flex gap-4 mb-4">
        <Button variant="primary" type="submit" onClick={()=>editarCurso(_id) }>
          Editar
        </Button>
      </div>
      {success !== "" && (
        <div className="alert alert-success mt-4 text-center" role="alert">
          {success}
        </div>
      )}
      {alerta !== "" && (
        <div className="alert alert-danger mt-4 text-center" role="alert">
          {alerta}
        </div>
      )}
    </div>
  );
};
```

Este código utiliza el estado local para mantener los datos del curso y actualizarlos según la entrada del usuario en un formulario. Cuando el usuario hace clic en el botón **Editar**, se llama a la función **editarCurso**, que valida los campos del formulario y, luego, hace una solicitud para actualizar el curso a través del servicio **cursosService.editarCurso**. Si la solicitud es exitosa, se muestra un mensaje de éxito; de lo contrario, se muestra un mensaje de error. El componente renderiza un formulario con campos para el título, autor, precio, sinopsis y URL de la foto del curso, y un botón para editar el curso. Además, muestra mensajes de éxito o error según corresponda.

```
servicios
  auth.servicios.js
  cursos.servicios.js
  usuarios.servicios.js
usuarios
vistas
App.jsx
index.css
main.jsx
.eslintrc.cjs
.gitignore
index.html
package-lock.json
package.json
README.md
vite.config.js
```

```
21   const handleInputChange = (e) => {
22     const { id, value } = e.target;
23     setFormData({
24       ...formData,
25       [id]: value,
26     });
27   };
28
29   const editarCurso = async (id) => {
30     if (
31       formData.titulo == "" ||
32       formData.autor == "" ||
33       formData.precio == "" ||
34       formData.sinopsis == "" ||
35       formData.urlFoto == ""
36     ) {
37       setAlerta("Los campos no pueden estar vacios");
38       return;
39     }
40     try {
41       const resp = await cursosService.editarCurso(id, formData);
42       setSuccess("Curso actualizado");
```

```
File   Edit   Selection   View   Go   Run   Terminal   Help                    ←  →

EXPLORER                ···    EditarCurso.jsx  ×

∨ GENUSERS-FRONTEND            src > cursos > EditarCurso.jsx > [●] EditarCurso
  > node_modules          6       export const EditarCurso = (( curso )) => {
  > public               29         const editarCurso = async (id) => {
  ∨ src                   39         }
    > administrador       40         try {
    > assets              41           const resp = await cursosService.editarCurso(id, formData);
    ∨ auth                42           setSuccess("Curso actualizado");
      index.js            43
      Login.jsx           44         } catch (error) {
      Registro.jsx        45           console.log(error);
    > componentes         46           setAlerta(error.response.data.msg);
    > context             47         }
    ∨ cursos              48       };
      EditarCurso.jsx     49
      index.js            50       return (
      ListaCursos.jsx     51       <div>
    ∨ routes              52       <Form className="container mt-4">
      AppRoutes.jsx       53         <Form.Group className="mb-3">
    ∨ servicios           54           <Form.Label>Titulo</Form.Label>
      auth.servicios.js   55           <Form.Control
      cursos.servicios.js 56             type="text"
      usuarios.servicios.js 57           placeholder="Enter title"
    > usuarios            58             id="titulo"
    > vistas              59             value={formData.titulo}
      App.jsx             60             onChange={handleInputChange}
      index.css           61           />
      main.jsx            62         </Form.Group>
    eslintrc.cjs          63         <Form.Group className="mb-3">
    .gitignore            64           <Form.Label>Autor</Form.Label>
    index.html            65           <Form.Control
    package-lock.json     66             type="text"
    package.json          67             placeholder="Enter autor"
    README.md             68             id="autor"
    vite.config.js        69             value={formData.autor}
                          70             onChange={handleInputChange}
                          71           />
                          72         </Form.Group>
                          73         <Form.Group className="mb-3">
                          74           <Form.Label>Precio</Form.Label>
                          75           <Form.Control
                          76             type="text"
                          77             placeholder="Enter autor"
                          78             id="precio"
                          79             value={formData.precio}
                          80             onChange={handleInputChange}
                          81           />
                          82         </Form.Group>
  > OUTLINE               83         <Form.Group className="mb-3">
```

PASO 11

Es el turno de la función que elimina el curso. Ve a **ListaCursos.jsx** y agrega la función correspondiente en un **onClick** al respectivo botón. Elabora la función de la siguiente manera:

```
const eliminarCurso = async(id)=>{
    try {
      const resp = await cursosService.eliminarCurso(id);
      console.log(resp)
    } catch (error) {
      console.log(error)
    }
}
```

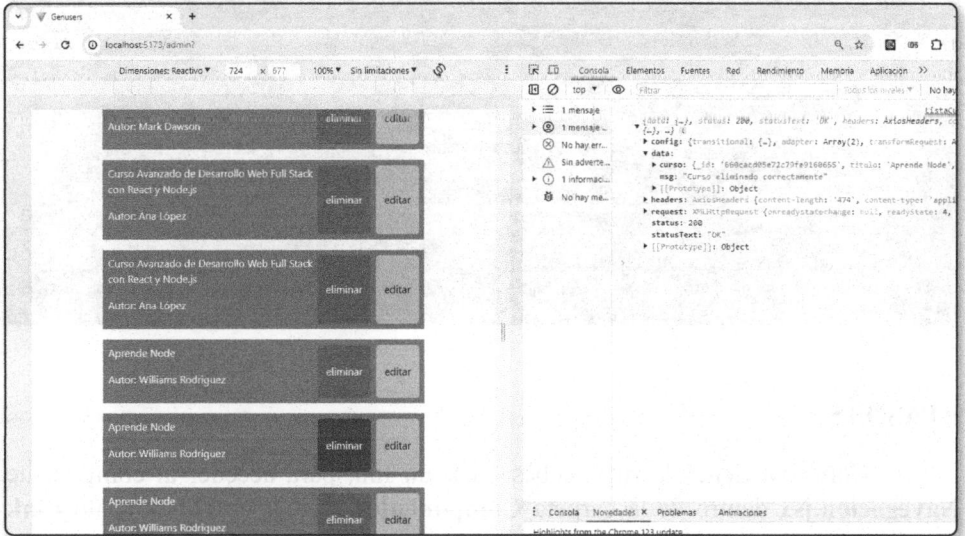

```
export const ListaCursos = () => {

    const eliminarCurso = async(id)=>{
        try {
            const resp = await cursosService.eliminarCurso(id);
            console.log(resp)  *3 { data: { msg: 'Curso no encontrado. Intentelo mas tarde' }, status: 200,
        } catch (error) {
            console.log(error)  AxiosError { message: 'Network Error', name: 'AxiosError', code: 'ERR_NETWORK'
        }

    return (
        <div>
            <div className="d-flex flex-row justify-content-between py-4">
            </div>
            {
                mostrarEdicion && <EditarCurso curso={cursoSeleccionado}/>
            }
            <Stack gap={cursos.length}>
                {cursos.map((curso) => {
                    <div
                        className="p-2 bg-primary text-white m-2 d-flex flex-row justify-content-between"
                        key={curso._id}
                    >
                        <div>
                            <p>{curso.titulo}</p>
                            <p>Autor: {curso.autor}</p>
                        </div>
                        <div className="d-flex flex-col gap-2">
                            <Button variant="danger" onClick={()=> eliminarCurso(curso._id)}>eliminar</Button>
                            <Button variant="warning" onClick={()=> editarCurso(curso)}>editar</Button>
                        </div>
                    </div>
                })}
            </Stack>
```

PASO 12

Si eliminas un curso y miras la consola, verás el mensaje correspondiente cuando se elimina de la forma correcta.

PASO 13

Por último, pero no menos importante, es la funcionalidad compartida entre ambos roles, administrador y usuarios: editar usuarios. Crea un archivo llamado **EditarUsuarios.jsx** dentro de la carpeta **Usuarios** y agrégalo al **index** correspondiente.

PASO 14

Ahora, la ruta para acceder al componente. Esta debe ser condicional y tiene como condición que el usuario esté cargado en el estado global (línea 38 a la 40).

PASO 15

Como ya tienes la ruta, debes crear un link para acceder al componente **Navegacion.jsx** dentro de la carpeta **Componentes** y crear un componente **Link** que dirija a **/edit** (línea 27).

PASO 16

Si recuerdas, el servicio de actualizar cursos tenía un desperfecto y había que agregarle el formulario como parámetro. Aquí tendrás el mismo problema, pero del lado de los servicios de usuario. Ve al archivo **usuarios.servicios.js**, precisamente a la función **editarUsuario**, y pásale el usuario como parámetro además del id (líneas 10 a 13).

PASO 17

Ve al archivo **EditarUsuario.jsx** y elabora el formulario de la siguiente manera:

```
import { useContext, useState } from "react";
import AuthContext from "../context/AuthProvider";
import Button from "react-bootstrap/Button";
import Form from "react-bootstrap/Form";
import { useNavigate } from "react-router-dom";
import usuariosService from "../servicios/usuarios.servicios";
```

```javascript
export const EditarUsuarios = () => {

  const { usuarioAuth } = useContext(AuthContext);
  const {nombre, apellido, password, correo, rol} = usuarioAuth;
  const navigate = useNavigate();
  const [formData, setFormData] = useState({
    nombre: nombre,
    apellido: apellido,
    correo: correo,
    password: password,
    rol: rol
  });

  const [alerta, setAlerta] = useState("");
  const [success, setSuccess] = useState("");

  const handleInputChange = (e) => {
    const { id, value } = e.target;
    setFormData({
      ...formData,
      [id]: value,
    });
  };

  const editarUsuario = async () => {

    if (
      formData.password == "" ||
      formData.nombre == "" ||
      formData.apellido == ""
    ) {
      setAlerta("Los campos no pueden estar vacios");
      return;
    }
    try {
      const resp = await usuariosService.editarUsuario(formData);
      setSuccess("Usuario actualizado correctamente");
      setTimeout(() => {
        navigate("/");
      }, 2000);
    } catch (error) {
      console.log(error);
      setAlerta("Error al actualizar el usuario");
    }
  };

  return (
    <div>
      <Form className="container my-4">
        <h2>Editar usuario</h2>
        <Form.Group className="mb-3">
          <Form.Label>Nombre</Form.Label>
```

```
            <Form.Control
              type="text"
              placeholder="Enter name"
              id="nombre"
              value={formData.nombre}
              onChange={handleInputChange}
            />
          </Form.Group>
          <Form.Group className="mb-3">
            <Form.Label>Apellido</Form.Label>
            <Form.Control
              type="text"
              placeholder="Enter lastname"
              id="apellido"
              value={formData.apellido}
              onChange={handleInputChange}
            />
          </Form.Group>
          <Form.Group className="mb-3">
            <Form.Label>Contraseña</Form.Label>
            <Form.Control
              type="password"
              placeholder="Password"
              id="password"
              value={formData.password}
              onChange={handleInputChange}
            />
          </Form.Group>

          {success !== "" && (
            <div className="alert alert-success mt-4 text-center" role="alert">
              {success}
            </div>
          )}
          {alerta !== "" && (
            <div className="alert alert-danger mt-4 text-center" role="alert">
              {alerta}
            </div>
          )}
        </Form>
        <div className="d-flex gap-4 container">
          <Button variant="primary" type="submit" onClick={()=>
editarUsuario(formData)}>
            Editar
          </Button>
        </div>
      </div>
    </div>
  );
};
```

Este código utiliza el estado local para mantener los datos del usuario y actualizarlos según la entrada del usuario en un formulario. Cuando el usuario hace clic en el botón **Editar**, se llama a la función **editarUsuario**, que valida los campos del formulario y luego hace una solicitud para actualizar la información del usuario a través del servicio **usuariosService.editarUsuario**. Si la solicitud es exitosa, se muestra un mensaje de éxito y se redirige al usuario a la página de inicio después de un breve período. En caso de error, se muestra un mensaje de error en la interfaz. El formulario también incluye campos para el nombre, apellido y contraseña del usuario, con controles de formulario para recopilar la entrada del usuario.

```
File   Edit   Selection   View   Go   Run   Terminal   Help            ←  →

EXPLORER                    ···    EditarUsuarios.jsx  ×
GENUSERS-FRONTEND                  src > usuarios > ⚛ EditarUsuarios.jsx > [◎] EditarUsuarios
  > node_modules                   export const EditarUsuarios = () => {
  > public                           };
  ∨ src
    > administrador                    return (
    > assets                     ⚙       <div>
    ∨ auth                               <Form className="container my-4">
      index.js              57             <h2>Editar usuario</h2>
      Login.jsx                            <Form.Group className="mb-3">
      Registro.jsx                           <Form.Label>Nombre</Form.Label>
    ∨ componentes                            <Form.Control
      index.js                                 type="text"
      Navegacion.jsx                           placeholder="Enter name"
    > context                                  id="nombre"
    > cursos                                   value={formData.nombre}
    ∨ routes                                   onChange={handleInputChange}
      AppRoutes.jsx                          />
    ∨ servicios                            </Form.Group>
      auth.servicios.js                    <Form.Group className="mb-3">
      cursos.servicios.js                    <Form.Label>Apellido</Form.Label>
      usuarios.servicios.js                  <Form.Control
    ∨ usuarios                                 type="text"
      EditarUsuarios.jsx                       placeholder="Enter lastname"
      index.js                                 id="apellido"
      ListaUsuarios.jsx                        value={formData.apellido}
    > vistas                                   onChange={handleInputChange}
      App.jsx                                />
      index.css                            </Form.Group>
      main.jsx                             <Form.Group className="mb-3">
    .eslintrc.cjs                            <Form.Label>Contraseña</Form.Label>
    .gitignore                             <Form.Control
    index.html                               type="password"
    package-lock.json                        placeholder="Password"
    package.json                             id="password"
    README.md                                value={formData.password}
    vite.config.js                           onChange={handleInputChange}
                                           />
                                         </Form.Group>
                                         {success !== "" && (
                                           <div className="alert alert-success mt-4 text-center" role="alert">
                                             {success}
                                           </div>
                                         )}
                                         {alerta !== "" && (
                                           <div className="alert alert-danger mt-4 text-center" role="alert">
                                             {alerta}
                                           </div>
                                         )}
                                       </Form>
                                       <div className="d-flex gap-4 container">
                                         <Button variant="primary" type="submit" onClick={()=> editarUsuario(formData)}>
                                           Editar
                                         </Button>
                                       </div>
                                     </div>
                                   );
                                 };
> OUTLINE
```

15.4 ACTIVIDADES

A continuación se presentan las preguntas y los ejercicios que deberías saber responder y resolver para considerar aprendido el capítulo.

15.4.1 Test de autoevaluación

1. *¿Cuál es el propósito del capítulo "Administración" en el desarrollo de interfaces de usuario?*

2. *¿Por qué es importante asignar roles de administrador a ciertos usuarios en una aplicación web?*

3. *¿Cuál es el paso inicial para crear un usuario administrador en una aplicación web?*

4. *Cómo se puede restringir el acceso a ciertas secciones de la aplicación según el rol del usuario?*

5. *¿Qué papel juega el useEffect en el desarrollo de interfaces de administrador?*

6. *¿Cuál es la importancia de agrupar correctamente las rutas en una aplicación web?*

7. *¿Por qué es necesario realizar una solicitud asíncrona para obtener datos de usuarios en una interfaz de administración?*

8. *¿Cómo se puede mejorar la seguridad al actualizar los datos de usuarios desde la interfaz de administrador?*

9. *¿Qué funcionalidades adicionales se pueden implementar en la administración de cursos en una aplicación web?*

10. *¿Por qué es importante manejar correctamente los errores de CORS al realizar peticiones entre el frontend y el backend de una aplicación web?*

15.4.2 Ejercicios prácticos

1. *Crea un componente de Administrador en React que requiera autenticación y muestre un panel de control con diferentes opciones de gestión.*

2. *Implementa un componente de lista de usuarios que muestre una tabla con información básica de cada usuario y permita la gestión de sus estados.*

3. *Desarrolla un componente de lista de cursos que muestre una tabla con información básica de cada curso y permita la gestión de su edición y eliminación.*

4. *Crea un componente de edición de curso que permita modificar los detalles de un curso seleccionado y enviar los cambios al backend.*

5. *Incorpora funcionalidades adicionales a la administración de usuarios y cursos, como la capacidad de agregar nuevos usuarios y cursos, y la gestión de roles de usuario.*

GLOSARIO

- **API** (Interfaz de Programación de Aplicaciones): es un conjunto de reglas y protocolos que permite que diferentes aplicaciones se comuniquen entre sí. Las API proporcionan una forma estandarizada para que los programas accedan a los datos y las funciones de otros programas o servicios.

- **Arreglos:** estructuras de datos que se utilizan para almacenar una colección ordenada de elementos. Puedes pensar en un arreglo como una lista de elementos, como números, cadenas de texto o incluso objetos, que están organizados en una secuencia y a los que se puede acceder mediante su posición en esa secuencia. Los arreglos son muy útiles para almacenar y manipular conjuntos de datos relacionados en JavaScript.

- **Axios:** es una biblioteca de JavaScript basada en promesas que permite realizar solicitudes HTTP tanto en el navegador como en Node.js, ampliamente utilizada en el desarrollo de aplicaciones web y móviles. Su sintaxis clara y sencilla facilita la interacción con APIs y servicios web mediante métodos como GET, POST, PUT o DELETE, ofreciendo una gestión consistente de respuestas y errores. Además, destaca por su compatibilidad con funciones asíncronas y su capacidad de manejar automáticamente datos en formato JSON, lo que hace más eficiente y legible la comunicación con servidores y la manipulación de información en las aplicaciones.

- **Backend:** parte de una aplicación web que se encarga de procesar las solicitudes del cliente, interactuar con la base de datos y proporcionar los datos necesarios para que el frontend los muestre al usuario.

- **Barra de navegación**: elemento presente en la parte superior de una aplicación web que proporciona enlaces de navegación y facilita la interacción del usuario con diferentes secciones de la aplicación.

- **Base de datos en la nube**: Un servicio de base de datos que se ejecuta en la infraestructura de computación en la nube de un proveedor de servicios. La base de datos en la nube permite almacenar y gestionar datos de manera eficiente, escalable y segura sin la necesidad de configurar y mantener servidores físicos.

▸ **Bcrypt.js:** Bcrypt.js es una biblioteca en JavaScript ampliamente utilizada para la encriptación segura de contraseñas en aplicaciones Node.js. Al emplear la función bcrypt.hash, se genera un hash utilizando un salt único, lo que proporciona una capa adicional de seguridad. Este hash resultante, en vez de la contraseña en texto plano, se almacena en la base de datos. Para verificar las contraseñas, se utiliza la función bcrypt.compare. Esta práctica de encriptación ayuda a proteger las claves de manera efectiva, mitigando riesgos de seguridad al almacenar información sensible de los usuarios.

▸ **Bootstrap:** framework de código abierto desarrollado por Twitter que proporciona herramientas y componentes frontend para la creación rápida y sencilla de interfaces de usuario responsivas y estilizadas.

▸ **Componentes:** en la construcción de aplicaciones son bloques de construcción reutilizables que encapsulan la funcionalidad y la interfaz de usuario de una parte específica de una aplicación.

▸ **Context:** facilita la transmisión de datos a través de la jerarquía de componentes sin necesidad de pasar props manualmente a cada nivel. Permite crear un proveedor de contexto que encapsula el estado y funciones, haciéndolos disponibles para componentes secundarios que consumen dicho contexto. Esto simplifica la gestión del estado compartido y mejora la legibilidad del código al evitar la *prop drilling* (pasar props a través de múltiples niveles de componentes).

▸ **Controladores:** Componentes de una aplicación Node.js responsables de recibir las solicitudes del usuario a través de las rutas definidas y coordinar la lógica de la aplicación para manejar esas solicitudes. Los controladores interactúan con los modelos para acceder y manipular los datos necesarios que satisfarán las solicitudes del usuario.

▸ **CORS** (*Cross-Origin Resource Sharing*): política de seguridad que restringe cómo los recursos de una página web pueden ser solicitados desde un dominio diferente al dominio de la página actual.

▸ **Enrutador:** componente utilizado en el desarrollo de aplicaciones web para gestionar la navegación entre diferentes vistas o páginas.

▸ **Estado global**: concepto en React que se refiere a la gestión de estados que pueden ser accesibles desde cualquier componente de la aplicación, facilitando el intercambio de datos entre diferentes partes de la interfaz.

▸ **Funciones:** en JavaScript, bloques de código reutilizables que pueden realizar una tarea específica cuando se las llama. Pueden recibir datos, procesarlos y devolver un resultado.

▸ **Hooks:** característica importante introducida en la versión 16.8 de React que permite a los desarrolladores gestionar el estado y otras particularidades de React en componentes funcionales. Antes de los hooks, estas capacidades estaban reservadas principalmente a componentes de clase.

▸ **JSON:** se utiliza comúnmente en la comunicación entre el cliente y el servidor en aplicaciones web, para el almacenamiento de configuraciones, y en muchas otras situaciones donde se requiere el intercambio de datos estructurados de manera eficiente y legible.

▸ **JSX:** extensión de JavaScript que se emplea en el contexto de React, aunque no está limitada exclusivamente a esta biblioteca. Permite definir la estructura de la interfaz de usuario de manera declarativa y visualmente legible, utilizando una sintaxis similar a la de HTML.

▸ **JWT** (JSON Web Token): JWT, o Token de Web JSON, es un estándar abierto basado en JSON para la creación de tokens de acceso que permiten a los servidores compartir información de forma segura entre partes. Los JWT son utilizados comúnmente en la autenticación de usuarios en aplicaciones web y proporcionan una forma segura y escalable de mantener el estado de autenticación del usuario en el lado del cliente.

▸ **LocalStorage:** API de JavaScript que habilita almacenar datos en el navegador web de forma persistente, lo que permite recordar información entre sesiones de usuario.

▸ **Middleware:** funciones específicas creadas por los desarrolladores para ejecutarse en el flujo de procesamiento de solicitudes y respuestas de una aplicación web. En el contexto de frameworks como Express en Node.js, los middleware personalizados permiten realizar acciones específicas antes o después de que una solicitud llegue a su destino final. Estas funciones personalizadas pueden añadir funcionalidades, validar datos, modificar encabezados o realizar cualquier tarea necesaria en la aplicación. Su versatilidad facilita la modularidad y el mantenimiento del código, ya que se pueden reutilizar en diferentes rutas o aplicaciones. Los middleware personalizados juegan un papel clave en la configuración y personalización de la lógica de manejo de solicitudes, al mejorar la flexibilidad y la capacidad de extensión de una aplicación web.

▸ **Modelo de Datos**: Representación de la estructura de los datos en una base de datos en una aplicación Node.js. Define cómo se organizan y almacenan los datos y qué operaciones se pueden realizar con ellos, como la creación, lectura, actualización y eliminación (CRUD).

▸ **Modelos:** representan la estructura y el comportamiento de los documentos almacenados en la base de datos. Esto incluye la especificación de tipos de datos, validaciones y métodos personalizados.

▸ **Mongo Atlas**: servicio de base de datos en la nube que proporciona una plataforma totalmente administrada para implementar, escalar y mantener bases de datos MongoDB sin necesidad de gestionar la infraestructura subyacente. Ofrece funciones como copias de seguridad automáticas, escalabilidad horizontal sin interrupciones y seguridad integrada, lo que simplifica significativamente el proceso de administración de bases de datos MongoDB.

▸ **Mongoose:** biblioteca de modelado de objetos para MongoDB en Node.js, que ofrece ventajas significativas al simplificar el desarrollo y la interacción con la base de datos. Con esquemas definidos, validaciones integradas, middleware, consultas simplificadas y población de referencias, Mongoose facilita la gestión de datos. Además, su capacidad para gestionar conexiones, sesiones, plugins y su integración fluida con Express y promesas hacen que sea una elección eficaz para el desarrollo de aplicaciones escalables y robustas en entornos Node.js que utilizan MongoDB como base de datos.

▸ **MVC (Modelo-Vista-Controlador)**: la implementación del patrón Modelo-Vista-Controlador (MVC) en Node.js proporciona una estructura organizada para el desarrollo de aplicaciones, separando claramente las responsabilidades. El modelo se encarga de la lógica de negocio y la interacción con la base de datos, la vista gestiona la presentación y la interfaz de usuario, mientras que el controlador actúa como intermediario, manejando las solicitudes del cliente y coordinando las acciones entre el modelo y la vista. Esta separación facilita el mantenimiento del código, la reutilización de componentes y la escalabilidad de la aplicación, al tiempo que promueve una colaboración eficiente entre equipos de desarrollo al asignar roles específicos a cada componente del MVC.

▸ **Node.js:** Un entorno de ejecución de JavaScript del lado del servidor que permite a los desarrolladores crear aplicaciones web escalables y de alto rendimiento. Node.js utiliza el motor de JavaScript V8 de Google Chrome y proporciona una gran cantidad de bibliotecas y módulos para simplificar el desarrollo de aplicaciones.

▸ **Objetos:** en JavaScript, estructuras de datos que permiten almacenar y organizar información relacionada mediante pares clave-valor. Cada clave (también llamada propiedad) está asociada a un valor, que puede ser cualquier tipo de dato, como números, cadenas de texto, funciones u otros objetos.

▸ **Postman:** herramienta popular diseñada para facilitar el desarrollo y la prueba de APIs (interfaces de programación de aplicaciones). Se presenta como una interfaz de usuario intuitiva que permite a los desarrolladores realizar solicitudes HTTP, como GET, POST, PUT y DELETE, de manera fácil y eficiente. Proporciona un entorno de trabajo amigable para construir, probar y documentar APIs.

▸ **Promesas:** forma de manejar la asincronía de manera más clara y organizada. Permiten realizar tareas asincrónicas y gestionar su resultado o error de modo más legible y estructurado en comparación con los callbacks anidados. Las promesas representan un valor que puede estar disponible ahora, en el futuro o nunca, y ofrecen métodos para adjuntar funciones que se ejecutarán cuando se cumplan o rechacen, lo que simplifica el manejo de operaciones asíncronas en el lenguaje.

▼ **React:** biblioteca de JavaScript utilizada para construir interfaces de usuario interactivas y dinámicas en aplicaciones web.

▼ **Renderizado condicional**: técnica utilizada en el desarrollo de interfaces de usuario para mostrar u ocultar elementos según ciertas condiciones o estados.

▼ **Rol de administrador**: privilegio asignado a ciertos usuarios que les permite acceder y gestionar aspectos específicos de la aplicación, como usuarios, contenido y configuraciones.

▼ **Servicios:** funciones o módulos encargados de realizar tareas específicas, como el manejo de solicitudes HTTP, la autenticación de usuarios o la manipulación de datos.

▼ **Superagent:** librería en JavaScript que se utiliza para realizar solicitudes HTTP desde el lado del cliente o del servidor. Se destaca por su simplicidad y facilidad de uso, lo que la hace una elección común para realizar solicitudes HTTP en aplicaciones web y servicios.

▼ **Try catch**: estructura que se utiliza para manejar errores de manera controlada en un programa. El código dentro del bloque try se ejecuta normalmente, y si ocurre algún error durante su ejecución, en vez de que el programa se detenga, se ejecuta el código dentro del bloque catch. Esto permite detectar, gestionar y registrar errores sin interrumpir por completo la ejecución del programa.

▼ **useEffect:** hook de React utilizado para llevar a cabo efectos secundarios en componentes funcionales, como realizar solicitudes de red, suscripciones a eventos o actualizaciones de estado basadas en ciertos cambios.

▼ **useNavigate:** useNavigate es un hook proporcionado por la librería react-router-dom. Es comúnmente utilizado en componentes funcionales para acceder al objeto navigate y permitir la navegación programática en la aplicación. Al llamar a useNavigate(), se obtiene una función navigate que se puede utilizar para redirigir dinámicamente a diferentes rutas de la aplicación. Esto es útil en situaciones en que la navegación debe ser desencadenada por eventos o lógica interna del componente.

▼ **Usuario administrador**: usuario con privilegios especiales que tiene acceso a funciones de gestión y administración en una aplicación web.

▼ **Vite:** entorno de desarrollo para construir aplicaciones web modernas con tecnologías como Vue.js y React. Se destaca por su rápido tiempo de arranque, gracias a la carga de módulos en tiempo real durante el desarrollo. Utiliza esquemas de importación nativos de ECMAScript (ES) para un rendimiento optimizado, lo que permite una experiencia de desarrollo ágil y eficiente. Además, ofrece un conjunto de características integradas, como recarga rápida (*hot module replacement*) y una configuración mínima por defecto.

SÍGUENOS EN INSTAGRAM Y ACCEDE GRATIS A NUESTRA BIBLIOTECA DIGITAL DURANTE 30 DÍAS.

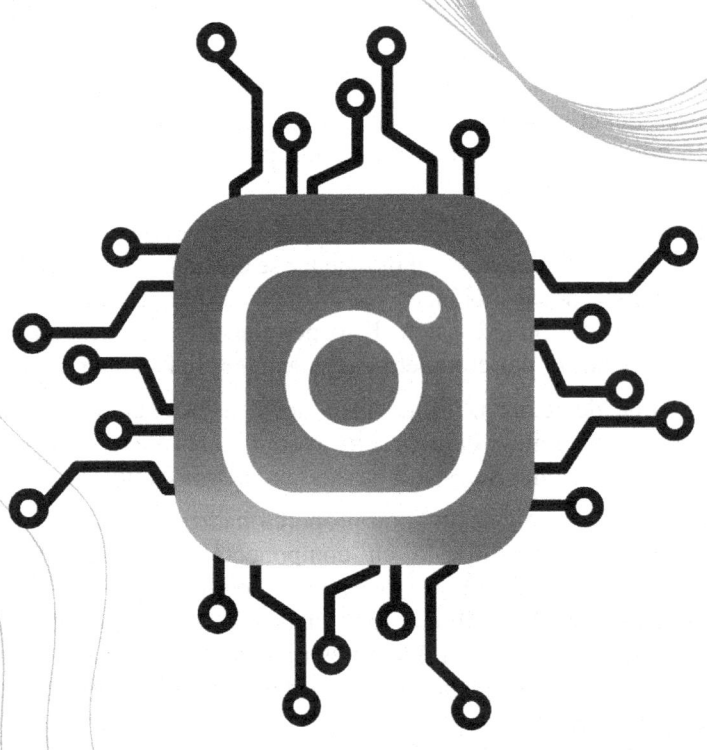

@grupoeditorialrama

¡ENVÍANOS TU MAIL POR PRIVADO!

Grupo Editorial
ra-ma

40 ANIVERSARIO